世界上最好玩最有趣的 500个冷门知识

朱立春　主编

北京联合出版公司
Beijing United Publishing Co.,Ltd.

图书在版编目（CIP）数据

世界上最好玩最有趣的500个冷门知识 / 朱立春主编 . — 北京：北京联合出版公司，2015.6（2018.10 重印）

ISBN 978-7-5502-5114-4

Ⅰ . ①世… Ⅱ . ①朱… Ⅲ . ①科学知识—普及读物 Ⅳ . ① Z228

中国版本图书馆 CIP 数据核字（2015）第 082626 号

世界上最好玩最有趣的500个冷门知识

主　　编：朱立春
责任编辑：张　萌
封面设计：李艾红
责任校对：徐胜华
美术编辑：盛小云

北京联合出版公司出版
（北京市西城区德外大街83号楼9层　100088）
北京鑫海达印刷有限公司　新华书店经销
字数430千字　720毫米 × 1020毫米　1/16　27印张
2018年10月第2版　2018年10月第3次印刷
ISBN 978-7-5502-5114-4
定价：68.00元

所谓“冷门知识”，是指充斥在我们周围的许许多多庞杂而又零碎的知识，它们都是有用的知识，只是容易被人们忽略或了解不多。例如：当你减肥的时候，是不是丧失了某些脂肪细胞？匈牙利人是匈奴人的后代吗？事实上，越是这种看似不值一提的“傻瓜问题”，越是让人难以回答。君不见，在这些“小”问题面前，许多善于解决“大事”的以聪明自居的人往往也会手足无措、目瞪口呆呢。

其实知识没有大小之分，有时正是对小问题的关注和探究解决了大问题，从而改变了人类的历史进程。而且，知识越是“冷”，就越有趣、越吸引人，这与生活中越是“爆冷门”的事件越具新闻价值越引人关注是一个道理。同时也验证了世界著名科幻大师阿西莫夫那句名言——“人类是拥有无用知识越多越快乐的动物”。

和“冷笑话”属于一种另类幽默一样，冷知识带给人们的是更强烈的脑力冲击和更多的回味，所以知道很多冷知识的人会显得特别风趣渊博，也更受人欢迎。从这个角度讲，生活在现代社会，若不了解点儿冷知识，还真是落后了。

如果你是一个冷知识达人，在日常的工作生活中会显现出很大的优势。无论是在寂寞的旅途还是一般性的聚会中，无论是尴尬的相亲还是严肃的晚宴上，这样的你都会有办法立即告别冷场，充分展现你的博学多才和幽默风趣，成为当之无愧的话题王和异性眼中绝对的焦点，让周围的人从此对你刮目相看，成为社交圈里倍受欢迎的人。在日常的工作中，掌握了丰富冷知识的你，在与同事、上司等的沟通上定会更轻松自如，使他们更喜欢你、信任你，从而使工作更出色。在与客户的交往中，不时冒出的冷知识定会让客户对你心生佩服，使你们超越工作关系而建立一种朋友般的美好情谊，从而使业务开展得更顺利。同样，在你家庭的饭桌前、客厅里、卧室中，在你与爱人、父母、孩子等的每一次交流中，你所积累的丰富冷知识都会拉近你与家人的距离，融洽家庭气氛，让家变得更甜蜜温馨。

本书汇集500则随时都会从我们身边冒出来的既新奇有趣又包罗万象的冷门知识，涉及自然科学、人文历史、社会生活、古今中外等方方面面，从天马行空般的疑问到值得讨论的学术应有尽有。这些知识看似有些稀奇古怪，而一旦走近，你会有曲径通幽、豁然开朗之感，不觉进入一个异彩纷呈的别样世界，备感新鲜好玩，既增长见识，又开阔视野，兼具益智、解颐之功效。它立足于“冷”，从特别的角度，以千奇百怪的提问直击读者知识体系的“死穴”，启迪思维，引发强烈求知欲；然后给出科学的答案、人情入理的解释、绘声绘色的描述，让人恍然大悟，受益无穷，直至成为一个无所不知的“神人”。

翻开本书，我们很难找到在当前的教育体系下会认真对待并在课堂上专门讲授的内容，却又都是有趣有益的知识。我们大多数人的知识体系都相对雷同和有限，即熟知的内容主要是在当下的教育体系下被强调和夸大的那部分，而在人类的生活中，还有很多很多跳脱出当下体系的有趣的知识，是值得我们好好玩味并试着解答的。

基因能量身定做吗？两性差异与其担当的角色有关吗？两千多年的中国封建社会一共有多少个皇帝？清朝后期几个皇帝的名字为什么要用生僻字？古埃及人是黑人还是白人？理发店为什么要以三色柱为标志……诸如此类的问题你想知道答案吗？若想，就赶快翻开这本书吧。

第一章 天文地理

第二章 科学万象

第三章　动物植物

第六章 男性女性

第七章 逸史传说

第八章　帝后职官

第九章　文学艺术

第十章　教育科举

第十一章 礼仪习俗

第十二章　民族国家

第十三章　探源溯流

第十四章 文化拾遗

第一章

天文地理

☆宇宙之外没有任何东西吗?

类似的问题有的适合于科学家来解答，有的则适合于哲学家解答。这个问题很大程度上适合由后者来回答。

从学术上讲，“宇宙”就意味着一切，并且不可能有任何其他的东西超出它的范围，所有的东西都是宇宙的一部分。产生这样的疑惑可能是由于我们使用了宇宙这个词汇去描述我们能认知到的一切，事实上我们应该把它更精确地描述为“可见的宇宙”。

当然，有很多东西在宇宙之外，可我们看不到，因为没有足够的时间让遥远星体中的光线传播到我们这里。宇宙存在大约有150亿年之久，所以我们能够了解到在150亿光年距离内的任何东西，因为这些星体中的光线可以传播到我们这里。宇宙还没有宽广到足够让在这个距离之外的其他东西中的光线触及我们。

对于我们所能了解的宇宙之外，在某些程度上说还只是猜测。我们能说出它可能是什么样子是因为即使我们看不到它，它也将会对我们产生影响。

爱因斯坦的关于描述地心引力是怎样影响空间本身的“广义相对论”，在很大程度上仍然是描述我们宇宙的最好方式。这暗示了空间或许是无限的，或许是闭合的。如果它是无限的，那它就不可能被包含在任何东西之内，因为它没有边界；如果它是闭合的，它就不会有一个真正的开始或者结束。

这在三维立体中很难想象，不过你可以想象自己处于二维平面并且徘徊在一个球体表面附近。你可以后退前进，向左向右，但是你没有任何关于上下的概念。对你而言，除了那个球体的表面就没有什么其他事物了。因此，你就永远只能在这个球体附近徘徊，并且永远也到不了尽头。所以，对我们来说，我们的宇宙就是所有一切。

☆时空旅行能成为现实吗，如何实现？

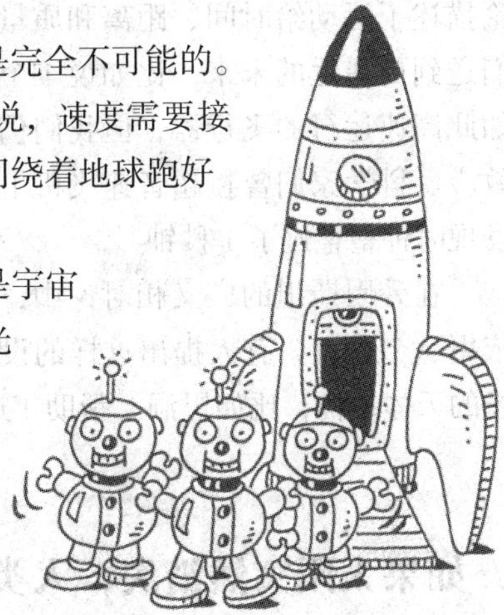

人们想实现时空旅行从技术上来说也不是完全不可能的。这需要一部跑得非常非常快的机器，具体地说，速度需要接近 3×10^8 米 / 秒，这个速度能够使你在眨眼间绕着地球跑好几圈。

3×10^8 米 / 秒是光运动的速度，这几乎是宇宙的速度极限。有趣的是，当物体加速到接近光速，时间就会变慢。

出于对这个现象的好奇，物理学家曾经设想，如果让双胞胎兄弟或姐妹中的一人乘上星际飞船作太空遨游，而另一个则留在地球上生活，结果会是怎样。那就让我们设想一下这个也许会发生在遥远的未来的故事吧。

假设贝丝和芭比是双胞胎，都是 30 岁。贝丝是一位宇航员，而芭比则是一个新闻记者。贝丝刚刚接到一项飞行任务，这可能会成为她一生的使命：乘坐宇宙飞船到邻近的一个恒星系统去考察。芭比会为她工作的报社全程报道这次宇宙旅行。

目的地距离地球 96 万亿千米，大约 10 光年的距离。贝丝乘坐的宇宙飞船以光速的 90% 的速度运行，照此推算，从地球上出发到回到地球需要 22 年的时间。在这段时间里，芭比结了婚，生了两个孩子，而且头发都变花白了。

但这段时间对于宇航员贝丝来说却是另外一番情景。当宇宙飞船以极快的速度穿梭于星际时，船舱内的钟表悄悄地放慢了脚步。并不是表没电了或是坏掉了，而是时间本身为飞船和飞船上的成员放慢了节奏。

然而飞行员们自己却感觉不到丝毫的变化，对于他们来说，1 分钟仍然是 1 分钟，并没有多出 1 秒钟。但在贝丝出发之后，飞船上的时间和地球上的相差越来越多了。

成功完成任务之后，宇航员们返回了地球。当飞船进入太阳系时，船舱里的电子钟显示这次太空旅行花了10年时间。当飞船途经冥王星时，贝丝刚好庆祝自己40岁的生日。

贝丝和芭比都知道这种时间变慢的效应会发生，但当两姐妹重逢时，她们仍然很震惊。贝丝是一位40岁的中年女子，而芭比已是52岁的妇人了。两姐妹不再像是双胞胎了。芭比如今已不再年轻，她把这次太空旅行看作是年轻时的回忆。而贝丝则有些茫然：22年过去了，这个世界发生了很大的变化，对于她来说，相当于经过了10年的长途旅行来到了12年后的未来。

这种时空旅行的创意灵感来自于阿尔伯特·爱因斯坦的狭义相对论，该理论描述了运动给时间、距离和质量带来的影响，更接近光速的旅行将把宇航员们送到更遥远的未来，比如说1个世纪之后。虽然我们现在仍不能制造出可以如此高速运行的飞行器，但我们仍然能从相对低速的运动物体身上观察到这种效应。科学家们曾在超音速飞机上装上非常精确的时钟，在飞行结束后，他们发现时钟整整慢了1秒钟。

在爱因斯坦的广义相对论中，他预言，随着引力的增加，时间也会变慢。依据这个预言，有人提出这样的设想，也许我们可以利用宇宙中具有极大引力场的天体结构，比如黑洞，帮助年迈的老人重返童年。

☆如果太阳突然消失，人类多久才能感知？

在大多数剧烈的爆炸中——假设那就是太阳突然消失的原因——任何喷出的微粒将总是比光速慢得多。所以很明显，在黑暗来临之前地球不会有来自于任何微粒的影响。

直到感觉到太阳的消失前，以光速传播的辐射仍会以红外线形态到达地球，它加热了空气（由于它只不过是低能量的光）。由于红外线的到来并做了这些事，一段时间后我们才感觉到太阳消失的影响。因为存在这个过程，一般认为在地球开始冻结之前太阳已经消失了大约一个星期了。所以在感觉到不同以前，你将会在一段时间内经历完全的黑暗。

☆太阳走完50亿年时，地球会面临怎样的命运？

太阳在变成红巨星以前还将继续存在大约50亿年。每一颗恒星都有一个确定的寿命，在它生命的终点，当它耗尽了燃料时，它就死亡了。不同的恒星有不同的消亡方式，一些爆炸了，一些变成了黑洞，还有一些则变成了红巨星并

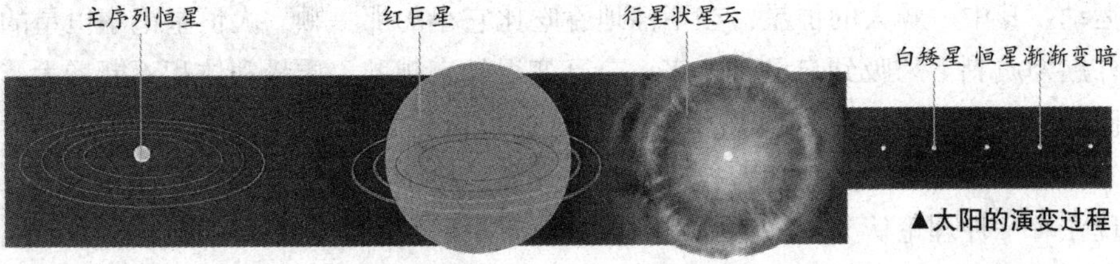

▲太阳的演变过程

稳定燃烧
大多数恒星因为质量太轻而不能变成超新星。像太阳这样的恒星，在悄无声息地、并不壮观地结束生命之前，会在主序列恒星带用几十亿年的时间燃烧其氢气。

膨胀的恒星
当所有的氢气耗尽时，太阳将膨胀成一个红巨星，用燃烧氦气代替氢气；当氦气耗尽时，太阳会喷出其外层物质来形成一团行星状星云。

白矮星
行星状星云将会消散，留下裸露的太阳中心；这一中心是一个白矮星——一个不留任何核燃料的密度大的由灰烬构成的小球体；再过几十亿年，它将会冷却下来并消失得无影无踪。

逐渐消亡。红巨星是一个不太温暖的巨大恒星，因此它是红色的，而不是浅黄色或白色的（有一点像一根拨火棍在火中被加热成黄色并被慢慢冷却的情况）。当太阳变成一颗红巨星时，它将膨胀得大到可以吞没水星和金星，而可怜的暮年地球将沿着距离太阳表面仅仅几百万千米的轨道运转。这将蒸发掉地球上的空气，使地球不断升温，直至最后没有任何东西可以生存。

☆如果月球消失了，我们还能生存吗?

如果月球突然间消失了，首先变化的是由月球引力导致的横跨地球的潮汐运动将不再发生，那将对海上贸易产生严重的影响。

还有人认为地轴的倾斜度是由月球的存在所控制的，如果那种影响力被移走，那么日夜的长短将发生戏剧性的变化，季节的循环也同样会产生变化。毫无疑问，随着月球的离去，我们的生活会很不一样。

☆宇宙中的星星互相“残杀”吗?

一般人都知道，宇宙中星体之间的距离非常遥远，彼此接近的机会很少。但经过天文学家的观测和研究，发现星球之间也存在彼此吞食、互相残杀的现象。科学家们把这类星球称为宇宙中的“杀星”。

前不久，美国天文学家就发现了这种互相吞食的现象。主角是两颗恒星，本来是一对双星，都已进入衰亡期，均属白矮星。这两个星球体积很小，可质量要比太阳大得多。经观测发现，这两颗星体靠得很近，彼此围绕着对方旋转运动。其中一颗大的恒星，在不停地吞吃比它小的那一颗。大恒星把小恒星的外层物质剥下来吸到自己身上来，自己变得越来越胖，质量和体积不断增大。而那颗被吞食的恒星，变得越来越小，现在只剩下一个光秃秃的星核了。

不只是星球之间存在着彼此吞食的现象，星系之间也在互相吞食和残杀。现在有一种理论认为，宇宙中的椭圆星系就是两个漩涡扁平星系互相碰撞、混合、吞食，从而形成的。有人曾经用计算机做过模拟实验：用两组质点代表星系内的恒星，分布在两个平面里，由于引力作用，在一定的规律作用下相向而行，逐渐融合成一个整体。由此可见，在一定条件下，两个扁平星系经过混合的确可以发展成一个椭圆星系。

在宇宙中，除椭圆星系和漩涡扁平星系外，还有一种环状星系。天文学家们发现，这类星系从外表来看，恒星分布于环状圈中，有时环中央什么天体也没有，有时有天体，有时环上还有结点。有科学家认为，这种环状星系的形成，就是由两个星系互相碰撞、吞食的结果。环中心的天体和环上结点，就是彼此吞食后留下来的痕迹。

加拿大天文学家科门迪通过观测还发现，某些巨大的椭圆形星系，其亮度分布异常，仿佛中心部位还有一个小核。他认为，这是一个质量较小的椭圆星系被巨椭圆星系吞食的结果。

但由于星系之间、天体之间距离都极为遥远，碰撞和吞食的机会很少。所以，要想证实以上说法是不是成立，还需要一段时间。

☆地球磁场为什么会“翻跟头”？

为什么指南针会始终指向南方，这在古代曾是一个无法解答的谜，一直到1600年才由英国宫廷医生吉尔伯做出科学的解释。原来地球本身就是一个大磁场，北磁极(N极)在地球的南端，南磁极(S极)在地球的北端。正是这个大磁场，吸引着磁针始终指向南方。

但是，法国科学家布容1906年在法国司马夫中央山脉地区对这里的火山岩进行考察时，却意外地发现那里的岩石的磁性与磁场的方向相反。此后，这一类现象被越来越多地发现，对它的研究也越来越深入。人们终于发现，地球的磁场并非永恒不变的，现在位于南端的北磁极会转到北端去，而位于地球北端的南磁极则会转到南端去。这就是物理上所称的“磁极倒转”。

在研究中科学家还发现磁极倒转的现象曾在地球的历史上发生过许多次。据统计，仅在最近的450万年里，就可以划分出4个极性相异的时期，地磁场的方向从现在到69万年前称为“布容正向期”，基本和目前一样；从69万年到253万年前，称为“松山反向期”，地磁场方向和现在恰好相反；从253万年到332万年前，称为“高斯正向期”，地磁场方向又与现在相同；从332万年到450万年前，称为“吉尔伯反向期”，地磁场又同现在相反。

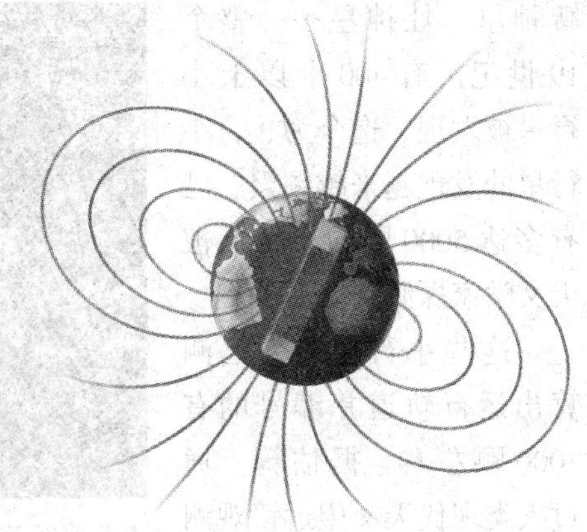

▲地球磁场是无形的，向太空中延伸。

但是，地磁场方向在每一个磁性时期里，也并不是始终如一的，有时会发生被人们称为“磁性事件”的短暂的极性倒转的现象，例如，在布容正向期里，就发生过被称为“V带”和“X带”的反向事件；在松山反向期中，则发生过“吉尔赛”、“贾拉米洛”等正向事件。

当然，在更古老的地质历史时期里也同样存在着地球磁场的这种“翻跟头”式的变化，只不过是时间太过久远，我们还没有办法对其变化的具体时限进行确定。

那么为什么地磁场会发生变化呢？有人认为，这可能是地球被巨大的陨石猛烈撞击后导致的结果，因为猛烈的撞击能促使地球内部的磁场身不由己地翻转一个跟头；也有人认为，这与地球追随太阳在银河系里漫游相关，因为银河系自身也带有一个磁场，这个更大的磁场会对地球的磁场产生影响，从而促使地球的磁性会像罗盘中的指南针一样，随着银河系磁场的方向而不断地变化；还有人认为，由于地球本身的演变导致了磁极倒转的发生。总之，关于地磁场变化的原因，众说纷纭，莫衷一是。

☆地球最危险的敌人是谁?

虽然彗木大碰撞已经作为历史一页被翻过，但它却给地球留下了发人深思的警示和启迪：这种灾难性碰撞会发生在地球身上吗？地球发生这种灾难性碰撞的可能性有多大？假若有朝一日发生了，人类可以战胜吗？地球这艘宇宙飞船会不会在这类宇宙交通事故中遇难?

到底有多少像流星体、彗星这样的不安分子呢？它们到底会对地球构成哪些威胁呢?

小行星在这场角逐中，也是不可轻视的角色。

自意大利天文学家皮亚齐于1801年元旦在木星和火星轨道之间发现新行星之日起，人类研究和发现小行星的序幕就已被揭开了。第一颗谷神星、婚神星、

▲茫茫宇宙中无数的小行星都有可能和我们的地球来一次“亲密接触”。

智神星、灶神星……整个19世纪，有400个以上小行星被发现，迄今为止，小行星的发现越来越频繁，已有多达5000颗的小行星被天文学家探测到。

这些小行星中，已测算出运行轨道并编号的有3000颗左右。据估算，通过人类现代天文望远镜观测到的小行星不足总数的千分之几。

虽然数量很多，但这些小行星质量和体积都非常小。最大的谷神星直径仅有950千米，比月球直径的1/3还要小，体积也不到地球体积的1/450，倘若你登上小行星，能一目了然地感觉到是在一个行星上，四周越远越往下弯，球形感非常明显。1937年发现的赫梅斯小行星，直径不到1千米，相当于泰山的一半高。因此到目前为止，把所有发现的小行星聚集成团，充其量只不过有一颗中等卫星的大小，比起大行星的体积与质量来，简直是差得太远了。

浩浩荡荡的小行星军团，大多数在木星和火星轨道之间的小行星带上集中行走，很少可以越出这个范围，但也有极少数非常不安分的“卒子”，沿着椭圆轨道运行，最远可以跑到木星以外的空间，有时甚至跨过土星轨道，最近可以踏着大步走进地球轨道内侧，甚至深入到金星轨道以内，变为“近地小行星”，成为太阳家族之中的不安定分子，极有可能成为未来地球的主要“杀手”。

通常近地小行星轨道偏心率比较大，就地球与它们之间的距离而言，最近时通常有几百千米到5000万千米，极少数的小行星贴近到百万千米内。小行星赫姆于1937年10月在地球外80万千米附近掠过，仅仅相当于月亮与地球距离的两倍，一颗小行星在1989年3月飞到距地球75万千米的位置上，又离我们而去，从辽阔的宇宙空间尺度来看，说这些小行星与地球相隔咫尺，一点也不夸张。如此多的小行星来回穿越于地球附近空间里，的确会让人心惊胆战。

☆为什么天体都是球形的?

天体并不都是标准的球形，它们只是看上去像是球形，或者说几乎是球形的罢了。

地球就是一个两极稍扁的扁球形；木星和土星由于其极高密度的大气，因而其两极看上去更扁。

恒星、行星和其他天体之所以都是球形，而不是正方形或是别的什么奇形怪状的样子，完全是万有引力作用的结果。

任何物体都会对其他物体产生吸引力。依据牛顿定律，万有引力的大小与两个物体间距离的平方成反比，而与物体相互间的位置无关。因而，有限多个不均匀分布的、一样的粒子总是倾向于聚在一起形成球状的团。在行星和恒星形成的过程中，同时还有许多其他力的作用。

假设在宇宙大爆炸后一段时间里，有大量不同的粒子不均匀地分布于宇宙空间中，由此形成了一大片分布不均的物质云，在这片物质云中，粒子彼此吸引，但整体的万有引力却没有达到平衡，就仍有某种扰动力使其旋转。有些粒子，可能因此而得到一颗伴星，那么两个天体间就有引力相互作用。当然，这其中还涉及电磁学、摩擦学和热学等等各方面的复杂问题。

这时，分散的物质云在引力的作用下逐渐聚合在了一起，同时由于其本身的非均一性和某些外力的作用而开始自转，于是便形成了一个大致的（不是完美球形的）旋转天体。它的形状将取决于其自转速度的大小，自转速度越快，其形状就越趋近于扁圆形。此外，这个天体的形状也与其组成物质的密度相关。

假设有一个呈标准球形的台球，在旋转中它会保持自已的外形近乎为球形；但若是一个旋转着的充水气球，则会呈两头扁、中间凸出的扁球形。事实上，天体大都有很大的质量和很高的自转速度，赤道附近的物质很可能会因此被甩离该天体，给它来一次“瘦身运动”。被甩脱的“赘肉”可能会四处分散开来，在某些情况下也可能会通过类似的过程形成一颗球状的卫星。

☆太空为什么是黑的?

地球上，白天的天空是亮的，这是因为空气分子能够反射阳光，就像一面面小镜子。但是在月球上没有大气层，所以天空一片漆黑，连星光也消失了。同样的道理，宇宙空间本身也是空荡荡的，几乎没有能够将光线反射进我们眼睛里的物质，所以我们看到的宇宙空间也是黑暗的——即使太阳周围也是漆黑一片。

但是关于宇宙的黑暗仍然存在着疑团：宇宙中所有的天体发出的光为什么不能合在一起形成明亮的光？天空为什么会在晚上变黑？

托玛斯·迪奇斯是16世纪的天文学家，他当时也研究了这些问题。他认为宇宙是无限的，宇宙在各个方向上拓展，在这个无尽的空间里，有无数颗恒星。

但是按照他的推理，如果宇宙里充满了恒星，天空被星光笼罩，那么夜空将和白天一样明亮。然而事实并不是这样。迪奇斯终其一生都没能解开这个难题。

威尔海姆·奥伯斯（一位19世纪的天文学家）也花了许多年来思考同样的问题，并且关于天空为什么是黑暗的问题被称为“奥伯斯佯缪”。奥伯斯考虑了很多种可能，最后认为原因是宇宙空间里的尘埃：或许我们看不见远处恒星发出的光，是因为宇宙中的尘埃吸收了这些光。

但奥伯斯死后，天文学家们计算了所有恒星发光的总和，结果发现，这个能量足以让挡在半路的所有尘埃升温发光。也就是说，夜空在闪亮的尘埃的照耀下也会变得一片光明。于是，问题又回到了起点。

显然，事实是夜晚被黑暗笼罩。一定是这个理论有问题。关键是，问题出在哪里？迪奇斯、奥伯斯和其他天文学家都认为在无限大的宇宙中有无数颗恒星。但事实上，他们错了。

美国马萨诸塞大学的爱德华·哈里森在他《夜的黑：宇宙之谜》一书中写道：宇宙中的恒星数量并不足以覆盖整个天空，所以夜空是黑的，其实宇宙本身也不是无限大的。

借助于强大的太空望远镜，我们几乎可以看到最远的恒星。光从遥远的恒星传播到地球上需要几百万年，所以当我们遥望夜空深处时，就是在回顾历史。最强大的天文望远能帮助我们看到某颗在100亿年前发出光的恒星。

宇宙的历史只有150亿年，天文望远镜越发达，我们就能看见越远的恒星，也就是越远古时期的景象。埃德加·爱伦·坡受到这个理论的启发，写下了许多带有恐怖和超自然色彩的小说、诗歌，其中有《渡鸦》、《告密的心脏》等。1848年，爱伦·坡在《我得之矣：一首散文诗》中写道：在漆黑的夜空深处，我们看到了宇宙诞生前的虚无。

按照哈里森的理论，爱伦·坡的诗刻画了一个真实的宇宙，就像他诗中写的“穿过群星，我们看到了宇宙的源头”。

☆如果航天飞机任务因故延长，补给用的空气从何而来？

在迄今为止的航天飞行任务中，宇航员呼吸用的空气成分——氧气和氮气都是装在气罐里带上天的。然而，已经有这样一项计划，即当空间站建成时，将在上面安装设备，以便从船员呼出的二氧化碳中制取氧气。

与此同时，在NASA（美国国家航空航天局）的约翰逊宇航中心里，科学家们正在进行一项空气和水循环利用技术的测试。他们把招募来的志愿者送进一间密封舱中，仅提供有限的空气和水以测试这项技术。科学家们利用机械和化学等手段循环利用舱内包括尿液在内的全部水和空气。在 NASA 过去的研究中还包括利用小麦循环产生氧气的研究。到 1997 年，科学家们利用植物和（或）生物化学循环制氧技术，已经进行了连续运行 60 天和 90 天的实验测试。

在 NASA 的位于亚拉巴马州亨茨维尔市的马歇尔航天飞行中心，科学家们曾设计出一套用于空间站的生命保障系统，利用集中器回收二氧化碳。在一个二氧化碳减量装置里，纯度达 95%的二氧化碳在氢气中燃烧，生成水以及包括碳和甲烷在内的其他一些无用物质。反应生成的水可用来当作空间站里的饮用水。

而卫生清洁系统中比较脏的水则被送入氧气发生器中，被电解装置分解成氧和氢，氧气被送回舱中供船员呼吸之用，结束循环。氢气则被用于推进系统，用来维持空间站以恰当的姿态运行，并且将空间站送入合适的轨道。

每人每天大约要消耗 0.73 千克的氧气。在以前的宇宙航行中，人们回收二氧化碳却不对其加以循环利用。

最初，苏联用一种多步骤化学回收系统获取氧气，供航天飞行因故延时之用。不过现在当然是转而使用类似电解的过程来制取氧气了，所需电解的水由"进步号"宇宙飞船负责输送补给。美国的航天飞船上的空气补给也是一样。

☆宇航服有哪些特别之处?

美国宇航员身着的宇航服是由数层超强纤维和其他材料制成的，它有足够的牢固度，以保证不会在真空的宇宙中破裂。

这 9 ~ 10 层的保护层包括各种材料和织物层，如直纤维（一种结合了凯芙拉纤维防断保护的特富龙纤维）、由涤纶平纹织物加固强化的镀铝迈拉薄膜层、覆有氯丁橡胶的尼龙织物层、涤纶织物、覆有聚氨酯的尼龙织物层、聚氨酯浸渍薄膜、多纤维丝伸展尼龙、内含水冷剂的乙烯—醋酸乙烯管，以及为宇航员穿着舒适而设计的尼龙薄绸衬里。

但是宇航服防护的主要目标并非真空拉力，更直接的威胁其实源自于宇航服密封失效和温度的剧烈变化：微小陨石的撞击破坏会在宇航服上击出小孔，造成内压外泄；宇航员处于地球朝向太阳的一面时宇航服表面温度会急剧升高，相反处于背向太阳的一面时温度则会急剧下降。

▲阿姆斯特朗登月时曾穿着昂贵的宇航服。

宇航服内的生命保障系统为宇航员提供呼吸用的空气并维持温度控制系统的稳定，后背上的背包则用来为生命维持系统提供所需的压力。

☆近地太空中是否有很多垃圾?

因为大量人造物体的逐渐增加，事实上近地太空正变得相当拥挤，并且由于这些东西互相碰撞而造成了更多的碎片。

做一个估测，假定近地太空中有7000个大型的物体，大约位于500 ~ 900千米高的位置上。其中2000个是仪表装置，但仅有大约5%在运行。还有4万个小块和碎片是碰撞的产物或是火箭分解后的残留物。还要加上大约300万的微粒，可能是剥离的涂料或是尘埃，其中的一些可能会以28.8万千米/小时——足以使国际空间站的窗子出现裂纹的速度——前进。

☆在外太空点蜡烛，会发生什么事?

19世纪伟大的科学家迈克尔·法拉第说过：“让你能进入自然科学殿堂的大门不会比思考一根蜡烛的理论更多。”

你也许会在太空船中而不是在太空里做这个试验。在地球上，蜡烛火焰的漂亮形状是由蜡在氧气存在的情况下燃烧形成的，空气中还包括二氧化碳和水。这些物质从火焰中升起，而空气中的氧气被吸引来替代它们——那就是给予火焰形状的东西。

在太空船中，火焰处于微重力之下，热空气不会升起，而底下的新鲜氧气也不会产生。这样的结果将是一个不会持续很久的奇妙的蓝色火焰，因为蜡无法在没有氧气的情况下燃烧。

☆在太空中受精、怀孕、出生和死亡与在地球上会有什么不同?

事实上，按照太空专家的理论，人的尸体在冰冷的、真空的宇宙中会被冻干。

人体内的水分会冻结成冰，最终消散在广袤的宇宙空间中。

冰可以不融化成水而直接升华成水蒸气；又因为太空中不存在氧气，尸体不会腐烂，尸体上也几乎看不到微生物分解的迹象。所有的一切就好像把人体深度冷藏了一样。不过，也没人知道冻干一具尸体到底要花多长时间。人在宇航服内死亡之后的情况也是如此，只不过冻干的过程要更长一些。

至于说到在太空中孕育新生命，交配、怀孕和分娩是三个不相关联的问题，随后幼体的成长也是另一个问题。到目前为止，人类尚未在太空中对任何一种哺乳动物进行过完整的生育试验。在这样的试验中包含有太多的未知因素。比如说，科学家们就不确定人类受孕过程是否必须在有重力的环境下进行。

在太空中，特别是在太空的深处，辐射强度要大大高于地球。所以除非有良好的防辐射措施，否则新生儿罹患先天性生理缺陷的概率要大大增高。目前，美国国家航空航天局正试图建造类似的防辐射设备。

胎儿早期发育又是另一大问题，因为大多数物种身体左右对称以及头足生长差异都与重力有关。

在苏联的一次太空试验中，怀孕的母老鼠产下的幼仔均表现正常。但是这批老鼠早在被送入太空之前就已经受孕，在太空中飞行一段时间后再返回地球分娩，因而研究的结果并不具有决定性的意义。

人体还会在太空飞行的过程中出现一系列的生理问题。从理论上说，诸如骨骼中钙质的流失、激素与体液的分解和失重状态下肌肉萎缩等现象都会影响到正常的受孕过程。

生物学发展中遇到的以上所有问题，都是在空间站上长期工作居住的宇航员需要加以观察的目标。

如果在怀孕的最后几周中胎儿不像在地球上那样顺着产道下降，那么在太空中分娩可能要花费更长的时间。但是整个分娩过程应该和在地球上差不多，因为分娩时肌肉收缩并不受地球重力的影响。

☆其他星球上会下雨吗?

地球上下雨不是什么稀罕事，我们经常会看到乌云密布，暴雨倾盆。在太阳系的其他行星上也有云团和风暴，但是这些云团却不是由水蒸气组成的，而是其他的化学物质或混合物。每颗行星都有其独特的大气和天气。

水星是距离太阳最近的行星，是一个火山密布、干旱荒凉的世界，白昼温度可以高达400摄氏度，这里的大气很稀薄，甚至难以察觉。水星上没有云，也没有雨。

金星是我们的近邻，有厚厚的云层，还有穿过云层的闪电。由于厚厚的云层包裹了整个星球，挡住了我们的视线，科学家们曾经猜想云层之下的金星或许是一个潮湿、多沼泽、丛林密布的世界。不过现在我们知道，我们的姐妹行星是一个岩石质的星球，正午温度高达 480 摄氏度。

金星上有真正的“酸雨”。黄色的云团不是水分组成的，而是硫酸。下“雨”的时候，酸液滴从云层中掉下来，但是在 480 摄氏度的环境中，液滴还没有落到地面上就蒸发掉了。

火星，离太阳第四近的行星，是人类迄今为止发现的与地球最相似的行星。今天的火星上覆盖着稀薄的大气层。从“海盗号”火星宇宙飞船送回的照片上看，火星的表面与美国西南部的沙漠地区很相似。在火星上的冬季，二氧化碳组成的云团飘在红色的平原上，岩石上有霜层覆盖。早上，山谷里会漂浮着薄雾。雾是火星上与雨最接近的天气现象。

在火星上可以找到类似于河床的痕迹。科学家们猜测，这里曾经有河流，但现在干枯了。他们认为，几十亿年前火星上有很厚的大气层，雨水可能很充足。今天，这些水部分储存在了火星极地地区的冰盖里，或是岩石和土壤里。

离太阳第五近的行星——木星，与金星截然不同。木星是一个不停旋转的气体球，主要由氢气和氦气组成。在木星的中心，也许存在一个固体核，淹没在氢气海洋之中。木星的周围环绕着彩云带。有些云团可能是由水汽组成的，但大部分云团不是，它们很可能是由带有刺激性气味的氨冰组成的。有些行星专家认为木星上会有风暴，而且有时很猛烈。木星上的雨滴（或雪花）可能是由氨晶体形成的，但是在落到木星表面的氢气海洋上之前，这些冰晶就会液化，然后蒸发到空气中。

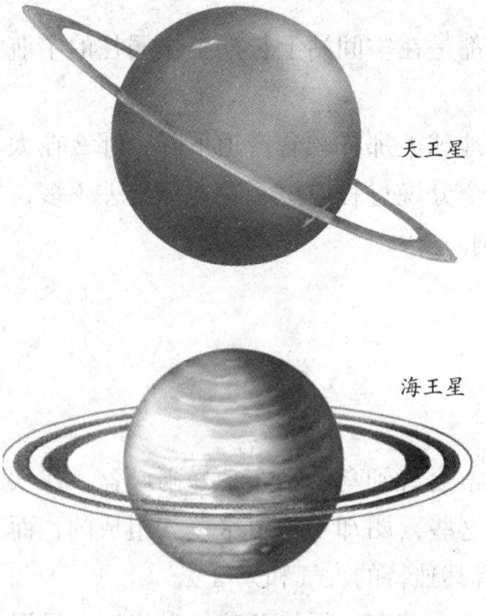

▲天王星和海王星都有行星环。这两颗蓝绿色的星球都处于由有毒的甲烷气体构成的云层的遮蔽之下。

土星是太阳系中另一个巨大的气体星球。土星上的环境与木星的很相似。“旅行者号”行星探测器曾在土星赤道附近发现一次绵延 5.6 万千米的雷暴天气。

天王星也是一个气体星球，它的表面也覆盖着厚厚的云层。有些云团的主要成分是甲烷，看起来很像是地球上雷雨云的放大版本。这些云团耸立在天王星的上空，形状像铁匠使用的铁砧。天文学家说，液态甲烷滴会从云层中掉落下来，但在降落的过程中就蒸发了。

遥远而神秘的海王星也是由气体组成的。海王星的云层由甲烷冰组成，但科学家们对这里的天气状况却几乎一无所知。

然而人类寻找天气现象的目光并不只限于这八大行星。泰坦是土星的最大一颗卫星，有时，甲烷雪花会从红色的云层中飘下来，落在由甲烷或氮气组成的海洋里。这里有时甚至会下冰冻汽油。

☆为什么冥王星会从行星降格为矮行星？

冥王星是太阳系中距离太阳最远的天体，曾一度被认为是太阳系的第九大行星。它的体积很小，距离我们又很远，所以我们对冥王星的了解并不是很多。冥王星的表面可能主要由氮冰构成，绕日公转周期约为 248 个地球年。在冥王星上永恒的暮色中，太阳看起来就像是一颗比较明亮的普通恒星。站在冥王星上，你绝对不会感觉到太阳与其他普通的恒星有什么差别。

不过，有时冥王星与太阳之间的距离比它的近邻海王星还要近，也就是说，有些时候海王星才是距离太阳最远的行星。1979 年，冥王星穿越了海王星的轨道，这就好像一辆车从另一辆车眼前斜插过去。

其实，早在几十年前，科学家就发现，冥王星的轨道与太阳系中其他行星的轨道不同，其余 8 个行星的轨道几乎在同一平面内，类似于以太阳为中心的一系列同心圆（事实上没有任何一条轨道是正圆）。而冥王星的轨道平面则明显与其他八个行星的不重合，于是在绕日旋转的同时就免不了跨越海王星的轨道，所以它时而在八大行星的头上，时而又沉到它们的脚下。

后来，越来越多的天文学家开始重新思考冥王星的身份问题，它们觉得将冥王星划分为行星似乎有些不妥。原因是冥王星的体积太小。我们知道太阳系的前四大行星——水星、金星、火星和地球——都是体积较小的石质星球，接下来的四颗行星——木星、土星、天王星和海王星——是体积庞大的气体星球。冥王星的体积与月球差不多大，与外太阳系的大个头的邻居们相比，这个尺寸就更小得离谱。冥王星的卫星卡戎的体积大约是冥王星的一半，从这个尺寸来看，卡戎更像是冥王星的姊妹星，而不是卫星。

所以质疑的观点认为，冥王星和卡戎不属于九大行星体系。冥王星是类似于行星的星体，但却不是行星。冥王星和卡戎都是外太阳系边缘许许多多的准行星中的成员。还有些天文学家认为在冥王星和卡戎之外还有成千上万的“冥王星”。

2006 年 8 月 24 日，国际天文学联合会通过决议，将冥王星降格为“矮行星”，而其他许多同类的星体也被命名为“矮行星”。这些星体距离我们非常遥远，而且是黑暗的，所以很难被发现，它们都在外太阳系很远的地方绕日旋转。

☆月球是从哪里来的?

我们通常认为月球是唯一的。实际上我们看到的月球只是宇宙中成千上万颗“月球”之一。我们知道地球绕着太阳转，而月球又绕着地球转。月球是地球的卫星，也就是说，月球是地球公转旅途中的伴侣。

火星有两颗小卫星，就像旋转着的小土豆。木星至少有16颗卫星，土星至少17颗，天王星的卫星可能不止15颗，海王星有8颗。太阳系中，只有水星和金星没有卫星。

与我们熟悉的月球不同的是，许多外太阳系的卫星表面不是干燥坚硬的石头，而是液态冰。木卫二的表面像桌球一样光滑，人完全可以在上面溜冰。

所有卫星，包括我们的月球在内，都是在40多亿年前与众多行星同时形成的。它们都来自太阳星云——一个围绕着初生的太阳的巨大的气体和尘埃云团。在接下来的几百万年里，旋转中的云团里的物质相互碰撞并黏附在一起，形成越来越大的天体，最终出现了围绕着太阳旋转的大大小小的天体。

这么多物体在太阳周围高速穿梭，碰撞事件频繁发生。新生的行星碰撞在一起，撞出的大碎片又飞溅到太空中。整个过程持续了几百万年。当所有的天体都找到合适自己的位置之后，太阳系便诞生了：八大行星以及50多颗卫星、成千上万颗小行星、流星和彗星围绕着太阳公转。

月球的诞生可能是一个剧烈的过程。天文学家们通过仔细研究月球上的岩石，并将其与地球上的岩石比较，可以对月亮的形成过程做出一些猜测。在40多亿年前，年轻的地球还很热，事实上，这时地球的表面还是熔岩（类似今天火山口喷出的岩浆）。在地球附近，可能有一颗较小的行星或是较大的小行星，它与地球相向而行，注定了一场剧烈的碰撞。这颗较小的星球以4万千米/小时的速度冲向地球，两个星球表面都是岩浆，这场冲撞引发了大爆炸。溅起的物质中，一部分回到地球，与液体熔岩表面重新融合，于是这个外来天体成为我们今天脚下的地球的一部分。而溅出去的部分则最终形成了月球。

☆为什么月球、水星和金星表面上遍布陨坑?

随着年龄的增长，组织和细胞的老化，老年人的脸上都会留下岁月的印记：微笑和皱眉都会在眼角和嘴角刻下皱纹，日晒会形成斑点，水痘和痤疮则会导致麻点……

46亿岁高龄的行星和卫星的脸上自然也少不了各种印记。大陆板块互相挤压，形成山脉；火山爆发，喷出灼热岩浆，随后岩浆冷却，又变成固体岩石。如果这些星球上有大气，风吹雨淋也会改变地貌。

还有很多更剧烈的因素可以塑造行星和卫星的表面，比如小行星、彗星和陨星的冲撞。它们从宇宙空间里呼啸而来，会狠狠地撞在星球表面上。这种直接的冲撞会形成"撞击陨坑"。

直接撞击会严重破坏星球表面。比如，一块直径30米的陨石以54400千米/小时的速度与地球相撞，产生的能量相当于400万吨炸药或者好几颗核弹爆炸放出的能量。

在陨星或类似物体撞击行星和卫星固体表面瞬间，发生碰撞的部位就会有残片被溅射起来，而且残片的运动速度极快。与此同时，星球表面的岩石被压扁，冲击波在周围岩石中迅速传播。如果陨石的体积较大，冲击波还会使岩石开裂甚至崩裂。如果陨石体积非常大，那么岩石很可能会在因碰撞产生的热量作用下熔化。

由于碰撞产生热量，受压岩石受热膨胀，自己也会裂开来。岩石碎片从火山口里喷射出来，散落在周围，给地面覆盖上一层厚厚的碎石（在大陨石坑附近就有碎石层）。

随着时间的推移，陨坑的形状会发生变化。坑壁可能会坍塌；风吹雨淋会侵蚀陨坑，陨坑中央被填入碎石和沙粒；地下深处的岩浆会沿着岩石的缝隙涌上地表，填充陨坑，然后凝固。

目前地球上已经发现二百多个陨坑。当然，在46亿年的历史长河中，袭击过地球的外星来客远不止这些，但是它们留下的痕迹却由于侵蚀、岩浆等作用消失得无影无踪。

但是月球上没有风和雨，因为那里根本就没有大气。虽然月球上也曾经有过火山爆发，但与地球上的环境相比，那里仍然平静得多。所以宇宙空间来的陨石撞击月球留下的痕迹可以保留很久，有些甚至已经有40亿年的历史。这些痕迹大小不一，大的有960千米宽，小的甚至只有图钉帽那么大（这些小坑是由一些很小的陨石撞击形成的）。

☆月球离我们的距离会变化吗?

月球与地球之间的距离为35.7万~40.6万千米，这个距离是时刻变化的，因为月球绕地球运动的轨迹不是正圆形，而是椭圆形，有点像鸡蛋的形状。

其实，月球正在慢慢地远离我们，大约每年3.8厘米，几万年之后，地球上的人们看到的月球将比今天的小。也许有一天，月球会彻底离开地球，但这种情况发生的可能性不大，因为月亮与地球之间的引力作用会平衡二者之间的距离。

任何运动的物体都有维持直线运动的趋势，这种性质叫作惯性，所以，做圆周运动的物体总有逃逸的趋势，也就是离开圆形轨道向着切线方向笔直地飞出去，就好像有力朝向远离圆心的方向拉着它，这个力就叫作离心力。如果你在游乐场里玩过快速旋转的电动玩具，或者坐过急转弯的汽车，你就会有体会了。围着地球转的月亮也有远离地球的趋势，但它受到的离心力刚好与地球对它的万有引力相平衡，所以它一直待在轨道上。

现在，月球围绕地球公转一周需要27天。但是28亿年前，当月亮离地球比现在近得多时，它绕地球转一周只需要17天。位于美国亚利桑那州的图森行星科学研究所的一位研究员克拉克·查普曼认为，月球与地球之间的距离曾经比这还短。依据查普曼的说法，在46亿年前，地球和月亮形成之初，月亮围绕地球旋转一周只要7天时间。那时，如果有人在地球上能看见月亮升起的话，他会在地平线上看见一个巨大的月球。

有趣的是，是地球上的潮汐现象使月球距离我们越来越远。月球的引力作用于地球上的海水，但地球不是静止的，它不停地自转，当地球上朝向月亮的海平面受月亮吸引升高时，这片海域同时随着地球的自转远离了月球。这部分涨潮海水的万有引力对月球有吸引的作用，但这片海域又不是正对着月亮的（因为地球自转），月球就被拉向了前方。这相当于拉大了月亮的公转轨道。

随着轨道慢慢变大，年复一年，月球就离我们越来越远了。虽然这个变化是非常微小的，但是日积月累，几百万年以后，月球也许会最终脱离地球的引力场，进入它自己绕太阳运转的轨道。但这种情况出现的可能性很小，因为潮汐同样会影响地球。海水的波动会削减地球自转的速度，一百年的时间就可以让一天延长半分钟（这么说，几十亿年前，一天大概只有6个小时）。

照此推算，几百万年后，地球自转一周的时间会与月亮绕地球公转一周的时间相同，也就是说，一天和一个月的时间是相同的。当然，那个时候的一天要比现在的 24 小时长得多。

一旦地球自转与月球公转同步起来，海潮就可以时刻对准月亮了，这样月亮就会开始被拉回地球的方向。从此，整个过程发生逆转，潮汐的运动将滞后于月球，使月球轨道慢慢缩小，从地球上看到的月球又会慢慢地大起来。

☆ 为什么在白天也能看到月亮?

正是由于你假设自己出于某种原因在白天看不到月亮，才使这个问题显得格外有意思。其实无论在白天还是夜晚，月亮本身并没有什么不同。

在白天，太阳强烈的光芒掩盖了一切的光亮，因此就算这时候能够看得见月亮，它也往往不为人所注目。但在夜晚，月亮就成了天空中最明亮的物体。

月球一个月绕行地球一周，因此它在一天 24 小时内呈现不同的景象。地球上每天所能看到的月亮大小取决于当天的月相，或者说在某个特定的时间太阳能照亮的月球表面积。白天由于大气层对太阳光有散射作用，因此天空十分明亮。但是月球距离地球足够近且本身也足够大，所以也能反射部分阳光，显得比周围天空亮，使人们在白天也能看见它。

但地球上的人们却无法在白天看到星星。不过，就算空中有耀眼的太阳，在月球上的宇航员也能一样看到星星。这是因为月球上不存在大气层，太阳光也就不会被散射，所以即便是在白天，你也能看到布满在漆黑天空中的点点繁星。

☆ 地球有多重?

我们所说的重量是指地球作用于某人或某物之上的重力。所以说探究地球的重量有多少基本是没有意义的，因为只有和其他物体相比较时地球才会有重量。

不过，人们可以通过计算地球作用于一个已知质量的物体上的重力效应，估算出地球的质量（地球所包含的物质的量）。基本上来说，地球的质量不同，对其他物体的影响作用也不同。大多数科学家计算得到的地球质量大约为 5.98×10^{24} 千克。

在太空时代到来之前，估计地球质量是件相当复杂的事情。1774 年，内维尔·马斯基林第一个计算出了相对准确的地球质量值。他还根据一个钟摆在重力作用下的摆动规律，估算出苏格兰境内一座高山的质量并计算出它的重力效应——相对于地球重力。

现在，通过观察围绕地球旋转的人造卫星的运动，人们可以更准确地估算出地球的质量。

☆南极和北极哪个更冷？

南极要相对更冷一些。

南极的平均气温只有约 –25 摄氏度，比北极的平均气温要低 10 ~ 15 摄氏度。南极洲有记载的最低气温是于 1983 年 7 月 21 日在沃斯托克冰湖测得的，当时的气温为 –89.2 摄氏度。

南极气温较低的原因至少有两个，其一是因为观测站建在海拔 3600 多米的高原上，在如此的海拔高度上空气稀薄，很难留住太阳辐射的热量。太阳一落山，大部分的热量很快就辐射掉了。

同时，与四周被大片的浮冰所环绕着的北极不同，南极被广袤的南极雪原所包围着，因此南极大陆基本上无法留住太阳的辐射能，大部分（大约 80%）的太阳辐射都被南极永久存在的雪被给反射回去了。

☆为什么古代建筑物会沉到地表以下如此之深的地方？

尽管考古学家们也在努力地进行发掘，但却未必能发掘出已经沉降到地下的古代城邦遗址。古代城邦遗址通常会被新的建筑物或是自然界中的沙石、各种残骸堆积覆盖。当然也有例外，比如阿兹特克人将神庙建在墨西哥城的一个湖床上，由于地基的缘故，神庙最终沉入了地下。其实，现代建筑如果建在那种地基上也会和古代的神庙一样沉入地下。反观玛雅文明，建在坚硬的岩床上的玛雅古建筑便能长久屹立。

位于伊拉克南部的乌尔遗址便是建在高出地平面 21 米多、面积数百公顷的大土墩上面的。其他一些残存的古文明遗址也是如此。后继的文明在古代城邦的遗址上面继续建造房屋等建筑，之后随着城市被废弃，各种建筑也逐渐被风沙和动植物残骸所掩埋。

形成中东古文明遗址的另一个原因是泥砖在建筑中的大量使用。泥砖建造的房屋相当经久耐用，只需偶尔进行少许维护工作并注意防止雨水冲蚀便可。但是一旦泥砖建筑遭到废弃，人们往往还会同时抽走其中宝贵的支撑木料，于是天长日久之后，泥砖房屋最终会化为黄土，堆积成恒久的土山，化作人们口中的历史传说。

也可能会有新的文明在古文明的城邦遗址上再度建立起来，于是几个先后产生的文明遗址被相继叠加起来，整个遗址群看上去像一块巨大的千层糕一般。

☆ 科学家们如何测量珠穆朗玛峰这类高山的高度?

最简单的测绘方法是在已知某个高度或距离的情况下，构筑三角形从而计算出目标山峰的高度。侦察兵在测量树木高度时也正是采用的这个方法。目前，在卫星的辅助下，该测绘方法仍然被人们广泛使用。

在实际应用三角测量法时，先要建立一条已知长度的基准线。要测量出任意两点之间的距离，需要以这两点为顶点构筑一个三角形。基准线两端的测绘人员便能够根据基准线测量计算出该三角形的三个角和另外两条边的长度。在对大块面积进行测绘时，测绘人员会根据基准线构筑一系列的三角形，任意三角形与相邻的三角形至少共用一条邻边。

西方人将珠穆朗玛峰叫作埃弗勒斯峰，其实就是以乔治·埃弗勒斯的名字命名的。在他的主导下，人们利用上述测绘方法进行了19世纪的印度地理大测绘。

1987年，为了确定珠穆朗玛峰的真实高度，一支意大利探险队采用全球定位系统卫星传回的信号，在喜马拉雅山脉上4个地面站进行了多次观测。在收到从卫星传回的编码信号的同时，地面接收器记录下接收到卫星信号的准确时间，并计算出信号从传送到接收所经过的时间。将该时间乘以光速，所得结果就是地面站和卫星之间的实际距离。人们由此得到地面站的经度和纬度值，并通过进一步计算求出地面站的实际海拔高度。以这些通过细致测量得到的距离为基准线，意大利人按照常规的三角测量法测量出珠穆朗玛峰峰顶的高度。其测量的

▲青藏高原形成示意图

结果是：珠穆朗玛峰海拔高度是 8872 米。

2005 年 5 月 22 日，中国登山队重登珠峰，并再次精确测量出其高度，为 8844.43 米。喜马拉雅山脉是由于印度洋板块和亚欧板块碰撞隆起而形成的，目前两大板块仍在以每年 1.27 厘米的速度相对运动。

☆地球上的水从何而来？

对于地球上水的来源，主要有两派不同的观点：有的人认为水从一开始就存在了；有的人认为水是地球形成稍后因彗星撞击而得来的。

许多年以前，人们倾向于认为地表上的水是最初就积存在地球内部的，随着地球 45 亿年来的演化，地下积存的水逐渐冒出地面，在地表汇集起来。可能从全球的物质在重力作用下聚合在一起的时候起，水就已经在地球上存在了。这番理论至今依然被广为传播，而且在火山爆发时，地球内部的水确实也会以水蒸气的形式冒出来。

但在最近的几十年中，人们开始思考彗星或是类似彗星的天体撞击地球表面，给地球带来水的可能性。随着这一理论的推演，人们认为这些天体可能绝大部分由水组成，因而当它们撞击地球的时候除了剩下大量的水，几乎没有留下任何地质学上的痕迹。

月球上最大、最重要的一些陨坑都已经有大约 40 亿年的历史了，其中的 90%左右和整个太阳系的年龄相仿。许多人对此的解释是在太阳系形成的早期曾有大量的外来天体撞击月球。轰击月面的这些陨星当中可能就有一部分类似彗星的天体，人们认为这些外星物质可能就是地球上水的重要来源。基于这样的理论，火山喷发携带出来的水蒸气可能就是先前由于地球板块构造而渗入地下的水，现在不过是在恰当的时机重返地面而已。

☆地震为何多在夜间发生？

地震是一种会带给人类极其严重的危害的自然现象。一座城市在一次 7 级以上的地震中，顷刻间可被夷为平地，人员死伤不计其数，惨不忍睹。

地震的危害不但在于它的突发性强，而且在于夜间出现的频率极高，甚至会突然降临在深更半夜人们熟睡时。例如，有“20 世纪十大地震之一”之称的 1906 年 4 月 12 日美国旧金山 8.3 级大地震，在凌晨 5 点 12 分发生；1906 年 5 月 22 日在智利发生的 20 世纪最大的 8.9 级地震，则在日落之后的 19 点 11 分发生；中国唐山地区1976年7月28日发生的7.8级大地震，在凌晨3点42分发生；1995年1月17日日本神户发生的大地震，在清晨5点46分发生，当时绝大多数人正在睡梦中。据统计，中国境内1985年总共有25次5级以上的地震发生，其中在日落后的19点以后到次日早晨6点之间发生的大地震竟有20多次之多，占总数的80%。对受害者而言，地震在夜间发生更是雪上加霜。

其实地震随时都可能发生，而事实上多在夜间发生，主要是因为受外因——太阳和月亮引力的影响。我们知道，海水在一天里有两次涨落，是由太阳和月球的引力所引起的。同时，地壳的“潮汐”现象也是由太阳和月球的引力引起的，只是平时我们没有察觉罢了。据测定，北京一带的地壳在朔望时(即农历的初一、十五或十六)大约可以有40厘米的升降。若是地球内部在孕育地震的过程中，当地下的岩石受到接近于破裂的力的作用时，而这时正好又受到太阳和月球的引力作用，这样蓄势良久的地震能量就会猛然间迸发出来。太阳和月球的引力在这里就起到了导火索的作用。

地震不但常在夜间发生，而且还常在农历初一、十五或十六前后发生。因为太阳和月球的引力在农历初一、十五或十六前后是最大的，例如，1976年7月28日发生在中国唐山的大地震，正好是农历七月初二；而1995年1月17日发生在日本神户的大地震，也恰是农历十二月十七。诸如此类的例子，不计其数。

由此可知，地震多在夜间发生，而且还常在农历初一、十五或十六发生，并非偶然现象。

☆为什么地球上几大洋相互连通却没有一个统一的海平面?

.科学家们将地球看作一个整体，从而计算出平均海平面高度，但该值仅仅是通过对整个地球进行一系列的观察后得出的一个数学平均值。事实上，不仅不存在全球唯一的“海平面”高度值，而且世界各大洋各自的海平面高度还会因为某些因素而不断发生改变。

就拿巴拿马运河来说，运河两端的大西洋和太平洋的洋面就不在同一水平高度上。两大洋虽然经由南美洲大陆底部相互连通，但是由于地球自转的原因，各处的海平面高度也不相同。从理论上讲确实可能开凿出一条“海平面”运河，运河里的水能自主地处于大洋间平均水平面高度上，但这一想法却因为开凿一条如此深度的运河花费太过巨大而被否决了。人们最终采用在运河上建造许多水闸的施工方案作为替代。此外，月球引力（引起地球潮汐现象的原因）对海水的作用也随着各地与月球相对距离的不同而变化。这也是引起海平面高度不同的原因之一。

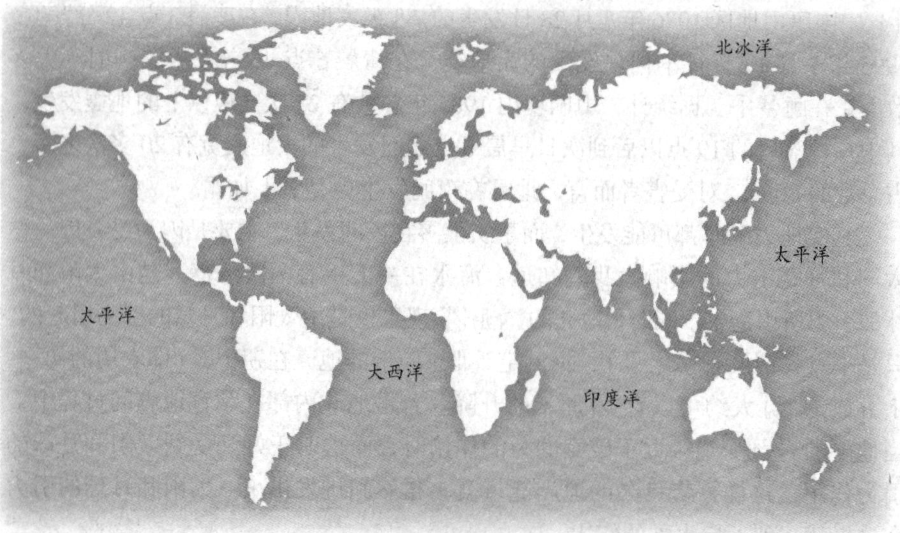

▲有些地图将太平洋和大西洋分为南北两个部分并分别进行命名，然而太平洋和大西洋本身都是一个大洋。

海水的流动需要一定时间，而现实情况是海水流动速度的变化往往不及以上几个影响因素变化来得快，因此才会造成海平面高低不同的情况。甚至在某座大岛屿的两侧，也会出现海平面高低不同的情况，比如在加拿大的温哥华岛周围就是如此。

此外，科学家们认为通过河流入海的总水量对海平面高度也有一定的影响。比如有好几条大的河流流入大西洋，但流入太平洋的大河就要少很多。

☆如果北极冰帽完全融化会有多少陆地因此被淹没?

科学家曾对这种情况下海平面的上升高度做过估算，但是要确切地知道被淹没的陆地面积则必须对全球海岸进行极为复杂的调查。

如果南极东部冰盖融化的话，全球海平面将会上升 60 米，而南极西部冰盖融化的话，全球海平面将会上升 6 米。

虽然一般认为格陵兰岛的冰盖要比南极的稳定，但是一旦格陵兰岛上的冰盖融化的话还是会对全球海平面高度产生一定的影响。比较正式的估计结果是格陵兰岛冰盖完全融化后，海平面上升范围在 7.1 ~ 7.4 米之间。

综上所述，南极和格陵兰的冰盖融化后，海平面总的上升高度大致为 74.4 米左右。

北极冰层融化的话不会对海平面高度产生什么太大的影响，因为北极冰盖本身就是由海水结冰而形成的，是一块只有一小部分冰层浮出水面的巨大冰块。人们所关心的其实是冰层融化后随之而来的海水淡化问题，因为极地冰层是陆地上的淡水，如果冰层融化，大量涌入的淡水将对现有的海水造成一定的冲击。

对冰层融化后被淹没的陆地面积的估算，即便是随意猜测，也要基于全球永远变动的海岸线（假设坡度为千分之一）可能会被新的海平面淹没的状况来进行。

同时，科学家还要考虑当南极大陆所负载的冰盖重量消去后随之而来的地壳反弹现象。冰盖巨大的压力使得南极大陆处于海平面以下，如果消去冰盖的重量，地幔就会相应地向上抬升。今天斯堪的纳维亚半岛之所以仍在不断地上升，便是由于大约 1 万年以前半岛上所负载的冰层被消除的缘故。

☆“大气能见度”这个指标是如何测得的呢?

白天能见度的定义是：在白天的天气状况下，人仅凭肉眼所能看到的远方地平线上标志物的轮廓并将其同天空背景区分开来的最大水平距离。对白天大气能见度的估测取决于当地的地面标志物和气象条件。夜间能见度是可能看见一个中等强度的已知光源的最大距离。

对于夜间执行飞行任务的飞行员来说，大气能见度是用视距测量仪来测量的。该测量仪将一束窄光束聚焦到 167 米处的光电电池上。光电电池的输出取决于从大气透射的光。光束的衰减度取决于大气的透射率，人眼（也就是飞行员的眼睛）的可见范围与此直接相关。

如果大气对光线没有衰减作用，从理论上说人就能看到无穷远处。如果光线全部衰减，能见度就低于 167 米，也就是测量仪中从光源到光电电池的距离。

☆降雨量和降雪量是如何测量出来的?

降雨量可以非常直截了当地测到，但是对降雪量的准确测量却有一定难度，测量工具也相应的较为丰富多样。要测量某一段时间内的降雨量，气象局的做法是用一个简单的圆柱形管子收集降雨，然后将给定时间内收集到的雨水灌注到一

个更小的圆柱形管子当中——该管子有类似量油计的分级和测量刻度。

不论是在降雪过程中还是过后，很多因素都会影响到积雪的深度，特别是风力大小和测量频率。这是因为当雪越积越厚时，其自身的重量会把下层的积雪压紧压实，压紧后的积雪深度要比中间含有空气时低。

美国国家气象局的大纲提倡气象人员使用一种新的积雪测量板。使用时将这种测量板放置在风雪中以收集积雪，每隔 1 小时测量积雪量并将测量后的积雪扫除干净。毫无疑问，这将是一项费时费力的工作。

气象学家们则正在尝试一种当降雪停止后对从 10 个不同测点测得的数据求取平均值的新方法。

☆为什么我们感觉不到地球的转动?

我们在坐车或者坐轮船的时候，能够强烈地感觉到车船在前进，但是为什么我们感觉不到地球的转动呢？是因为地球的转动没有车船的速度快吗？当然不是。地球转动的速度是很惊人的。拿地球自转的速度来说，它在赤道上的速度达到 465 米 / 秒，这比车船的速度要快多了。

当我们乘船在江河上航行的时候，感觉到两岸的景物迅速地向后退去，于是我们意识到船在向前进。但是当我们乘船在大海里航行的时候，四周都是碧蓝的海面，远处几只随船飞行的海鸥就像是钉在天幕上一样，我们就会有停止不前的错觉。所以，我们之所以能够感觉到速度，是因为旁边有相对静止的事物可以当作参照物，如果看不到静止不动的参照物，我们就不会感觉到速度，而认为自己是静止不动的。

同样的道理，因为我们身边的事物都随着地球一起转动，他们并不能帮助我们觉察到地球的转动，而只有钉在夜空中的星星可以给我们一些启示，但是它们太遥远了，在较短的时间内，我们看不出它们位置的移动，所以我们感觉不到地球的转动。

☆为什么大气中的氧气不能过多?

地球上的大气是由很多种气体共同组成的混合物，含量最高的是氮气——大约占空气总量的 77%；其次是氧气，占 21%；其余的 2% 主要由痕量气体组成，包括氩气、二氧化碳、氦气、氖气、氪气、氙气、一氧化二氮和一氧化碳等。此外，空气里还含有不定含量的水蒸气。

人类离不开氧气，因为氧气维持了机体的运转。早产的婴儿通常会被放入氧气含量比较高的育婴箱，因为他们的肺还没有发育完全，呼吸功能不完善。育婴箱里的氧气含量通常是30% ~ 40%，这比空气中21% 含量要高出很多。对于出现严重呼吸障碍的婴儿，为防止脑供氧不足，有时还需要为他们戴上氧气罩，让他们呼吸100% 的氧气。

但是氧气过多同样对人体有害。育婴箱里氧气含量过高会使婴儿血液中氧含量升高，而过高的血氧含量会损伤婴儿眼球里的血管，从而导致视力下降或丧失。

这说明了氧气的两面性。一方面，人类依靠氧气才能生存；另一方面，氧气也会成为危害生命和健康的毒药。

当空气中的氧气与其他元素（像氢、碳）混合在一起时，通常会发生化学反应，叫作氧化反应。在氧化反应中，通常一些构成生命的最基本的有机分子会被分解。

☆地心温度为什么如此之高?

如果我们可以像切水果一样把地球一分为二，我们就可以看见地球的内部是分圈层的。地壳是地球的最外层，类似水果的外皮。地壳的平均厚度约为17千米，庭院里、公园里的地面是地壳的最外层。如果从地面的土壤开始向下挖，最终会碰到岩石圈。陆地上，地壳的主要成分是花岗岩。在像美国科罗拉多大峡谷这样的地方，流水的冲刷已经把一部分地壳侵蚀掉，这里的花岗岩已经暴露在外了。而在海洋下面，地壳就薄了很多，从海底开始，地壳层向下延伸约4.8千米，主要成分是另一种岩石——玄武岩。

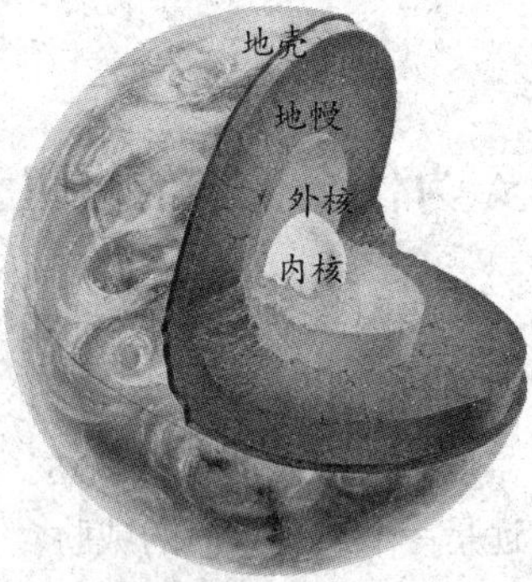

▲**地球结构剖面图**

地球从内到外依次分为地核、地幔和地壳三层。

在地壳下面是深厚的地幔层，它的厚度约为2865千米。目前科学家也并不十分了解藏在地下深处的地幔层，只知道地幔的最外层可能主要是由一种叫作橄榄岩的岩石组成的。科学家认为，地幔中至少有一部分是柔软的，因为在靠近地心一侧与地幔层相接的是液体熔岩。

最后，地幔下面是地球的中心，也就是地核。从地核最外层到地球最中心大约有3480千米的厚度。看起来，这里由于远离太阳这个热源，似乎应该比南、北极地区更加寒冷。可是事实刚好相反，地心附近温度极高，平均约为4000℃以上，如此高的温度使地核的外层呈现液态，主要是熔融状态的金属。想象一个仓库，里面装满了熔化了的平底煎锅，这就与地心处的景象差不多了：混合了氧和硫的液态金属四处流淌。随着地球的自转，这个地下海洋也形成了自己的洋流。

地核的密度非常大。因为星球的大部分重量都压在地核上，所以这里的物质被紧紧地挤压在一起。科学家们认为，巨大的压力使地球的内核成为一个固态铁核（也含有少量氧和硫）。即使温度很高，但是巨大的压强使所有的铁分子都紧紧地压在一起，宏观上维持着固体的状态。地球中央的固态金属球大约是月球体积的3/4，被包裹在液态金属的海洋中，成为星球中的星球。

地球深处的热量是哪来的呢？大部分热量是46亿年前地球形成时产生的——体积较小的物体撞在一起形成地球就会放出热量。但有些地质学家却认为大部分热量来自于地球深处的天然的放射能。

地球内部的放射性元素会释放粒子，比如电子，这些粒子与岩石层中的原子碰撞，将部分能量传递给岩石中的原子，岩石的温度就升高了。地球形成初期，这些放射性元素使地球内部的岩石变得非常热，而岩石很容易保存热量（可以想想夏天太阳下的石头有多烫），所以这些热量就被保留在地球内部了。几百年之后，地球内部的高温已经足以熔化岩石中的金属物质。后来，重金属又从较轻的金属中分离出来，沉入地心，形成了地核。

☆为什么干旱的塔里木盆地会有地下水库？

我国新疆维吾尔自治区的塔里木盆地四面被高山和高原所环绕，是一个封闭的盆地，四季风都难以到达。在这里干旱永远是一个十分致命的威胁。

然而，经有关部门多年考察，发现塔里木盆地的地下竟然有巨大的天然水库，仅盆地西部的地下水库每年就可提供60亿立方米优质水，相当于黄河的1/8。

为什么塔里木盆地地下会形成巨大的地下水库呢？

▲塔里木盆地中部有干旱的塔克拉玛干沙漠。

考察表明，塔里木地区有非常长的聚水期。早在30万年前，塔里木盆地和柴达木盆地还是连在一起的大海，后来这里的地壳逐渐抬升，但还是个湿润地带，降水比较丰富，草原、沼泽密布。这一时期一直持续了数万年，使得塔里木地区积聚了大量地下水。

后来，南面的昆仑山、阿尔金山和青藏高原，北面的天山不断隆起，塔里木相对沉降成为盆地。四周山地降水和高山冰川融水都源源不断地汇集向盆地，当时曾有河流 100 多条，其中大河有 13 条，这些河流的水在盆地大量垂直下渗，使得地下水更为丰富。

☆撒哈拉沙漠曾经是绿洲吗？

撒哈拉大沙漠位于非洲大陆的北部，方圆 800 万平方千米，横跨阿尔及利亚、摩洛哥、埃及等 11 国的国境。提贝提斯和阿哈加尔两处山脉位于它的中部。非洲的山脉气势雄伟，怪石嶙峋。由于暴风常常袭击山脉，而且昼夜温差很大，山上的石头因此有不少变成了迷宫似的石窟和岌岌可危的石桥。

起初，这些石窟并没有引起人们的注意。后来考古学家在一次科学考察中，在这些石窟山洞里发现了原始人留下的岩画。这些岩画有早期和晚期之分，石刻的属于早期，晚期的则是用黄褐色的泥土画上去的。

当时人们的生活情景是这些岩画描绘的主要内容。这些绘画让发现者目瞪口呆。早期岩画中以描绘动物为主，有长颈鹿、野牛、狮子、鳄鱼、河马、鸵鸟等，还有成群的牛羊和放牛的牧人。后期的岩画中，则已有了两匹马拉车的兴盛场面。

古人的生活场景被栩栩如生地描绘出来了，为后人研究当时的历史提供了宝贵的资料。科学家也由此推测，当时，也就是五六千年以前，撒哈拉地区肯定不是今天这样的寸草不生的沙漠。那时候，这一带十分适合人和动植物的生存。这里气候湿润，植物茂盛，原始人类和野生动物曾在这里生活了很长一段时间。后来不知是什么原因，也不知究竟是什么时候，这一片生机盎然的绿洲消失了，被一片死气沉沉的茫茫大漠取而代之。

有地理学家认为，绿洲变沙漠是自然条件作用的结果。因为这一地带日照时间特别长，气候极为干燥，最热的几个月中平均温度超过 30℃，地表温度更是高达 70℃。除此之外，还有一股叫“哈马丹”的东北风不停地横扫着这片地区，使整个地区天昏地暗、飞沙走石，再好的植被，也会被扫荡一空，无法生存。

生态学家认为，这片土地自古以来自然条件就十分恶劣，一直经受着太阳的曝晒和季风的侵扰。之所以会有绿洲变沙漠的结果，完全是人类自身的活动所致。人类本身就是生态环境中重要的一环，环境的改变很大程度上取决他们对于这块生活家园的态度和作为。据分析，这里的人们因为犯了一个难以挽回的错误而造成了现在的后果：在当时的农牧社会里，为了发展经济和战胜敌人，增加人口变得越来越重要。随着人口的增多，田地变广了，牲畜地变多了，渐渐地绿色原野就无法负荷了。土地—植物—动物—人类这根生命的链条一旦被破坏，就会在自然灾害的肆虐中完全崩溃。

我们从撒哈拉沙漠形成的过程中得到这样一个启示：在自然—社会—文化生态的系统中，人类的文化必须适应环境的变化，同时应运用生态的理念去帮助自然环境朝积极的方向发展。倘若缺失其中的任何一个环节，环境就会不可避免地走向恶化，人类意想不到的灾难就会从天而降。

☆月牙泉为何不会干涸?

月牙泉名为“泉”,实际上它是一个“袖珍湖”,但是这个湖的形状像一湾月牙，因此被命名为“月牙泉”。月牙泉不但美景如画，还盛产“三宝”：一是泉水中出产的铁脊鱼，这种鱼能治疑难杂症；二是泉底有一种可催生壮阳的草叫七星草；三是湖岸有如同彩虹一般美丽灿烂的五色沙砾。

据《元和郡县志》载：在鸣沙山旁有一泓泉水，名字叫沙井。这口泉从古到今，无论风沙多大，都有甘美的泉水。沙漠中光照强烈，气候干旱，蒸发量大，其他的湖泊泉眼有的会干涸，有的会被风沙填没，只有月牙泉永远填不没，永远不干涸。为什么会如此呢？这就需要了解月牙泉的成因。

传说中国汉朝时期，有个名为李广利的将军曾征伐大宛（这是古代一个国家名，在现在的中亚费尔甘纳盆地），之后，在退兵返回的路上，大军曾经在这个地方驻扎过。当时，因为在沙漠中行军，士兵们都十分渴，军心动摇。在这种危急的情形下，李将军急中生智，“引力刺山，有泉涌出”。这就是月牙泉的由来。民间传说认为它是天赐的“神泉”，这才在沙漠中永不干涸。但这只是传说，不足为信。

科学家对月牙泉进行了深入的考察研究，发现古时的月牙泉并不是单独的一个小湖，而是党河的一部分。美丽的党河在这个地方打了个湾，这就是月牙泉的前身。后来，党河河水不再从这里经过了，但这个美丽的河湾却留了下来，永远地站在了鸣沙山边，成为一个独立的小湖。那么为什么它可以在烈日的蒸烤、干旱的逼迫下一直保持清亮永不干涸呢？原来，月牙泉在地形上与三危山大断层的走向是一致的，都是东北走向，这样，孕育了月牙泉的党河地下水就可以继续滋润月牙泉，月牙泉有大量地下水供应，自然不会干涸了。

月牙泉的周围环境也很奇特，它的南面有金字塔形的沙丘将风沙挡在了外面，这样，沙漠中的狂风只能吹动两面山坡和沙丘背部的沙粒，这些小变动是不会引起大面积沙丘转移的，月牙泉也不会受到风沙的威胁，因而，月牙泉不会被大量沙粒所填满，也不会因沙丘转移而像罗布泊一样不断改变泉水的位置。正是这些诸多有利因素，使沙漠中的月牙泉永不干涸。

第二章

科学万象

☆有比钻石更硬的东西存在吗?

在科学上钻石仍是最坚硬的物质，但一群美国研究者表示他们已经制造出了一种包含了碳氮结晶的合成材料，科学家认为它大有希望成为最坚硬的物质。

关于超硬材料的研究最早开始于20世纪80年代末，当时一个美国科学家提出了一个计算物体硬度的公式。这个公式显示 β-C3N4 应该比其他东西要硬一些。

非结晶碳氮这种蓝灰色物质能被轻易地在实验室制造出来，但科学技术已证明得到超硬晶体是极为困难的。

研究者轮流将碳氮和钛氮薄层置于室温下，用一个叫作“磁控溅射”的方法将气体分子向固体目标射击。气体分子会除去目标物表面的原子，与它们发生化学结合，再从那里反射回来并沉淀在附近的表面上。研究小组决定将氮分子发射到一个一半涂碳另一半涂钛的目标物上，因此当目标物旋转时氮原子被交替击在两种物料上，并在一个紧靠目标物的表面上产生了连续的碳氮层和钛氮层。钛氮和非结晶碳氮都是坚硬的物质，而淡桃红色的合成材料的硬度是其中任何一个的两倍。但是，它仍然没有钻石那么硬。

▲钻石是已知最硬的物质，也是一种矿物资源。

不过，研究仍在继续，因为那些比钻石更硬（也更便宜）的东西将会有一个广阔的利用空间。超硬材料可以用来切割钢铁，这是钻石不能做到的，因为钻石受热后会燃烧起来。同样的，我们也不可能在金属上涂上一层钻石层。如果在齿轮和轴承这些机械结构上涂上一层 β-C3N4，它们将会比普通部件的使用寿命更长。另外还可以在液体润滑剂不适用的设备上使用。一层薄薄的 β-C3N4 也可以用来保护电脑光盘的表面。

☆银器上面的黑斑和钢铁的生锈是一回事吗?

和铁不同，当银暴露在空气中时并不会被氧化。事实上，相比于其他元素而言，银并不算活泼。但银却会与硫或硫化物（比如空气中的硫化氢）发生反应，生成硫化银，从而使得银器变得晦暗，失去光泽。

硫化银分子式为 Ag_2S，又名硫化亚银，其中含银 87.06%、含硫 12.94%，是一种灰黑色的粉末，完全不溶于水。在自然界中，硫化银通常以辉银矿（一种重要的银矿石）的形式存在。

银的表面也常常会因和其他含硫的有机化合物相接触而生成黑斑，这些有机化合物包括清蛋白、蛋白等蛋白质，而这也是鸡蛋会使银汤匙迅速地长出黑斑的原因所在。在日常家居生活中，银器受到的另一大威胁可能就要数橡皮筋了，因为橡皮筋通常都是经过硫化处理的。劣质的纸板也可能释放某些气体，令银器晦暗无光。

人们通常使用柔性研磨剂来擦亮银器，这往往需要花费很大的力气，而且用这方法在除去银器表面黑斑的同时，也会连带磨掉器物上薄薄的一层银。

其实可以用化学手段去除银表面的黑斑，你可以将银器置于被稀释过的氯化钠（食盐）和碳酸氢钠（小苏打）溶液中加热，或是让银器接触更活泼的金属（比如铝），使这些活泼金属和硫发生反应，最后便只剩下光亮洁净的银——一盆放有一卷铝箔的肥皂水就能帮你实现。

☆冰川冰要比普通冰更纯净吗?

是的，确实如此。所以有人将冰川冰作为饮料投入市场销售也就不足为奇了。

相比于普通冰，冰川冰是有其优势的。且不说有相关的科学原理可以证明这一点，单是从感官上的直接认识来讲，冰川冰也更具吸引力。

首先，冰川中的水要相对纯净一些。这是因为远古时候降下的雪在千万年的时间中不断地压缩，雪花中原本所含的杂质都被挤到雪花晶体边缘并被相继冲刷带走。最后形成的冰块，特别是由单晶雪花所形成的冰块，其纯净度堪比三次蒸馏的水，远比最初的降雪纯净。

其次，从感官的角度来看，冰川内包含的冰晶与冰箱制出来的冰块所包含的冰晶大小相仿，甚至可能更大。单晶中的分子都呈线性排列，而普通冰块则由很多细长形的冰晶构成。所以光线在冰川冰内折射形成的景象要比在普通冰内所形成的晦暗景象漂亮得多。

冰川冰还有声效。当雪堆积在一起的同时，大量的空气也被封存于其中。随着时间的推移，空气逐渐被冰块包围、挤压形成一个个小的气泡。在几千米的深处，这些被封住的空气承受着巨大的压力。当冰块融化、气体重获自由的时候，气泡便伴随着悦耳的噼啪声不断地冒出来。这时即便不含二氧化碳，冰川冰饮料也会不断地冒着气泡，发出清脆的声音。

☆为什么木头不会融化？

液体是游离分子的集合体，换句话说，它们能很轻易地到处移动。但木头是由很多纤维素组成的，这些纤维素又是由非常长的聚合体链构成的，这种长链不能轻易地到处移动。在聚合体的羟基之间也有氢键来使所有东西结合在一起。换句话说，你必须用极大的能量才能破坏这些键。

☆为什么火焰通常是橙色的？

我们见过不同颜色的火焰：在壁炉里燃烧的柴火有黄色、橙色、红色、白色和蓝色的火焰。火焰的颜色取决于两个因素：火的温度和燃烧的是什么物质。

为了弄清温度与颜色的关系，就让我们先来看看电炉吧。通电之前，电炉上的线圈是冷的，黑色的。现在假设你要烧汤，你打开电炉，线圈就开始变热，慢慢地变成暗红色。随着线圈温度越来越高，它也变得越来越红。最后，当达到最高温度时，线圈变成了明亮的橙红色。

当然，电炉本身并没有燃烧，也不是线圈着火了，它们只是越来越热。如果它们的温度能加热到更高，它们的颜色变化就可能更显著，它们会变成黄色，然后白色，再就是蓝色，而不是保持橙红色不变。呈现蓝色实际上表明温度最高。

火焰颜色包含的原理与上述差不多，举蜡烛的火焰为例，蜡烛在燃烧过程中，火焰就有几种颜色。

燃烧的过程需要氧气，如果在火焰上罩上一个小罐子，火焰就会因为缺氧而熄灭。因此蜡烛燃烧时，火焰内部靠近底部的位置由于氧气少，颜色就比较暗。而火焰外层靠近顶端的位置氧气比较充足，因此这里的火势旺盛，颜色也最亮。随着燃烧的烛芯越来越短，蜡融化，微粒四溅，并有微小的碳粒飞扬，这些物质都被烧成很小的碳碎屑，然后随着火焰飞起来，这些碳粒很热，热到可以发光，就跟电炉上的线圈变红是一个道理。

事实上，这些碳粒的温度比电炉上的线圈还高，所以它们不是发红色光，而是发出黄光。这也是蜡烛火焰大部分是黄色的原因。而靠近烛芯的位置，火焰是蓝色的，因为这里的温度更高。

在壁炉里的火焰或是篝火上，我们可以看到更多颜色。柴火的温度比蜡烛火焰低，所以它看起来更偏橙色一些。但是之所以我们能看到黄色，是因为其中有些碳粒，它们温度很高，会呈现出黄色。烟囱里的黑烟，就是那些碳粒冷却之后形成的。

燃烧的木柴里的某些化学成分也会产生不同的颜色。比如火中会含有一些钠（这是我们每天吃的食盐的组成部分），钠在加热时，会发出明亮的黄光。火焰里也可能会有钙，钙在加热时会放出深红色的光。另外，如果火中有磷的话，就会有绿光。这些元素都可能存在于燃烧的木柴或是其他燃烧的物质中，所以柴火的颜色种类就更多了。

最后，所有这些颜色混合起来还可以形成白光，就好像彩虹的七色光混合起来就能变成白光一样。

☆为什么有些海域是绿色的，有些是蓝色的?

蓝色的海水，绿色的海水，无色透明的饮用水……那么水到底是什么颜色的呢?

答案让人出乎意料：纯净的水是蓝色的。但是由于我们喝水的杯子容量有限，很难分辨出水的颜色来。如果将一个像楼房那么大的杯子装满纯净水，我们就能看到它真正的颜色是蓝色。

水的颜色取决于水分子对光的反射和吸收情况。白光，比如阳光，是由七色光混合而成的，也叫光谱。在光谱中，红色到绿色波长范围的光比较易于被水分子吸收，蓝色部分的光则被反射出去，所以我们就看见了蓝色。

但水的颜色并不是一成不变的。在远离海岸的海域中心位置，海水是深蓝色的，甚至有些发紫。然而在靠近陆地的海岸线一带，由远及近，海水的颜色由蓝变绿，再由绿变成黄绿。为什么会发生这样的变化呢？这与水里的浮游物质和水深有关。

在海岸线附近，海水充满了从陆地上冲来的有机物和水生植物。其中有一些很小的绿色植物，叫作浮游植物，它们含有一种叫作叶绿素的化学物质。叶绿素能够吸收大部分的红色光和蓝色光，反射绿色光，于是我们看见的海岸边的海水就是绿颜色的了。

在宇宙空间里，海洋的颜色让我们可以分辨出地球生命的聚集区。绿色的海域好比是陆地上的热带雨林，充满了生命；而深蓝色的水域是很少有生命的地方，这里好比是大陆上无人居住的沙漠。

海水和海水里的浮游物对光的吸收方式也改变着水面下的颜色。假设你正在驾驶一辆黄色潜艇，在水面附近，你的潜艇是黄色的，但是随着潜艇慢慢潜入海底，照到潜艇上的光越来越少，当潜艇下降到水下 30 米的深度时，阳光中的黄色、橙色和红色的光几乎都被水分子吸收了，只有蓝色和绿色的光能到达潜艇表面，这时你的潜艇就变成了蓝绿色。如果再往下降，直到绿色光也消失了，潜艇就变成深蓝色了。

浮游物越多，海水越混浊，对光的吸收量就越多。所以越是混浊的海水，你下降时看到周围环境变暗的速度就越快。

☆镜子能让房间更亮吗？

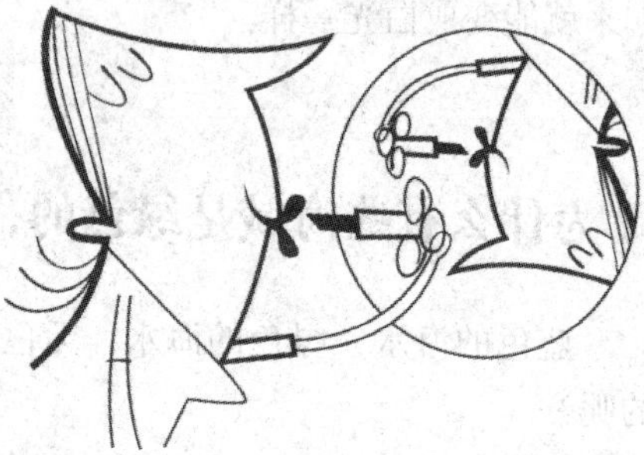

一面镜子并不能产生出比已经存在于屋中的光还要多的光线。它不能凭空造出光来，必须有发光源。所以，你可以使光线四处地反射，但也只能做到这些。你不能指望对墙上踢出一只足球后，得到两只足球，并希望反弹回你那里的足球是另一个“新”足球。

通常，光到达物体表面后，会被这个表面所吸收，那就是为什么黑板那么黑的原因，因为它吸收了所有的光波因而看起来很黑——这是光的损失。那镜子对光做了什么呢？与吸收光线相反，镜子会完全地反射光线。那就是为什么看起来好像屋子里更亮了。

☆集成电路中为什么不能掉进灰尘？

▲电子部件必须在极为干净的条件下进行制造，细小的灰尘进入电子部件，都会损坏微芯片和电路板。

在美国发生的一次飞机失事事故中，造成事故的原因居然是一个小螺丝掉在了飞机的油箱上，从而引发火灾。看来，现代高科技产品是眼里不容掺进半颗沙子的。

而在集成电路里面，特别是大规模集成电路里面，排满了密密麻麻的各种电子元件，它们之间的距离不足千分之一毫米，而电子元件之间错综复杂的连线，更是多之又多。有些集成电路中的芯片，还没有一个图钉大。如果有一颗灰尘掉进它里面，我们的眼睛虽然无法察觉，但对于电路来说，却似一座山，可以造成芯片的电路断路。有时候，也可导致整个芯片报废。所以在高密度集成电路的生产过程中，必须将空气中的尘埃清除干净。这不是一般的打扫，而是要对空气进行严格的过滤，也就是说是需要一个特殊的工作场所，需要真正的一尘不染的工作场所。

☆为什么移动电话会影响人体健康？

移动电话释放的电磁波所产生的热效应，会导致人体组织中的分子振荡为了做进一步的测定，科学家设计了一套测定实验。他们先制作了一个模拟人头，并在模拟人头的眼睛上安放温度测试仪器，然后在离模拟人头 5 厘米的位置放了一个移动电话。很快，模拟眼球的温度上升了 0.5℃左右。

实验证明，温度随移动电话使用频率的上升而增高。移动电话发出的电磁波，还会对人体产生非热效应。它的危害能使人体染色体变异，而染色体变异又引起人体组织畸变，破坏人体正常的运行机制，也能使人体免疫力下降。

长期以来，我们一直生活在放射性物质所笼罩的环境中。放射是一种自然现象，它在我们的周围无时不在、无处不在，人类的本身就生活在它之中。对人类有用的放射性物质，我们可以加以利用，但是，对它所产生的副作用，我们应该予以重视。

因此，一些专家呼吁那些身体机能稍差的人群要少用或尽可能不用移动电话。

☆为什么人在瞄准的时候要闭上一只眼睛?

并不是每个人都会这样做，但是有的人之所以要闭上一只眼睛，是由于一种叫作双眼竞争的现象所致。如果你用自己的左眼看瞄准镜，你所看到的和用右眼看时所看到的并不一样，相比你平时用两只眼睛一起看某样东西时的和谐状态，此时左右眼看到的景物却相互竞争，恐怕让你有宁可瞎掉的感觉。

比如说，如果你的左眼只看到许多的铅垂线，而右眼只看到许多的水平线，你可能觉得自己看到的是网状图形，但实际上你看到的是铅垂线的视觉片断和水平线的视觉片断叠加后的效果。有的人可以用意志力压抑这种视觉竞争，但有的人就对此感到非常不适，因此他们选择闭上一只眼睛。

大部分人倾向于用自己的优势眼来瞄准。一般而言，优势眼的视力会比较好，但这也不是完全绝对的。如果两眼的焦距不同，有的人就会用一只眼睛来看远处，一只眼睛来看近处。

☆酒精分析器为什么能分辨人是否喝过酒?

在电视上经常看到这样的镜头，一辆出租车正在路上行驶着，这时一位交警上前把车拦了下来，让司机下车，然后他用一个仪器对司机进行了检验，如发现司机喝了酒，那交警就会做出相应的处罚，以示惩戒，不让他下次再犯这样的错误。通过这种检查，不仅保证了司机行车的安全，也是对乘客的负责，同时避免交通事故的发生，保证交通线路的顺利、畅通。那么这种酒精分析器为什么如此神奇，能够分辨出人是否喝过酒呢?

▲警官用酒精分析器测试驾驶员是否喝了酒。

我们知道，乙醇是酒的主要成分，乙醇具有一种重要的化学性质，那就是能被氧化，有很多物质都能使乙醇氧化。一种名叫铬酐的氧化剂，就具有很强的氧化能力，它是一种橙红色的晶体。其粉末如遇到乙醇，便会极快地与乙醇发生反应。

交通警察使用的酒精分析器内就有铬酐晶体的粉末装在里面。检测时，将分析器贴近司机的嘴巴，让司机呼出的气体进入酒精分析器，如果呼出气体中有乙醇存在，分析器内的铬酐就会与之反应，变成绿色，这种颜色的变化将通过电子传感元件转变成电信号，电信号使酒精分析器上的蜂鸣器有声响发出，表示被测者确实饮用过酒精饮料。

现在，这种检测仪已在世界上普遍使用。

☆ 为什么定向爆破不会影响周围的建筑?

在高楼林立、人流如潮的城市中，要将一些旧的大型建筑拆除掉，是一件令人挠头的事：如果用人工一点一点拆除，需要较长的时间，效率不高；用一般的爆破方法，大面积的倒塌和飞沙走石，又会使周围的建筑和居民面临很大的安全问题。

现在用定向爆破就能很容易地解决这个问题。

在爆破以前，先把炸药安放在建筑物的一些关键部位，埋好炸药后，把电动的引爆导线接上，这样就几乎能同时引爆各个部位的炸药。起爆时，炸药反应剧烈，在一瞬间释放巨大能量，能使局部温度迅速升高到2000℃以上，造成钢筋、砖石等迅速熔化、破裂。同时，这种爆破方法不会有巨大的冲击波产生，所以，破碎的建筑材料不会到处飞溅，整幢建筑的倒塌常常是在悄无声息中完成的。

在通常情况下，埋在建筑中央的炸药总是要微早于周围的炸药起爆，这样先倒塌的是建筑的中央部分，而周围部分顺势倒向中间去，从而使倒塌时对周围建筑物的影响减到最小。有时，为了使建筑物能向周围指定的地方倾倒，还可以利用延时起爆技术，将各个爆炸点引爆的时间差掌握在几毫秒间，使建筑物各局部依次倒塌，从而使其倾斜的方向得到控制。随着城市建设的高速发展和建筑密度的大大增加，定向爆破技术的应用将会越来越广泛。

☆ 为什么计算机的时钟在断电时仍运转?

计算机开着时其电源给时钟供电，计算机在关机时，电源被切断，但里面的时钟仍能正常工作。计算机内部的主机板装有一个可充电的镍镉电池，在电源切断后，它为时钟提供电源，维持时钟正常工作，同时这块电池还为存放系统参数的 CMOS RAM 供电，以保存其中的系统参数。系统参数包括硬盘类型、软盘驱动器、显示卡、键盘、鼠标、显示器等，反映了计算机设备的情况，还包括日期、时间等等。设置系统参数也就是确定计算机基本输入输出系统。有了正确的系统参数，计算机才能正常启动。

这块可充电电池的正常电压是3.6V，计算机开机工作时，主机电源向

CMOS 供电，同时主机电源还为电池充电，因此不必另外对电池定期弃电。计算机关机时，电池向 CMOS 供电，如果连续两三个月不使用，那么电池中的能量就被消耗，得不到补充。一旦电池的电压降到 2.2V 以下，CMOS RAM 中的数据便会丢失，计算机就无法启动，正确显示时钟也就无从谈起。

☆为什么有时收到的电子邮件是一堆乱码?

接收电子邮件时偶尔会发现收到的是一堆乱码。这是由于发送方与接收方所使用的中文操作环境不一致。

中文电子邮件在发送前要经过编码，汉字被编成 ASCII 码后进行发送，接收时又要经过解码，本地的汉字操作环境自动把 ASCII 码还原成汉字。发送方与接收方所用的汉字操作环境不一样，编码和解码的方法就不一样，出现乱码。大陆使用简体中文操作环境，台湾使用繁体中文操作环境。因此在两地之间互通中文电子函件时常会出现乱码。

通常，中文操作环境不一致时，运用汉字操作环境所提供的文本转换器对邮件进行转码，也能得到和原文一致的中文。

☆直升机为什么能在空中停留?

直升机可以停在空中，这是为什么呢？直升机同样离不开足够的升力来支撑重量，只有这样它才能在空中飞行。不过，直升机的升力，是由在它头顶上不停旋转着的旋翼所产生的。当直升机在半空中停留的时候，它的旋翼仍然在不停地旋转，旋翼所产生的升力大小正好等于直升机受到的重力，而方向却与重力相反。因此，直升机就能既不前进、也不后退，既不升高、也不降低，安安稳稳地停在半空中了。

▲正在执行任务的直升机

另外使人产生兴趣的是，直升机的旋翼还能前、后、左、右倾斜。如果向前倾斜，它就会产生一个向前的推力，于是直升机就向前飞行了。同理，旋翼向后、向左、向右倾斜，直升机也就相应地向后、向左、向右方飞行，操作也很灵便。

直升机的尾巴也很有特点，它的尾巴不仅向上翘着，上面还安装了台“电扇”。这“电扇”能起到螺旋桨的作用，它的转轴平行于地面，一般称作“尾桨”。它的作用类似于船舵，能使直升机向左或向右转弯。

☆为什么用微波炉煮食物时不能用金属器皿？

▲用微波炉加热既快又省电，还清洁卫生，不破坏食物中的营养成分，保持色、味俱在。

用金属烹调器皿盛放的食物，是绝对不可以直接放入微波炉进行烹调的。

一方面由于微波难以穿透金属，辐射到空气里的微波如果在传输途中遇到钢铁等金属就会如光束射到镜面一样发生反射，金属器皿内的食物就不能吸收微波，也不能被加热。

另一方面，微波不能穿透金属器皿，就只能在炉膛内反射，容易形成微波能量的高频短路，甚至会让发射微波的磁控管阳极产生高温，烧得发红，甚至损坏。

微波炉中使用的器皿应该用可以被微波穿透的材料制作，如玻璃、塑料、陶瓷等非金属。其实只要是对微波反射小、可以让微波穿透、耐热性能好、在高温下不会释放出有毒物质的，都能用于微波炉。由微晶玻璃制成的盛物器皿是最理想的，因为微晶玻璃的晶粒比陶瓷还细，对于微波的吸收少，而且又十分耐热。如果加热时间短，用纸质盛器也可以。

最早的微波炉

世界上最早的微波炉是美国人帕西·斯潘塞发明的，当时叫作“雷达炉”。

1945年，美国人帕西·斯潘塞还是一名普通的电气工程师。一天，他在实验室做实验的时候发现了一个奇怪的现象：他在实验中所使用的一根磁控管将他口袋里的一块巧克力烤化了。他从这个奇怪的现象中得出结论：磁控管可以产生大量的带有热量的微波。这个结论给了他很大的启发：能不能用这种热量来加热食物或者是把食物烤熟呢？带着这种好奇，帕西·斯潘塞发明了世界上第一台微波炉。当时因为帕西·斯潘塞是在做关于雷达的实验的时候得到启发的，因此，帕西·斯潘塞把他发明的新炉具叫作“雷达炉”。后来，人们才慢慢开始根据它工作的原理改叫它“微波炉”。

☆为什么用紫砂壶泡茶优于用别的器皿？

我国茶具发展有一个从陶到瓷的过程，明清时代，我国瓷器已经发展到光辉的顶峰。按理说，陶具应该不再那么突出了。但紫砂壶的里外都没涂釉，和瓷器不同，这就使壶壁保持了微小的气孔，既有透气功能，又不渗水，相比之下，瓷器几乎不透气。正是由于紫砂壶壁充满了这些小气孔，大大增强了它的表面吸附力，所以使茶叶中的芳香油在遇热时，挥发的速度比较慢，从而起到收敛和杀菌的作用。用紫砂壶泡茶，可以延缓茶水霉变发馊的速度，让茶水过夜都不坏。另外，砂质而多微孔的壶壁可以吸附茶汁，从而慢慢地积聚一些“茶锈”，吸收茶的香味，所以有时壶里即使没有放茶叶，只有清水，壶内也会有茶的余香。经验告诉我们，在瓷杯中沏的茶，两天之后就没有一点茶味了，而紫砂壶沏的茶在5天后仍然可感受到茶叶的芳香呢！

紫砂壶的优点不止如此，紫砂的传热性能弱，用紫砂壶泡茶，里面是滚水，外面摸着却不烫手。同时，它对冷热的应变性也相当好，在寒冬腊月用沸水冲泡也不必担心炸裂。另外，紫砂壶因为使用年代久远而显得陈旧，反而越显出晶莹光润。这些优点都是它所独有的，其他类型的茶壶远远不及。

☆在飞机上为什么禁止使用移动电话？

移动电话的使用方便了人与人之间的交流和沟通，可是，飞机上却禁止使用移动电话，这是为什么呢？我们先来看几个例子。

▲手机方便了我们的生活，但它发出的电磁波辐射不仅影响健康，也会干扰通信，甚至会导致空难。

1996年7月11日，中国南方航空公司的一架航班从上海出发，飞往广州。一路上都平平安安，可是，就当飞机接近广州，准备降落时，飞行员发现飞机进入着陆航道后，罗盘指示的航道不符合实际航道。调查后才明白，四五名旅客正在客舱里使用移动电话。他们一停止使用，飞机罗盘立刻恢复正常指示。

1998年，一架由印度尼西亚飞往中国台北的班机在降落时坠毁，机组人员和乘客全部遇难。这是什么原因造成的呢？调查人员怀疑是由于有人在飞机准备降落时使用移动电话，干扰了飞机通信，从而导致了这次空难。

电磁波干扰对飞机是一种威胁。据国际飞行员联合会的一项调查报告统计，近年来，每年由电磁波干扰造成的飞行险情有 20 多起，而且在已发生的其他空难事故中，电磁波的干扰原因也不能排除。

☆ 肥皂为什么能洗去污垢?

肥皂中的高级脂肪酸盐分子，是由长链的疏水基（亲油基）和短小的亲水基构成的。

肥皂在水中遇到油污分子时，高级脂肪酸盐分子中的亲水基会与水结合，而疏水基则会与油污分子结合。这样的组合会降低水的表面张力，显示出肥皂的一种表面活性能力。与此同时，高级脂肪酸盐的分子会在水里聚集成几十个分支的胶束。肥皂这种表面活性和胶束的功用，使它具有了很强的去污作用。

肥皂水将织物纤维润湿、渗透后，衣物上的污垢就被定向吸附到肥皂分子层上，经过搅拌和搓洗，污粒便会脱离衣物溶到水中，进一步产生乳化、分散、悬浮等现象，再用清水冲洗之后，污物就被水冲走，衣物就变得干净了。

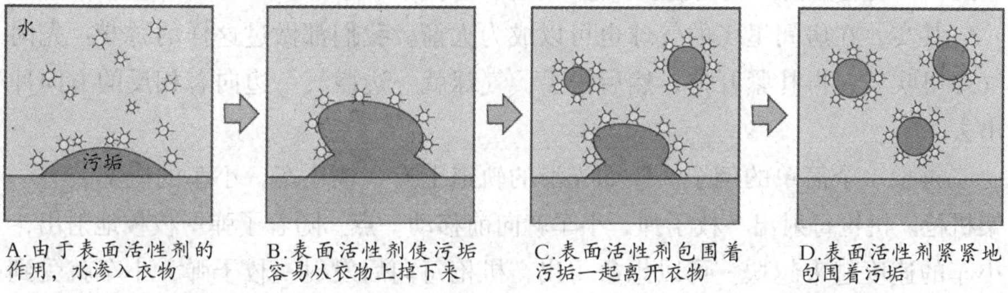

▲肥皂洗涤原理图

☆ 为什么打针前要推掉一点药水?

我们到医院打针时会发现，护士总是要先把针筒里的药水推掉一点，然后再注射。这里面有什么道理呢?

原来是为了保证治疗安全。当护士抽药水的时候，总是免不了要抽入一点空气，所以在打针前，一定要把空气从针筒里全部赶走，若不这样做，会把空气和药水一块儿打进身体里，给人体造成危害。

空气打到身体里，引起的后果与打入的量和打的地方有关系。注入空气

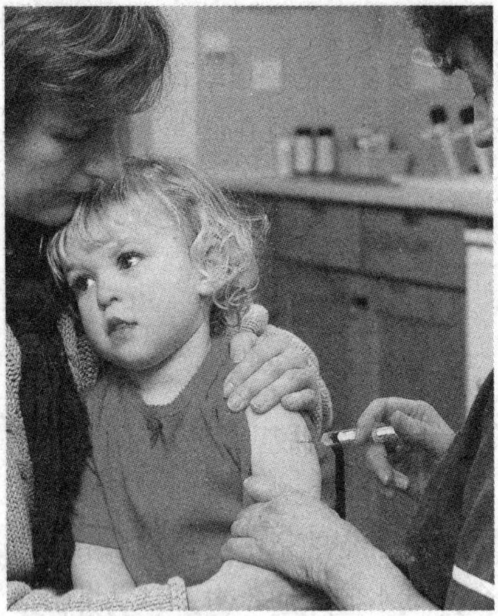
▲医生在打针前，总是先要推掉一点药水。

的量愈多，影响也愈大，如果只有一点儿，那也许觉察不出有什么不适。比如打防疫针时，一般是将药水打在皮下或皮内，如果带点儿空气进去，除了感到比平常更胀痛一些外，一般不会带来更大的影响。空气若是误打入血管里去，那就比较麻烦了。因为打进去的空气会顺着血流一直向前跑，跑到口径较小的血管，空气泡挤不过去时就会形成一个栓子，像个瓶塞子似的堵在那里。这样就会阻碍血流，影响它输送氧气和养料，组织就会相应地出现低氧。

☆火箭如何在没有空气的太空里前进?

火箭能够把宇宙飞船送入绕地轨道，也可以把卫星和各种探测器送进宇宙空间。一说起火箭，我们就会联想到太空飞行。

其实，在房间里飞的气球也可以成为火箭。我们都做过这样的游戏：先向气球里吹气，再扎紧开口，然后松手，气球就一边撒气一边向着相反的方向冲出去。

再举一个简单的例子。假如光滑的轨道上有一辆小车，小车的尾部装有一架机枪。机枪每射出一枚子弹，小车就向前移动一点。随着子弹一枚枚地射出，小车的速度越来越快。可以想象得出，机枪每向后发射一枚子弹，小车就受到一次向前的推力，这个力就是子弹对小车的反作用力。这也是火箭前进的制动机制。

为了把宇宙飞船送入太空，火箭的发动机必须有强劲的动力，工程师设计发动机必须基于特定的原理。第一个详细描述这种特定原理的人是英国17世纪末的伟大的科学家艾萨克·牛顿。牛顿定律主要描述万有引力和物体运动的定律，他的第二定律和第三定律的内容比较具体地描述了物体受力与运动的关系，从中我们可以得知火箭是如何在太空里前进的。

牛顿第二定律指出，运动中的物体的力取决于其质量和其加速度。所以，想要获得动力十足的火箭，就必须保证它每秒钟都喷射出很多高速运动的物质。

牛顿第三定律是说，两个物体之间只要存在力的作用，那么作用力和反作用力则必然成对出现，而且大小相等，方向相反。在火箭的例子中，火箭对喷射物的作用力使喷射物被高速喷出，喷射物同时会给火箭一个相反的力，推动火箭向前运动。

运载宇宙飞船的火箭将燃料燃烧生成的气体向后推出获得向前的动力。其实，无论向后推出的是什么东西——可以是固体颗粒，液体，甚至是原子或是质子、中子、电子——都能够获得向前的动力。

有人可能会以为火箭是靠喷出的气体推动了周围环境中的气体才获得反冲力的，却没有料到其实是喷出的气体本身使火箭具有如此强大的力量。

事实上，由于太空中没有空气，火箭在向前运动时不必克服空气阻力，所以它比在有空气的环境里更容易前进。而且，火箭表面与周围环境之间的摩擦为零，这就是说火箭在启动后不会有任何阻力使它减速。

另外，太空中的宇宙飞船不受重力作用，没有重量，所以即使是一个很小的推力也能够让飞船获得很大的速度。

为何火箭是太空飞行的最佳引擎？

火箭不需要空气——事实上，空气会减慢火箭的运行速度。大部分火箭引擎都从燃料（例如液态氢）和氧化剂（液态氧，使燃料燃烧）之间的反应获得推动力。

☆头发是如何带上静电的？

干燥的头发会贴在梳子上；在晚上没开灯的房间可以看见猫蹭过毯子时放出的电火花；雷雨大作时可以看见云层中的闪电……这些都是物体带有静电的例子。许多物体，像头发、毛毯、云层和大地，都能带上静电荷。

我们先要了解一些关于原子的常识。我们已经知道，原子中心的原子核是由带正电的质子和不带电的中子组成的。原子核周围是绕核运动的电子，被称为电子云。电子被带正电的原子核吸引，使原子成为一个由原子核和核外电子构成的整体。这个电场力就像是一种强力胶，要不是这种力的存在，宇宙中的所有物质都会瓦解，成为一堆堆的物质颗粒。

对于原子来说，如果原子核里有 3 个质子，那么核外就一定会有 3 个电子，从而保持了原子的电中性。因为我们周围的物体大都是由原子组成的，所以他们都不带电。

如果一个物体暂时性地带上了静电荷，它就有可能会放射出电火花。带电

表明组成这个物体的原子中，有一部分电荷不平衡了，可能是得到了多余的电子带上了负电，也可能是失去了电子带了正电。

在干燥的房间里梳头，头发上很容易产生静电。电子会从头发上跑到梳子上，这样梳子和头发就都带电了。

摩擦起电就是梳子让头发带电的原因。当两个物体的表面相互摩擦时，两个物体都会带上电荷。虽然头发和塑料梳子看起来都是光滑的,但其实在原子量级上,它们的表面都是凸凹不平的，由原子堆成的小丘一个接着一个。所以当梳子与头发摩擦的时候，头发上的一些电子就会留在梳子上的沟壑里，反之亦然。

在空气相对潮湿的环境里，摩擦的现象就会得以缓解，因为留在头发上的水分使头发表面变得光滑了。同样，如果头发上有油分，摩擦起电的现象也会减弱，因为油层在梳子和头发之间起到了润滑的作用。但是在干燥房间里的干燥头发上，摩擦就会很严重，头发上的电子会因此从头发上脱离下来，附着在梳子上。由于电子带负电，梳子就因为带有多余的电子而带上了负电。与此同时，一些头发也因为失去了电子而带上了正电。又因为正负电荷相互吸引，带正电的头发就总是会贴在带负电的梳子上，即使把梳子拿开，头发也会跟着梳子竖起来。

第三章

动物植物

☆能根据古老的DNA使恐龙复活吗?

这是一个“侏罗纪公园问题”，但在现实世界并没有发现过恐龙的DNA。一些痕迹表明，有些恐龙的DNA在过去曾被发现过，但它们都被污染了。

在恐龙灭绝6600万年后，任何被发现的DNA都有可能是惰性的，然而为了有可能制造出一个健康的生命体，你必须有它基因组中的所有遗传基因。高等级生物的基因组趋向于排列成数十亿基对，而从任何非常古老的DNA残留基对中提取的多于几十或几百对的机会基本是零。即使我们设法找到了大量DNA，也有一个很大的可能是其中大部分都是垃圾（在高等动物中大约90%的基因组是非编码DNA）。所以真的没有任何机会能将恐龙带回到现代生活中来。

▲图为白垩纪末期（大约7500万～6500万年前）的情景。

在电影《侏罗纪公园》里，恐龙的DNA经由一只被裹在琥珀里的血吸虫被保存下来。这是一个聪明的小创造，但是支持这个蓝图的所有的生命形态的DNA分子都是无限长和复杂的。连找到少量损坏的、死亡的且变成化石超过6600万年的动物的DNA片断的机会都是渺茫的。

☆ 鱼类有血吗，是什么颜色的？

鱼类当然有血，而且鱼的血也是红色的。其他的冷血动物，比如两栖动物和爬行动物也都有红色的血液。

和人类一样，鱼类也有血液循环系统，也有像水泵一样不停工作的心脏。而且鱼类的血液中也含有血色素，用这种含铁的化合物来携带氧气，所以和人类一样，鱼的血液也是红色的。

如果鱼是新鲜的而且鱼体内的主血管被切断的话，你就能看到鱼的血。肌肉组织——也就是我们吃的鱼肉——中的血管实在太细，以至于我们无法明显看到有血液流出。如果鱼不新鲜的话，鱼的血可能早已凝结或是集中在鱼体内某个部位当中。

从菜市场买回来的鱼可能早已经被挖出内脏、切掉鱼头并且清洗得干干净净，所以此时鱼的血早已经流干了。即便如此，你仍然可以在鱼的脊椎附近看到有血，因为鱼主要的几根血管都从脊柱弓形的下端经过。

☆ 鱼会睡觉吗？

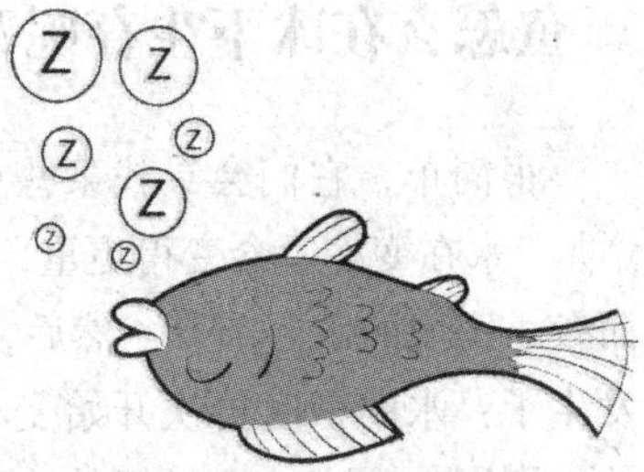

是的，有一些鱼确实会睡觉。但它不是“穿着睡衣关灯上床”那种类型的睡觉，它需要更长的时间，通常被称之为“休眠”。当然，它们睡觉时不会闭上眼睛，因为它们没有眼睑。

有些鱼的“睡眠”是很讲究的：例如，一些热带鹦鹉鱼，能释放出胶冻状的物质，这些物质与海水接触后会膨胀起来，这样当鱼休眠或睡觉时，这些膨胀的物质就会把鱼包裹起来保护它。

但对金枪鱼那样的快速行动者来说，睡觉可能是一个大问题。它们迅速行动时产生的力推动空气通过它们的腮，因此这类鱼不能真正停止下来，只能减速。

☆ 鱼有听觉吗？

是的，只是它们没有像我们那样长在头两边的耳朵，原因就是它们不需要。记住，对于声音来说水是远好于空气的导体，因为声音可以直接传递进它们的大脑。显然金鱼有着极好的听力，因为它们的骨结构甚至能为声音振动提供更好的传播条件。

因为水传送声音的效果非常好，很多种类的水生动物都通过声音联系。一些生活在加利福尼亚固定船屋上的人，在每年的一个固定时间都会听到一种蜂鸣声。有谣传说那是外星人发出的声音，但实际上是一种雄蟾鱼试图吸引雌性而发出的声音。

☆ 鱼能感觉到痛吗？

人类感觉到的疼痛是我们皮肤的神经末梢对力、热或化学刺激的反应。鱼也有这些神经末梢，但那并不意味着它们感觉疼痛的方式与我们一样。

人类的神经末梢传递信号是经由一个神经通路传送到大脑的更高级中心，在那里用我们称之为疼痛的情绪体验来辨认这种信号。鱼的脑不是那么发达，而且没有感知疼痛的相应部位，所以当神经末梢受到触动时，它们并不会感知到一种疼痛的感觉，取而代之的是产生一种反射作用，而鱼并不会从精神上理解为什么有这种反应。

☆ 鱼怎么在冰下生存呢？

很简单，它们会寻找某些更暖和一点的地方然后待在那里。因为随着密度增加，水在变冷后会变得更重，所以当池塘变冷时，这种更重的水开始降到底部，而较小密度的水会上升。然后，当水温下降到 -4 摄氏度时，某些奇特的事情就发生了：水的密度再次开始变小，使得真正寒冷的部分上升，剩下那些更温暖的水则留在池底，而最轻的冰浮在顶部。虽然池塘还是相当寒冷的，但鱼待的地方却会相对温暖一些。

最不怕冷的鱼

世界上最不怕冷的鱼是南极鳕鱼。

南极鳕鱼体长在40厘米左右，体重一般不会超过10千克，体形较粗、较胖，表皮是一种自然的带有黑褐色斑点的银灰色。它主要生活在南极附近比较寒冷的海域之中，有人甚至在南纬82° 的罗斯冰架下面的水域中发现了南极鳕鱼，要知道，那里的温度常年都在零下几十度左右！看来南极鳕鱼还真是不怕冷，科学家经过多年研究终于弄清楚了南极鳕鱼为什么那么不怕冷！原来，在南极鳕鱼的血液中有一种特殊的成分——糖肌，以它为主要成分所构成的一种特殊的化学物质可以帮助鳕鱼面对寒冷。科学家把这种东西叫作抗冻蛋白质，还用了一个比较形象的比喻来形容它：这种抗冻蛋白在鳕鱼的身体里起的作用就和汽车的防冻剂在汽车上起的作用是一样的。

☆为什么鸟类睡着以后不会从树枝上摔下来?

栖息在高处的鸟类不必担心会摔下来，因为鸟类的脚底长有屈肌腱，能够对树枝或高处细枝施加于脚底的压力做出反应，自动促使脚趾紧紧抓住树枝。

人类需要消耗额外的精力紧握手指，鸟类却恰恰相反，它们需要消耗额外的精力松开脚趾。你可以从鸟类尸体上清楚地看到，鸟类脚趾自然而然地紧紧抓着，这才是它们放松时的状态。

☆大雁飞行时为什么要排队?

大雁是候鸟，一到秋冬季节，就从纬度较高的地区，成群结队到温暖的地方过冬。

在长途迁徙过程中，雁群的队形组织得非常严密，它们常常排成“人”字形或“一”字形，飞行时还不断发出“嘎、嘎”的叫声。

大雁每小时能飞69 ~ 90千米，但由于飞行的路程太长，因此一般需要1 ~ 2个月才能到达目的地。在长途飞行中，大雁会利用上升的气流来滑翔，从而节省体力。前面的雁鼓动翅膀，形成微弱的上升气流，后面的雁就利用上升气流的托举力滑翔。一只跟着一只，这样就形成了整齐的“人”字形或者“一”字形队伍。

此外，排成“人”字或“一”字形队伍，也是大雁集群本能的体现，这样有利于防御敌害。

☆为什么鸟类要洗泥土浴？

鸟类衔起泥土放到自己的羽毛上，然后摇晃身体，再用嘴把泥土清理掉这一系列的姿态和动作看起来像是在水里洗澡时的动作，但是其真正目的并非完全是洗澡。

鸟类是为了摆脱在羽毛中间缓缓爬行的各种寄生虫才洗泥土浴的。鸟类身上常见的寄生虫有虱子和螨等。这些虫子会在鸟身上大量繁殖，特别是在远离水域的鸟身上，比如鹌鹑和其他生活在相对干旱地方的鸟类。

对鸟类来说，洗泥土浴更像是人类为了去除手上的泥而抓着一把沙子不停摩擦双手，以帮助鸟儿摆脱寄生虫的困扰。一些鸟类专家猜测也可能是为了去除多余的水分和油，来达到保持自己羽毛蓬松的目的。但是其他专家认为没有足够令人信服的证据来支持上述观点。

☆候鸟是怎么找到自己的迁徙路线的？

据人们所知，鸟类在迁徙的过程中利用很多东西来为自己导航，其中包括地标、太阳的角度、星星、气味，甚至还有地磁场。不过，科学家还是无法确切地知道候鸟究竟是用什么作为地图和罗盘的，更不用说怎么使用它们了。

▲迁徙的鸟儿大脑内有一些含铁量丰富的化学物质，能感知地磁场。

比如说有一群鸟不仅仅是飞向地理学上泛指的中美洲地区，而是飞向该地区某一个特定的地点。它们怎么知道自己什么时候能到达目的地？或许它们对当地的情况十分熟悉，可是它们又怎么能如此精确地定向导航，飞过一个并不熟悉的地区上空，甚至是在漆黑的夜晚穿越海洋上空？

有可能是以前迁徙过的鸟给整个鸟

群带的路。但这似乎只是一个比较浅显的解释而已。鸟类学家也深知这一点，因为在许多时候，幼鸟的双亲会在年底之前先行出发，留下幼鸟自己独立生活，直到幼鸟发育完全、能够自己完成迁徙时，它们才自行上路。

尽管可能从未去过那里，但是看起来鸟类似乎知道自己迁徙的目的地，这大概是因为鸟类的基因中已经包含了相关信息的缘故。大部分的研究是针对鸟类的导航罗盘而展开的。比如，人们发现，即使是在阴天，鸟类也能根据偏振光判断太阳的方向，然后确定所处位置和飞行方向。

即使对信鸽的研究已经持续了数百年，人类还是不知道为什么信鸽被装在封闭的箱子里带到几百公里之外的地方后，它们仍然能够准确地找出回家的方向。

☆为什么企鹅们以一列纵队行走？

这可能与我们在雪地上行走时也会一个跟着一个的原因一样。队列的第一个人将雪踩紧从而使其他人更容易跟上，而且使后面的人可以更有信心地踏上去，因为如果前面的人没有掉进冰层，他也不会。这可能也是一种野外保护的机制，当然，除了走在最前面的那只可怜的企鹅之外。

▲约有195000对帝企鹅形成35个繁殖群，在南极冰架上繁殖。在严酷的环境中，帝企鹅除了要忍受接二连三的暴风雪，还必须始终应对从南极高原吹下来的下降风，这让它们更觉得寒风刺骨。

☆为什么水鸟能在水下看清东西？

人类在水下看东西模糊是因为我们的眼睛不能完全地聚焦。这是由于光以与传播到我们的角膜一样的方式传播到水中，并不像通常由一种介质传播到另一种介质时那样发生折射。这意味着图像不能被完全地聚焦，因为它没有先通过空气。那就是为什么当你带上护目镜时你就能看到清晰图像的原因，因为它恢复了空气与角膜的界限。鱼眼有更厚、极度弯曲的晶状体，所以它们的眼可以在水里聚焦。

水鸟的视力在水下正常可能有两个原因。第一就是它们眼中的晶状体能变厚或变薄来使它们适应在水里和空气中看东西。第二个也是更好的解释是，鸟儿知道鱼不在它们所看到的地方，因为它们眼中所看到的图像由于折射作用已经被弯曲了，而它们在潜水时就弥补了这种差距。

☆冬天的时候苍蝇和蚊子去哪儿了？

在严冬到来之际，许多成年苍蝇相继地死去，但也有一部分经受住寒冷而活了下来，其中就包括喜欢集群活动的粉蝇。粉蝇的体型要比家蝇稍大，虽然和家蝇分属不同的科，但是也和家蝇一样喜欢在人类的生活环境中出没活动。你在春季里看到的苍蝇就有可能是已经完全长成的粉蝇。

粉蝇的幼虫寄生在一些蚯蚓体内，成年粉蝇为黑白前（一种散发着恶心气味的乳草属藤本植物）授粉。黑白前、粉蝇以及所寄生的蚯蚓都原产于欧洲南部。由于绝大多数人把蚯蚓当作鱼饵来饲养，于是寄生在蚯蚓体腔内的粉蝇的幼虫也跟着寄主漂洋过海从欧洲来到了北美地区。

当天气开始转冷的时候，一部分成年粉蝇就飞进屋内，到处寻找缝隙或孔洞来躲避严寒。当某天显得较为暖和时，粉蝇就又出来四处活动，因为对它们来说，这时候春天已经来了。

蚊子的种类繁多，同时，所有的蚊子都要冬眠——更准确地讲是越冬。

有些蚊子是“成虫越冬”，即成年蚊子躲在墙角和地下室等阴暗潮湿的地方度过寒冷的冬季。一到早春，它们就从墙角裂缝等各个隐蔽处出来，沐浴在温暖的阳光下，饱餐一顿人畜的鲜血，然后开始产卵。

有些蚊子是以卵的形式过冬的。夏天时，雌蚊子把卵产在水中。这些卵在水中随着温度降低而冷冻，直至来年温润的春雨普降，卵才会解冻并孵化。少数蚊子以幼虫的形式越冬。蚊子的幼虫——也就是孑孓——是栖息在水里的，有的孑孓似乎能抵御严寒，在水中安全越冬。

☆为什么动物能安全地吃生肉？

野生食肉动物一直在吃生肉，而且这么做已经数万年了。而人则通常要将肉做熟了才食用，这是因为我们更喜欢熟肉的味道，也是为了保护我们的肠胃不受伤害。

动物通常吃新鲜的生肉。肉是否被污染，时间因素非常重要。人类对肉中的微生物只有非常脆弱的耐受力，所以吃生肉会让我们生病。肉放得越久，这

▲专吃腐肉的安第斯兀鹫

些危险的微生物就越多。把肉煮熟会杀死几乎所有的有害细菌和病毒。

动物则对那些污染物有更好的耐受力。像狗和猫这种家养的宠物经常处在我们和野生同类之间，从而对食物有一些不同的处理方式。猫主要靠细心来保护自己，这依赖于它们灵敏的嗅觉，嗅觉可以警告它们食物是否是“变质的”。如果有必要，猫也会吃草来使自己呕吐。狗是清道夫，吃任何东西，因为它们的消化系统功能强大，足以应付几乎所有的东西，但是在它们吃了有害的东西后也很容易呕吐。

☆不同种类的动物能相互沟通了解吗？

有的确实可以。在一项关于同种类鸥间复杂信号相互传递过程的研究中，科学家们发现在各种不同的鸟类混杂的群体当中，鸟儿能对彼此发出的警告信号做出回应。这可能是鸟儿后天学习的结果，也可能是与生俱来的本能。

有些鹿确实可能像小鹿斑比那样接收鸟类发出的报警信号，但在树林里绝不可能发生像《小鹿斑比》中描述的各种动物间的相互交谈之类的事情。不同种类动物间的交流仅限于报警或是表示愤怒之类简单层面上的信号传递。但是毫无疑问的，当一头狼被逼到绝境而嗥叫咆哮，向敌人传达自卫性恐吓的时候，别的动物也能感受到与之相似的情绪。

当然也有动物向别的物种传达迷惑信号的情况。比如某种雌性萤火虫在饥饿的状态下可能会模仿另一种雌性萤火虫的闪烁信号，以回应其他萤火虫的求爱信号，引诱该种的雄性萤火虫来到自己的身边，然后施以突袭，饱餐一顿。

☆动物会做梦吗？

只有先明确什么样的活动算是做梦，才能回答上述问题。而且显而易见的是，你没法询问一只动物它究竟是不是做梦了。但是专家们却能举出极具说服力的证据证明像猫和狗等哺乳动物也有类似人类做梦的经历。

这些动物在睡眠时也有和人类相似的脑部活动。它们在睡着后也要经历快速眼动睡眠和非快速眼动睡眠两个过程。目前的研究证实，成年人的梦境就出现在快速眼动睡眠阶段。在这个阶段人脑非常活跃，但是人体的生化控制系统却能防止躯体随着梦境而活动。

在对猫进行的实验中，如果对猫的大脑施行外科手术，移除其中抑制身体活动那部分细胞的话，当猫进入到快速眼动睡眠时，它们会在屋子里走来走去，通常表现得它们好像正在“做梦”似的。

在这个时候，猫可能什么动作都会做出来，比如像捕鼠的动作等。

☆为什么大型的海洋哺乳动物睡熟后不会被淹死？

有的海洋哺乳动物在水域之外睡觉，有的根本不用睡觉。

一些属于鳍足目（比如海豹等）的覆有毛皮和毛发的水生哺乳动物自己在水下能长时间地活动，有时甚至是在非常深的水域长时间活动。不过，它们依然需要频繁地从大洋深处浮上洋面换气，到附近的海滩、礁石、冰川或是雪洞等处放松、睡觉、换毛、交配和繁殖。它们基本上是为了觅食才会潜入水底。

人们对鲸类动物和海牛类动物的生活状况知之甚少。鲸是由陆生动物进化而来，却在数百万年前重回海洋。鲸的一生都在水下度过，不会上岸。尽管鲸也需要浮出海面换气，但它们能够换一次气就待在水中很长的时间，有的鲸甚至能一次在水中待上 1 个小时。

不过，正因为鲸是如此善于屏住自己的呼吸，以至于它们都丧失了非自主呼吸机制，所以鲸必须清醒地控制呼吸过程。鲸不仅要有意识地控制自己的呼吸反射，还要靠自身的意志控制身体上浮到水面换气。不仅如此，由于鲸的喷气孔会自动关闭，因此它们还要有意识地自己张开喷气孔换气。如此说来，如果鲸睡着了或是被打昏的话，它还真有可能会被淹死。

鲸不得不注意自己每一次的呼吸，因而就我们所知，鲸不可能睡得很死。有人猜测鲸在睡觉的时候能够只让一半的大脑休息，另一半则保持清醒，以控制呼吸——当然这也仅仅是猜测而已。

海象和海牛喜欢生活在温暖、平静、相对较浅而且水生植被丰富的水域。在那里，它们能浮在水面上或是靠近水面的区域打瞌睡。它们的新陈代谢率非常低，只将很小的一部分能量用于体温调节过程，而且对氧气的需求量极少。

海象和海牛还可以沉到水底睡觉或是休息。当它们屏住呼吸的时候，体内大量堆积的油脂和自然的浮力会使它们浮上水面，在水面睡觉。当然，它们也不会睡得很死。

潜海最深的海洋哺乳动物

在深海中，有巨大的浮力和压力。对于用肺呼吸的哺乳动物来说，潜入深海不是一件容易的事。人类潜入70多米的深度最多只能屏气2～3分钟。海豚、海豹等海洋哺乳动物都是潜水高手，一个猛子扎下去，就是几十米，甚至上百米。然而，真正的潜水冠军要数抹香鲸，它以屏气法可以潜水一个小时之久，最大的潜水深度为2200米。

抹香鲸体长18～25米，体重20～25吨，由于头部特别大，占体长的1/3，因而又有“巨头鲸”之称。它们主要栖息在南北纬70°之间的海域中。它们的身体背面呈暗黑色，腹部为银灰或白色，身体粗短，行动缓慢，易于捕杀。其肠道内能够分泌著名的香料龙涎香，因而经常遭到捕杀，数量越来越少，目前已经被列为濒危动物。

☆鲸和其他海洋哺乳动物喝什么水？鱼呢？

海洋哺乳动物主要依靠食物中的水分供给自身所需，而不是饮用海水。

比如说鲸，它们以捕食磷虾等虾类和鱼类为主，而鱼类身体组织中水分的含量是相当高的。

齿鲸主要捕食大型鱼类和乌贼。须鲸的体型更加庞大，它们的捕食方式则是张开大口一次吞下大量海水，用骨质鲸须像滤网一样过滤海水，留下海水中所含的食物。

至于鱼类，它们是通过身体表面吸收水分的，水通过鱼的鳃和隔膜渗透到鱼体内，被鱼所吸收。

由于海水中盐的浓度要高于海洋动物体液的浓度，所以海洋鱼类必须对海水进行处理后才能吸收。海鱼体内有层半透膜，能够让水分子通过半透膜而将大部分盐分阻挡在膜的一侧，从而达到淡化海水的作用。海鱼必须将处理后的水存储起来，因此它们的尿液也非常浓，在体内产生废物的过程中几乎不用消耗水分。

☆长颈鹿的脖子为什么这么长?

人们曾经认为，长颈鹿的脖子之所以这么长是因为它们必须要伸长脖子才能够得着高处的树叶，年复一年，日复一日，它们把这种变化传给子孙后代，最终变成今天的样子。

我们现在知道，动植物的进化并不是这样进行的。

18世纪，查尔斯·达尔文提出的进化论是目前学者们普遍接受的理论。进化论认为生物进化有两个步骤，首先是变异，其次是自然选择。

变异是指某个生物个体天生具有某种同物种中其他个体不具备的特征，这个特征可能是它的毛发比同伴们的多，也可能是它的腿与同伴们的不同，也因此比其他同伴跑得快，或者因此跑得特别慢。变异不一定是好还是坏，这只是一种自然现象。

自然选择是说，越能够适应自己生存环境的生物个体，就越有可能生存下来，并成功繁衍。举个例子，假如你是一条鱼，不幸的是，你居住的池塘干涸了，你也没有挽救的办法，你很可能会失去生命，也就不会有后代。但是，如果你有特殊的鳍——在你的伙伴看来你的鳍实在是古怪可笑，因为它们从来也没见过这么奇怪的鳍——在池塘干枯的时候，你却可以拍打着这双鳍蹦蹦跳跳地移居到邻近的池塘。你活下来了，将来的某一天就可以有自己的后代，它们继承了你的特征，拥有一双奇怪但实用的鳍，这样它们在那些有可能干涸的池塘里也具有更强的生存能力。经过几代传承之后，可能会有更多的鱼拥有这种特征。这就是变异和自然选择的共同作用。

或许长颈鹿的祖先们没有这么长的脖子，但在它们的进化过程中发生了变异和自然选择。那些幸运地生长了长脖子的个体可以吃到树梢上更鲜嫩的树叶，于是它们的身体就更健壮，这当然是一种生存优势，尤其是在食物稀缺的时期。经过一代又一代的进化，长颈鹿就取代了短脖子的鹿。

但是长脖子同样有很多缺点，长颈鹿的心脏必须努力工作，才能把血液送到高高在上的大脑。长颈鹿的长脖子也不利于快速奔跑，在遇到危险时，长颈鹿逃跑的速度就比不上短脖子的动物。所以，最大的长处也可以同时成为不足。

☆同一窝生的小猫会有好几个父亲吗?

是的，同一窝小猫也可能会有好几个父亲。事实上，任何一种一生产就是一窝且在一个繁殖周期里面能怀孕生产数次的动物，产下的幼仔都可能有好几个父亲。这种繁殖生育形式的术语叫作同期复孕。

当处于繁殖周期时，雌猫因受到刺激而排卵，此时便需要在卵子排出卵巢前交配。一般而言，雌猫会在排卵前交配数次，因而在卵子排出之前，生殖道中就能存留有来自不同雄猫的精液。但是同时有好几个父亲的情形并不十分常见。

在野外，通常只有一只处于支配地位的雄猫与雌猫交配，因此所有的小猫通常只有一个父亲。如果要确定一窝小猫各自的父亲是谁，则需要用它们的DNA做亲子鉴定。

☆狗和猫能活多久?

由于宠物们会受到外伤或是被执行安乐死等原因，许多狗和猫不可能完整地活完它们的一生，因此要明确地知道它们可能的寿命也是相当困难和复杂的。

纽约市的一家动物医疗中心在全国范围内向动物医学专家们调查咨询究竟人们认为多老的动物可以算作是衰老的。大多数专家的一致意见可以被拿来作为动物平均寿命的一个粗略的参考值，其偏差应该在一到两年之内。

该研究显示，动物体型的大小对寿命的影响要大于其他因素的影响。比如像大丹犬、圣伯纳犬和爱尔兰猎狼犬等巨型犬的寿命约在8年左右；而像德国牧羊犬、爱尔兰塞特犬和拉布拉多猎犬等大型犬的寿命约在10年左右；中型犬如比格犬、英国可卡犬的寿命约有12年左右；玩具贵宾犬、吉娃娃犬等小型犬则能活13 ~ 14年。

猫类也能活13 ~ 14年。尽管长久以来一直有传言说暹罗猫的寿命要比其他猫类的平均寿命长一点，但是不同品种的猫之间寿命差别也不是很明显。

宠物个体的寿命与种群的平均值之间存在相当大的差异，也正如每一个宠物主人所猜想的那样，例外的个案总是要比平均量来得多。

为什么犬类的体型大小对寿命会有如此大的影响？这可能与大型犬可能患上的疾病或者慢性压力有关。但是遗传学因素应该对犬类健康和寿命起着最重要的作用。对于每一种犬类来说，它们的体质和抗病性完全取决于该物种祖先的遗传特性，有的纯血统种类往往能活很久，可能就是因为继承的致病基因相对较少的缘故。

而对于混血的犬类，兽医猜想它们总体上应该要比纯种的犬类活得更久，这是因为不同类型的血统相互混合，使某种基因缺陷继承下来的可能性更小。

☆骡子为什么无法繁殖后代?

大家都知道，小虎崽是老虎妈妈生的，小狗是狗妈妈生的，小猴子是猴妈妈生的，这在自然界中是再正常不过的事了。但是这个世界上也有一些事情是违反常规的，听了之后你会觉得很奇怪。就拿最常见的家畜骡子来说吧，它是无法繁殖后代的，也就是说骡子并不能生出小骡子。这是怎么回事呢?

我们人类以及动物都是由受精卵发育而来的。雄性动物的生殖器官会产生精子，而雌性动物的生殖器官则会产生卵子，受精卵是精子和卵子结合后的产物，这是繁殖后代应具备的最基本条件。而骡子的生殖能力却属于先天不足：我们看到的公骡和母骡虽然具有构造较完善的生殖系统，但它们的生理机能却并不正常。据科学家研究分析，这是因为骡子的体内缺少一种激素而造成的。由于这种激素的先天缺乏，致使公骡的生殖器官无法产生成熟的精子，母骡虽然能产生卵子，但因为它的体内缺乏助孕激素，致使卵细胞不能健康发育，还没等到成熟就因衰弱而死。

那么，没有生育能力的骡子为什么不会绝种呢?

原来，骡子是一种名副其实的“混血儿”。一头公驴和一匹母马交配后生下的后代就是“马骡”，而一匹公马和一头母驴交配后生下的后代就是“驴骡”。所以你要是仔细观察就会发现，骡子身上有许多地方既像驴又像马。它的体形同马接近，但叫起来的声音却似驴；它的耳朵很长，颈上的毛、尾巴又同马、驴有所不同，介于两者之间；它的体形高大，肌肉筋骨强健，继承了其“父母”各自的优点。此外，它的耐力、抗病能力、适应性都强于马、驴，且寿命较长。因此，人类一般把骡子用于驮东西、拉车、耕地等，是人类的好帮手。

☆鸡为什么爱吃小石子?

▲吃完谷物，鸡还喜欢四处转转，吃一些小石子。这样，那些谷物在它们的胃中就比较好消化了。

鸡为什么喜欢啄食小石子呢？其实，它们只不过是利用砂石来帮助消化食物罢了。

大家知道，食物在胃里被消化之前，我们人或猫狗等动物总是要用牙齿先把它嚼碎。可是，鸡与其他鸟类一样没有长牙齿，这样一来，在消化食物的过程中它就需要有硬质的东西来帮助磨碎食物，这种硬质的东西就是小石子。当我们在杀鸡的时候，剖开鸡肚之后，可以发现里面的肌胃或者说砂囊，俗称鸡肫。这是鸡储存石子的场所。鸡肫是极坚韧的，其内壁还有一层黄色而且坚韧的皱皮。

当食物进入鸡肫之后，它们就和小石子混合在一起。在鸡肫里面，沙石和食物反复摩擦，食物就逐渐被磨碎了。

☆猫为什么喜欢吃鱼和老鼠?

猫为什么特别喜欢吃鱼和老鼠呢？原来，猫是夜行动物，夜视能力取决于猫摄取的牛磺酸的多少。如果长期得不到这种牛磺酸的补充，夜视能力将会降低。而鱼和老鼠体内含有大量的牛磺酸，所以猫爱吃鱼和鼠。

猫吃鼠还有一个原因：老鼠也在夜间活动，且个头较小，适于猫捕捉，这样它们自然成了猫的美食，这也是大自然生物链中一个正常现象，就像狼喜欢吃兔子一样。

不知道大家有没有注意到，猫睡觉时喜欢把耳朵压在前肢下，这样一方面可以保护它的耳朵，另一方面也是为了及时听见老鼠在地上走动的声响，以便及时采取行动。

☆为什么雄鸟通常比雌鸟美?

为什么雄鸟通常比雌鸟美呢？动物学家认为，漂亮的羽毛和悦耳的歌声一样，是雄鸟吸引雌鸟的常用手段。由于许多鸟类都有“一夫多妻”的现象，当雄鸟具备了艳丽动人的外表，就有可能赢得更多的“爱人”。

在绝大多数的鸟类中，一般由雌鸟承担孵卵和育雏的任务。由于雌鸟孵卵时要长时间待在鸟巢中，灰暗的羽毛与周围环境很相似，不容易暴露，所以这不仅有利于保护自己，而且也有利于安心地哺育幼鸟。

▲雌孔雀

这样看来，大部分雄鸟比雌鸟美丽，与鸟类的求偶和繁殖习性有很大关系，这是长期适应环境的结果。

☆熊猫是熊吗?

熊猫到底是不是熊?在这个问题上，科学家们至今无法给出一致的意见。关键在于，熊猫分两种，而两种之间的差别还不小。我们熟悉的一种是黑白相间的熊猫，叫作大熊猫。大熊猫平均体重100多千克，体形臃肿，让人看一眼就忍不住想上前抱一抱。

另一种熊猫我们不太熟悉，它的身材娇小，大约只有60多厘米长，浑身毛皮呈棕红色，带有明暗相间的环纹，还长着一条毛茸茸的尾巴。这种熊猫叫作小熊猫。从头到尾，从身材到长相，小熊猫都更像是一只浣熊而不是一只熊。

在仔细地研究了两种熊猫之后，科学家发现两种熊猫是近亲，它们的身体结构和饮食，以及其他生活习惯都很相似。

因为上述相似点，它们都叫熊猫，但相似之处也就这些而已。有些科学家认为大熊猫的确是一种熊，有一些科学家则认为小熊猫实际上是一种浣熊。还有人认为，二者既不属于熊也不属于浣熊，而是熊猫家族中的两个成员。

两种熊猫中，大熊猫尤其让科学家困惑，因为与其他熊类不同的是，大熊猫的移动速度极慢，而且它不会像普通熊一样号叫，却只能像羊一样咩咩叫。而且，它既不冬眠，也不喜欢吃肉。

科学家们对大熊猫的血液和其他细胞进行了化验，又将其与普通熊类的相比较，然后得出结论，大熊猫的确属于熊类，而且是一种喜欢居住在高山地区（比如中国的西部地区）的熊类。科学家们认为，熊、浣熊和熊猫拥有共同的祖先，是生活在2000万~4000万年前的一种动物，这也解释了它们之间为什么有相似点。但是浣熊和小熊猫后来朝一个方向进化，而熊（包括大熊猫在内）则向着另外一个方向进化。

大熊猫生活在海拔2000~3000千米的高山地区，它们通常居住在浓密的森林里，主要食物是成片生长在树周围的竹子。

大熊猫的胃口好得很。一只大熊猫每天要吃下15千克竹叶和竹茎，以及45千克嫩竹笋。但没有人责怪大熊猫贪吃。与其他草食性动物不同的是，大熊猫不能消化纤维素，而纤维素是竹子和其他植物的主要成分。为了获得足够的营养，大熊猫不得不将所有醒着的时间全部花在了进食上。

小熊猫也生活在亚洲，但它们的家没有那么高，它们大都住在喜马拉雅山脉的丘陵地带。小熊猫也喜欢吃嫩竹笋，但它们也喜欢吃水果和坚果，有时他们也吃小动物。

大熊猫一次只产下一个幼崽。大熊猫宝宝刚出生时小得可怜，这与其他的熊类是一样的。

刚出生的小大熊猫身上没有毛，眼睛也看不见，体重大约100克，只有一个西红柿那么大。在接下来的日子里，小大熊猫的体重会以惊人的速度增长。在二三岁的时候，大熊猫的体重将是刚出生时的900倍。

为什么刚出生的大熊猫宝宝这么小呢？科学家认为这与熊猫宝宝在出生前在母亲肚子里的发育过程有关。就大多数哺乳动物而言，卵子在雌性动物的子宫里受精之后会立即黏附在子宫壁上，开始生长。而大熊猫却不同。在熊猫妈妈的子宫里，受精卵会自由自在地游荡几个月。

科学家们认为，在其他熊类的身上也存在这样的情况。这样做是为了使产下的熊宝宝的数量与食物的供应量相适应。如果熊妈妈在怀孕时找不到足够的食物，胚胎就永远不会在子宫壁上黏附生长。

相反如果一切顺利，胚胎就会在4～6个月的孕育期的末期牢牢地固定在妈妈的子宫壁上。不过这时距离出生的日子已经不远了，宝宝已经没有足够的时间用来成长发育了。

可是一旦降临在这个世界上，大熊猫宝宝便开始以惊人的速度成长。通常在满周岁前，大熊猫的体重就可以达到40千克。

☆为什么有些昆虫具有惊人的力量?

许多昆虫都有不可思议的本领。小小的跳蚤奋力一跃，居然能超过自己身高的200倍。蚂蚁可以举起相当于自身体重52倍的东西。就连躯体纤弱的蝴蝶，有的也能像候鸟一样，迁徙时连续飞行几百千米甚至更远。

力气最大的昆虫

如果按身体比例来计算，世界上力气最大的昆虫是蚂蚁，它们可以拖动超过自己体重300多倍的物体。研究发现，蚂蚁肢体上的骨头长在肌肉外面，肌肉纤维含有特殊的酶和激素蛋白，稍加活动就能释放出巨大的能量。

蚂蚁是一种常见的昆虫。蚂蚁一般体型小，在0.5～3毫米，颜色有黑、褐、黄、红等，体壁具弹性，光滑或有毛。口器咀嚼式，上颚发达。触角膝状，4～13节，柄节很长，末端2～3节膨大，腹部第1节或1、2节呈结状。一般没有翅膀。前足的距离大，呈梳状，清理触角用。我们常常看到蚂蚁在地面上拖动食物，一只蚂蚁可以拖动一块比自己身体大很多的面包屑，几只蚂蚁可以把一只大毛毛虫拖进蚁穴。

蚂蚁能生活在任何具备它们生存条件的地方，是世界上抗击自然灾害最强的生物。

昆虫之所以有如此惊人的本领，秘密就在于它们特别发达的肌肉组织。根据研究，昆虫的肌肉数量多、结构特殊。人类有600多块肌肉，而一只蝴蝶的肌肉，竟有2000块之多。

肌肉除了能帮助昆虫跳高跳远外，还能帮助他们远距离飞翔。蜻蜓、蝴蝶、蜜蜂、飞蛾等，可以飞得很远，就是依靠它们胸背之间连接翅膀的那部分肌肉的力量。

☆蜜蜂为什么会把花蜜转化成蜂蜜？

植物为了吸引昆虫为其传花授粉，会从花中分泌出花蜜来。蜜蜂将花蜜收集起来，通过两个化学反应和一个物理反应将花蜜转化成蜂蜜。转化后的蜂蜜除了可以被蜜蜂和人类消化吸收之外，还易于保存并能使之免于细菌和酵母等微生物的破坏。

花蜜的主要成分是水和蔗糖（一个蔗糖分子包含12个碳原子）。首先，蜜蜂在花蜜中添加一种叫作转化酵素的酶，在转化酵素的作用下，一个蔗糖分子被转化成两个包含6个碳原子的糖分子——葡萄糖和果糖。随后再加入葡萄糖氧化酶，将极少量的葡萄糖转化成葡萄糖酸，使得蜂蜜像醋一样呈酸性。之所以要降低蜂蜜的pH值使其呈酸性，是为了防止细菌等微生物的破坏。转化酵素和葡萄糖氧化酶都是由蜜蜂头部的腺体分泌的。

雄蜂

蜂后

工蜂

▲蜜蜂家族成员

蜜蜂还利用一种类似工业脱水的工序将蜂蜜中的水分降到18%以下。它们在蜂房内把要加工的蜂蜜涂得到处都是，然后扇动翅膀加快蜂蜜表面的空气流动，促使水分蒸发。脱水后的蜂蜜体积更小，能储存得更多，并创造出高的渗透压。浓缩后的蜂蜜渗透压过大而导致身处其中的微生物细胞大量脱水、干枯皱缩直至死亡，能进一步保护蜂蜜不受微生物侵蚀破坏。

如果储存的蜂蜜被稀释，葡萄糖氧化酶会恢复活性，产生出过氧化氢杀死微生物。

☆为什么苍蝇和蚂蚁能在天花板上走?

苍蝇六条腿的末端生有跗节，用来抓住所攀附的物体表面。相比于苍蝇的身体尺寸来说，它的体重并不大，所以苍蝇只需要很小的力量就能抓住天花板不掉下来。

如果你有一只高倍率放大镜，就能用它看到苍蝇腿上长有一组爪子，爪子底端还生有海绵状的脚垫，这些脚垫看上去像褶皱的炸土豆片，能使脚底更牢地附着于物体表面。苍蝇脚垫的作用好似柔软的衬垫，而不是章鱼脚上的吸盘，令苍蝇无论是停在某处还是四处爬行时都足够安稳。当它四处爬行时，无论何时就算有两条腿悬空，也一样能如履平地。

与苍蝇依靠脚垫爬行不同，蚂蚁更多的是依靠自己的爪攀附在物体表面上，但脚垫却相对苍蝇的小得多。

有的蚂蚁其实善于攀爬。生活在地面上的蚂蚁更习惯于粗糙的土地，而不像一些生活在树木上的蚂蚁那样，能在光滑的表面甚至是倒转身体也能行走自如。

当然，对于爬进屋子里的蚂蚁来说，上面这些都不成问题。它们的身体非常轻小，在天花板上爬行时所花费的力气甚至可能比苍蝇还小。

☆哪种鸟最长寿?

通常人们把漂泊信天翁列为最长寿的野生鸟类，但是这种信天翁的寿命究竟有多长却无从得知。鸟佩戴的脚环反馈给鸟类学者的信息显示，皇家信天翁和漂泊信天翁这两种最长寿的鸟类至少都能活40年。

▲姿态优美的信天翁几乎不用扇动翅膀就可以在广阔的南部海洋的上空自在滑翔。

鸟类专家相信信天翁的实际寿命比这还要长，野生的信天翁应该能活到80岁左右（当然许多家养的鸟类由于被关在笼子里远离天敌的威胁，某些个体的寿命可能不止80年）。问题在于信天翁的寿命比脚环的寿命还要长久，历经40年后才被回收的脚环往往已经完全变形、无法继续使用了。大部分的铝制脚环原本是用来装在鸣禽腿上的，而野生鸣禽的平均期望寿命只有8个月左右。

由于信天翁的生活习惯，它才能享受如此之长的生命。信天翁的巢建在南极洲及其四周偏远海域的岛屿上，远远地避开了自己大部分的天敌。

信天翁的繁殖周期也很奇特。幼鸟要一直被喂养到体型变得非常巨大为止，此时幼鸟的体重实际上已经超过成年信天翁。这时成年信天翁乘着海风起飞并翱翔于空中，在差不多整整1年的时间里沿着海岸线不断飞行。幼鸟则仍然待在巢穴中，靠着体内的脂肪储备生活，直到成鸟返回巢穴为止。

然后原来的幼鸟加入到成鸟的群体当中，准备开始求爱。信天翁的求爱过程也以一种特异的方式来完成，那就是用彼此的鸟喙以极高的频率相互拍击，发出咔嗒咔嗒的声响，看上去就好像两个海盗在用刀子决斗似的。

☆为什么热天里狗常常要吐舌头？

▲狗在奔跑时，由于体温升高，会伸出舌头散热。

狗属于哺乳动物。哺乳动物的体温在正常状态下是恒定的，当热量过多时，就要散发热量，而这主要是通过降温的办法来达到的。人和许多动物身体表面都布满了汗腺，气温升高时，汗液便能从汗腺中分泌出来，热量也随着汗液的分泌散发到体外，体温就得以降低。但是，动物学家们发现，狗却是一个例外，它的身体表面没有汗腺，令人匪夷所思的是，它那长长的冒着热气的舌头伸出来时，身体热量的发散就可以较快地进行。

然而事实上，即使不是夏天，狗的舌头有时也要伸出来，如它在奔跑或打架之后，身体在剧烈运动后发热了，体温升高，这时它也会伸出舌头来散发热量。正如人在寒冷的冬天里，参加了体力劳动或进行了剧烈的运动后，也同样会出汗一样。

可见，狗之所以在夏天老伸舌头出来，不过是因为它的汗腺长在舌头上，毕竟外面要比嘴里的温度低。

☆马的脚上为什么要钉铁掌？

提到马，在大家的脑海中就会出现一种身体细长、四肢健壮、善于奔跑的动物形象。不过有这样一个现象，不知你是否注意到：当马奔跑的时候，会出现“哒哒哒”的马蹄声。那么，马奔跑时何以发出那么大的声音呢？这与马脚上的蹄铁有关。为什么马的脚上要钉蹄铁？它有什么作用呢？

▲饲养员正在给马脚钉蹄铁。

原来马蹄是一种角质化的坚硬皮肤，是身体重量的支点，又经常在坚硬的地面上摩擦，时间长了，蹄上会出现凹凸不平的磨蚀现象，这会对马的速度和负重产生很大的影响。为了避免这种现象，人们就会在马蹄上钉一块蹄铁来保护马蹄，防止蹄的磨损。钉蹄铁必须要有一定的方法。在钉蹄铁之前，必须用蹄刀修整蹄形，把蹄壁的底缘削平，然后选择能使蹄与铁吻合的合适蹄铁，再把蹄钉插入钉孔。蹄壁的底缘与蹄底之间的环状白线处是下钉的部位。钉下的蹄钉要向外穿出蹄壁，但不能对马的触觉部分造成损伤。

☆鸵鸟真的胆小吗？

多年来，人们总是将鸵鸟称为胆小的动物，因为它遇到危险总是把头颈平贴在地上，然后钻进沙里“掩耳盗铃”。

其实，这种看法是不科学的。鸟类学家发现，鸵鸟栖息在非洲热带沙漠草原地区，那里气候炎热，阳光强烈，鸵鸟发现敌害后，虽然可以拔腿快逃，可是，在干燥的环境下奔跑对自己是很不利的。因此，鸵鸟便将长脖子平贴地面，身体蜷曲一团，凭借自己暗褐色羽毛伪装成岩石或灌木丛，加上雾气的掩护，就不易被敌害发现。尤其是未成年的鸵鸟，常用这种方式逃生。如果此举难以奏效，它们便会在敌害出现时一跃而起，迅速逃离。

鸵鸟的翅膀在进化过程中，逐渐失去了最原始的作用——飞翔，虽然不能飞了，但它跑得却很快。鸵鸟身高达 2.75 米，其步幅可达 3 米，每小时可跑 70 千米，远远超过狮子的最大速度(每小时 60 千米)。

鸵鸟蛋乃是蛋中之王，大约重 1.35 千克，相当于 25 ~ 30 个鸡蛋的大小。鸵鸟蛋一样可以吃，但是要有耐心，因为要煮熟它，至少需要 2 小时！

经过 39 ~ 42 天的孵化后，小鸵鸟便可从鸵鸟蛋壳中爬出。看管小鸵鸟的任务主要由鸵鸟爸爸承担。除此之外还要为小鸵鸟觅食，对它们进行“培训”，而鸵鸟妈妈则负责保护自己的子女。

科学家格日梅克亲眼看见了这样的情景：一只公鸵鸟领着8只小鸵鸟及在旁边观察周围动静的母鸵鸟。突然间，一只鬣狗向小鸵鸟们发动袭击。公鸵鸟马上领着孩子躲到安全的地方，而母鸵鸟则英勇无比地迎了上去，用脚扑，用嘴啄，鬣狗招架不住，只得连连后退，母鸵鸟也不停“手”，一直追了有大约1千米远。

古代，鸵鸟羽毛通常被用作士兵头盔饰物。到了17世纪，航海家才把鸵鸟羽毛带到欧洲，不久以后，皇宫的裁缝们用它来装饰女性的服装。到20世纪初，由于对鸵鸟羽毛的需求量大幅增加，南非还办起了鸵鸟养殖场。

如今，鸵鸟的羽毛主要用来作为连衣裙、扇子、帽子和戏剧服装的装饰品。

看来，缩头缩脑的鸵鸟还真够大胆，紧要关头，不但毫不畏惧，反而能迎面而上。或许这就是父母之爱的伟大力量。

☆浑身带病菌的苍蝇为何不会生病?

苍蝇喜欢在垃圾堆、腐烂的尸体上活动，它浑身沾满病菌，到处传播，对人类产生很大的危害。尽管如此，苍蝇却从不感染细菌，这是怎么一回事呢?

经过研究，意大利科学家莱维蒙尔尼卡博士发现，苍蝇的免疫系统会发出BF64、BD2两种球蛋白，将侵犯自己的病菌杀灭。这两种球蛋白射向病菌，就像原子弹和氢弹一样，与敌人同归于尽。BF64、BD2球蛋白总是一前一后地从免疫系统里出来，从不错乱，而且制造和发射都很快，能在短时间内把敌人消灭。

苍蝇并不是随便发射这两种球蛋白的，只有当细菌繁殖得特别快时，系统才会工作。一般情况下，苍蝇会尽快地将细菌排出体外。

生物学家和病理学家经过研究，发现苍蝇一般只用7～11秒钟就可以将食物进行处理、吸收养分，最后将废物排出体外，细菌还没来得及繁殖子孙就已被苍蝇排出了体外。这种处理方法，速度之快、效率之高，令别的动物望尘莫及。一般说来，哺乳动物从进食到排便，短则几十分钟，长则几个小时；而人类一般要24小时才排便一次。所以当人们吃了带有病菌的食物后，病菌、毒素不能及时排出体外，病菌便会给人体造成危害。而苍蝇这种独特的本领使它不会感染细菌而生病。

科学家对苍蝇进行研究后，发现BF64、BD2比青霉素的杀菌力还要强千百倍。如果有朝一日能从苍蝇体内提取BF64、BD2，那么，这将会造福于人类。由此可以说苍蝇也并不是有百害而无一利的。

☆ 长得最快的植物是哪种?

▲难以想象竹子也是一种草，但是草坪上的草和竹子确实是同一类植物。

竹子是一种奇怪的植物。它们是高大、茂盛的草，开始时，大约1250种不同类型的大多数竹子都一直在长高。一旦它们成熟了，它们就停止生长，不管它生存多久（有些竹子要存活100年以上）。它们会发出更多的嫩芽。这样一来，一片竹林，当它们停止长高时，就会变得密不透风了。

竹子的花期也很古怪。许多种类的竹子一生当中（7 ~ 120岁之间）只开一次花，开完花就会死亡。也就是说，一种竹子的每一棵竹子播种和死亡几乎发生在同一时期（这对于大熊猫就是个特别的问题了，它们除了竹子以外什么也不吃，那么每30 ~ 80年它们就会面临全面的饥荒，因为这时当地的竹子都开花了）。

竹子对于人类而言也很重要（有1500多种文件是用它记录下来的），世界上有多达40%的人离不开它。至于龟甲竹，它具有巨大的能量，开完花后还能继续存活，并且被人类作为农作物广泛种植，它是长得最高的大型竹子之一，而且很可能还是长得最快的竹子。据记录一根嫩芽仅仅1天就能长1米，即每小时长4厘米，8周后就又长了20米。它真的是你能亲眼看着长大的草木哦。

☆ 室内的光线也一样有助于植物的生长吗?

从萌芽到光合作用到开花，植物所有的生理功能都能在波长范围为300 ~ 700纳米的光线之下正常进行。因此，室内的园丁既可以用白炽灯作为植物生长所需的光源，也可以用“冷光”和“暖光”结合的荧光灯管模拟出符合所需波长范围的光线来。

一般白炽灯发出的光线主要集中在可见光谱中波长较长的红端，在这样的光线条件下生长的植物通常会长得又瘦又高。在蓝光、绿光等波长较短的光线照耀下生长的植物大多长势缓慢，而且往往颜色怪异、色调偏暗。

灯泡放射出的紫外线辐射量其实非常少，有的甚至比阳光中的紫外线辐射量还少，所以不会对植物带来任何伤害。

☆行道树是如何在狭小的树坑里存活的？

行道树被混凝土和沥青包围着，它们的平均寿命只有大约 7 ~ 14 年，虽然有不少树存活了下来，但是衰败得很快。

在地面以下决定一棵树能否存活的因素非常之多。如果土壤太过于紧实，以至于树根根本无法穿透土层，种下的树当然活不长。如果能穿过土层，就有很大的概率能吸收到生存所必需的水分和营养物质。

树木生长的区域内是否有足够的水分供给也是一个问题。地下水和降雨都能为树木提供水分，但是要判断一棵树是否已经汲取到足够的水分却相当困难。

当然，如果树根碰巧伸进了下水道里，那就真的是要什么有什么了。

如果一棵行道树能够存活下来，那是因为它的根部能够伸展开来，覆盖了大片土壤的缘故。对于其他植物也是如此，如果花盆的尺寸太小，植物一定长不好。行道树的根扎得不深，也就深入到地表以下 1 米多深的地方而已。如果条件合适，它们会把根部横向展开，而不是一直往下伸。

说到对行道树的养护工作，人们可以在树的根部铺上覆盖物保护树根；可以在干旱的时候为树木浇水；可以做一些力所能及的小事保护树木，比如把狗牵开和不要向树旁倒垃圾，以免压实土壤；还要注意不要让自行车链条等物体刮破树木外层薄薄的树皮，以免树木的生长层受到损伤。其他像漂白水和更换车油时丢弃的废物等也会直接毒害树木的根部，都是树木生存的一大威胁。

除此之外，还可以十分轻柔地为树坑松土、去除硬土块，以确保根须能顺利地吸取养分。

☆为什么说马铃薯、辣椒、茄子和番茄有毒？

在一些茄科植物中会产生一类叫作配糖生物碱的有毒化学物质。虽然马铃薯和番茄的植株也是相当有毒的，但是人们平常吃的都是茄科植物可食用的部分，而且食用的量也尚未达到使人中毒的程度。

对于含有大量配糖生物碱的马铃薯品种来说，成人如果吃掉 1.36 千克的马铃薯（大约 6 个半烤马铃薯）就会感到身体不适，儿童更是只要吃 0.68 千克就有可能生病。但如果是还没有成熟的马铃薯，只需上述分量的 1/12 就能使人中毒。

人们已经在马铃薯中发现了约 20 种的配糖生物碱，不过真正让人头疼的只有两种：α 茄碱和 α 卡茄碱。这两种毒素不仅会导致消化道疼痛，而且还都是能干扰神经传导的神经毒素。对于某些品种的马铃薯来说，哪怕只有一丁点儿的嫩芽从芽眼里面冒出来，它都是有毒的。

番茄中含有一种叫 α 番茄碱的配糖生物碱，红辣椒、绿辣椒和茄子中都含有茄碱。不过根据动物实验的结果来估算，大约 2040 克茄子和辣椒或者 150 个小番茄中毒素累计的总和才可能够达到足以使人致命的剂量，而完全成熟的番茄其实根本没有毒性。相反，不到 57 克的番茄叶却可能置人于死地。

☆为什么生长在水里的植物不会腐烂？

因为长期受环境的作用，水生植物都具有一种适应水中生活的独特本领，就是能吸收水里的氧气，并且在较为缺乏氧气的情况下，也能正常呼吸。

那么水生植物是如何吸收溶解在水里的少量氧气呢？

总的来说，水生植物的根部皮层里，细胞之间有较大的间隙，这些间隙上下连通，形成了一个可以输送空气的传导系统。更重要的是，水生植物的根表皮是一层半透性的薄膜，可以将溶解在水里的少量氧气透过这层薄膜而扩散到根里去。

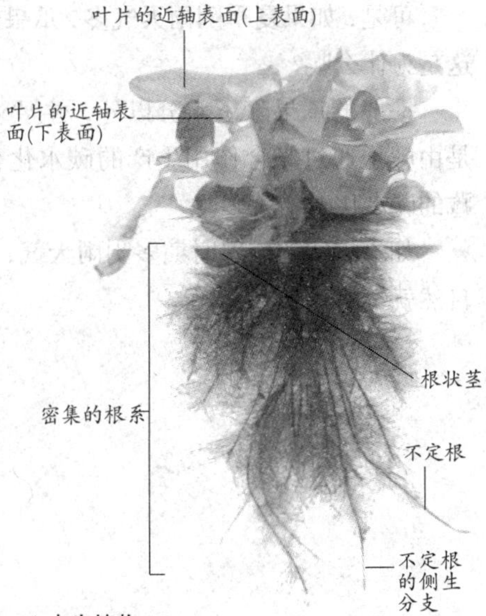

▲水生植物

有些水生植物，为了适应水中生活的环境，身体上还有其他一些特殊的构造。例如莲藕，它埋在深深的泥泞的池塘底，空气无法流通，必然会造成呼吸困难，但是，藕里有许多大小不一的孔，这种孔和叶柄的孔是相连的，同时在叶内还有许多间隙，与叶的气孔相通。因此，深埋在污泥中的藕，能通过叶面自由地呼吸新鲜空气并且正常地生活。

☆为什么称菠菜为“菜中之王”？

菠菜的故乡在波斯。两千多年前，波斯人种植菠菜，用来食用。唐代贞观二十一年（公元647年），尼泊尔国王那棱提婆把菠菜作为礼物派专人送到中国长安，从此，中国有了菠菜。菠菜营养价值很高，古代的阿拉伯人把菠菜称作“菜中之王”。

每千克菠菜含蛋白质达24克，脂肪达3克，钙达1030毫克，维生素C达380毫克，还有丰富的铁质。

营养专家认为，100克的菠菜就能满足人体24小时对维生素C的需要。菠菜对胃和胰腺的分泌功能也有良好作用。

☆为什么夏季多雨瓜果就不甜?

夏天，大量的瓜果上市，成为人们消暑解渴的佳品。

可是，如果夏季阴雨天气多，瓜果的味道就不那么甜了，甚至还会有点酸味，这是为什么呢?

一般的瓜果除了水分以外，主要就是糖分，所以我们吃起来感到甜。糖分是由叶子通过光合作用生产的碳水化合物，贮藏在果实里。如果光照充足，贮藏的碳水化合物就多。

如果果实的成熟时期多阴雨天气，光照时间不足，果实里贮存的糖就少了，自然就不甜了。

第四章

科学异想

☆聚变发电厂能成为现实吗?

很多科学家怀疑可再生能源能否满足未来人类的需求。如果到2050年，世界人口两倍于现在，再加上发展中国家生活水平的提高，能源消耗肯定会成倍增长。

目前，科学家正在努力以完全不同的方式制造“太阳能”，即模拟太阳内部的核聚变反应。组成太阳的物质大多是些普通的气体，其中氢约占71%，氦约占27%，其他元素占2%。太阳核心的温度极高，达1500万摄氏度，压力也极大，使得由氢聚变为氦的热核反应（4个氢原子核合成为1个氦原子核）得以发生，从而释放出极大的能量——太阳内部每秒有6亿吨氢融合成氦。

自从20世纪50年代以来，科学家就在努力模拟太阳内部的运动过程。大量资金投入到实验中，但却从未获得过成功。要使氢原子核发生聚变，温度需要达到上亿摄氏度，可是在这个温度下，有什么东西能容纳下氢的同时自己又不会熔化呢?

托卡马克是一种利用磁约束来实现受控核聚变的环性容器，它的名字Tokamak来源于环形(Toroidal)、真空室(Kamera)、磁(Magnit)、线圈(Kotushka)，最初是由位于苏联首都莫斯科的库尔恰托夫研究所的阿齐莫维齐等人在20世纪50年代发明的。托卡马克的中央是一个环形的真空室，外面缠绕着线圈。在通电的时候托卡马克的内部会产生巨大的螺旋形磁场，将其中的等离子体加热到很高的温度，以达到核聚变的目的。相比其他方式的受控核聚变，托卡马克拥有不少

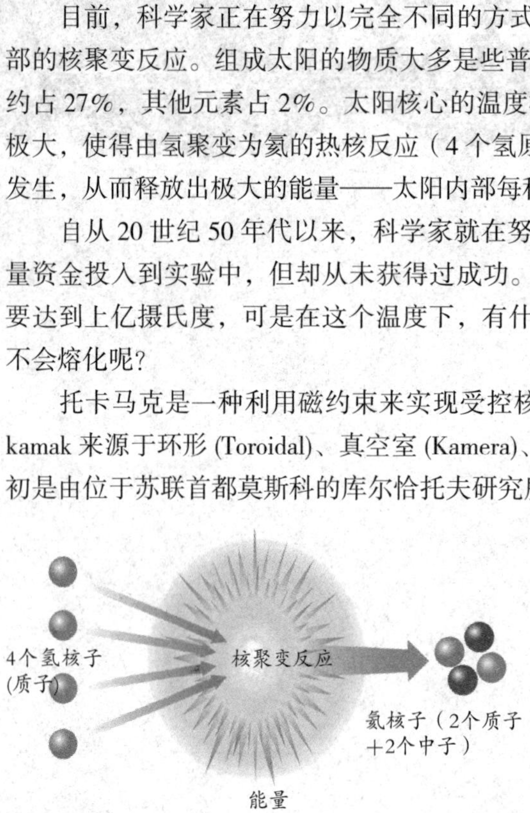

▲太阳内部氢的核聚变反应示意图

优势。但常规托卡马克装置体积庞大、效率低，突破难度大。

建立聚变发电厂需要大量资金，即使资金雄厚的发达国家也无法单独实现。美国、日本和欧洲的科学家曾经花了10年的时间研制一个聚变装置，但最终美国退出了该项目，因为国会不批准必要的资金申请。从中可以看出，该研究领域的未来还十分模糊。然而，聚变反应堆毕竟是人类的一个希望，和依赖于风力和天气的可再生能源相比，聚变发电厂能按照人类的需求来产生能量。

聚变发电厂所需的原料大量存在，即常见的海水。1升海水中所含的核聚变原料，通过核聚变反应可产生相当于300升汽油燃烧所放出的能量。地球上有足够的海水，可以支持聚变发电厂运行几百万年。而且聚变发电厂不排放任何温室气体，所应用的技术也相对安全。在聚变发电厂中，绝对不会出现类似切尔诺贝利那样的严重事故。

如果科学家计划中的超级托卡马克取得成功，第一批聚变发电厂将在四五十年后投入运营。到那时，离科学家开始研究这种能源已经过去了100年。在研究进展到那一步之前，人类肯定还会面临激烈的讨论和争辩，因为聚变发电厂也有它的弊端。那就是当氢聚变成氦时，会产生辐射。因此，发电厂必须有厚厚的围墙包围，而且在聚变区域只能由机器人来工作。另外，即使聚变发电厂停工后，周围地区仍会长时间遭受辐射。

如果必须在聚变能源和其他能源之间进行选择，肯定会引发激烈的争论。一个依赖于托卡马克的社会，和由风车、太阳能发电厂供应能源的社会，是完全不一样的。前者，一个国家的能源需求可以由几家属于国家或者大公司的发电厂来满足；但如果选择了后者，将需要建立数以百万计的小型发电厂，分别属于私人或者小型团体。

☆将来人类的饮食结构要如何调整?

在发达国家，很多人饮食过量，体重超标。在20世纪90年代末期，这成为世界上最大的健康问题之一。体重超重意味着摄取的能量远比身体所需的能量多。体重超重也是由于很多人的工作都是坐着完成的，平时活动量不够所致，而很少运动的人需要的能量比从事体力工作的人少得多。很多身材苗条的人吃得虽然不少，但是通过运动消耗掉了过多的能量。想一想很奇怪，在发达国家，人们一方面要为减肥课程和去健身房支付一笔不菲的费用，另一方面还得为购买大量食物支付费用。

关键不仅仅在于我们吃了多少，还在于我们吃的是什么。在西方国家，如美国和欧洲国家，人们吃的食物大多由肉和牛奶组成，这种饮食结构容易造成健康问题。研究证明，食用过多肉类和奶制品可能导致癌症和心脏病，同时，这也是对资源的一种浪费。现在，猪和牛的饲料常由粮食和人类的剩余食物组成，而粮食中的大部分能量却在进入动物体内后流失了，因为动物需要能量维系生命。要获得1千克牛肉，就必须提供7千克饲料。

发达国家中有越来越多的人崇尚素食主义，如在20世纪90年代末期，英国素食主义者的人数就明显增多。原因也可能在于，很多人对于现代农场的饲养方式感到厌恶，并且害怕诸如疯牛病之类的动物疾病。

光满足欧美和日本大约10亿肉食者的需求，就要很高的投入。巨大的饲养场里，奶牛、猪和鸡都无法自由活动。20世纪80年代末期，开始出现一些组织为动物争取权利，他们认为应该采取符合物种自然生活状态的饲养方式。比如说，在“走地鸡”（在地面自由生长的鸡，有一定的活动空间）、“柴鸡”（在被屠宰之前可以自由活动的鸡）和“笼养的鸡”（只能在笼子里待着的鸡）之间做出选择变得越来越普遍。由于需要更多空间和饲料，所以自由养殖的家禽家畜价格更高一些，不过人们都愿意支付这笔费用。

总的来说，过去几十年来，肉类价格有所下降，因为作为饲料的粮食变得更便宜。但是，如果粮食价格在21世纪上涨，肉类的价格也将随之上涨。也许发达国家的人要开始少吃肉，以便为发展中国家预留更多的粮食。

或者，也可以对食物征收“生态税”。现在很常见的是，以环保、天然的方式生产出的食物比工厂加工的食物价格更高。未来可能会发生一些变化，因为没有人能想象30年后富裕地区的人们人均每天食用多少肉和鱼！

☆你能接受这些离奇的食物吗？

饲养小动物比饲养大动物更划算，要产出1千克鸡肉所需的饲料，远远少于产出1千克牛肉所需的饲料。主要原因在于鸡的生长速度更快，从小鸡到适合屠宰一般只有几周。

亚洲和非洲都有类似的说法，即动物越小，能获取的肉就越多。这些地区的人也吃昆虫，因为昆虫含有大量的蛋白质，正是不常吃肉的人容易缺乏的。

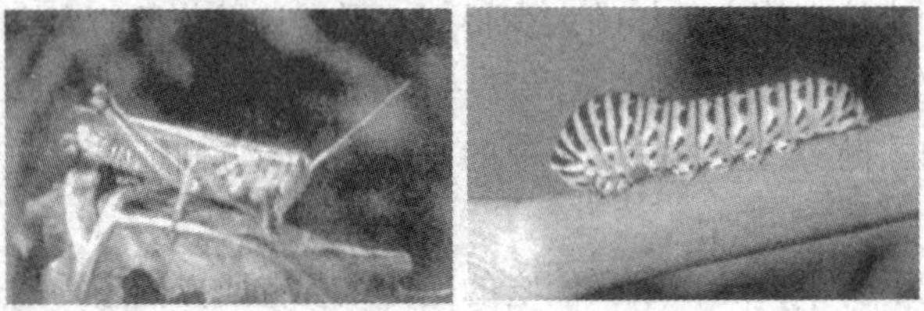

▲上图为两种产出效率高、营养丰富的“美味”。

上千年来，蝗虫一直是人们喜爱的一道美味。蝗虫的幼虫大多可以食用，南非有一道名菜就叫脆炸幼虫。

如果我们能够克服

自己的偏见，尝试着想象一下吃昆虫的好处，也许我们能从中获益。昆虫的捕捉和饲养都很容易，它们的食物是各种植物，而且它们繁殖迅速。我们当然没有必要在吃昆虫的时候保持它们的原貌，例如用干燥的昆虫磨成的粉末可以做成一种重要的补充食物。实际上，我们中的大多数人都在吃和昆虫有关的东西，只是没有意识到而已——在水果、蔬菜和粮食中便经常隐藏着小昆虫及它们的虫卵和幼虫。

讲述这些内容，是因为未来的食物在现在人看来可能会显得十分奇怪。一些科学家正在考虑用微生物来代替我们现在吃的食物。微生物具有的营养价值和大型有机物一样，比如一些酵母可用于烘烤面包，还有一些酵母在添加糖以后能产生酒精。现在，甚至有许多人直接吃酵母，因为酵母富含维生素 B。酵母还可用作动物饲料，能产生一种“酵母团”，与肉具有类似的特征。这一点很重要，因为将来可能会利用酵母生产肉的替代物。

人类还可以从海洋中获取食物。海藻和浮游生物生长迅速，赤道全年都受到最强烈的阳光照射，那里的海藻养殖场能直接满足人类对植物性食物的需求。

自然界中最小的有机物是细菌。看到这个词，许多人首先想到的是疾病，但是有上千种细菌是对人体有益的。养殖细菌也是个不错的选择，它们只需要少量能量就能生存，而且生长周期短。很多细菌富含蛋白质和其他营养物质，这都是人类所需的。而且细菌是可以吃的，每天我们都会接触到几十亿个细菌，却并没有受到任何伤害。

20 世纪，各个领域的科学家和工程师研制出许多先进的技术，让食物保质期更长，营养更丰富，并且烹饪方法更简单。21 世纪，研究人员最重要的任务可能是，用现在觉得不可能的原料制成美味佳肴，至少要让一部分人能把它们和吃饭联系起来！

☆ 排泄物能直接加工成食物吗?

现在，人类产生的大量食物垃圾和废水是个很严重的问题。没有净化能力的城市，通常直接将废水排放到附近水域中，受到污染的饮用水每年都会夺去几百万人的生命。废水对水生动植物的影响很严重，因为过于富营养化的水中氧气会逐渐耗尽，鱼类和其他水生生物都会灭绝。

实际上，人类和动物的排泄物是十分有利用价值的资源。在有些地区，农民一直使用人类和动物的排泄物作为肥料。但现在生产食物的农庄和大多数人生活的城市之间距离太远，排泄物很难作为肥料使用。

如果用微生物来制造食物，情况就会发生改变，因为到处都可以培育微生物，甚至在城市中心也行。那么人们就能将排泄物直接运送到工厂，借助细菌和其他微生物将其加工成食物。这种方法不仅能节省原料，而且十分环保。

粮食作物的生长非常依赖不可预见的天气状况，人口的增长也让我们比以前更为敏感。但如果在人造光线下，用营养液来培育微生物，就可以更好地掌控食物供应。人类能够自行决定需要制造多少食物，在什么时间制造。

这类技术不仅能用于地球上，如果有一天人类进入宇宙空间，更有必要采用这种方式。长时间的太空旅行或者到遥远的行星上定居，都需要不断重复利用垃圾，并将其加工成食物。

☆回归原始的生活方式是未来的大势所趋吗?

生活在发达国家的人消耗大量原料和能源，而且产生的垃圾数量庞大。到目前为止，生活方式越现代化，需要的资源就越多，对环境的污染也越严重。

因而，一些人认为，人类应该放弃现代技术，重新回到1800年前的生活。对于这种论调有一系列的论点支持。人类历史已经表明，原始的生活方式是可行的，而且从前自然界是完整的、未受破坏的。

在过去的50年中，越来越多的欧洲农民开始停止使用人造化肥和杀虫剂，这种生态种植也越来越受到消费者的青睐。生态种植的食物被认为比进过工厂加工的食物更健康，很多人愿意为这种纯天然的食物支付更多金钱。

但是并非所有的欧洲农民都能改变自己的劳作方式，社会的发展已经进步到政府不得不进行一定的限制，才能让人们回到过去的生活方式。如今，地球上的人口众多，生态种植根本无法填饱所有人的肚子。今天我们吃的大部分食物都来自发达国家中高效经营的农场，英国和法国农民的农业产量是亚洲和非洲的4倍多。如果这些农场放弃了新技术，生产的食物数量将明显减少。

如果人类真的想“回归自然”，仅仅限制人口出生率是不够的。只有大幅度减少世界人口——最好大大少于10亿人，和19世纪初的人口一样多——才能重新回归简单的生活。

如果人类真的进行尝试，比如关闭所有工厂，也许只有少数人能生存下来。人们的生活依赖于工厂制造的各种产品，治疗疾病的药品也只能在工厂生产。我们不能凭空希望，在制药工业不再继续进行研究的情况下还能出现新药品。21世纪，全球将有几十亿老年人，很多人都需要现代医疗的照顾。

还有很多诸如此类的反对意见，大部分人不可能自愿回到“美好的旧时光”，但这并不意味着重返简单生活完全没有可能。当继续保持现在这种奢侈的生活方式，直到现代文明不堪重负地崩溃时，那么不管人们是否愿意，原始朴素的生活方式将是人类生存下去的唯一机会。不过，到那时人类将付出巨大的代价——在世界人口达到能够以原始方式存活的预计值以前，几十亿人早已死于饥饿或者疾病。

难道情况真的已经迫在眉睫，我们必须在继续现代生活还是回归原始生活间做出选择了吗？

☆电子货币会完全取代纸币吗？

货币可以由各种材料制成：圆形的金属片（硬币）、贵重金属、漂亮的石头和贝壳。非洲和亚洲都曾使用贝壳作为支付手段。过去几百年中，金币和银币已被纸币和便宜金属制成的硬币所代替。

在货币出现前，人们早已进行交易，付出劳动，获得报酬。当时是物物交换的形式，比如用粮食、食用油或者葡萄酒去换所需的东西。但是将自己一周劳动的报酬装在油罐里拖来拖去实在不方便，于是出现了货币这种实用的替代物。货币不仅可以作为薪酬支付，还可以用来购买其他物品。

纸币最特殊的一点在于，它本身并没有任何价值，既不能吃，也不能喝，仅仅是人们聚敛财富的一个符号。如果你有一张100元的纸币，这只是证明你创造了一些价值，现在可以用这个价值去换等价的东西。

随着社会的发展，人类又迈出了一步。20世纪50年代中期出现了第一批信用卡，人们可以不用现金消费。如今，刷卡消费已很普遍。在一些国家，工资通过银行转账到个人的账户十分普遍。要支付账单，可以通过银行将钱从一个账户划到另一个账户。现代银行的大部分货币都不是以纸币、硬币或者国库中的金条形式出现的，关于个人或企业可支配的货币信息都以数字形式保存在大型电脑中，钱和音乐、电影一样都被数字化了。

电子货币改变了世界经济模式，国与国之间流通的资金也被数字化了。比如在挪威，国家通过销售石油每天都有几百万美元的收益，但并不是用现金的形式支付的，否则看起来会很壮观：大卡车装满了美元，千里迢迢开到挪威来！实际上，支付是通过银行之间的转账完成的。

私人业务方面，电子支付也取得较大进展，尤其是网络交易变得日益频繁。在从网络上下载电影或者电子书之前，必须支付费用，这时就可以通过网络“钱包”中的电子货币来支付。通过电脑可以非常确切地看到电子货币来自何处，用于何处。

货币从实物形式变成电子形式有很多优点。印制纸币、铸造硬币以及货币交换都需要耗费大量能源和原料，而电子货币将让环境从中受益。纸币很容易被盗，如果未来只使用电子货币的话，劫匪头戴袜子手持枪械抢劫银行的事情将成为童话。不过，未来取代银行劫匪的也许会是电脑黑客，他们能通过电脑盗取银行账户。

未来，电子货币可能会成为最普遍的支付方式。也许现在应该开始收藏一些纸币和硬币，说不定几十年后它们就会变成非常珍贵的古董了。

☆ 未来人会拥有第二个大脑吗?

小型电脑特别适合作为大脑的辅助工具，如果电脑中保存了各种工具书和所有教科书，做学生的感觉一定大不相同。

在 20 世纪 70 年代，当时计算器已经十分便宜，几乎每个人都买得起。但计算器的使用让家长和老师十分不安，因为它似乎让学生在数学课上学习的一些东西变得多余。在计算器出现之前，学习乘法和除法十分重要，对于更难的习题则需要对数表，要计算平方根同样也需要专门的表格。但计算器出现后，那些表格就变得可有可无了，因为只需要按几下按键就能得到精确的结果。

不过，对于计算器的担忧纯属被夸大了。学生不会因为不用记住计算法则和各种表格而变得愚蠢，反而计算器能让他们将精力集中在其他更重要的东西上，这就相当于他们的第二个大脑。

到现在，学生仍旧需要记住很多知识。而实际上死记硬背效果并不是很好，这样获得的知识很快就会被忘在脑后。当我们需要更详细的信息时，我们会去查阅各种工具书。几年前，工具书都还未数字化，现在可以在专业光盘上直接查阅，或者上网查阅。将来，这类信息将保存在人们的第二个大脑中。

但是知识并不能代替经验、理智和智能，虽然人们掌握的知识越来越丰富，并不意味着就一定“智慧”。未来的学生，主要任务将是学习如何理性地对待各种知识。

☆ 真的会有万能机器吗?

有谁没有梦想过拥有一个能做任何事的机器？纳米机器便能让万能机器的梦想成为现实。万能机器由大量纳米机器、电脑控制中心以及一个容器组成，它将成为真正神奇的发明。只需要将原料提供给它，它就能制造出任何东西。

万能机器的出现能让生活变得更简单，更环保。万能机器中的纳米机器能将垃圾加工成原材料，这些原材料可以用来制造新的物品。几乎任何东西都能回收再利用，人们甚至不用离开房屋。未来将不再需要垃圾场，因为原来意义上的垃圾已经不存在了。

万能机器将具有一切东西的制造说明，从胡萝卜到裤子到电脑，应有尽有。如果人类的思维能直接控制电脑，万能机器就能制造出人们能想到的任何东西。例如想到一块巧克力，巧克力就会立刻出现。万能机器的电脑控制中心里没有保存的东西，通过人们的思维也能制造出来。不过，万能机器将人们的想法变成现实有两个前提条件：得有原材料，制造出来的东西不能超过它的容积。

也许在遥远的未来，人类会把历史划分为万能机器出现之前和出现之后两部分。如果社会有朝一日发展到这种状态，任何人都能拥有自己想要的东西，那么偷窃也就没有意义了。当前存在着巨大的贫富差距，万能机器的出现将让贫富差距消失，所有人都能够过上充满奢侈品的生活。

有机器人、纳米机器和万能机器存在的未来生活，一定会让人类不断惊讶。人们的寿命延长，永葆健康，物质需求也将完全得到满足。但这就意味着所有人都能在安乐国中幸福生活了吗？也许答案是不。很多人将不习惯生活在物质过剩的社会，他们梦想过更简单的生活。从今天的角度来看，我们会认为那些拥有万能机器的人都是被宠坏的人，已经无可救药。对他们来说，拥有一切是理所当然的——并且是立刻获得！

很明显，这一设想短时间内还无法成为现实。没有人知道纳米机器和万能机器什么时候会出现。乐观主义者认为人类在2100年前就能拥有纳米机器，但也许要到2500年，人类才能住在纳米机器建造的房屋中。

等到那一天，纳米机器也早已改变了自然界。甚至在人类灭绝后，纳米机器还能和细菌、病毒共同生活很长时间。也许人类留在地球上的最后痕迹将是纳米机器。

☆大众疾病将来能被彻底攻克吗？

在现代社会，居住地是大众疾病类型的决定性因素。在低纬度国家，传染性疾病如疟疾、黄热病和霍乱传播广泛。疟疾是由按蚊传播的，它们无法生活在寒冷气候下，因此，遭受疟疾之害的主要是低纬度地区的贫困国家。现在已经有治疗疟疾的药物，但是价格昂贵，而且要产生效果必须经常服用。疟疾会导致发烧，严重的可能致命。可想而知，当大多数人都经受疟疾之苦时，国家的经济根本无从发展。

高纬度地区国家最常见的大众疾病是癌症和心脏病。那里的医疗保障体系完善，人们寿命长，因此要面对的老年性疾病也越来越多。而非洲和亚洲有很多人在到癌症、心脏病易发年龄之前，就已死于传染病了。

由于大部分科学家生活在高纬度地区富裕国家，因此可以想象，大量资金都投入到什么疾病的研究上了。20世纪90年代，科学家主要研究癌症的防治方法，他们在不断实验针对不同癌症的疫苗。

针对癌症的疫苗利用了癌细胞不是普通细胞的特点。当免疫系统识别出癌细胞，就会攻击并消灭它们，这样它们就无法发展成致命的疾病。将来还会研制出一种“鱼雷”，专门识别带有危险遗传物质的细胞，并且改变它们的遗传物质，使其自行停止生长。也许，到2050年就能出现这种神奇的药物。

识别体细胞遗传物质的方法也可以用来识别细菌和病毒的遗传物质。1999年，基因研究者第一次完整绘制出关于肺结核病菌的“基因图”。这种病菌的遗传物质中包含着一种“破坏计划”，根据这个基因图就能研制出专门针对肺结核病菌的药物，有效杀死它们。1998年，世界上大约有300万人死于肺结核，其中大多数都生活在第三世界国家。这种被称为“白色瘟疫”的疾病，在1950年夺去了很多人的生命。当人们在二战之后开始使用抗生素后，肺结核几乎完全消失了。但是在20世纪80年代，它又卷土重来了。在肺结核患者的体内，一些病菌在经抗生素治疗后仍能存活下来，那是因为这些病菌的遗传物质发生了改变，不再惧怕抗生素。

目前医生面对这些有抗药性的病菌一筹莫展，也许未来科学家能发现被抗生素杀死的病菌的遗传物质和有抗药性的病菌的遗传物质之间的差别，从而研制出能够彻底将病菌杀死的抗生素。

现在我们面对许多威胁健康的细菌和病毒十分无助，不过从长远来看，只要人类继续研究病菌的遗传物质，一定能获得最后的胜利。

避免疾病的最佳方法是在健康时就预防。人们在预防方面越来越注意，富裕国家的人比第三世界国家的人更早具备预防意识。其实很多疾病都是由不健康的生活方式引起的，比如由于摄取能量过多，身体无法消耗造成体重超标，进一步发展成危险疾病。

“饮食健康”四个字中蕴含了很多真理。但直到今天，仍有很多具有健康意识的人受到其他人的嘲笑，因为他们拒绝富含脂肪的食物、酒精和香烟，并且定期做运动。实际上，只有这些人心里才真正明白如何维护自己的健康。

在第三世界国家，疾病预防意味着要向人们提供洁净的饮用水、平衡饮食、宣传关于疾病的知识。这些国家每年有几百万人死于传染性疾病疟疾，主要就是由不干净的饮用水造成的。大多数儿童都可以用洁净的饮用水、盐和糖的溶液救活，但即使是这类便宜的“药物”对很多家庭来说也负担不起。

缺乏健康知识的后果在非洲十分明显。大部分人感染上艾滋病毒，就是因为很多非洲国家的政府耽误了向人们宣传如何预防的知识。如果信息宣传更到位，数百万人都能免于死亡。

最致命的流行性感冒

人类经历的最严重的流行性感冒是1918年爆发的世界性的流感，共造成数千万人丧生。导致这场流感大流行的病毒被称为“西班牙流感病毒”，也称“1918年流感病毒”。患者大多是身强力壮的年轻人，其症状包括打喷嚏和发低烧，肺部会有大量淤血。由于病情发展很快，患者几天内就可能丧命。为了分析这种致命病毒，美国研究人员飞到阿拉斯加州，提取了埋葬在永久冻土带下一名患病女死者遗体的肺组织样片。通过从这些样片和存放于福尔马林中的活体解剖组织中提取的基因样本，研究人员成功复活了病毒。通过研究认为，1918年的流感病毒很可能就是一种禽流感病毒，因为两者之间的差别仅仅是少数氨基酸不一样。到底是不是禽流感病毒，还有待于科学家的进一步确认。

☆远距离外科手术会实现吗?

将来如果必须进行手术，“私人家庭医生”会通知移动医院来到患者住处。患者在手术台上躺下后，机器人外科医生便开始工作。如果在手术期间，它遇到棘手的问题，可以通过护士连线人类主治医生。即使主治医生在国外也没有关系，他能通过遥感技术操控机器人医生的手臂进行手术。比如说，在柏林的一家医院中，只要主治医生套上虚拟手套——虚拟手套能够让机器人医生模仿主治医生的所有手部活动——他伸出手时，机器人医生也伸出手。主治医生还佩戴着虚拟眼镜，镜片内有两个电脑屏幕，显示出机器人医生的视野。当主治医生做头部运动时，机器人医生携带的摄像头也随之改变方向。因此，虚拟眼镜和虚拟手套能让主治医生与患者同在。

在进行手术时，机器人医生动作非常精准，它携带的摄像头也比人类肉眼看到的更清晰。现在的外科医生大都是亲自操刀手术，将来的人也许能幸运地说，他们生活在干净的机器手臂进行手术的时代。

远距离外科手术在偏远地区十分有用，但是这个距离是有一定界限的，它由光速来决定。当主治医生和患者位于不同的大陆时，电脑信号必须通过卫星传递，大约有1秒钟的延时，即机器人医生的手部动作将比主治医生慢1秒钟。

在生命攸关的手术中，1秒钟能发生太多的可能。因此，远距离外科手术的应用在柏林和悉尼之间是不可能的。

☆基因能量身定做吗?

到22世纪，人类也许能在电脑上先“设计”出一个孩子，并改变受精卵中的相关基因，然后再将其植入女性子宫。

这项技术能消除所有致病基因，并能预先确定孩子的外貌。未来如果父母想要个身形高大修长、有着深色头发和蓝色眼睛的儿子，基因工程师也能做到。如果父母希望孩子具有某些才华，也可以利用他人代表智力、艺术或者体育天赋的基因，这将是基因工程师重点研究的。

也许将来这会成为一种流行，就像现在流行某些名字一样。可能一段时间，人们喜欢棕色头发、热爱运动的孩子，几年以后，也许金色头发、有艺术天赋的小孩更受欢迎。未来的电子报纸将报道“当前的儿童流行趋势”，关注和现在的服装流行趋势完全不同的内容。

这听起来不可怕吗？但经验告诉我们，人们会逐渐接受新技术。1978年试管婴儿刚出现的时候，很多人持反对态度，他们认为让卵细胞在实验室受精是无稽之谈，人类没有权利干涉自然规律。但现在全世界都在使用这项技术，而且很多人认为它利大于弊。

我们无法预言将来人类的想法和感觉，但可以设想，也许很多人会把基因技术当作对人类的一种丰富，也许转基因的孩子会被叫作“富含基因者”。父母也许很期待这样一个孩子的降生。人们普遍认为，家长应给予孩子最佳的生活条件，如果说基因丰富的孩子意味着聪明、漂亮、没有任何遗传性疾病，那么父母肯定会愿意付出足够的金钱来利用这项技术的。

基因研究需要耗费大量金钱，即使随着技术的发展，花费越来越低，还是富裕家庭占有优势。到22世纪，也许只有百分之几的孩子是基因丰富的人，他们的双重优势在于基因丰富且家庭富裕。到那时，这些基因丰富的人将占据有影响力的位置，大部分自然人将接受他们的统治。

渐渐地，基因丰富的人和自然人间的差别越来越明显。也许儿童医院还会提供人造基因，赋予胎儿前所未有的特征。这些基因可以让人长寿，或者让大脑发达。也许基因丰富的人还能够在其他行星上生活，当火星成为人类聚居地后，只要在皮肤中植入叶绿素，他们就能和植物一样从阳光中摄取能量。

到现在为止，人类所做的事情都没有基因技术的影响深远。当我们开始改变遗传物质时，就意味着基因丰富者的后代也将继承这些特征。新特征将成为自然界的一部分，而自然界将不断发生变化。

社会也会发生变化，人们将对伟人产生新的态度和看法。现在，大多数人都能接受人类生就的模样，每个人都有自己的缺点和弱点，并且带着不足一直生活下去。但是在充满聪明、健康、外表好看的基因丰富的人的社会中，每个自然人都会觉得自己是少数，会受到某种程度的歧视。他们争取不到重要的工作岗位，因为和基因丰富的人相比，他们各方面都处于劣势。当基因的改变达到某种程度时，基因丰富的人和自然人的遗传物质将大不相同，二者不会愿意共同生育孩子。基因丰富的人将成为一个新的人种，不愿意和自然人种有任何关系。现在人们常说："我们都是人。"几百年后，这句话也许将不合时宜。

到时人类将面临什么样的情况呢？大家还能和平共处吗？过去的经验告诉我们，种族、语言、文化和宗教差异常常导致矛盾和战争。当两个不同的人种相互对立时，会发生什么事情？自然人面对基因丰富的人会无能为力地交出自己吗？

这还不算结束。因为目前我们还无法确定所有基因丰富的人是否都希望对自己的孩子进行同样的基因改善。在不同的国家可能流行不同的基因，那么人类社会将出现许多不同的基因丰富的人，也许差别会大到发展成不同的人种。到3000年，太阳系将拥有大量智能生命形式：自然人，各种基因丰富的人，智能机器人，能够自我调节的人机系统。但毫无疑问，处于劣势的将是智能较低、身体较弱的自然人。

最早实施的基因治疗

基因治疗是一种医生通过对病人有缺陷的基因细胞进行复制或改变，从而替代控制、治疗病人遗传疾病的药物，最终达到治愈病人的医疗方法。1990年，美国国家健康研究院的科学研究人员为一名因基因缺陷而导致免疫系统严重缺陷的四岁小女孩实施了基因疗法。治疗结果表明，小女孩经过几个月的恢复，其免疫系统的修复和完善程度远远超出了科研人员的预料，几乎达到了完全修复的程度。基因疗法临床试验的成功，标志着医疗事业进入了基因疗法的新时代。

☆ 灵魂可以被复制和转移吗？

如果有机会在大脑之外保存大脑内容，下一个问题就是，能否将大脑涉及的所有东西都保存在人体之外。灵魂也能完全转移到电脑上吗？一些科学家认为这并不是完全不可能的。

假定到2500年，人脑所存储的所有信息都能转移到电脑中。实验者的头盖骨被打开后，在纳米机器的帮助下电脑开始读取外层脑信息——纳米机器能够分布到人脑的各个角落，记录所有发现的信息。外层信息读取完毕后，纳米机器再深入另一层。如此下去，直到所有的大脑信息都得到记录，整个人也就被数字化了。

问题是，一个被数字化的人还能称得上是人吗？在电脑中也有人的灵魂，也许应该将它也称为人，而且它还可以和其他灵魂分享你的灵魂。如果有必要，甚至可以赋予机器人以灵魂。被转移到电脑中的灵魂就相当于一个电脑文件，因此可以和其他文件一样进行复制。要是每个人都愿意复制自己的灵魂，情况会变成什么样呢？

被复制的灵魂可以以电波的形式发送出去，它们能以光速穿越宇宙，去往遥远的星球。只要它们愿意，还能制造电脑，使用寿命长达几百万年。也许，有一天它们会发现没有电脑自己也能存在下去。

在这种情况下，灵魂消除了死亡。最终，所有的灵魂都能团结起来，成为一种不可思议的智能生物。也许只有它们才具有揭开宇宙神秘面纱的能力。超级灵魂可能拥有强大的力量，借助高级的机器能改变整个恒星系统，甚至宇宙。

超级智能且强有力的生物能够前往任何地方，而人类肉眼是看不到的。这听起来挺耳熟，不是吗？这不就是人们奉为神仙的生活吗？

☆能建造一座环绕地球轨道的城市吗？

现在已有不少人进入过太空。宇航员需要在空间站度过较长的时间，这主要是俄罗斯的宇航员。“联盟号”和“和平号”空间站的宇航员要在环绕地球的轨道上工作一年甚至更长时间，他们在失重状态下用化学材料、植物和动物进行实验，并用各种测量工具研究宇宙和地球。

自从20世纪80年代以来，太空中几乎从未中断过人类的足迹。但是宇航员的生活并不舒适，“和平号”空间站的内部空间很小，通风装置和各种研究工具的噪音不断。宇航员吃饭、洗漱、如厕等，全都在小小的空间站里解决。一位宇航员曾说，空间站就好比是更衣室和嘈杂的冰箱的混合体。

在狭窄的空间内，许多人共同度过漫长的时间并不容易。即使最亲密的朋友也会发生矛盾或争执，能够让自己平静下来是件好事，但是在“和平号”中这不太容易。宇航员只能完全靠自己解决问题，因为在矛盾发生时地球上的人根本给予不了任何帮助。许多人都已认识到，在宇宙飞行中不能忽视宇航员的情绪。

▲空间站里的宇航员

在空间站里，没有了地球引力，身体的负担减轻，人处于漂浮状态，在移动时很容易撞到周围的物体。长时间处于失重状态，人体骨骼会变得脆弱。许多年轻的宇航员都患有骨质疏松症，一般这是老年人才会得的病。肌肉也会因为缺乏活动和负重逐渐萎缩。为了避免不良情况发生，宇航员必须多做运动。

1998年，俄罗斯开始建造“和平号”的后续空间站“国际空间站”。这个空间站和以前的所有空间站都不同，它是真正的各国参与建立的空间站，虽然主要是美国和俄罗斯提供资金，但是一大部分装备来自加拿大、巴西和日本，欧洲空间局也有所参与。

国际空间站是一项巨大的工程。在全部建成后，空间站的重量达到450吨。目前还没有宇宙飞船能将如此重的物体带到太空中，因此，空间站只能在太空一砖一瓦地搭建。建筑工程结束后，定期有宇航员携带食品及科学工具飞往空间站。

该空间站的造价超过了300亿欧元，是一个昂贵的项目。即使很多人认为这类研究耗资巨大，但是科学界仍有充分的理由投资空间站。投入到宇宙研究中的每一欧元，都将从研究和发现中带来几倍甚至更多的收益。

当人类想进一步研究太阳系的其他行星时，需要在环绕地球的轨道上建立“中间站”。在地球上建造巨型的宇宙飞船直接发送到火星是一项庞大而艰巨的工程，但如果能将空间站的各个部分先拆散再重新组装起来会更容易一些。

未来人类将向火星发送无人驾驶的飞船，目的是提取火星的表面样本。不过，有很多科学家认为将火星样本直接带回地球风险很大，因为并不能完全排除火星上可能存在未知的对人类有害的物质。因此，科学家计划将样本送到空间站研究。

新的空间站建成后，还能对其不断扩建，为宇航员提供更大空间。也许慢慢地，空间站就能发展成为小型城市，成为宇航员及其家人的生活之地。

未来人类还会在宇宙中建立度假村，离地球表面几百千米的空间站各种休闲设备应有尽有，在失重的状态下可以自由俯视人类生活的地球，仰望美丽的星空。所有宇航员都说能够自由漂移是一种很奇妙的经历，你想象一下在失重状态下会发生些什么有趣的事情。当进行球类游戏时完全和在地球上不同，因为不仅球在动，打球的人也在飞移。手球或者足球甚至可以在三维空间中进行，游戏者将在球形的空间里追逐球。

☆建立月球基地可行吗?

▲“和平号”空间站

对很多人而言，月球多少还是让他们有些失望，虽然宇航员在1969年7月20日就第一次登上了月球。月球表面被一层厚度不等的尘埃、岩屑和岩块物质覆盖着，比地球上的沙漠还要荒寂，天空黑压压的。

在1972年最后一个宇航员离开月球后，只有科学家仍对月球抱有兴趣。他们要研究380千克的月球石块，要从石块的研究中对月球的成分和来源给出答案。

只有极少数人能给出重返月球的充分理由。在月球上提取能量十分简单，因为月球上的一天相当于地球上的14天，月球上没有云层，太阳能电池能产生大量能量。月球上还有丰富的矿物质和金属，能用于建造大型的空间站。但是要实现这一切，必须先有人在月球上定居，建造城市，发掘水源，并制造空气。

1998年，空间探测器“月球勘探者号”在月球南北两极地区测量出大约重3亿吨的冰，也许是大型彗星和月球相撞所产生的。科学家设想，在彗星碰撞过程中，冰块散布到整个月球表面，最终存留在南北两极的凹地中。由于这些凹地没有受到太阳照射，因此冰能够留存几百万年之久。

如果这一推断正确的话，将对未来的月球之旅意义重大。这些冰能帮助人类在月球上生活，人们可以直接从月球上获得水源，而不用从地球上运输，月球之旅的花费将大大降低。另外，从冰中还能提取氧气和氢气，这两种气体都是非常合适的火箭燃料。科学家预计，月球上的冰量足够提取出100万次宇宙飞行所需的燃料。月球的引力较弱，宇宙飞船起飞所需的燃料远远少于从地球上起飞所需的量。当人类能够用月球上的冰制造出更便宜的火箭燃料时，月球就将成为整个太阳系的“起飞场”。

对于科学界来说，建立月球基地是非常有意义的，很多宇航员都梦想有一天能将仪器带往月球进行研究。研究宇宙中微弱射电的宇航员在地球上很难找到合适的地方，因为他们需要避开广播电台和电视台及其他电力设备的干扰，对于他们来说，现代技术已经让地球成为一个充满噪音的星球。而月球始终有一面背离地球，将射电望远镜安置在那里将免受地球的干扰。

最早登月的人

世界上最早登月的人是美国宇航员阿姆斯特朗和奥尔德林。

1969 年 7 月 20 日——这是一个让全世界人都激动万分的日子，人类在这一天首次登上月球，在阿姆斯特朗把脚踏上月球表面的那一刻，世界都为之沸腾了！1969 年 7 月 21 日在格林尼治时间 3 时 51 分，飞行了将近 100 个小时的美国“阿波罗”11 号飞船成功登月，飞行指令长阿姆斯特朗第一次把人类的脚印留在了月球上，之后的 21 个小时 18 分之内，阿姆斯特朗在月球表面安装了自动月震仪、激光后向反射器、太阳风测试仪等设备，还采集了各种各样的月球表面的岩石标本——在静寂的月球表面，阿姆斯特朗和他的同伴顺利地完成任务，他们成了世界上最早登上月球的人！

☆火星会成为人类登陆的下一站吗?

不言而喻，紧随月球之旅之后的下一个目标是火星。除了地球之外，目前还没有发现任何行星像火星这样适合生命物质。火星表面接收到的阳光比地球上的弱，并且温度能始终保持在一定范围内，温暖晴朗的日子里火星赤道的温度总是保持在 10℃到 15℃之间。但火星与地球相距很远，现在还无法立刻成行。

1996 年，美国科学家有了一个重大发现。在数百万年前落到地球上的火星石块中，他们发现一些被认为是细菌的东西曾经生活在火星上。即使也有科学家对这一发现表示怀疑，但这项发现还是引起了人们对火星的兴趣。

20 世纪 90 年代末期，科学家开始正式行动。1997 年，空间探测器“探路者号”到达火星，它将拍摄到的火星图片发送回地球呈现在网络上，几亿人都能看到。

如今，已有两个空间探测器被发往火星。天文学家预计，不久的将来能用滚动式机器人研究火星表面，第一个火星样本也将在那时传回地球。这些研究对于人类将来飞往火星很有帮助。

火星和地球都是围绕太阳的行星，火星绕太阳一周的时间大约是地球的 2 倍。因此，火星与地球之间的距离变化很大。从地球飞往火星的最好时机大约每 15 年出现一次，也就是说，就目前而言 2016 年和 2018 年特别适合飞往火星。但不知我们是否能够利用上这两次机会，因为载人的火星之旅也许要到 2020 年后才能实现。

让我们来想象一下火星之旅的样子。大约在 2030 年，围绕地球的空间站中有两架宇宙飞船，一架无人驾驶，用来装载宇航员需要的各种物品，它将提前一年被发送到火星上。在火星上要建立的基础设施包括电厂、宇航员生活的基地，

▲火星上技术先进的空间探测器

还有能从火星上提取水和氧气的机器。

火星站将由机器人负责建造，它们受到地球上的监控。

机器人先挖掘出冰冻的泥土，然后通过专用机器过滤出水并保存在水箱中，随后再根据需要将一部分水转变为氧气。直到确认火星站能够完好运行，载有宇航员的宇宙飞船才会出发，这一飞行至少要持续 4 个月。

在飞行过程中，宇航员照常生活和工作。到达火星之后，宇航员必须长期留在火星上进行研究，直到地球和火星再次最接近时才能离开。因此，火星站的正常运行十分重要，它一旦出现问题，宇航员将无法得到地球上的任何帮助。

宇航员在火星上要做的事情很多，他们需要研究石块和土质，并制造出在他们离开之后还能继续进行测量的科学用具。火星车将带着他们到处去发现和探索，而火星上有着太阳系中最美丽的风景，比如说巨型的奥林帕斯火山、4500 千米长的水手谷。

宇航员离开火星重新回到地球的时候，将留下机器人看护火星站，为下一批宇航员的到来做准备。

只有少数科学家认为，将来人类离开火星的情景会和 1972 年离开月球一样。一旦人类投入大量时间、财力和人力才到达火星，一定会努力留在它上面。因而，需要为宇宙飞船登陆火星寻找一个最合适的着陆点，火星站很可能将成为火星上第一座城市的第一栋大楼。

☆ 大型宇宙空间站将是人类移居太空的最佳选择?

1969 年的一天，美国物理学家格拉德 · 欧尼尔（1927 ~ 1992）给自己的学生提出一个问题：“行星是不断增长的技术文明最适合存在的地方吗？”经过长时间的讨论，学生得出一个惊人的答案：不！太阳系的大部分地方都不适合人类居住。

那次讨论后来演变成一个研究项目，在研究了多年后，科学家得出了新的结论：人类不需要居住在不利于自身生存的行星或卫星上，可以建造巨大的宇宙空间站来满足需求。

即使最小的空间站也要有几千米长，可能是球形、环形或者长长的管状，长 20 千米、宽 4 千米的空间站可以容纳一个大城市的所有居民。

空间站内部有房屋、土地、海洋、森林和村庄，外壁的窗户能让阳光透过。与宇宙空间连接的管道在旋转传送氧气的过程中向外的推力起到重力的作用，空间站所需的能源则完全来自太阳能电池。

从几千米外看去，空间站十分漂亮，白色而有光泽，在星光闪闪的宇宙中缓慢移动。空间站可以设置在太阳系的任何地方，但是也许与太阳的距离和地球离太阳的距离相似是最好的，或者接近月亮和地球之间的距离。

▲科学家们设想通过人工生命系统建筑来建设未来的太空居民点，里面有可供呼吸的大气并排除了辐射的威胁。人类生活在有密封空气的密封环境中的想法，已经在美国亚利桑那州图森的“生物圈2号”实验中得到实验。

人们可以从太阳系中获取建造空间站所需的各种原料，先借助固体驱动器将小行星或彗星带到建造工地，然后让机器人去完成大部分的建造工作。

☆ 冰河时代将再次来临吗?

几百万年前，地球经历了冰河时代。但地球历史上的大多数时间都和冰川无关，最近一次的冰河时代于 1.5 万年到 1 万年前结束。很多科学家认为地球目前处于间冰期，即两次冰河时代之间的温暖间隔期，这就意味着冰河时代会再次到来。

至今科学家仍旧无法肯定冰河时代因何产生，因此也无法确定人类是否将再次经历冰河时代。但如果冰河时代再次来临，比如说在未来的 2 万年中出现，将会给人类带来严重后果，北半球的大部分地区都将覆盖在厚厚的冰雪之下。

几亿年前只有一个原始大陆泛古陆，后来古大陆逐渐分裂开来。如今，美洲和非洲每年都背向漂移几厘米。照这样的趋势继续下去，科学家推测几亿年后美洲将和西伯利亚相撞，而非洲则向北漂移，与欧洲相接，地中海最终将消失。

北部国家，如俄罗斯、瑞典、芬兰、挪威和加拿大将消失在冰雪之下，这些国家的所有生命迹象也将随之消失。也许冰雪会继续向南推进，威胁到伦敦等大城市。

地球上的气候变冷尽管会带来负面影响，但是非洲干燥炎热的地区却可能成为肥沃的土地。撒哈拉沙漠在上一次冰河时代就曾经拥有过温和的气候。如果沙漠地区因此变得适宜居住，不也是人类所希望的吗？也许下一次冰河时代会再次导致人类大迁徙，人类也可能会从地球迁徙到其他星球上，就像19世纪几百万人从欧洲迁徙到美洲那样。

☆ 机器人战士会带来灾难吗？

机器人可以成为军事领域的理想战士，它们能完成任何危险任务，即使被射中也不会失去“生命”。机器战士不需要睡觉，能在任何天气下投入使用。而且配备有各种感觉器官，甚至包括人类没有的，而且会绝对服从命令。第一批机器战士的制造成本相当高，但是当人类能够批量生产时，没有国家愿意在建立巨型机器人部队方面落后于人。

▲Cog是一个在美国麻省理工学院进行的机器人项目。每当科学家有什么新发现，就会进一步改造它。Cog的制造永远不会停止，其目的和意义在于，它将逐渐发展为一个类人机器人。

可是，当人类研制出能杀人的机器人时，那也将是一场大灾难的开始。剧作家艾萨克·阿西莫夫（1920 ~ 1992年）是第一个关注这个问题的人。他写了许多关于未来机器人的书，并提出一旦人类在机器人面前感到不安，就应该永远不再使用机器人。阿西莫夫提出了科学使用机器人的3条原则，分别是：

1. 机器人不能伤害人类，如果存在伤害人类的危险，可以拒绝它提供的帮助。
2. 机器人必须听从人类的命令，除了和第一条矛盾的情况外。
3. 在不违背第一条和第二条的情况下，机器人必须保护自己。

☆ 纳米机器会被制造出来吗？

小型机器人虽然有很多优点，但是我们还需要更小的机器人。假设现有的机器人为1厘米大小，将其缩小1/10，也就是到1毫米，这样的微型机器人用肉眼还是能看见。如果再缩小到0.1毫米，肉眼就无法看见了。

继续把它缩小到0.01毫米，在显微镜下还能看见。还可以进一步缩小到0.001毫米，即1微米。如此下去，直到0.1微米。这时，一个句号上就能聚集上千个此类机器人，肉眼根本看不到！

用纳米单位来衡量这种机器人的大小更实际，1 纳米等于十亿分之一米。人体由无以数计的原子组成，用纳米为单位来衡量人体大小没有任何意义，而纳米机器或纳米机器人只由几百个原子组成，它们大约只有几百纳米高。

普通机器由许多部件组成，各个部件又由几十亿个原子组成，而纳米机器通常只由几百个原子组成。因此，每个原子都必须处于正确的位置。科学家认为，只要将组成机器的原子正确组合，就能缩小所有部件。

最小的机器人

到目前为止，世界上最小的机器人是由日本精工爱普生公司研制的一台光敏微型机器人。

20 世纪 90 年代，日本精工爱普生公司开发研制了一种机器人，研制人员把它叫作“机器人先生”。这种机器人最奇特的地方是它的体型相当小，总体积居然还不够 3 立方厘米，体重也不过 1.5 克，被誉为是当今世界上最小的机器人，但是你不要小看这个小家伙！就这么小的一个机器人，它的构成零部件多达 97 种，零件个数更多。这样看上去，这种机器人的研究和设计真是够精密的！另据研究人员介绍，这种机器人充上电以后，能以每秒 1.15 厘米的速度运动 5 分钟，奇怪吧！

☆能制造出宇宙方舟吗?

人类将在未来建造更大的空间站，即恒星宇宙飞船。如果空间站的居民打算离开太阳系——也许他们和太阳系的其他居民发生争执，也许他们希望在其他地方开始新的生活——他们只要拆卸下太阳能电池板，把聚变火箭和大型推进器固定在空间站的外壁即可，因为路上只有微弱的阳光。

一切准备就绪后，点燃火箭。一开始，空间站移动缓慢。几年之后，宇宙飞船到达冥王星的轨道，速度也越来越快，达到 3000 千米 / 小时后，发动机停止。

如果距离要去的恒星是 11 光年，那么空间站必须经过 110 年才能抵达，生活在空间站里的居民对此早已有所准备。空间站将在漆黑冰冷的太空中飞行 100 多年，但是这对它的居民丝毫不会有所影响，由聚变能量供电的巨型电灯可以提供光源，人们照常上学、工作、结婚、生子、死亡。

这类宇宙飞船被称为“下一代太空船”，因为通常有几代人生活在飞船上。也许另一个名称更为适合，比如“宇宙方舟”。该词来自《圣经》中挪亚方舟的故事，挪亚的任务就是建造方舟——巨大的木船——并把地球上的所有动物都带上一对。

人类就像《圣经》中的挪亚，借着宇宙方舟在未知的地方开始新的生活。人们将到达一个空荡荡的行星，不仅能容纳人类，还能容纳无数来自地球的其他生物。但宇宙方舟的居民可能不会让狮子、大象在行驶过程中自由活动，许多物种都将以冰冻的受精卵形式携带，飞船到达目的地后再恢复常温，培育成原本的模样。

宇宙方舟的制造费用十分高，但是技术上是完全可以实现的。最大的问题不是技术，而是方舟上的人。我们设想一下方舟上婴儿降生的情景。方舟上的第一代还能记起曾经生活过的太阳系，他们探险的兴趣十分浓厚，因为他们的先辈根本没有机会进行这样的旅行。

方舟上的最后一代也将十分高兴，因为他们能看到方舟抵达新的恒星的场景。但是这两代人之间的人们呢？难道他们不会怀疑自己的一生都将要在一个空间站中度过，根本没有在其他星球表面自由漫步的机会？人永远是人，很难说他们是否愿意参与这类旅行。

第五章

人体百科

☆人体最强韧的肌肉是哪部分?

舌头！这也是人体唯一一块仅有一端与人体相连的肌肉。

至于其他部位的肌肉，最长的是从臀部到膝盖的缝匠肌，表面积最大的是覆盖背部的宽阔的背阔肌。

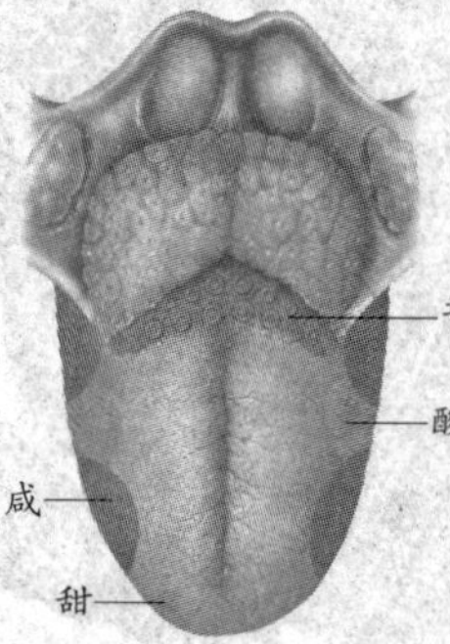

▲舌尖上的味蕾主要感知甜味，舌头两侧的味蕾主要感知咸味，再后面的部分感知酸味，而舌根部主要感知苦味。

☆声音也会变老?

当今的皮肤美容和整形手术，让人看起来变年轻并不难，却掩盖不了“声音听起来老”的事实。在更年期前，女性在雌性激素的作用下，音调比男性高，到了更年期后，男女的声带都因老化而变薄，男性的声音会变高些，女性则因少了激素，声音反而较为低沉。年轻女性的声音较为清脆，音频高于年长女性。

那么，有帮助声音保持年轻的方法吗？除了轻声细语、多喝开水、正确的发音方式之外，声音沙哑低沉的人也可以接受手术或非手术的治疗方案使声音变得年轻。

☆为什么我们的手指长度不一样?

人在胎儿时期，手指最初形成时都是一样长的，不过每一根手指都有一个特殊的“遗传码”或特征。这时，每根手指大约都是一毫米长，并由已做好生

长计划的软骨细胞构成。由于每根手指有它自己的特性，个体发育时手指通过使用一种特殊的“信号传输分子”独自成长。

每根手指都会接收到一个不同的信号，从而使得手指的长短不一。拇指是受信号传输分子的影响最小的手指，所以比较短。

这就是手指长得长短不一的原因，然而对于为什么会这样就很难回答了。或许这是为了让我们的手指可以尽可能地握紧，或许是为了当大多数人把手握起来时，指尖能达到了同一个位置——你可以试试看。

说了那么多，但其实和其他一些生物相比，人的手指还是相当均匀的。蝙蝠的爪子比起其他动物的长很多；翼龙最引人注意的是它有一根巨大的大爪子和三根小爪子。

☆双胞胎的指纹相同吗?

不，即使是同卵双生的双胞胎（一个受精卵里生出的双胞胎）的指纹也有些不同。

指纹在出生前就形成了，并且它们的形状被认为受到营养及怀孕的13个星期中手指生长的影响。一旦手指成型，一块皮肤就会覆盖在最终成嵴的手指上。血压较高的胎儿手指垫是肿的，所以形成的形状更像螺纹。虽然生活中手指可能会留下疤痕或被损伤，但它们本身的形状不会改变。指纹永远是独一无二的，不光是手指，脚趾也同样如此。某些相配的形状经常存在于双胞胎中，但是最终还是没有完全一样的。

☆为什么有些人的头发天生就是卷曲的?

这是一个简单的问题，但是科学上仍没有真正的答案。

我们知道是什么影响着头发的直或卷：基因、新陈代谢（身体反应）、种族遗传、饮食、疾病，也有可能是压力或打击。同样，在胚胎里发生的事也可以起到作用。

我们认为头发的卷曲与毛囊的形状有关——直发来自直的毛囊，卷发来自卷的毛囊。但这并不能解释个别人的头发怎么能从卷的变直，反之亦然。

头发的生长取决于毛囊基部乳头的细胞分裂。把生长的头发想象成一个钟面，如果细胞以平均速度分裂，头发就会直着生长。如果头发在某个时段内比其他时段长得快的话，那头发就会弯曲，这样就会得到弯曲的头发了。

当头发细胞在一个“绕着钟”的循环里分裂得更快时，就形成了紧密的卷发。如果某个卷发的人毛囊里的细胞突然开始以匀速分裂，头发又将开始直着生长。

☆耳屎的作用是什么？

看看别人的耳朵，你会看见外耳道像弯曲的管子一样从耳膜通向大脑外部。外耳道中包含一些毛发和制造耳屎的腺体。毛发和耳屎一起帮助你抵挡进入耳朵的尘埃和污垢。

通常腺体制造出来的耳屎刚好够用，所以你的耳朵不需要清理。事实上清理会促使腺体分泌更多的耳屎。只有当耳朵有些不正常——例如受感染了——产生了过多的耳屎，才有必要请医生来清洁耳朵。注意：千万不要清除耳道里面的耳屎，只需用棉棒清洁耳朵外面的部分就可以了。

耳屎本身是脱落的角质化细胞的混合物，另外也被认为是干燥的皮肤和毛发与外耳孔的耵聍腺和皮脂腺所分泌的分泌物组成的混合物。耳屎的主要组成成分是饱和的和不饱和的长链脂肪酸、酒精、鲨烯（鱼肝油中发现的一种化学物质）以及胆固醇。

为什么耳屎味道那么难闻呢？耳屎中所含的长链脂肪酸的成分是黄油和人造黄油，当这些脂肪酸暴露在空气中接触到氧气后，就被氧化了，使黄油和人造黄油变得有腐臭味，因此耳屎也同样有腐臭味！

☆为什么人类有不同的肤色？

世界上有“黑人”或者“白人”，但这并不足以概括人类的多种肤色。人的肤色取决于他们的祖先居住在什么地方。科学家们曾经提出过许多种理论，试图解释人类不同的肤色是如何形成的，但没有任何一种能让人完全信服。

皮肤的颜色取决于一种叫作黑色素的化学物质。皮肤里的黑色素越多，肤

▲各种肤色的少男少女

色就越深。肤色浅的人在阳光下待久了，皮肤里会产生大量的黑色素，换句话说就是这个人被晒伤了。白化病患者的皮肤里没有黑色素，他们的皮肤通常是粉红色的，这其实是血液透过无色的皮肤呈现出的颜色。通常，白化病人的毛发也是白色的。所以患有白化病的人，从小就是一头白发。

黑色素是皮肤的保护伞。阳光中的紫外线会晒伤皮肤，甚至导致皮肤癌，而黑色素像防晒霜一样，可以吸收阳光中的紫外线，保护皮肤免受进一步的伤害。皮肤中的黑色素越多，肤色就越深，吸收紫外线的能力也就越强。

紫外线对皮肤的作用为科学家们探究人类肤色的演变过程提供了有力的线索。

我们来自非洲的类人猿祖先曾经身上长满软毛，这些毛起到了隔离紫外线的作用，但在几万年的进化过程中，我们的体毛逐渐消失了。虽然没有人知道为什么会出现这样的变化，不过我们光洁的皮肤的确暴露在了强烈的日光下。

由于黑色素可以保护皮肤免遭紫外线的伤害，肤色深的人就比肤色浅的人生存能力更强。于是，更深的肤色被一代一代传承下来，生活在非洲的人类祖先就演变成为今天的黑人。

然而，随着人类的分布范围逐渐向北扩展，他们发现这里的天气比非洲冷得多。比如说欧洲，这里的光照比非洲弱得多——特别是冬天的时候。这种气候给他们的生存带来了新的威胁。适量的紫外线照射有助于身体制造出维生素D，而维生素D是人体的必需元素之一，对于骨骼的健康生长至关重要。欧洲地区的光照强度低，阳光中紫外线的含量也少，第一批到达欧洲的人类由于皮肤中的黑色素含量过高，又妨碍了适量的紫外线的吸收，因此有些儿童可能患上佝偻病。佝偻病的症状是骨质软，易变形，而且容易折断。

所以在欧洲，浅肤色人群的存活率比较高。同样地，浅色的皮肤被一代又一代地传承下来。冬天，浅色的皮肤可以让紫外线有效地透过皮肤被身体吸收。但是在阳光强烈的夏天，阳光会促使皮肤产生较多的黑色素，从而防止皮肤被晒伤。

今天，人类遍布于世界的各个角落，他们的肤色也反映了世界各地的气候状况：在光照不足的斯堪的纳维亚半岛，居民的肤色最浅；阳光较充足地区的居民，皮肤呈现出金色或淡棕色；而居住在非洲和澳大利亚的土著居民则拥有最黝黑的皮肤。近年来，随着交通工具的飞速发展，人们可以自由地往来于世界各地，结果便出现了几种不同肤色的混合肤色。

☆人类大脑的运转方式与计算机一样吗？

要将人类的大脑和计算机作对比是非常困难的，因为它们是以完全不同的方式运转的。计算机是以线性方式工作，用它的处理器在一个时间执行一个职能。它的速度部分来自于它运用巨大存储器的能力。而大脑包含了大量——以10亿计——的相当于处理器的人类形态的神经元。它们相互连接着，共同完成大脑的职能，虽然也是非常快，但却和计算机那种系统、有序的工作方式不同。这就是为什么大脑在处理某些事情例如识别目标、颜色和声音上要快得多，而一个简单的计算器却在处理加减乘除上远比人类的大脑要快。大脑和计算机是完全不同的工具。

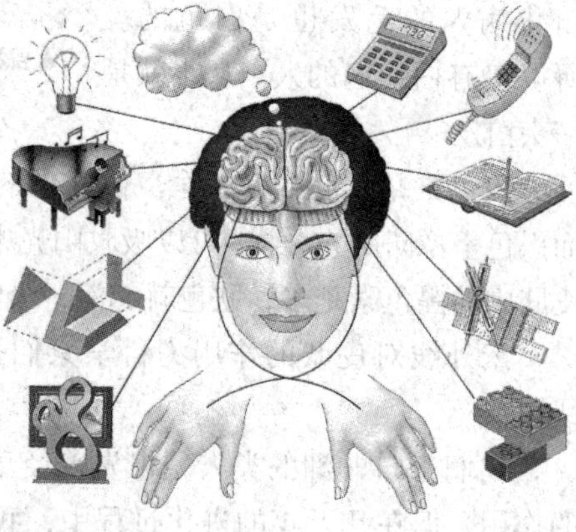

▲脑半球的分工

我们的逻辑思考和创造性活动分别由不同的脑半球控制。脑的左半球控制我们对数字、语言和技术的理解；脑的右半球控制我们对形状、运动和艺术的理解。

☆人类的大脑是地球上最大的吗？

严格来说人类的大脑确实不是地球上最大的，这个星球上最大的动物蓝鲸有着最重的大脑，它有一个6000克的大脑来支配它那相当于25只大象重量的庞大

脑子越大人越聪明吗？

并非如此，脑子的大小与聪明与否无关。人的聪明程度取决于我们所说的“智力”的高低。有些人在数学或科学方面并没有特别之处，但可能在音乐或绘画方面才华横溢，或在投资或交际方面有非凡能力。每一个人都有不同的能力、特长和行为方式。

身躯。这样比较起来我们的大脑就很微不足道了，但人类大脑与自身体重的比值却要大于地球上的任何一种生物，这也许就是为什么蓝鲸没有统治世界的原因。

☆大脑在低氧情况下能存活多久?

不会有多长时间的。当然，确切的时间要依赖于许多因素来确定，但在10分钟后，人的神经细胞估计会受到相当大的损伤。那就是为什么医生总是那么急切地要确定突发病人是否还在呼吸，并且在考虑其他任何因素之前先要提供一个适当的氧气供给方式，这是必须要做的。

事实上，大脑就是一个嗜氧者，它消耗了我们所吸进的全部氧气的20%。

☆为什么男性长有突出的喉结?

和身体的其他部分一样，喉部在发育过程中也会受到激素的控制。喉部由软骨支撑包围而成，它在雄性激素的刺激下生长发育，软骨凸起就形成了喉结。

男性的喉结越大，声带越长，声带振动时的共鸣腔越大，三者相互结合所发出的声音也越低沉。这也是男性的嗓音与女性的嗓音截然不同的原因之一。

青春期的激素分泌促使男性喉结增大，因此喉结也和胡须一样，被当作男性的第二性征之一。

☆打嗝是怎么引起的?

打嗝是由膈膜的突然收缩造成的，这个重要的肌肉位于胸腔底部，刚好在胃上方，它主要负责呼吸运动。

当我们吸气的时候，肺不会直接扩张，它的扩张完全是因为我们扩大了胸腔的体积。由于肺“粘”在胸腔内部，所以当胸腔扩大时它们也不得不随之扩大。膈膜是推动这种扩张的肌肉。当你打嗝的时候，膈膜会突然抽动，这就使空气进入肺中。同时，声门（喉咙顶部凸起的那一小块，也是喉的一部分）会突然闭合，这个突然闭合隔断了空气从而引起打嗝。

打嗝不是开始于膈膜自身的肌肉，而是始于分布在膈膜里的神经——膈神经。在吃饭的时候打嗝是常有的事，因为分布在胃里的神经与呼吸神经有联系。不过打嗝会发生在任何时候。

打嗝有各种各样治愈的方法，例如站直并仰头喝一大杯水；举起双臂并屏住呼吸；用手指捂住耳朵并喝水；让某人突然给你一个惊吓……当然可能还有很多其他建议，这些方法是否有效很难说，但是当你试完所有这些复杂的方法之后，你可能就会停止打嗝了！

☆屁的味道是怎么形成的？

屁是由于大肠内的细菌活动造成的。这些细菌使未消化的食物发酵，释放出氮气、二氧化碳、氢气、甲烷和硫化氢。后三种产生的量很少，但是硫化氢气体以其臭鸡蛋味而著称，即便在它的量很少时它的气味也非常明显。这就是屁的气味的源头。顺便提一下，甲烷和氢气使屁非常易燃，你可能听过这样的故事：在一个狂野派对上，一个人大概喝醉了，被劝诱试着把他的屁点着。然而，当时认为的好主意，后来被证明绝不只是一个玩笑：后果非常严重，他需要住院治疗。而且还需要向护士解释这是如何造成的，这同样非常痛苦。

屁的成分是极为不稳定的。我们所吸入的大多数空气，特别是氧气，在进入肠道之前都被身体吸收了，因此到达大肠的大多数是氮气。细菌的活动同样也会制造出氢和甲烷。但是从我们的肛门释放出来的这些气体之间的比例跟如下几个因素有关：我们吃的东西、吸入的空气量、肠内的细菌种类、控制屁的时间。

屁被控制的时间越长，它包含的惰性氮的比例就越大，因为其他气体会通过肠壁被重新吸收到血液里。所以一个神经紧张的人在吸入了大量空气并迅速把它排出消化系统后，他的屁中可能会有很多氧气，因为他的身体没有时间去吸收氧气。

☆指甲一个月能长多长？

指甲以每个星期0.5毫米的速度生长。因为每个月有4.33个星期（52个星期除以12个月），所以指甲每个月将长2.16毫米。夏天它们会长得稍微快些而冬天稍微慢些。脚趾甲生长的速度比手指甲稍微慢些。

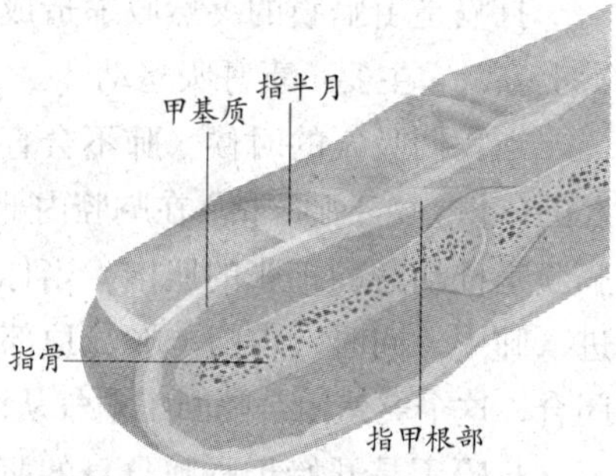

▲指甲的根部位于皮肤下方，并沿着甲基质生长。灰色的新月形的区域被称为指半月或“小月亮”。

☆是什么使得尿液呈现黄色？

尿液是机体最完美的废物处理系统的一部分，由肾脏控制。肾脏的工作职能是控制血液中盐含量，过滤血流中的废物。所以尿液里含有水、盐和身体需要丢弃掉的废物。

主要的废物是来自于身体细胞内的氨和血液中血红蛋白裂解后释放出来的胆红素。这些物质对身体都是有害的，所以肾脏把氨转变成了尿素并把胆红素降解为尿胆原，它们都是黄色的。但是如果你喝了足够的水就可以稀释尿胆原，从而使尿液颜色变淡。这就是为什么脱水的人尿液颜色会非常黄的原因。

☆人每天都在脱皮，但是量有多少呢？

的确，我们每天都在脱皮，每分钟我们会脱落3万～4万个皮肤细胞，加起来，我们每年脱落的死皮能达到4000克，这是一个令人惊讶的数字。这些死皮有些是自己消失的，但是大多数是由于和一些东西发生摩擦而消失的，包括我们的衣服。那死皮消失后都到哪里去了呢？你只需要看看室内的尘埃就知道了。

不过不用担心，新的细胞会继续形成以代替那些脱落的细胞。皮肤的最外层，你能看见的那部分，叫表皮，由4个或5个明显的细胞层组成。我们的手掌和脚底通常比身体其他部分接触到的摩擦更大，所以它们有特别的表皮细胞层。

死皮细胞从你的表皮顶层即角质层脱落，角质层由25～30个平层面和粗糙的死皮细胞构成。表皮底层叫作基底层，那里的细胞连续不断地分裂，从而生长出新细胞，这些细胞一层一层地通过所有表皮层直至角质层，这有点像人们排着纵队从后向前移动到队伍的最前面。

一个表皮细胞的生命很短：大概在形成后的2～4个星期，它们就会死亡然后等待“吸尘器”的清理。

☆为什么文身能保留下来？

人类的皮肤有两层：外部的表皮层和内部的真皮层。外面的那层大概有4个或5个细胞那么厚，但是真皮则会更厚些。做文身时，颜料会被深深地注入皮肤底层的真皮细胞中，而真皮相对稳定而且一生改变都不大。在表皮层，细胞是会被完全替换的；但在真皮层，仅是个别细胞需要替换而不是整个细胞层。因此一旦你文了身，它就会一直留在你的身上，即使是身体清洁剂也不易帮你摆脱掉它。

☆吃鼻涕对身体有害吗？

我们并不这么认为。事实上我们总在吃它。黏液——鼻涕严格意义上的名字——是由连着呼吸道的细胞产生的，我们经常咽下这种东西，因为它会通过叫纤毛缓慢地流到喉咙后部。黏液完全不是有害物，它是一种防御物质，用来抵御出现在空气中的粉尘和细菌，而且让它在胃中消失会比留在你的肺中更好。

如果黏液抵挡了空气中确实有害的颗粒，咽下它是有害的。但是那样的风险是很小的，因为胃里的环境是相当“艰苦”的，有害细菌在胃里不易生存。所以，不管你咽下多少你自己制造的黏液，最后进入你胃中的这个路程是不会有异常的。

☆为什么大多数歌剧演员都偏胖？

有一种理论认为超重对发音有益。我们身体的许多部分相互作用产生了声音，我们称之为嗓音，但是最重要的部位还是喉咙。

我们的声音来自喉咙里声带的振动。喉咙的外表面有一层黏膜组织，它是用来缓冲声带振动时所产生的碰撞的。一些研究显示当黏膜比较厚实且丰满时，就能更有效地将肺部的气流转变成更高、更有力的声音。如果你超重，你的黏膜里就会堆积更多的脂肪组织，从而也就会使你的声音变得更有力。

▲1999年，来自西班牙的多明戈（左）、卡雷拉斯（中）和来自意大利的帕瓦罗蒂（右）三位男高音歌唱家在日本东京举行的“新年音乐会”上开怀大笑，有超过34000人来到音乐会现场。

☆一个人一直不睡觉能支撑多久？

一直保持清醒的官方纪录是264个小时（11天），它是由17岁的学生兰迪·加德纳在1964年创下的。他自始至终都被睡眠专家监控着，显然不可能有作弊的机会。在目前所知的其他研究中，在实验室监控设备的密切监视下，保持清醒的时间是8～10天。

虽然参与实验的这些人没有严重的疾病、精神和生理上的问题，但是随着睡意的不断增加，他们都表现出注意力下降、动作迟缓和知觉减退等症状。中途意识变化（短暂的昏睡）变得更加频繁，导致认识及运动功能的下降。这意味着虽然我们可以连续几天都保持清醒，但是最终都将以认知功能出现障碍这种状况结束。

☆新生男孩比新生女孩更脆弱吗?

你可能认为他们之间没有多大区别，但是新生男孩确实比新生女孩脆弱得多。

只有通过理论才可以说明为什么会这样。一些人争论说有可能是子宫的激素环境对男性发育有着消极的影响，这是因为男性为了克服母亲产生的雌激素的影响，必须开始尽快制造睾丸激素，需要睾丸的快速发育。为了达到这个目的，男性胎儿的代谢速度会比女性的更快，从而使得他们更易受攻击。

同样当胎儿在子宫中发育时，聚氯联苯和清洁剂等环境污染物也有可能模仿女性雌激素，破坏男性生殖系统。自然界也许也认同这个观点，因此便让怀男孩的概率高于怀女孩的概率，以此来弥补男孩的脆弱。平均起来，怀男孩与怀女孩的比率是125 ∶ 100，即使很多男胎儿流产了，出生男孩的比率也要高于女孩，达到105 ∶ 100。

另外，似乎在每年怀孕和出生条件最佳的时候，妇女就更有可能会怀上男孩，这可能也是确保克服男性胎儿更脆弱的另一种途径。

☆我们活着的时候是什么阻止我们腐烂的?

在人体的免疫系统里有白细胞、抗体和抗氧化剂，当我们活着时它们存在并活跃于体内。它们不仅仅在血液中工作，还在体内某些部位的其他细胞中工作。它们的任务是发现任何外来物质并消灭它。

一旦我们死后，我们机体的所有细胞，包括免疫系统里的细胞所需要的氧气就停止供应了。这就意味着体内的细菌可以自由地繁殖了。很快，整个身体就变成了“免费的午餐”，并且由于死去的细胞无法保持原有形状，从而使内容物流了出来，这样又为微生物繁殖提供了“营养液”。到这个时候，尸体分解就很容易进行了。

而我们活着的时候，皮肤也能防止腐烂，它是抵挡细菌的屏障。但是一旦我们死后，皮肤结构也随之丧失，防御功能也就没有了。

实际上腐烂的过程非常快。天气热的时候，在湿润的环境下，腐烂在一天内就可以完成。天冷时，在无菌环境下（例如太平间），这个过程就变慢了，需要持续几个月。

☆为什么变老后，脸上会长皱纹?

导致脸上长出皱纹的原因主要有两个：一是我们生活在地球的表面；二是某些人为的因素。

我们脸上的皱纹与脚下的地球有什么关系呢？无论待在哪，不管是学校、办公室，还是山顶，你的身体都时刻受到重力作用，它作用在你的脸上，就会把皮肤往下拉。如果你待在室外，阳光中的紫外线还会穿过表皮，进而损害深层的皮肤结构。

除此之外，每次微笑、皱眉，或抬起眉毛，都会让皮肤皱起。日积月累，折缝的痕迹就永久地留在了你的脸上，成为漫长岁月中喜怒哀乐的留念。

有些人因为遗传因素，不容易长出皱纹：如果你的父母或祖父母脸上皱纹不多，那么你也很可能不会长出满脸的皱纹；如果你天生肤色黑，也不太容易长皱纹，因为皮肤里的黑色素会降低阳光中紫外线对皮肤的伤害。和尚一生中大部分时间都花在阴凉安静的寺庙里，他们整日沉思，很少外出活动，所以一位90岁高龄的僧人很可能拥有比50岁普通中年人更光滑、健康的皮肤。

为什么说50岁，而不是30岁，甚至20岁呢？因为无论待在哪，和尚也逃不开地球引力的作用。皮肤在重力的作用下慢慢下垂，日积月累，就形成了松弛的面颊和下垂的眼袋。此外，随着年龄的增长，皮肤覆盖着的组织也会发生变化。老的细胞死去，却没有新的细胞顶替，所以颧骨和颞部都会出现轻微的塌陷。于是，皮肤对于变小了的内部组织结构来说，就变得松弛了。

▲老年人脸上的皱纹比较多。

我们当中的大多数不会去做和尚，所以对于我们来说，降低阳光对皮肤的伤害成为抵抗皱纹的主要途径。紫外线会损伤真皮组织，在真皮中，一种叫作胶原纤维的蛋白质结构支撑着皮肤，紫外线的照射使胶原纤维凝结在一起，削弱了皮肤的弹性。而且，射线还会使皮肤变薄。我们知道，一张纸比一摞纸更容易折叠。同样的道理，越薄的皮肤也越容易出现皱纹。

因为每次做出面部表情时，面部皮肤都会被折叠，所以在被阳光晒伤过的皮肤上更容易留下皱纹。防紫外线其实也很简单：不晒日光浴，不要长时间让皮肤直接暴露在日光下，或用防晒霜、遮阳伞防止射线穿过皮肤损伤真皮。

吸烟可以加速皱纹的形成。科学家曾经将吸烟者的皮肤与不吸烟者的皮肤进行比较，发现吸烟者出现皱纹的时间远早于那些不吸烟的人，而且吸得越多，脸上的皱纹就越多越深。吸烟者满脸皱纹的概率是不吸烟者的5倍。

科学家发现，烟草里的有毒物质会破坏皮肤里的胶原蛋白，还会进入眼部的组织，导致出现鱼尾纹——从眼角向两侧发散的细小皱纹。另外，吸烟还会使嘴唇轮廓变得模糊不清。

☆ 人最多能活多少岁?

世上每个人都希望长寿，而且，随着人类科技水平、医学水平的迅速发展，长寿也日益成为可能。但是，到底人类应怎样做呢？科学家研究发现，动物的寿命期与本身的生长期有关，一般来说寿命应该是生长期的5～7倍。人的生长期大约是20～25年，由此可算出人的自然寿命应该在100～170岁之间。还有一些科学家认为，一般哺乳动物最高寿命相当于它的性成熟期的8～10倍，人的性成熟期为14～15岁，根据这种说法，那么人的自然寿命应该为110～150岁。

如果利用生物技术来提高人类寿命，那么更有可能会出现惊人的结果：人类有望活到几百岁。科学表明，人类的生老病死与基因有着密切关系。通过改造基因，将人类衰老的时钟向后拨，人类可能在120岁时还像年轻人一样活力四射。世界各个国家的科学家在最近几年内发现了一系列与寿命有关的基因。

这些科学家不但发现了很多与人的寿命有关的基因，而且他们还充分利用这些基因进行基因改造，这些实验已经在动物身上取得了一些可喜的进展。在美国已经有两个研究小组设计出了简单的“基因开关”和“基因钟”，这两个发明分别能以开关及定时的方式控制基因活性。美国麻省理工学院的科学家在2001年3月宣布他们对一种线虫进行基因改造，将其寿命成功地延长了50%还要多。

此外，美国南伊利诺伊大学的科学家们对艾姆斯氏鼠进行试验，结果发现适度进食对于延长寿命是非常有益的。

艾姆斯氏鼠具有一种比较特殊的变异基因，这使得它比普通鼠类长寿。科学家进行试验时，把一批艾姆斯氏鼠分成两组，其中一组保持正常不变的饮食，而控制另一组的进食，给它们的食物逐渐减少，直到降低到正常情况下的70%。

试验结果证明，控制饮食的一组艾姆斯氏鼠的寿命比前一组要长大约50%，能够活到相当于人类的150多岁。这些情况说明荷尔蒙在调整新陈代谢和寿命期限方面发挥了非常重要的作用。

美研究人员经过研究还发现多食水果、蔬菜，可以增强人体抗氧化能力以延缓衰老。研究人员的最新研究指出，蔬菜的抗氧化能量强于茶。果汁的抗氧化能量也比果肉多，它具有抑制游离基活动的能力。紫提子汁（提子是美国中北部出产的一种水果）的抗氧化能量比其他果汁高出大约5倍，其次是西柚汁、番茄汁、橙汁、苹果汁。

研究人员认为，存在于人体内的“游离基”会导致人体细胞衰老，皱纹增多，记忆力减退，并使免疫系统功能减退，引发心血管病、白内障，造成身体机能退化。在社会中，环境污染、工作压力、不良饮食习惯等会使人体内“游离基”激增。另外，过量的“游离基”还能致使人患上癌症。

据上，美国塔夫茨大学的科研人员认为，为延缓人体衰老，人每天最好从日常食物中吸取一些抗氧化能量并使“抗氧化能量指数”（ORAC）保持在5000左右为最佳。

☆ 人体为什么会有“生物钟”？

在世界上，整个生物界好像都在按着同一个时刻表在有规律地运转着，例如夜晚万物入眠，清晨鸡啼鸟鸣。当你每天都需要在某一特定时刻内醒来，在开始几天可能必须借助于闹钟之类的提醒，可是，日子一久你就会惊奇地发现，当不再借助闹钟时，你仍然能在大约这个时刻里醒来，中间的误差甚至相差不了几分钟。

这说明，人体内部有一定的生命节律，有一种类似时钟的机构，这种结构不依赖外部条件而自行运转，指挥人体的正常生理活动，这就是人体的生物钟。可是，究竟是什么使人体产生了生命节律，这个控制节律的生物钟在哪里？

有人根据达尔文的进化学提出了进化学说，这种学说认为，人类之所以有生物节律，是因为生存的需要，人类只有在生理上、行为上适应了环境的节律，才能得以生存。人类在长期的进化过程，使得体内有利的基因能够得到遗传，这样，就使后人出现天生的生物节律来，而这种节律又受到周围环境的影响。

另有一些人认为，人体的生物节律是外源性的，也就是说控制生命节律现象的动因，是某些复杂的宇宙信息。人类对广泛的外界信息，如电场变化、地磁变化、月球引力以及光的变化等特别敏感，这些变化的周期性能够引起人体生命节律的周期性。也有人认为，生命节律是由人体自身内在的因素所决定的，因为人即使在恒温与隔绝的地下，也能够表现出近乎 24 小时的节律。还有人认为这种生物节律是由人体内的激素调节控制的，诸如女性的月经等等。

最近几年中，美国科学家又提出了一个更加接近完美的学说。他们发现人类的脑垂体下部有一小串神经细胞，如果它受到损伤，生命节律就会被完全打乱。所以他们认为生物节律的正常运转是由大脑内某些专门的神经元控制的，可是这种看法到目前没有得到明确的证实。

日本科学家也有了一个新的发现：原来人类的生物钟同时钟并不同步。人类生物钟的周期是 24 小时 18 分钟，也就是说人类生物钟每天比时钟慢 18 分钟。

既然人体生物钟每天会晚 18 分钟，那么为什么生物钟与时钟这种不同步现象不会累计起来最终打乱人们的生活规律，从而让人醒来得一天比一天晚呢？研究者说，光线会通过影响体内激素水平和体温等多重因素来不断重新设定生物钟，这种解释应该是比较合理的。

哈佛大学的神经生物学家已确定了生物钟所在的部位，它位于大脑的后部，由特殊的细胞组成。它的两大部分分别位于大脑的两个半球。

☆人类有“第三眼”吗？

我们从神话传说可以看到许多神仙都有 3 只眼睛，除正常的一双和常人无异的眼睛外，还有一只眼睛长在额头上，而且这只眼具有无上的神力。

神话毕竟是神话，自然与现实不同。可是，也许你想不到，其实你、我、他等芸芸众生，虽然不是神仙，却同样也长着 3 只眼！

希腊古生物学家奥尔维茨，在研究大穿山甲的头骨时，在它两个眼孔上方发现了一个小孔，这一小孔与两个眼孔成品字形排列，这引起他很大兴趣。经反复研究，这个小孔被证明是退化的眼眶。这一发现，轰动了整个生物界，自此以后，各国的生物学家纷纷加入研究行列。各项研究结果表明，鱼类、两栖类、爬行类、鸟类、哺乳动物，甚至包括人类，都有 3 只眼睛。人们通常忘记了自己的第三只眼，或是从来没有想过它的存在，这只是因为这只额外的眼睛已离开原来的位置，不在脸部表面，而是深深地埋藏在大脑的丘脑上部，而且拥有另外的名字——松果腺体。

大多数脊椎动物的第三眼见于颅顶部的皮肤下，例如蛙、蜥蜴的第三眼虽然被鳞片遮盖着，但也能在皮下找到。科学家们经过大量研究发现，冷血动物的第三眼被当作温度计了，可以测量周围的温度。在两栖动物中，第三眼可根据光的强弱来调节皮肤颜色。而人的第三眼已经变成一个极为独特的、专门的腺体，人体中除了松果腺体以外，再也没有其他腺体具有星形细胞。星形细胞不是普通的细胞，它在大脑半球中含量十分丰富。至于腺体和神经细胞究竟为什么会盘根错节地缠绕在一起，人们还不是很清楚。

现在，第三眼的功能和另两只眼睛相比虽然功能迥异，但还是有点“藕断丝连”，松果腺体对太阳光有极强的敏感性，它通过神经纤维与眼睛相联系。松果腺体在太阳光十分强烈时受阳光抑制，分泌松果激素较少；反之，碰到阴雨连绵的天气，松果腺体就会分泌出较多的松果激素。松果激素可以调节人体内其他激素的含量，所以当阴天时，松果腺体分泌出较多的松果激素，它使得甲状激素、肾上腺素的浓度相对有所降低，而这些激素是唤起细胞工作的，若相对减少，人就显得无精打采、萎靡不振。及至天气晴朗时，松果腺体受到强光的抑制，体内其他激素就会增多，所以人们就显得生气勃勃、情绪良好。另外，通常人晚上的血压比白天低，这也是由于晚上没有阳光，人的松果激素增加，压抑了其他激素的缘故。

此外，人们发现在第三眼的组织结构中含有钙、镁、磷、铁等晶体颗粒。刚出生的婴儿根本没有这种奇怪的称之为“脑砂”的东西，在 15 岁以内的孩子中也极为少见，但是 15 岁以后，“脑砂”的数量就开始逐年增加。在第三眼中有那么一小堆砂子，竟丝毫不会影响它本身的功能。看来，科学家对其的研究还有待深入。

☆ 为什么压指关节时会咔咔地响，这会导致关节炎吗?

指关节是由骨骼和许多韧带连接而成的，和其他关节一样，指关节也具有一定的弹性。当你压指关节的时候，就等于在用外力弯曲指骨，迫使两块指骨分离。这种突然施加的外力会使两块骨头间形成真空，于是周边的组织里的液体迅速冲到骨头间的空隙中，因此发出咔咔的脆响。

压完手指关节后，骨头之间的液体便缓缓流回原来的组织，所以手指关节压完一次后需要隔一段时间再压才会响。

虽然发出的声音令人感到不舒服，但压指关节显然是没有什么害处的。最常被压的指关节，也就是手指和手掌之间的关节，通常不会得磨损性关节炎，也就是医学上称的骨关节炎。

☆胎儿为何不会在羊水中溺亡?

羊水是一种在羊膜腔内的液体，过多或过少对胎儿都不好。胎儿在4个月大时，会开始吞食羊水并从中吸取养分，同时也会排泄，所以，能调节羊水的量。此外，医生也可以透过分析羊水的成分，来了解胎儿在母体内的生理状况，所以羊水是保护胎儿安全地在母体内成长的重要条件。

胎儿在母体中被羊水包围，虽然无法呼吸，也依然活得好好的，这是因为胎儿能借由与母亲相连的脐带，获取血液中的氧气。

☆人最多能屏住呼吸多长时间?

平均来说，一个健康的年轻人能屏住呼吸长达3分钟，如果加以训练的话，还能坚持得更久一些。但是因为人体内储存的氧气量不多，所以超过一定限度以后人就可能开始失去知觉。

促使人呼吸的诱因并不是氧气的缺乏，而是血液中二氧化碳的积累。当血液中二氧化碳的压力足够高以后，人体对呼吸的渴望就会变得非常迫切。这是因为此时大脑中的呼吸中枢受到二氧化碳的触发，迫使人体张嘴换气。

在游泳池边，孩子们常大口大口地换气，每次呼吸都是又急又深，一连好几分钟，他们以为自己是在大量地吸进氧气，但其实他们却是在排出体内的二氧化碳。孩子们在水下或许能多坚持30秒，但是这样做却是有危险的，因为实际上他们没有额外的氧气可以供给。由于大脑内氧气分压过低，可能会导致大脑功能紊乱，于是人就开始呛水甚至淹死在池中。

人体缺少强感受器来感知体内氧气的缺乏。实际上，缺氧会使人暂时性地感到欢欣和兴奋，这也是为什么当人们第一次到高山地区的时候会兴奋得飘飘欲仙的原因之一。在氧气面罩发明之前，早期投入空战的飞行员们同样也会受到暂时性欣快症的侵袭。在6000多米的高空驾驶飞机穿越密集的防空火力网、飞抵目标上空的过程中，这些飞行员变得越来越兴奋，随后开始判断失误、失去意识，最后导致坠机，落得个机毁人亡的下场。

☆人会有两种血型吗?

一个人的血型是固定不变的，一般人都只有一种血型，不过也有少数例外。某些双胞胎可能拥有两种血型，比方说红血球的六成是O型，四成却是A型。这是因为在母体内的胎儿期当中，其中一人的造血组织混入另外一个人的，继续制造红血球，因此才会产生两种不同血型，不过对健康完全没有影响。

另外，有一种比较罕见又特殊的血型是“亚孟买血型”，属于孟买血型的一种分支，是指血液中A型或B型特征不明显，所以被误以为是O型。这在输血时是很危险的，所以在输血前，最好先做“亚孟买血型筛检”，以确保自身安全。

☆心肌为何能不知疲倦地一直跳动，它有何特殊之处?

心肌是心脏特有的肌肉，它可以不辞劳苦地一直不停工作。当然，心脏病发病时引起的心肌缺氧会使心肌产生疲劳，而运动和锻炼则能使心肌更加强壮。

能驱动身体自由运动的肌肉叫作骨骼肌，也叫横纹肌。分布在内脏和血管壁上的肌肉叫作平滑肌，呈薄片状分布，并且不受人的意识的控制。

心肌纤维束彼此连接在一起，以心肌细胞为单位组成连续的网状结构，因而心肌细胞能够同步工作，所以心肌也被称为细胞融合肌或者合胞体。这样的结构能使内部的电信号保持协调，所以心肌是以一个整体运作的，无论收缩还是松弛都是一起进行。事实上，人们也曾一度怀疑心脏是不是单个的细胞组成的。

和骨骼肌不同，心肌细胞的细胞核不是处在近细胞表面处，而是深入细胞内部。大概是因为能量需求量相当大，心肌细胞中“能量工厂”——线粒体的含量也相当丰富。

与骨骼肌类似，心肌细胞也呈平行的柱状排列，但是其排列方式仍然和其他肌细胞存在差别：心肌细胞呈长长的纤维状，有分枝，纤维头尾相接。两条纤维间的接合部分有明显的盘状结构，称为闰盘。心肌纤维之间的空隙中充满了毛细血管，丰富的毛细血管不仅能为心肌细胞提供富含氧气的新鲜血液，而且还充分保证了糖原和脂类（一种潜在能源）的供给。

心肌细胞内包含有肌原纤维，肌原纤维是一种带有横纹的可收缩性物质，它上面有名为肌原纤维节的分段结构。肌原纤维节是由细丝和粗丝构成的，而细丝和粗丝又分别由肌动蛋白和肌浆球蛋白所组成。细丝彼此间相互滑动，使得肌原纤维收缩和松弛，引发肌肉运动。

☆男人死了之后也可以留下后代吗？

死亡的判定基本上是依据心脏停止、呼吸停止、瞳孔放大这三个原则。在呼吸停止、脑波停止后，事实上心脏还会继续跳动，甚至在心脏停止后，肌肉还会运作几个小时，胃肠也会继续进行消化，人体细胞更能在心脏停止后存活20 ~ 30个小时。最强韧的细胞是男性精囊中的精子，即使心脏停止跳动，它们还能存活将近三天半。也就是说，如果在这段时间进行人工授精，是有可能留下子孙的。

☆当你减肥的时候，是不是丧失了某些脂肪细胞？

没有，脂肪细胞只是变小了而已。当那些体内脂肪细胞过剩的人把体重减到正常水平时，脂肪细胞要比正常情况下的小，这可能也是他们好不容易瘦下来后体重却容易反弹的原因之一。

一个正常的成年人体内脂肪细胞的总数约为400亿 ~ 500亿个，而那些胖人身上的脂肪细胞总数可能达到1200亿个甚至更多。

防止脂肪细胞数增加的最好方法就是避免体重的过度增加，对于任何年龄段皆是如此。因为体重增加会导致新的脂肪细胞出现，而这一现象在16岁以下的人身上特别容易发生。

☆为什么闭上眼睛走路会东倒西歪？

因为人体的左右是不完全对称的，不论是手脚或骨骼，没有人的左右半身完全相同。当我们睁开眼睛时，身体会随着四周状况无意识地修正方向。但是一闭上眼睛，就变成只靠身体构造和肌肉运作来决定方向，这时就会偏向某一边。

所以，如果闭上眼睛在空旷处走，就会像画圆圈一样回到原点附近。其实，这种现象并非只发生在闭着眼睛走路时。像下大雪或起浓雾这种无法分辨方向的情况下，人也会走着走着又回到原点。

☆为什么当我们尴尬的时候会脸红?

脸红是由交感神经系统引起的，这一系统由我们无法控制的神经组成。无论怎么努力，你都无法控制脸红。事实上，你的努力只会让脸红得更厉害。因为是你的情绪引起脸红，当流向脸部的血液增加，你的脸就变红了。而交感神经系统放松时，一切又很快恢复原样，脸部的血液循环也将恢复正常。

☆是什么让我们想睡觉?

睡觉是最常见的一种人类活动。然而睡觉的过程以及是什么引起睡意，至今还没弄清楚。

大脑基层中的松果腺很重要，因为有种叫作褪黑激素的化学物质就在这里产生。这种物质进入血液能控制睡觉和醒来的循环。小鸡被注入褪黑激素后，就会睡着。直到最近加利福尼亚的研究者才发现一种天然的诱发睡眠的化学物质（尽管我们已经生产了几种能够帮助睡眠的药物），他们发现，失眠的猫的脑脊髓液（这种液体有清洗大脑和脊髓的作用）中有一种物质的数量在增长。当他们把这种物质注射到老鼠体内时，老鼠睡着了。这种产生睡意的物质是脂

有很多不同种类的关节吗?

是的，有很多不同种类的关节，例如滑膜关节（利于运动）和接缝的关节（不利于运动）。滑膜关节存在于全身，尤其在肩、肘、胯和膝盖处，可完成不同种类的运动，而运动的类型取决于关节自身的构造。肘关节和胯关节是铰链关节，只允许做来回运动。肩膀和胯部是球窝活节，具有更高的柔韧性，可做扭转的动作。

肪酸，它和细胞膜中的一种成分相似，但是什么引起脂肪酸的释放还是未知的。将来，这种物质也许会成为一种天然的安眠药，因为现在使用的安眠药，不仅长期服用会上瘾，而且残留物对人体会有副作用，如果人们服用这种和脂肪酸成分接近的安眠药，可能就不会有这些问题了。

☆生物学上如何解释“爱”？

如果你分析巧克力的成分，你将发现它能让人产生美好感觉的主要成分之一是一种叫作苯乙胺的化学物质。当我们受到性刺激时，脑垂体也会分泌这种化学物质，它可以使人的感受力增强并且使心跳加速。

多巴胺对于产生恋爱的感觉也有一定的作用。去甲肾上腺素能刺激肾上腺素的产生，肾上腺素反过来让心跳加速，于是多巴胺快速流经大脑，让我们觉得很舒服。大多数幸福快乐的感觉都来自苯乙胺的作用，当这些化学物质放在一起，它们的作用有时候能超越负责逻辑思维的大脑的控制，从而使人陷入“疯狂”的恋爱中。

失去理性的浪漫想法被认为是在催产素的作用下产生的，这是一种基本的性刺激激素，是极度兴奋和产生情感依恋倾向的产物。你越激动，催产素分泌得就越多。

这就是生物学上对“爱”的解释，一点儿都不浪漫，不是吗？

☆我们为什么会眨眼？

我们必须通过眨眼来清洁并使双眼湿润：每次眼睑合起来的时候，泪腺中的咸的分泌物就会浸润眼睛表面，冲去细小的尘粒并润滑暴露在外的那部分眼球。一般我们每 4 ~ 6 秒钟眨一次眼，但是在刺激的环境中，例如在充满烟的房间我们眨眼会更加频繁，以此来使眼睛保持清洁和湿润。

然而，如果眨眼只是为了保持眼角膜的湿润和清洁，我们需要更频繁地眨眼。婴儿大约每分钟只眨 1 次眼，但是成人平均每分钟要眨 10 ~ 15 次。目前，科学家认为眨眼都是为了收集信息，因为实验表明当信息来得又多又快时我们眨眼的次数就会减少，而当我们接收的信息比较少时眨眼的次数就会增加。

眨眼就好比大脑中的标点符号，通知活跃的大脑暂停活动。如果我们正在读一个有趣的材料，我们平均每分钟眨眼 3 ~ 8 次；相反当我们在从事不需要集中注意力的活动时，每分钟眨 15 次眼。同样当课本从一页翻到另一页，或从课本的一行末换到另一行开头时，我们最喜欢眨眼。

任何一次眨眼并不总和下一次一样。科学家指出眨眼的频率和持续时间随环境而变化。英国空军飞行员驾驶飞机飞过友好国家领空时比飞过敌对国家领空时眨眼的频率更快而且闭眼的时间更长。飞行员在被敌军雷达发现时，寻找并躲避敌军导弹时，或飞机降落时，眨眼次数更少。

☆眼泪为什么是咸的？

眼泪中溶有许多不同的盐，其中大部分盐分基本来自于血液，或者追根溯源，这些盐类来自我们的饮食当中。食物中的盐分被肠道吸收后进入血流。眼泪是由泪腺分泌的，当血液流过泪腺时，部分盐分便随之渗入眼泪中了。

1791年发表在一本科学杂志（该杂志由法国化学家拉瓦锡主编）上的一篇文章是已知最早的有关眼泪化学成分的分析报告。作者在文中提到，眼泪中含有氯化钠（也就是食盐）以及其他一些盐类。氯化钾是眼泪中含量第二多的盐类，眼泪中还溶解有一些其他的物质，如钙盐、重碳酸盐和锰盐等。

20世纪50年代的一项实验结果显示，眼泪中钠的浓度和血浆中的钠浓度相当。除了眼泪，人体还通过尿液和汗液排泄体内的盐分。

☆肌肉会转化成脂肪吗？

有些人运动是基于这样的原因：他们锻炼肌肉，不仅是为了保持良好的体形，而且也是因为他们认为不运动的肌肉会变成脂肪。

美国佐治亚州立大学运动学教授沃尔特·索普森博士告诉我们："当我们停止运动后，肌肉会变软，机能会衰退，但它绝不会变成脂肪。"

脂肪细胞和肌肉细胞在结构上是不同的。"肌肉就是肌肉，脂肪就是脂肪，"健康专家多那·理查德森·乔恩纳补充道，"两者之间不能转化。"

脂肪和肌肉之间的关系是值得大家了解的：你有越多的肌肉，在体育锻炼中就会消耗越多的热量；消耗的热量越多，就越不会发胖。

☆人的心脏有记忆的功能吗？

众所周知，大脑是记忆的器官。然而，美国科学家通过研究发现，人类的心脏也许有某种“记忆功能”。正因为如此，一些患者在接受心脏移植手术后与过去判若两人，反而与心脏捐赠者的性情非常相似。

据报道，有一位货车司机，他以前并不是一个多愁善感的人，从未给妻子写过情书，他的文笔也确实差得要命。而当他接受心脏移植手术后，却开始给妻子写情诗了，文笔还相当不错。他确信自己写诗的天赋来自那颗移植的心脏，因为捐赠者全家都爱写诗。

2006 年，澳大利亚一位 17 岁男孩在车祸中丧生，他的父母将其身体器官捐赠了出去。两年后，他们找到了儿子心脏的接受者，惊奇地发现他“继承”了儿子爱吃汉堡圈的嗜好，事实上，接受者在心脏移植前对汉堡圈一点都不感兴趣。

一名接受心脏移植手术的患者，在身体康复后爱上了捐赠者的遗孀，并娶她为妻。12 年后他饮弹自尽，令人吃惊的是，为他捐赠心脏的人也死于同一方式。

一名 8 岁的小女孩接受了一名遇害身亡的小女孩的心脏，从此以后，这个小女孩经常做同一个噩梦，梦见一位男子杀害她的捐赠人。警方根据她所叙述的线索最终将凶手捉拿归案。

据统计，每 10 例接受换心手术的病人中，就有 1 人会出现性格改变现象，这让很多科学家相信，心脏细胞有记忆功能，心脏移植到另一个人身上后，储存在心脏中的某些记忆也会转移到那个人的身上。我们都有过这样的经历，遇到不高兴的事情时，除了有时会感到“头疼”外，还会觉得“心里难过”。由此看来，心脏细胞有记忆功能这一说法未必是无稽之谈。换心人的奇迹会促使科学家对传统观念进行反思。也许，大脑和心脏都是思维的器官，只不过分工有所不同罢了。

记忆被存储在哪里？

大脑内其实也没有特定的“记忆中枢”，但是很多部位可以合作存储记忆。一个名叫海马状突起的弯曲部位在将短期记忆（例如我们只需记住几秒的电话号码）转变为长期记忆（几个星期或数月后仍不会忘的记忆）中发挥着重要作用。

☆一个血红细胞在体内循环一次要多久？

首先我们需要了解一些基本信息。我们假设一个人体重为 70 千克。由于体重的 7% 是血液，所以我们体内就有大约 4.9 升的血液。如果放松时的心跳速度是每分钟 67 次，每一次心跳会泵出 0.1 升血。因此 1 分钟内心跳会泵出 6.7 升血。

这就意味着4.9升血循环一次需要44秒，即平均一个血红细胞要用这么长时间来循环一圈。所以答案就是44秒。

☆人类的思想活动过程会消耗能量吗?

大脑的活动当然要消耗能量，燃烧能量物质——虽然消耗的量非常少。大脑的活动不会如人们想象的那样燃烧体内脂肪，助你甩掉一身赘肉；恰恰相反，思想活动对脂肪的消耗其实很少。

科学家们对人类大脑的功能展开了广泛的研究，并且用PET（正电子发射断层扫描）和核磁共振成像等检测技术对不同程度的大脑活动中不同大脑区域的能量消耗水平进行测绘。研究结果表明，在细胞水平和分子水平上的神经信号传递过程中也同样包含着能量的消耗过程，但是相应产生的热量却是少之又少。

虽说如此，如果当一个人决定节食减肥或是运动减肥的时候，大脑在能量消耗方面倒是起着至关重要的作用，倒不是说大脑的思想运动消耗了多少能量，而是因为产生减肥的动机和坚定减肥的决心等等思想活动都是离不开大脑的。

☆走路的动作需要思考吗?

最简单的问题总是最难回答！行走涉及中枢神经系统内的一个固有程序，这个程序根据大脑所获取的感观信息不断地自我调整。基本的行走程序可能不需要任何“思考”，但是我们需要根据外界（环境）和来自于我们意识的变化，不断对我们的行动做某些调整。

我不能确定你对思考力是怎么理解的，但如果你是要讨论所拥有的神经细胞的数量，对于蜘蛛而言，人们已经计算出在它们的中枢神经系统中所拥有的3万个神经细胞里，只有不到1000个是负责运动的。当然，这些细胞相互交织成非常复杂的网络，因此那并不是一个简单的东西。我们自己的神经系统里有成千上万个神经细胞，而要知道有多少与运动有关那几乎是不可能的。

或许，有一个事实比任何假定的计算更重要，那就是一个“低等”动物在没有发达的大脑的情况下，还可以移动得和我们一样好或一样快。鳄鱼只有一个很小的大脑，但是它仍然非常敏捷；家蝇也仅有微小的大脑，但对复杂的飞行动作却有充分的准备。所以走路并不是简单地与神经系统的大小有关，否则苍蝇永远也不会离开地面。

☆倒立着喝水，水会到胃里去吗？

你吃下或喝下的任何东西都将在你的胃里消化，不管你在什么位置。食物不是通过重力到胃里的，而是通过大脑控制的一系列反射。

嘴并不只通向胃，也通向鼻子和肺，因此重要的是一旦我们咽下食物或饮料时它们不会在错误的地方消化。吞咽引起的反应发生在只通向食管的通道上，食管是连接嘴巴和胃的管道。食管的肌肉通过收缩来确定食物和饮料处在通向胃里的正确位置，即使在你倒立时也是一样的。有时候，若我们在吃饭的同时说话，这个反应就会失败，少量的食物或饮料就可能进入错误的地方而导致窒息。

吞咽反应也是为什么宇航员能在缺少地心引力的情况下吃东西的原因。即使他们在太空船里漂浮，他们的食物也会在胃里消化。

☆我们为什么会打哈欠？

这里有 3 种互相对立的理论。

第一种是生理学的理论。我们通过打哈欠吸入更多的氧气，或者排出体内多余的二氧化碳。同在一个房间里的人都有可能因为缺少新鲜空气而同时打哈欠，所以打哈欠具有传染性。

第二种是厌烦说。如果人们觉得有些东西让人厌烦，他们就会打哈欠。但这种说法不能解释为什么我们无聊时也会打哈欠。除非这只是一种暗示第三方他们很迟钝的社会符号。

最后一种是进化论。这种理论认为，打哈欠是在展示我们的牙齿，表示在不得已的情况下，我们也会具有威胁性。打哈欠曾经是向他人示威的一种方式，但随着人类文明程度的提高，这一动作已经丧失原来的进攻性。

这3种理论，哪种更具有说服力呢？一位名为普罗旺的博士围绕打哈欠的课题做了一些试验，并断定第一种理论是不正确的。他把试验对象的嘴巴封住，这样他们就不能张开嘴打哈欠，而只能用鼻子呼吸。他的试验对象说，这种呼吸的方式并不能让他们感到满足，尽管他们仍然可以吸入氧气。普罗旺博士还让试验对象吸入纯氧，却发现这么做并没有改变他们打哈欠的频率。这就证明了打哈欠并不是因为身体需要氧而发生的。

至于厌烦说，他发现试验者观看30分钟的测试版视频和30分钟的摇滚影音资料，前者打哈欠的人数明显比后者多得多。但他们打哈欠到底是心理原因（他们觉得很无聊），还是生理原因（厌倦让他们想睡觉）呢？

普罗旺发现打哈欠的行为绝大部分发生在睡前一个小时和醒后一个小时。伸懒腰和打哈欠之间也存在着一种明显的关联。

但是现在又有一种新的理论，认为打哈欠是刺激淋巴在脸部肌肉内流动的一种方式。淋巴是一种流体，它在人体的淋巴系统内流动，对抗感染和病毒。淋巴需要骨骼处于活动状态，才能在体内到处流动，因为它不像血液那样可以循环流动。这就是为什么我们在早上醒来喜欢做的第一件事情就是伸懒腰的原因。打哈欠是帮助淋巴在脸部和颈部流动的一种方式。

为什么打哈欠会“传染”？这还没有一个合理的答案，但打哈欠绝对会“传染”。

☆为什么有时人会起鸡皮疙瘩？

有许多感觉和你描述的相似，它们有不同的名字：鸡皮疙瘩、脊柱发麻，或者把它描述为“毛骨悚然”。

关于鸡皮疙瘩，最普遍的解释是：这是从我们祖先那遗留下来的，那时候祖先的毛发要比我们现在的多。冷空气让皮肤的肌肉变硬，我们皮肤上短小的发毛也随之竖了起来。如果我们的毛发比较多，就能起到隔离空气、帮助人体抵御冷空气的作用。其他长毛的动物和鸟类仍然在用这种方法于寒冷时保护自己。因此，鸡皮疙瘩是一种退化的标志，这说明我们现在之所以有这样的反应是因为这在过去是有用的。

你也许已经注意到了，有些动物的毛不仅仅在遇到冷空气时会竖起来，在听到具有威胁性的声音或看到具有威胁性的事物时，也会有这样的反应，例如一只全身的毛都竖起来的猫从一只狗身边逃开。这种反应能让它们看上去变得大一些从而让对手感到惊慌。对人来说，如果我们的毛发多一些，我们也会做出这样的反应，这就解释了为什么受到威胁或觉得不舒服时，我们也会起鸡皮疙瘩。

引起这些反应所需要的条件，不同的人是不一样的。有人对指甲划过黑板发出的声音敏感，而有人却没有反应。

☆是眼屎让人觉得眼睛不舒服有瘙痒感吗?

眼屎和眼部瘙痒彼此间不存在因果关系，相反它们都是由于眼部刺激而造成的。

堆积在眼角的所谓“眼屎”实际上是黏液干燥后所形成的。如果眼睛受到诸如灰尘和眼睛干燥等各种外界的刺激，黏液的分泌量就会增加。一天中眼睛暴露在这类刺激源的时间越久，黏液就分泌得越多。

夜晚，由于人睡眠时眼睛是闭着的，所以分泌出来的眼泪能对眼球起到良好的保湿作用。但是黏液却只能聚集在眼角并不断被干燥，最后变成眼屎。

☆人为什么会渴?

烈日炎炎的夏日，大汗淋漓地运动一番后，总会觉得口渴，只有痛痛快快地喝一气凉水，才能重新恢复运动状态，继续投入到运动中去。人为什么会感到口渴呢？答案很明显，就是因为我们在运动中出汗太多了，需要补充水分。

水对人体具有重要的作用：首先，水是人体的忠诚卫士，比如我们可以通过眼泪冲刷出飞进眼睛里的尘沙，通过腹泻将不干净的食物从身体中排出；其次，水是人体不可或缺的化学兵，它能够对各种营养物质进行水解作用，以方便人体的消化和吸收；第三，水是人体重要的运输兵，是它将各种营养物质运送到各内脏器官和各种组织，又将新陈代谢的废物运送到排泄器官处，以排除体外；另外，水还是人体体温的调节者，它将人体每昼夜产生的热量运送到体表，通过呼吸、出汗、排泄等方式，携带热量离开人体，使人体的温度一直保持在37℃左右。所以，人类一刻也离不开水，一旦缺水就需要马上补足，只有这样才能更好地维持人体各器官的正常运转。

那么，人体是通过什么方式觉察到缺水这一情况的呢？科学家们通过研究发现：人体在大量失水的时候，血量就会减少，而血量的减少会促使肾脏分泌出一种叫作“血管紧张素”的化学物质，这一化学物质随着血液流入脑内，被脑内某一感受器所捕获，于是就发出了“渴”的信号，提醒人们该补充水分了。

但是，也有科学家提出，能够接收到“血管紧张素”的感受器并不都存在于大脑之中，人体的其他部门也参与了渴感的产生。总之，现在科学家们唯一达成共识的一点就是渴感是由血量不足所引发的，但是它具体是怎样引发渴感的，直到今天还没有一个科学的解释。

如果没有口渴现象的出现，我们可能会错过及时补充水分的时机，从而影响到身体的正常运转。所以人不知道口渴，并不是一个好现象。

☆为什么气候炎热地区的人们喜欢吃辣椒?

气候的冷热和所吃食物的辛辣程度之间没有必然的联系。比如在洪都拉斯，烹调的口味并非以辣味为主，但在临近的墨西哥和气候环境相似的泰国，情况却大相径庭。

人们对辣椒的地区性偏好可能仅仅是因为在气候较热的地区肉类等食物相对容易腐败变质的缘故，所以人们用香料和辛辣的调味品来掩盖已经走样的味道。人们通常也以此来解释为什么在冷藏技术出现以前，欧洲人为何会渴望得到来自东方的调味品。

其实也很难讲食用辛辣食物引发的直接生理反应在炎热环境下能给人带来什么样的好处，不过刺激胃液和唾液等的分泌和促进体内黏液的流动却是食用辣椒和胡椒子以后都会产生的生理反应。这能增进人在炎热环境下受抑制的食欲。

一些医学专家曾经提出辛辣的调味料能起到抗生素的作用，不过此类说法尚未得到科学的证实。辣椒中辛辣的活性成分名叫辣椒素，它能够增进血液循环、提高人的体温，因而促使汗液分泌。随着汗液的蒸发，人体也会有凉爽的感觉。

第六章

男性女性

☆两性差异是与生俱来的还是后天培养的?

男女差异究竟是如何形成的？是与生俱来的还是经过后天的培养才形成的呢？关于这个问题，人们不知道争论了多久，双方各执一词，似乎都很有道理，却又都没有办法说服对方接受自己的观点。无论持哪一种观点，都无法从根本上将对方的观点驳倒，所以有关与生俱来和后天培养的争论一直都没有停止过。除非出现什么新的证据将男女差异的谜题彻底揭开，否则这样的争论就还会继续下去，直到真相大白的那天为止。

从出生的那天开始，男女之间就已经表现出了一定的差异。剑桥大学的心理学家们曾经针对出生一天的婴儿做了这样一个实验：他们同时将一张女性脸部照片和一张手机照片给婴儿看，并将实验过程拍摄下来，以观察宝宝们更关注哪张照片。结果发现大多数男婴都比较关注手机照片，大多数女婴都比较关注女性脸部照片。

男性对机械性的物体比较感兴趣，女性则对发展人际关系比较感兴趣，这是男女差异在个人偏好上的表现之一，而这种差异在出生的时候就已经有所显现，说明男女差异极可能是由先天因素决定的。

同样的情况还出现在黑猩猩等其他的物种上。有两位科学家曾进行了一项针对黑长尾猴的实验：他们将典型的男性玩具和典型的女性玩具及两样中性玩具放在黑长尾猴面前，观察它们对不同玩具的喜好程度。结果发现雄性黑长尾猴比较喜欢男性玩具，雌性黑长尾猴则比较喜欢女性玩具，对于中性玩具，两者的喜好程度差不多。

黑长尾猴并没有经过后天的培养，可它们仍然表现出了与人类相似的性别差异，这就说明有些差异是可以跨物种存在的，而这种差异绝不会是后天培养的。

从生物学的观点来看，男女先天的遗传基因是不同的，因此从孕育的那一刻起，他们就可以表现出一定的性别差异。男女的先天差异是任何人都无法否定的，但这种差异会不会因为后天的培养而发生改变呢？答案也是肯定的。孩子的可塑性是很强的，在其尚未定性之前，最容易接受外界的新鲜事物，这时对孩子的教育和培养就显得尤为重要，将决定孩子与异性的差别是越来越大还是越来越小。

受传统思想的影响，大多数家长教育孩子都有两套标准，男孩和女孩各有一套，这就决定了男女差异的扩大化。

如果对男孩和女孩进行相反的教育，也就是教育男孩采取教育女孩的标准，而教育女孩采取教育男孩的标准，那么在这种教育背景下长大的男孩和女孩会是什么样子的呢？可以肯定的是，男孩会出现一些女性化倾向，女孩也会出现一些男性化倾向，至于有多大的倾向，现在还不好说。但不管怎么说，男孩都不会因为接受了女性化教育而变成女孩，女孩也不会因为接受了男性化教育变成男孩，男女间的性别差异或许会因为后天的培养而减小，但却绝不可能就此消失。

有些人认为每个人在刚出生的时候都是一张白纸，后来在上面画了什么，就会形成什么样的图形；也有人认为每个人的一切早在出生以前就安排好了，无论后天做多大的努力，都不可能改变初始的状态。这两种观点显然都是站不住脚的。

人在出生的时候不可能是一张白纸，而是已经被画上了一些图画，我们可以在原有的图画上进行修改，也可以增添新的色彩和图形，但却不能忽视原有的画面，更不可能重新再画一张。

也就是说，每个人其实都是先天因素与后天培养的结合品，而不是某一个独立因素的特有产物。

回到男女差异的问题上来，男孩和女孩本就存在一些与生俱来的差异，这种差异是在漫长的进化过程中形成的，短时间内很难改变，我们可以用天性来形容这些与生俱来的性别特征。后天的培养不是不重要，只是不能将它的重要性夸大。

比如说如果家长从小就注意培养男孩的语言能力，多和他交谈，那么这个男孩的语言能力也可能会非常出色。如果女孩没有接受良好的教育，从小就沉默寡言，那么她的语言能力也会很差。但如果让男孩和女孩接受相同的教育，那么女孩的语言能力就要比男孩强，这是由大脑结构决定的，外界因素显然很难改变。

☆两性差异与其担当的角色有关吗?

在人类进化和发展的过程中，男人和女人一直都扮演着不同的角色，有着不同的社会分工。也许正是因为角色的不同，才使得他们走上了不同的进化之路，形成了差别显著的两种人。也许在人类最初产生的时候，男人和女人并没有如此大的差别，只是在后来漫长的进化过程中，男人和女人始终从事不同的工作，过着不同的生活，所以才使差异越来越大，并逐渐形成了一些新的差异。

不管男女之间的差异形成过程如何，都可以断定这种差异与他们担当的不同角色有关。从人类进化的大部分时间来看，男人一直在扮演一个狩猎者的角色，而女人则一直在扮演一个守巢者的角色。男人负责外出寻找猎物，解决一家人的温饱问题；女人则在家里看守家园，照顾孩子。这种“男主外，女主内”的传统模式至今仍然被很多人接受和认可。人们常说男人就应该在外面打拼，女人就应该在家里相夫教子，可为什么就应该这样而不是相反呢？因为他们一直都是这样分工的。

男人停留在家里的时间很短，他们常常是天一亮就外出狩猎，直到晚上才回来，有时候一走就是十天半月；而女人的大多数时间都是在家里度过的，她们要料理家务，照顾孩子，即使外出做些农活，也是在家附近，绝不会走得太远。作为狩猎者，男人需要猎取更多的猎物让自己的妻子和孩子吃得更好一些；作为守巢者，女人需要将家里的一切都料理好，并照顾好自己的丈夫和孩子。长期的狩猎和守巢生活形成了男人和女人两种不同的生活取向：男人更看重事业，女人更看重家庭。

▲小女孩用玩具厨具假装做饭，小男孩则玩那些尽显力量的玩具。尽管成人男女的性别角色观念已经在社会生活中有所改变，但是在小孩子身上存在的性别刻板印象还是非常牢固。

在狩猎的过程中，男人一般都是比较安静的，因为他们要静静地等待机会，如果大声喧哗，就会吓走猎物，那样他们就只能空手而归了。女人就不一样了，女人经常要独自守在家中，为了更好地守护家园，抵御外来侵袭，女人必须和其他留守的女人联络好感情，只有她们团结在一起，才能守护住她们的家园，所以女人之间经常会在一起聊天。狩猎者沉默寡言，守巢者滔滔不绝，长期下去便形成了男人和女人语言能力的差距，即女人比男人的词汇储备更丰富，交谈也更流利。

男人为了捕获猎物，必须将目光始终锁定猎物，不能离开，因为猎物的速度很快，如果东瞄西看，就很可能让猎物脱逃自己的视线，从而失去捕获的机会。与男人不同，女人的目光要扫到尽可能宽阔的区域，因为女人干活的同时还要照看孩子，为了不让孩子发生危险，她们必须保证孩子随时都在自己的视线范围以内。久而久之，男人和女人的视野就开始出现了差异，男人的视野比较狭窄，基本集中在前方的一条区域；女人的视野则比较宽广，前方和左右两侧的区域都可以覆盖到。

狩猎者为守巢者提供生活来源，供养守巢者的生活，而守巢者则要为狩猎者打点好后方的一切，给狩猎者一个温馨的家，让狩猎者去创造更多的生活财富。狩猎者不会主动关心守巢者的情绪，因为这对他们来说没有任何意义。相反，守巢者一定要关心狩猎者的情绪，因为狩猎者情绪的好坏将会影响到生活财富的创造。就这样，男人和女人在识别他人情绪方面走上了两条不同的发展道路，女人发展得好一些，男人则发展得差一些。所以，女人的感觉更敏锐，更易于识别他人的情绪，而男人则要迟钝很多。

当然，社会发展到今天，男人和女人的角色都已经发生了很大的变化。很多男人开始下厨房、做家务，很多女人也走出家门去工作。角色的变化是不是会导致男女差异的扩大或缩小呢？或许会，但不会这么快。要知道，人类的进化是一个漫长的历史过程，任何实质性的改变都不是一朝一夕的事，用几十年的时间去改变成千上万年形成的本质特征显然是不太可能的。如果现在开始互换角色，男人负责在家做家务，女人在外面赚钱养家，那么再过几千年之后，又会发生怎样的变化呢？

☆男女差异与文化有关吗？

不同的地区有不同的文化，不同的民族之间也存在着文化差异，文化社会化的过程会影响并塑造人类的行为，因此，文化的差异也必然会导致行为的差异。那么，男女差异与文化是否存在着某种联系呢？答案是肯定的。比如说有些地方的女性比较保守，有些地方的女性比较开放；有些地方的男性比较粗鲁，有些地方的男性比较绅士；等等。这些都是受到了文化的影响。

文化的不同确实可以造就不同的行为，但却不能改变人类的本质特征。比如说人类的天性是男人较具性侵略性，常常会主动追求女人；女人则比较害羞，常常被动地等待男人的追求。文化可能使男人变得腼腆一些，使女人变得主动

▲在学校操场上，女孩和男孩几乎总是分开玩耍。在很小的时候，儿童便知道了他们是男孩还是女孩，而与父母、老师和同辈的行为交往则强化了这种社会性别类型。

一些，但男人和女人的本性并不会因此而颠倒过来。在男人和女人交往的过程中，男人仍然在大部分时间里占据主动，女人仍然在大部分时间里占据被动，这是男人和女人的天性使然。

社会生物学家皮耶·登伯格说："文化是人类一种独特的适应方法，但文化也同样会经历演化过程。"比如说我们的祖先制造工具猎取食物，抵抗野兽的侵袭，搭建遮蔽物抵挡严寒等，这些都是为了适应生活环境，让自己和后代生存下去。我们继承了这种文化，但为了更好地适应现在的生活环境，我们又在继承的基础上有所改进。无论在哪个国家，人们都在用近乎相同的方法建造房屋，这就是因为所有人都继承了一种文化。

在近代社会科学史上，曾有人试图用事实证明人类社会存在截然相反的文化，但颇具讽刺意味的是，这些观点到最后都被证明是一场骗局。很多人都相信，美国原住民与其他人不同，他们是非常具有环保意识的。1854年，华盛顿州长代表富兰克林总统会见杜瓦米西族的西雅图酋长，并表示希望购买西雅图酋长的土地。西雅图酋长没有受商业利益的诱惑，他首先想到的是下一代子孙的福祉，所以他拒绝了华盛顿州长的提议，并做了一番精彩的陈述。

西雅图酋长是这样说的："你怎么能够买卖穹苍与土地？这是多奇怪的想法啊！对我的人民而言，大地的每一部分都是神圣的。一枝闪耀的松针、一处沙洲、一片密林中的薄霭、一只嗡嗡作响的虫儿，在我人民的记忆与经验中都是神圣的。您会教导你们的子孙大地是我们的母亲吗？我们向来如此教育着我们的子孙。任何发生在大地上的事物，同样会降临在他的子民身上。我们知道，大地不属于人类，而人类属于大地。"

多么精彩的陈述！如果你相信这些话真的出自西雅图酋长之口，那就大错特错了。关于西雅图酋长与华盛顿州长会面时的情景，目前并没有可靠的文字记录，但据当时的一位目击者描述，西雅图酋长向州长表达了对总统慷慨购买的谢意，他很希望与总统做生意，也很乐意出售手上的土地。至于那段精彩的陈述，其实是剧作家泰恩·瑞为美国广播公司电视台连续剧《家园》所创作的独白。

考古证据显示，世界上所有的民族都不太重视环保，这是因为以前的人们为了提高生存的机会，必须要探索环境，在这种情况下，环保无疑是一种奢侈品，没有人能负担得起。西方国家开始将环保付诸实践，也不过是过去数十年的事。所以说，不注重环保是人类的本质特征，并不存在真正的例外。同理，男女差异的表象虽然千差万别，但其实质性的差异却都是相同的。

☆真的有男人脑和女人脑之分吗？

以前，曾有人假设过男女的差异是后天形成的，但这种观点很快就遭到了否定，因为性别差异不仅表现在成年男女身上，而是在刚出生的婴儿身上也有所体现。这就是说，男女差异是与生俱来的，即使后天接受同样的教育，处在同样的环境之中，男人和女人之间也会存在这样的差异。当然，后天环境对人的影响也是不可忽视的，但男女之间的本质性差异是不会因为后天环境而改变的。为什么本质性差异很难改变呢？因为男人的大脑和女人的大脑就是大不相同的。

我们的思想和行为主要是靠大脑控制的，如果男人的大脑与女人的大脑存在着明显的差异，那么男人和女人又怎么可能表现出相同的思想和行为呢？我们知道，人类经过漫长的进化过程才变成今天的样子，我们的很多特质也都是在这漫长的进化过程中逐步形成的。由于男人和女人一直都扮演着不同的角色，因此他们的进化过程也是不同的。因为经历了不同的进化过程，所以男人的大脑和女人的大脑在功能、特长等方面都有着较大的差异，这是造成男女差异的主要原因。

人类的进化过程其实是一个不断适应环境的过程，因为男人和女人要适应不同的环境，所以他们必然会走上不同的进化之路。作为狩猎者，男人应该具备捕杀和击中猎物的能力；作为守巢者，女人应该具备敏锐的洞察力和人际交往能力。于是，在进化的过程中，男人的大脑中逐渐有了发达的长距离定向能力和投掷能力的功能区，女人的大脑中则有了发达的人际交往能力、同时进行几项活动的能力及短距离定向能力的功能区。也就是说，男人和女人的大脑各自进化了特定的区域来负责不同的能力。

了解了男人和女人大脑的不同进化过程，我们就可以用来解释很多现象。比如说男人的方向感很强，他们喜欢辨别方向，也喜欢能够运用此能力的活动；女人的语言表达能力比较强，她们说话毫不费力，而且也喜欢做与语言有关的工作。在现实生活中，我们很少看到优秀的女导航员和令人满意的男顾问。为什么会出现这种现象呢？因为男人的大脑中有负责感觉方向的功能区，而女人的大脑中有主管语言表达的功能区。大脑中有某一功能区，就证明此人擅长这一技能，反之亦然。

大脑中有主管某一技能的功能区应该说是一件好事，但事物都有两面性，当大脑受伤的时候，好事就可能变成坏事。比如说男人的空间想象能力比较强，对女人来说是平面、二维的物体，对男人来说通常都是三维立体的。这就是说，男人想象出来的物体要比女人想象的更真实、更有深度。但当男人的大脑右侧受伤时，他可能会失去大部分或全部的空间想象能力，而相同位置受伤的女人则基本不受影响，或者说受到的影响比较小。这就是因为大脑受伤破坏了男人的空间想象功能区，而女人没有这样的功能区，因此受到的影响也就比较小。

女人的语言表达能力比男人强，用词比男人丰富，这是因为女人的大脑中有多个语言功能区，而男人的大脑中则只有一个语言功能区。如果男人的大脑左侧受损，就很可能会丧失大部分语言功能，而相同位置受伤的女人语言功能的丧失则要轻得多。如果男人丧失了语言功能，那么其恢复语言功能的可能性是很小的，而女人则要乐观得多，因为女人有多个语言功能区。不过女人比男人更容易出现语言混乱的情况。男人只有在大脑左侧受伤的时候才会语言混乱，而女人则在任何一侧大脑前叶受损的时候都会语言混乱。

男人和女人的大脑有着不同的功能分区，并按照不同的模式运转着。科学家们用很多试验得出了相同的结果：男人和女人的大脑有着不同的工作方式。所以，当男人和女人遇到同样的问题时，他们的感受和处理方式是大不相同的。在男女交往的过程中，双方常常会故作体贴，以己推人地考虑对方的感受和想法，然后自以为是地替对方拿主意、作决定。殊不知，这样的换位思考常常会让事情变得更糟，因为对方根本就不会按照你的思维方式去思考问题。很多相爱至深的情侣却无法愉快地相处，其原因就在于此。

☆什么决定了男女的职业选择？

▲图中是一位女性建筑工人。在传统的看法中，建筑业是男性的专职，而近来，女性也参与到这个工作领域，男女对其可接受的职业和爱好的看法发生了很大的变化。

虽然现代社会一直在大力提倡男女平等，但从某种意义上讲，男人和女人是永远都不可能平等的。比如说在职业选择上，就存在着明显的性别倾向。在某些行业里，从业者大多都是男性；而在某些行业里，从业者则大多都是女性。尽管政府一再强调禁止性别歧视，但在招聘的时候，某些工作岗位还是比较倾向于招男性，而某些工作岗位则比较倾向于招女性。当然，在从业的时候，男人和女人并不是被动的。事实上，是男人主动选择了那些倾向于招聘男性的工作，女人主动选择了那些倾向于招聘女性的工作。

▲世界上首架喷气式客机英国海外航空公司的“彗星”号与该航班的空姐。空姐这一职业就是为女性专有的。

由此看来，在某些领域表现出的性别倾向并不是因为这些领域选择了某种性别，而是某种性别选择了某些领域。为什么男人和女人在职业选择上会存在明显的差异呢？因为他们的大脑结构不同。在进化的过程中，由于男人和女人扮演的社会角色不同，承担的社会责任也不同，因此他们的大脑为了更适应自己的角色，更好地完成自己的职责，就走上了两条不同的进化之路。大脑结构的不同使得男人和女人擅长的事物也有所差异，正因为男人和女人各有所长，所以他们才会选择不同的职业。

剑桥大学的心理学家赛门·巴龙科汉提出了雄性脑和雌性脑的观念，用以解释男人和女人在职业选择上的不同倾向。科汉的理论认为，人类的大脑主要分为两种类型，即雄性脑和雌性脑。这两种大脑的主要功能是不同的，因此有着雄性脑和雌性脑的两个人所擅长的事物就是不同的。一般来说，男人多是雄性脑，女人多是雌性脑，这就决定了男人和女人会做出不同的职业选择。但这种情况并不是绝对的，有些男人也可能是雌性脑，有些女人也可能是雄性脑。所以，女人擅长男人的工作和男人擅长女人的工作都是很正常的。

雄性脑和雌性脑的功能差异主要表现在哪些方面呢？概括地说，雄性脑的主要功能为组织功能，雌性脑的主要功能为同理功能。需要注意的是，雄性脑和雌性脑虽然是两种不同的大脑类型，但两者的功能却并不是互相排斥的。也就是说，雄性脑的人同样具有同理功能，雌性脑的人也会具有组织功能，只是雄性脑的人组织能力更强，雌性脑的人同理能力更强。如果用性别差异来描述，就可以说男人和女人都具备组织能力和同理能力，但男人的平均组织能力比女人强，而女人的平均同理能力则比男人强。

大脑的组织功能主要表现在对事物的分析和理解上，具有雄性脑特质的人擅长分析和理解事物，对事物做系统的了解，这将使他们更能胜任科学家、工程师等工作。科汉在对自闭症的研究中发现，自闭症患者在语言表达及人际交往方面存在明显的缺陷，但却具有超乎常人的组织能力。在自闭症患者的家庭成员中，有很多都是科学家或工程师。这就是因为人的脑型有很大的比例是可以遗传的，科学家和工程师都是典型的雄性脑，其后代也大多会遗传他们的雄性脑特征。当一个人的雄性脑特质异常强烈时，其雌性脑功能就可能存在缺陷。

大脑的同理功能主要表现在对情感的识别和回应上，具有雌性脑特质的人擅长体察他人的情绪，并能够对他人的情感做出适当的回应，从而与人产生情感上的联结或共鸣，有利于构筑良好的人际关系。在人际交往中，同理能力是至关重要的一种能力。一个人只有感到自己被理解、被认同的时候，才会向人敞开心扉，真诚地对人交流，而同理能力就是打开他人心扉的一把钥匙。一个人的同理能力越强，就越容易认同他人的情感，理解他人的感受。较强的同理能力将使人更能胜任幼儿园教师、护士等工作。

人类之所以会出现雄性脑和雌性脑两种不同的大脑类型，主要是男人和女人适应不同生活环境的结果。也就是说，雄性脑是男性的适应特征，雌性脑是女性的适应特征。在繁衍的过程中，大多数男孩都继承了父亲的雄性脑，而大多数女孩则继承了母亲的雌性脑，因为这样的传承方式更有利于他们的生存。在现代社会，这种情况也仍然存在，这也就解释了为什么大多数科学家和工程师都是男性，而大多数幼儿园教师和护士都是女性。当然，例外总是存在的，因为并不是所有的男性都为雄性脑，也不是所有的女性都为雌性脑。

☆ 女性的体态为何比男性丰满?

外形上看，男人的身材通常要比女人更高大，也更健壮。但如果从丰满的程度来看，男人却不如女人。可以这样说，男人比女人更结实，女人比男人更丰满。为什么男人更结实呢？因为男人的肌肉更多。为什么女人更丰满呢？因为女人的脂肪更多。女人好像特别容易长脂肪，这也是女人很容易长胖的重要原因。男人的饭量一般都要比女人大，可女人身上的赘肉却比男人多。在这方面，很多女人都非常羡慕男人，因为对注重身材的女人来说，赘肉就是她们最大的敌人。

脂肪虽然被女人深恶痛绝，但却是人体必需的营养物质。如果人体内缺少脂肪，就无法抵御寒冷的严冬。当然，如果体内蓄积了过多的脂肪，那就会造成肥胖，危害身体健康。所以，对人体来说，脂肪必不可少，但也不需要太多。我们每天都要摄取一定的食物补充能量，但通常情况下，我们每次摄入的能量都会有剩余，剩余的能量一般都会被蓄积起来，以备身体需要的时候再用。虽然男人和女人都有蓄积剩余能量的做法，但在具体的蓄积方式上却存在着差异。

女性大多会将剩余的热量转化为脂肪，储藏在身体内；而男性则会将多余的热量转化成其他营养物质，促进肌肉的生长。男人和女人的不同做法是由他们不同的生理机制决定的，也是对他们自身有利的。当然，男人并不是不储存脂肪，只是他们远远没有女人那样在意对脂肪的蓄积。因为男人储存的脂肪没有女人多，所以体态自然也就没有女性丰满。事实上，男人和女人体内的脂肪含量有着很大的差距。女人身体体积的三分之一都是由脂肪组成的，而男人的脂肪则只占其身体体积的五分之一。

女人为什么会具有这种蓄积脂肪的倾向呢？是因为女人比男人更畏惧寒冷吗？答案显然是否定的。一个人是否畏寒主要与其体内的血液循环状况有关，性别并不是其决定因素。也就是说，女人蓄积更多的脂肪并不是为了御寒。既然不是为了御寒，那又是为了什么呢？有人说是在为妊娠期做准备。不过这样的答案也是经不起考证的。有研究显示，在女性妊娠期间，他们体内蓄积的脂肪不但没有被动用，而且脂肪的蓄积量还在继续增加。这就是说，女性蓄积脂肪也不是在为妊娠期做准备。

▲1954年“冲浪狂欢节小姐”选美比赛中一名参赛选手，她具有丰满圆润这些最典型的女性特征。

纽约洛克菲勒大学的神经科学家莎拉·莱波威兹对女人蓄积脂肪的行为做出了合理的解释。她发现女性体内的脂肪含量是性成熟的重要标志，也就是说，只有女性体内的脂肪达到一定比例的时候，才意味着性成熟，而只有性成熟的女性才具备生殖能力。所以说，女性蓄积脂肪是为了尽快具有生殖能力，繁衍自己的后代。通常情况下，女性的这种倾向是从青春期开始的。很多女孩子在青春期后身体会发生明显的变化，不仅食量大增，而且身材也更加圆润丰满，其原因就在于此。

男人为什么没有蓄积脂肪的倾向呢？因为过多的脂肪对男人毫无用处，也不适合男人狩猎者的身份。而且过多的脂肪会增加男人皮肤感觉的敏感度，降低男人的抗击打能力，这对于整天忙于狩猎和战斗的男人来说显然是没有好处的。所以，男人不需要蓄积脂肪。当男人摄入多余的能量时，他们会更倾向于促进肌肉的发育，让自己更结实、更强壮。如果男人拥有发达的肌肉，那么他们的抗击打能力就比较强，而且也不容易感到疼痛，这些都将让他们在狩猎和战斗中占据优势。

需要注意的是，女人的体态比男人丰满通常都是指青春期说的。青春期的男人一般都属于瘦巧型的，青春期的女人则大多都属于丰满型的。但过了青春期，这样的规律就未必存在了。很多男人在步入中年后就开始发福，还出现了啤酒肚，身材完全走了样。很多中年女人则没有了之前匀称的丰满，这是因为女性在青春期之后已经具备生育能力，所以她们不再需要拼命蓄积脂肪来让自己尽快达到性成熟了。至于青春期后的男人，则大多是吃喝无度的结果。

☆男人的遗传素质优于女性吗？

人类之所以会存在男性和女性两种性别，主要是因为在受孕时与卵子结合的精子不同。如果与卵子结合的是X精子，就会发育成女胎；如果与卵子结合的是Y精子，则会发育成男胎。在人类带有遗传信息的23对（46条）染色体中，决定性别的是最后一对染色体，也就是性染色体。性染色体有X染色体和Y染色体之分，是根据它们不同的形状来命名的。女性有两条阴性的X染色体，男性则有一条阴性的X染色体和一条阳性的Y染色体。也就是说，女性的性染色体为XX，男性的性染色体为XY。

孩子的遗传基因一半儿来自母亲，一半儿来自父亲。无论是男孩还是女孩，都会从母亲那里遗传一条X染色体，真正决定性别的是来自父亲的那条染色体。Y染色体是男性所特有的，但X染色体却是男人和女人都有的，而且女人只有X染色体。人们常说男人的一半是女人，或许就是从这里来的。男人的遗传素质是否优于女性，与Y染色体的遗传特性有着密切的关系。若想证明男人的遗传素质优于女性，就必须想办法证明Y染色体的遗传特性优于X染色体。

科学家们对X染色体和Y染色体进行了研究，却并没有得出上述结果，而是得到了相反的结论。从X染色体和Y染色体的外形来看，X染色体是对称的，看上去就像健康的人一样；而Y染色体则不对称，看上去更像是不健全的人。将X染色体和Y染色体放在一起比较，可以很明显地感觉到Y染色体与X染色体有些相像，但却没有X染色体健全。同X染色体相比，Y染色体更像是一个可怜的畸形儿。据此人们推测，Y染色体应该是X染色体变异的结果。

从内容上看，X染色体带有重要的性别信息，而Y染色体除了带有男性的性别密码之外，就只有一些垃圾信息。这或许就是男性除了Y染色体还必须有X染色体的主要原因。由此看来，Y染色体除了创造出男性这一性别之外，并没有其他的作用。人类最基本的性别信息还是要由X染色体决定，这也可以解释为什么男性有很多与女性相似的身体特征。通过对X染色体和Y染色体外形及内容的比较，不难看出X染色体要比Y染色体更重要，从而也就否定了男人的遗传素质优于女性的说法。

如果说Y染色体是X染色体的变异，那就至少可以说明一个问题，即生命的原始形式是女性。也就是说，最初只有X染色体，而两个X染色体只能构成女性的性别特征。后来，某些X染色体发生了变异，成了Y染色体，于是便出现了一种全新的性别特征，也就是男性的性别特征。因此，也可以说男性是由女性变异而来的。不过这种变异并不完美，因为Y染色体带有很多遗传垃圾，而这些遗传垃圾也必将遗传给他的男性后代。柏林遗传学家延斯·赖兴曾这样说："男性是自然界最常见的遗传缺陷。"

另外，在胎儿的大脑发育中，父亲的基因与母亲的基因也发挥着不同的作用。有研究显示，男性基因和女性基因分别参与大脑各个部分的生成。也就是说，大脑某些部分的生成是由男性基因控制的，而某些部分的生成则是由女性基因控制的。一般来说，大脑中比较原始的部分都是由男性基因控制的，而一些携带智力的部分则是由女性基因控制的。人类的大多数本能如性、饥饿、口渴等大多来自父亲的基因，而思考、分析等机能则大多来自母亲的基因。由此看来，男性的遗传素质并不值得称赞。

有人对老鼠进行了这样的实验：让一只老鼠只携带阳性基因，而另一只老鼠只携带阴性基因，而后观察这两只老鼠的大脑发育情况。实验结果显示，携带阳性基因的老鼠身体庞大，但脑部很小，而携带阴性基因的老鼠则有着很大的大脑。当然，同样的结果未必会出现在人类身上。不过有一种缺少女性基因的病症，患者可出现智力减弱的症状。由此可见，女人的遗传素质不但不比男人差，反倒还优于男人。只有女人才能将自己的智慧遗传给孩子，而男人却做不到。

☆为什么女人的浪漫男人不懂？

大多数女人都很浪漫，而男人则大多不够浪漫。女人常常抱怨男人没有浪漫细胞，不懂得制造惊喜和浪漫。其实，男人只是不明白女人究竟想要怎样的浪漫，当浪漫来临时，男人也不知道该怎样去做。男人不懂女人的浪漫，更不清楚浪漫对女人的重要性，他们往往将关怀视为浪漫，当女人要求他们浪漫一些的时候，他们一般都会做一些关怀女人的事。也就是说，男人并不是不想浪漫，而是不知道该怎样浪漫，在他们的大脑里，根本就没有浪漫这个概念，那又让他们如何浪漫呢？

女人的大脑注重关系，她们进入一种关系是为了寻找爱和浪漫；男人的大脑则适应处理技术方面的问题，他们通过性进入一种关系，然后再看是否有发展关系的可能性。在漫长的进化过程中，男人的主要职责是养家糊口，他们整天为了一家人的生计而四处奔走，根本就无暇顾及其他的事情。他们不明白送鲜花、跳舞等行为的意义，在他们看来，为女人提供有力的物质保障、尽可能多地关心女人才是最重要的。

男人或许觉得让他们变得浪漫一些很困难，其实，女人想要的浪漫并不难满足，关键看男人愿不愿意为了满足女人的浪漫而去做一些事情。女人天生敏感，对外界刺激有非常敏感的接受性。如果对周围的环境多加注意，用心布置，就会给女人带来浪漫的感觉。比如说可以将灯光调至昏暗，放一些轻缓抒情的音乐等。男人可能不太习惯昏暗的环境，因为他们更注重视觉上的享受，但昏暗的环境却可以使女人的瞳孔扩张，增加彼此的吸引力，帮助女人感受爱和浪漫。

在男人和女人刚开始谈恋爱的时候，男人常常会请女人共进晚餐，他们这样做的目的或许只是为了找机会接近女人，殊不知，这也是让女人感受浪漫的方式之一，遗憾的是结婚之后就很少有男人这样做了。从古至今，男人一直都是女人的食品供应者，因此，男人带女人去吃饭可以唤起女人最原始的感觉，为双方关系更添一层亲密感。如果男人能够主动下厨亲自做一顿美餐给女人，那对女人来说将更具有亲密的意义。

让女人感到温暖和被保护对女人来说是最浪漫的事，而让女人产生这种感觉的最好方式就是用男人坚实的臂膀紧紧地抱住女人。所以说，男人如果想制造浪漫，那就多多拥抱女人吧！此外，点燃篝火、撑开雨伞等行为也具有同样的效用。送鲜花是男人在追求女人时普遍使用的一种手段，尽管男人也不知道为什么，但他们知道女人喜欢收到鲜花。如果让男人自己选择，他们倒是更愿意送给女人一盆花，因为它可以在女人的照顾下存活下去。不过能打动女人的可不是一盆花，而是一束娇艳的鲜花。

很多爱情故事都是从跳舞开始的，在历史上，跳舞也曾被作为男女间求爱的方式，不过在今天，这种方式已经很少用了。因为大多数男人的节奏感都比较差，所以喜欢跳舞的男人很少。但女人却喜欢通过跳舞来感受浪漫，如果一个男人能与其在跳舞的过程中配合得十分默契，那么她的芳心就很可能被对方俘获。有些时候，浪漫也可以由食品来创造，比如说香槟和巧克力。这两种食品之所以能给人浪漫的感觉，主要是因为它们特殊的化学成分。香槟中含有一种能够提高睾酮含量的化学物质，这是其他酒类饮料都没有的，而巧克力中则含有苯乙胺，可以刺激女人大脑的爱情中心。

由此看来，要制造浪漫并没有那么复杂，只要用心去做，每个男人都可以成为浪漫的制造高手。男人制造浪漫的能力与女人是否喜欢与其发生性关系有着密切的联系，所以，男人绝对有必要让自己变得浪漫一些。同时，女人也应该把自己的需求告诉男人，既然自己需要浪漫，而男人又不懂浪漫，那么女人就只能教给男人如何浪漫了。女人应该明白，有些事情并不是男人不愿意去做，只是他们不知道为什么要这样做。如果女人告诉他们这样做对自己很重要，那么相信大多数男人都会愿意去做的。

☆爱情是怎样产生的，激情从何而来?

▲恋爱中的男女往往觉得情绪高涨、充满活力。他们觉得世界上的一切都是那样美好，做任何事情都充满了激情。

爱情是一种奇妙的情感体验，让置身其中的人情绪高涨、充满力量。不管周围的环境如何，恋爱中的人总是有一种说不出的幸福和满足。他们觉得世界上的一切都是那样美好，做任何事情都充满了激情，连他们自己都惊讶于自己的转变。他们互相吸引，彼此欣赏，心甘情愿为对方付出自己的一切。在各种感情之中，爱情是最富有激情的，也是最美妙的，相信没有其他一种感情可以让人产生那种达到幸福之巅的感觉。人们向往爱情，为爱情着迷，但却很少有人知道爱情究竟是什么。

爱情是怎样产生的呢？其实，爱情不过是人体内的一系列化学反应。当我们遇到某个特别的人时，我们的大脑就会产生大量的激素，使大脑与身体产生反应。激素是人体内具有某种特殊效应的物质，由内分泌器官直接分泌到血液之中，促使神经细胞发生化学反应，对人体产生作用。其实，不只是爱情，人类所有的感情都是化学反应的结果。诺贝尔奖获得者英国科学家弗朗西斯·克里克曾说：“你们的快乐、悲伤、记忆、野心、自由愿望和热恋，都是大量神经细胞的行为。”

由此看来，人们在恋爱中的一系列“反常”行为都与大脑释放的激素有关。比如说当我们看到心仪的异性时会莫名地兴奋，心跳加速，手心出汗，这是大脑释放苯乙胺的结果。苯乙胺可以让人身心愉悦，巧克力中也含有这种物质。另一种加速心跳的激素是肾上腺素，当肾上腺素被释放出来的时候，你会明显感觉到自己的心跳，甚至有一种快乐感。此外，恋爱中的人健康状况特别好，即使不吃饭也不觉得饿，而且已经患上的感冒还可以不治自愈。这是因为大脑分泌的内啡肽可以优化人的免疫系统，使人的免疫力更强。

当你与恋人接吻的时候，你会觉得身体就像被溶化了一样，这也是激素作用的结果。同时，你的大脑还会迅速对恋人的唾液进行化学分析，判断你们的基因是否匹配。如果你的大脑得出你们基因匹配的结论，那么你就会更依赖你的恋人，更享受与对方接吻的过程；如果你的大脑得出你们基因不匹配的结论，那么你就会开始排斥与恋人接吻，并逐渐疏远对方。也就是说，接吻的过程其实是一个重要的识别过程，男人和女人可以通过对对方唾液的化学成分分析识别出对方是否就是自己要找的人。

人们常说恋爱中的人是充满激情的，那么，恋爱中的激情又从何而来呢？答案也是激素。当男人遇到让自己心动的女人时，他们会想尽办法赢得女人的芳心，这种挑战将刺激男人分泌更多的睾丸素，帮助自己赢得挑战。睾丸素是重要的男性激素，有助于增加男人的力量感和幸福感。随着男人体内的睾丸素水平的提高，男人将变得更具活力，更加兴奋，对女人也更加温柔体贴。这样的改变无疑会让男人变得更具吸引力，从而为他们在女人心目中的印象加分。

当女人与自己心仪的男人交往时，如果她们能够感到自己被关心和照顾，且男人能给她们一种安全感，那就会刺激催产素的产生，让女人更加妩媚动人。催产素是一种重要的女性激素，与睾丸素对男人产生的积极作用相似，催产素也有助于增加女人的活力和幸福感。当女人体内的催产素水平提高的时候，女人将变得更富激情，精力更加充沛，也更加快乐。睾丸素的增加会提升男人的吸引力，同样，催产素的增加也会让女人对男人产生更大的吸引力。

虽说恋爱可以使人充满激情，但这种激情并不会持续太长时间，这是有目共睹的事实。为什么恋爱中的激情难以长久呢？因为当男人与女人交往一段时间以后，男人的注意力开始转移，他们不得不应付很多日常工作，这样一来，睾丸素水平就会降低，因此激情也会随之消退。男人的变化会让女人觉得男人不再重视自己的感受，这将导致女人对男人的信任度以及对生活的乐观心态降低，从而影响催产素的分泌，使女人的激情消退。总之，无论是爱情还是激情，都与激素有着密切的关系，是在激素作用下的化学反应。

☆是什么导致男人的中年危机？

男人在步入中年以后，常常会出现莫名烦躁、沮丧消沉、悔不当初、刻意改变自己等不正常的行为，也就是出现了所谓的中年危机。

有人说中年危机是每个男人都必须经历的，只要步入中年，中年危机也就随之而来了。不过实际情况并没有那么绝对，有些男人即使到了中年也没有出现中年危机，有些男人到了老年才出现中年危机，也有极少数男人在青年时期就遭遇了中年危机。

由此看来，中年危机或许是每个男人都要经历的，但其出现的时间却未必在中年。

既然中年危机的出现不一定在中年，那为什么还要叫“中年危机”呢？如果是其他年龄段也可能出现的，那么再加上“中年”恐怕就不合适了吧！

其实，中年危机虽然并不是中年男性的特有危机，但大多数出现中年危机的男性都是中年男性。虽然其他年龄段的男性也会出现中年危机，但毕竟是少数。所以，用“中年危机”还是比较合适的，至少要比“老年危机”和“青年危机”合适得多。

男人为什么会出现中年危机呢？步入中年的男人各方面都已经走上了正轨，经济状况和婚姻状况也都比较稳定，为什么还会有危机存在呢？男人的这种危机又是从何而来呢？

其实，男人的危机并不来自男人本身，而是来自女人。正如男人虐妻杀妻的行为取决于女人一样，男人的中年危机也同样与女人有关，是妻子的衰老导致了男人的中年危机。这就是说，让男人陷入中年危机的原因并不是男人步入了中年，而是女人步入了中年。对男人来说，妻子的年龄才是影响他们是否出现中年危机的决定性因素。

妻子的衰老为什么会导致男人的中年危机呢？因为当妻子衰老以后，男人必须再次投入繁衍竞争，重新去吸引年轻、有生育能力的女性。

女性的生育能力是随着年龄的增长而降低的，当女人停经以后，就会完全丧失生育能力。事实上，在停经之前的几年时间里，女性生育的可能性也是很小的。即使能够生育，也很可能会生下不健康的孩子。

所以说，女性的衰老即意味着生育能力的丧失，真正给男人造成困扰的并不是女性苍老的容颜和变形的身材，而是不能再生育的客观事实。

与女性不同，男性是终生都具备生育能力的。当女性失去生育能力以后，男人仍然是可以生育的。

在这种情况下，如果男人希望再生育，那就必须去吸引其他年轻的、具备生育能力的女性。这就意味着男人在过了一段时间的平稳生活以后，还需要重新投入到繁衍竞争之中，吸引年轻女性的目光。

所以，在妻子衰老以后，男人会特别注重自己的外表，希望自己看上去更年轻一些。此外，他们也会刻意炫耀自己的财力，忽然变得很有生活情趣。男人的这些反常行为都是中年危机的表现，他们是在争取年轻女性的青睐。

了解了男人发生中年危机的原因，就不难解释其他年龄段的男人出现中年危机的现象了。

如果一个青年男性娶了一个中年女性，尤其是已经临近绝经期的女性，那么这个青年男性就会提前进入中年危机。如果一个中年男性娶了一个青年女性，那么这个中年男性就不会在中年的时候出现中年危机，但当他进入老年时，由于他的妻子步入了中年，因此其中年危机也会随之到来。

这就是说，中年危机可能提前也可能延后，关键就在于妻子的年龄。

☆男人的酒量为何比女人大?

在各种交际场合，酒几乎是必不可少的气氛调节剂，在人际交往中发挥着重要的作用。以前，把酒言欢是男人的事，但现在，女人也同男人一样喝酒，而且有些女人的酒量还不错。不过同男人相比，女人的酒量还是稍逊一筹。虽然酒量小的男人和酒量大的女人都不少见，但总的来说，大多数男人的酒量都要比女人大，这是不争的事实。

男人的酒量为什么比女人大呢?因为男人有消耗更多酒精的生理优势。其一，男人的血容积比女人大；其二，男人体内有更多的发酵酶，可以溶解更多的酒精。这两方面的生理优势使得男人可以承受更多酒精，所以他们的酒量要比女人大。有些时候，男人并不清楚自己的酒量究竟有多大，或者说他们对自身酒量的认识是错误的，当他们觉得自己已经不能再喝的时候，其实他们还可以再喝一些，也就是说，男人的身体要比他们的精神更能承受酒精。

说到男人的酒量，很多人都会想到男人的啤酒肚。啤酒肚与男人的酒量有没有关系呢?答案是肯定的，但啤酒肚并不完全是喝酒过多的结果。啤酒被称为“液体面包”，喝多了确实会让人发胖，不仅男人如此，女人也同样如此。既然女人喝酒过多也会发胖，可为什么从没见到有啤酒肚的女人呢?因为男人和女人发胖的部位不同。男人发胖的部位多在腹部和背部，女人发胖的部位则多在臀部和腿部。男人可能长着大大的啤酒肚，却很少出现“大象腿”，这就是脂肪多堆积在腹部的结果。

人体内的多余脂肪并不是随便堆积的，而是要遵循一定的原则。为了不影响人体的正常生理功能，脂肪必须避免堆积在重要的人体器官附近。比如说大脑、心脏、生殖器官等就只有少量脂肪，当人体出现多余的脂肪后，也不会主动堆积到这些器官上。在女性的腹部有一个重要的生殖器官，那就是子宫，由于生殖器官附近是不能堆积脂肪的，因此自然法则就不允许脂肪沉积在腹部，这即是女性没有啤酒肚的主要原因。男人的腹部没有生殖器官，所以男人的脂肪会自然而然地堆积在腹部，形成啤酒肚。

由此看来，男人和女人堆积脂肪的部位不同主要是因为女人有子宫而男人没有。如果女人的子宫因为手术切除了，那么女人的脂肪就会自然堆积到腹部，长出啤酒肚。那么，为什么青春期的男孩不会出现啤酒肚呢?因为在青春期，男孩正处在长成男人结实肌肉的关键时期，这时其体内的多余热量多会促成男人强健的体魄，而不会转变成脂肪储存起来。

男人不仅酒量比女人大，力量也要比女人大。为什么男人的力量比女人大呢？因为男人拥有更为发达的肌肉系统。女人的肌肉重量大约占体重的36%，男人的肌肉重量则大约可以占到体重的41%；女人的骨头重量大约占体重的15%，男人的骨头重量则大约可以占到体重的19%。骨头和肌肉在体重中所占的比重决定了肌肉系统的发达程度，因此男人要比女人更强壮有力。即使是女运动员，其肌肉发达程度基本上也达不到男性同龄人的平均值。

发达的肌肉系统决定了男人在体育运动上的表现也要优于女人，尤其在一些力量型的运动项目中，比如短跑、跳高、跳远等。即使是最优秀的女性运动员，她们的成绩也无法和男运动员相提并论，这就是生理差异造成的。除了力量和酒量之外，男人和女人因为生理差异而造成的差距还有很多，这里不再一一列举。虽然表现形式各异，但本质都是相同的，而且生理上的差异也是外界因素很难改变的。至于为何会出现这样的生理差异，则是男人和女人在各自的进化过程中为了适应环境而逐渐形成的，是自然选择的结果。

☆男人好斗的根源在哪里？

男人好争斗，他们的言语和行为常常会带有进攻性，因此也很容易引发暴力事件。遇到同样的问题，男人和女人的处理方法是完全不同的。女人大多会通过谈判来寻求解决问题的方法，她们很少主动挑起争端，也会避免在交谈中使用侵略性的语言；男人则很难心平气和地与对方交谈，更不可能示弱或服软，他们不会被动地防守，而是会主动进攻，因为只有这样才能在争斗中占据优势。所以说，女人间的矛盾一般都不会有什么特别严重的后果，而男人之间却可能因为很小的矛盾闹得难以收场。

男人为什么如此好斗呢？因为他们已经习惯了这种生活方式。在野蛮的原始社会，暴力无疑是解决问题的最好方式。当敌人入侵的时候，只有用武力征服对方，才能保证自身和家族的安全。除了在身体对抗中战胜敌人，男人没有什么其他的办法自保。与敌人谈判有用吗？别说敌人可能根本就听

▲现代男性比起原始社会的男性来，面临的社会生活环境已截然不同，但其好斗性却保留了下来，像图中这种激烈对抗的运动正是现代男性释放其好斗性的方式之一。

不懂你在说些什么，即使听懂了，他们也不会后退，因为没有人会轻易放弃争夺更多资源的机会，尤其是在资源本来就很匮乏的原始社会。同样，在狩猎的时候，男人也必须去争斗，否则他们就解决不了温饱问题。

此外，在男人最看重的繁衍问题上，他们也免不了要与其他男人争斗。为了更广泛地播撒自己的种子，男人要争取更多的交配机会，所以他们必须在竞争中战胜其他对手。在男人看来，没有什么问题是暴力解决不了的，只要自己在身体对抗中获胜，那么他们就可以得到自己想要的一切。为了在争斗中占得先机，防止敌人率先采取进攻行为，男人还必须时刻做好战斗的准备，第一时间向敌人发起进攻。所以说，男人好斗是他们的一种生活习惯，为了生存，更为了保证自己的利益，他们必须好斗。

如果说原始社会的男人好斗是生存的必需，那么现代社会的男人好斗又该如何解释呢？现代社会的生存环境显然已经不同于原始社会，但男人的这种特点却被保留到了现代社会。其实，男人好斗的根源就在于其体内的男性激素，尤其是睾酮。睾酮是最重要的男性激素，也是一种促使男人具有攻击性的激素。因为睾酮的存在，男人才会表现出一定的攻击性。在原始社会，男性体内就已经存在了这种激素，但现代男性体内的睾酮水平要比原始社会时低，所以现代男性好斗性已没有原始社会的男性强。

如果人类的进化过程是一个不断适应环境的过程，那么男性体内较高的睾酮水平就是有利于其生存的，至少在原始社会是这样的。事实上，睾酮与男性的生存能力有着十分密切的关系，这表现在男性生活的方方面面。首先，睾酮会促使男性第二性征的出现，使进入青春期的男性开始长胡子，声音也变得低沉。睾酮作为最重要的男性激素，将使男性更具男性魅力。有研究显示，声音较为低沉的男性要比声音较为高亢的男性在一周内多出大约一倍的性高潮，这就是睾酮水平较高造成的。

其次，睾酮驱使男人去猎取猎物，并使男人更加勇敢地与侵略者战斗。在原始社会，这种能力是非常重要的。如果男人不够勇敢，进攻性不够强，那么他们自己就无法生存下去，更别提保护家人和族人了。此外，睾酮还与男人的空间能力有关。正因为男人体内的睾酮水平比较高，所以他们的空间能力很强，即使初次来到某个地方，他们也可以凭借地图及他们出色的空间能力迅速找到目的地。男性的第二性征及空间能力是现代男性仍然具备的，因此也就不难理解现代男人为什么仍然好斗了。

男性体内的睾酮含量并不固定，而是随着年龄的改变发生变化的。一般来说，当男孩步入青春期以后，体内的睾酮水平会迅速提高，并很快达到高峰。由于睾酮是男性好斗的根源，因此青春期的男孩是最好斗的。据统计，全世界超过 90% 的谋杀和暴力行为都是由 18 ~ 25 岁的男性干的，这恰好证明了上述观点。

当男人到了50岁以后，其体内的睾酮水平开始下降，侵略性也有所减弱。因此，老年男人很少发生暴力事件，变得更加平和慈爱，更具关怀之心。

☆ 为什么罪犯以男性居多?

在各种各样的犯罪事件中，参与的大多是男性，很少有女性。尽管女性犯罪也并不罕见，但同男性犯罪相比还是相差甚远。为什么罪犯多是男性呢？因为他们可以从犯罪活动中获得更大的利益。男人与女人不同，所有女人都可以繁衍自己的后代，却并非所有男人也都能如此。有些男人可以拥有多个后代，而有些男人却可能一个后代也没有，这就是男人之间的差距。巨大的差距必然会导致激烈的竞争，男人如果不希望无后，就必须保证自己不被排除在繁衍竞争之外。

竞争是残酷的，繁衍竞争尤其如此。为了增加自己竞争的筹码，男人可以使用任何手段。在女人看来，资源丰富、名声好且地位高的男人是最具吸引力的，所以男人会努力从这几方面来完善自己。比如说男人会拼命工作谋求地位和财富，也会不惜一切代价捍卫自己的名誉等等，都是在提高自己的竞争力。在一般情况下，大多数男人都会通过正常渠道来提高自己的竞争力，但当正当渠道行不通或者有更便捷的方式时，他们就可能寻求旁门左道，走上犯罪的道路。

在偷窃、抢劫等犯罪活动中，罪犯大多是刚刚步入社会的年轻男性。如果说女性偏爱资源丰富的男性，那么刚刚步入社会的年轻男性显然是不受女性青睐的，因为他们拥有的资源非常有限。为了让自己尽快拥有更多的资源，他们只能采取非常手段，盗用其他人的资源，这是他们认为的最快的方法。因为如果等着他们自己一点一点去获取，那就可能错过让自己心仪的女性了。此外，在经济犯罪中，也存在这种情况。很多人都不理解已经家财万贯的男人为什么还会因为钱财而犯罪，其实，他们只是想拥有更多的资源，受到更多优秀女性的青睐。

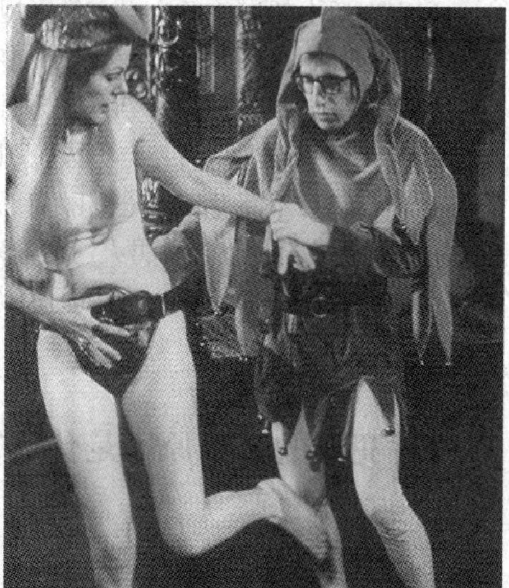

▲在1972年的电影《情爱宝典》中，王后被国王的“贞操宝甲”锁着，而钥匙在国王手里。

在杀人事件中，最常发生的是男人杀害男人的事件，而在男人杀害男人的事件中，又大多是因为女性引起的。因为男人之间残酷的繁衍竞争，使大多数男人都是具有暴力倾向的。当男人无法通过正常途径战胜竞争对手时，他们就会选择以暴力方式击退对方，甚至将对方杀死，以此来赢得与女性交配的机会。也就是说，男人杀害男人多是因为争取女性伴侣。男人的做法在女人看来或许是不能理解的，但对男人来说，他们面对的是至关重要的繁衍竞争，所以他们一定会竭尽所能以争取竞争的胜利。

当男人决定以暴力去争取女人的时候，他们并不能确定自己一定会在争斗中取胜，但结果只有两个，要么自己被对方杀死，要么就是自己杀死对方。死亡或许是可怕的，但比死亡更可怕的事也还是存在的。对男人来说，失去繁衍的机会、不能将自己的基因遗传下去就是比死亡更加可怕的事。所以，无论在什么样的状况下，男人都一定会积极争取女性伴侣。虽然争斗可能让他们丧命，但这至少是在争取繁衍的机会。如果不争，那就彻底失去机会了，而且即使不争，他们也迟早要面对死亡。所以，他们不能不争，也不得不争。

有人可能会问，即使男人可以在争斗中避免死亡，他们也还是难逃法律的制裁啊，杀人可不是小罪，等待他的只能是漫长的铁窗生活，这样就算得到了与女人交配的机会，又有什么用呢？当然有用，至少他们可以为成功繁衍自己的后代争得了宝贵的机会，这是最为重要的。其实，在惨剧发生之前，男人是很难停下来思考的。如果他们真能理性思考，也就不会走上犯罪的道路了。除了杀死自己的竞争对手，男人也可以通过强暴的方式强迫女性为自己繁衍后代，这种情况多发生在繁衍机会渺茫的男人身上。

现实生活中的谋杀行为很少像影视剧里那样经过精心的策划，事情的起因也远没有影视剧里的曲折、复杂。很多时候，杀人事件往往就是因为一些鸡毛蒜皮的小事引起的。当两个男人因为名誉、地位等与自身竞争力有关的小事发生争吵的时候，或者是当一个男人试图接近另一个男人的女性伴侣时，争斗就会一触即发，且不断升级，直到酿成恶果，因为没有人会退让。为了捍卫自己的名誉，保护自己的女人，男人往往会采取极端的手段，通过暴力来解决问题，于是一件鸡毛蒜皮的小事就演变成了一场致命的争斗。

☆ 女性犯罪的真正原因是什么？

虽然罪犯大多数都是男性，但女性犯罪的现象也并不少见。从性质上看，男性犯罪和女性犯罪都是触犯了法律，也都要受到法律的制裁。但从犯罪手段及犯罪动机来看，男性犯罪又与女性犯罪有着明显的不同。男性犯罪主要是为了提升自己的竞争力，让自己在女人眼中更具吸引力，其最终目的是要增加成功繁衍后代的概率。女性犯罪显然不是出于与男性同样的原因，因为女性不可能通过犯罪活动获得更大的生殖利益，也不需要通过犯罪的方式去吸引男性。

▲图为两个女人在走廊上打架。对大多数人而言，攻击行为都是难以令人接受的，而女性的攻击行为尤为不正常。

既然与生殖利益无关，那么女性犯罪究竟是出于什么原因呢？一般来说，女性犯罪只是为了保障自己和孩子的生活。女性并不存在没有繁殖机会的问题，但她们却存在无法抚育孩子成人的问题。一旦孩子中途夭折，那么她们的基因也就无法延续下去了，所以对女人来说，最重要的就是保证孩子健康地生存下去。毕竟女人一生所能繁衍的后代数目是有限的，每一个孩子对她们来说都是非常珍贵的。如果她们在 45 岁以后失去了所有的孩子，那么她们就不可能有后代了。

正因为每个孩子对女人来说都是非常重要的，所以女人才会不惜一切手段让孩子生存下去。为了孩子，她们就算再苦再累也决不委屈抱怨。只要能看着孩子健康地成长，那就是她们最大的心愿了。虽然女人为了孩子可以吃苦受累，但这并不意味着所有女人都可以依靠自己的吃苦耐劳养活孩子，尤其是在资源匮乏的社会。当女人无法为孩子提供足够的生存资源，甚至危及孩子的生命时，女人就不得不采取非常手段了，即使会触犯法律，她们也管不了那么多了。很多盗窃案就是这样发生的。

在女性进行的各种犯罪活动中，盗窃是比较多见的。虽说男性盗窃和女性盗窃都是要盗取他人的资源，但男人和女人的做法却不尽相同。女人盗取的资源只要能保障她们和孩子的生活就可以，也就是说，她们不会盗取过多的资源，而只是拿走自己需要的那部分。男人就不同了，他们渴望盗取更多的资源，越多越好。即使男人不缺钱，他们也仍然可能窃取他人的资源，因为他们希望自己拥有更多的资源，让自己在繁衍竞争中更具竞争力。正因为最终的目的不同，所以男人和女人的做法才会大相径庭。

另外，女人即使犯罪也很少会使用暴力，因为女性天生就不像男人那样暴力好斗。男人的暴力是在漫长的进化过程中形成的，因为男人之间存在着激烈且残酷的繁衍竞争，所以才导致了男人的暴力。同样的情况并不存在于女人之间，所以女人不像男人那样好斗，也没男人那么暴力。这也解释了女人多盗窃而少抢劫的犯罪特点。即使要杀人，女人也不会与人正面厮杀，因为她们还不习惯使用暴力来解决问题。一般来说，女性犯罪往往是间接性的，她们很少与对手发生正面冲突。

有些时候，女人也会为了争取男人去犯罪。每个女人都想嫁给一个资源丰富且地位高的男人，但这样的男人毕竟有限，不是每个女人都能如愿以偿的，或者说只有少数女人能嫁给优秀的男人。对女人来说，保证自己和孩子的生活来源是最为重要的，因此，为了争取优秀的男性伴侣，她们也可能采取非常手段，尤其是在资源匮乏的社会，发生这种状况的可能性就更大。她们可能用计谋陷害自己的竞争对手，或者向外散布对对方不利的谣言，通过除掉对手为自己赢得机会。

女性虽然有犯罪的可能性，但她们一般都不会冒险犯罪。为什么说女性犯罪是一种冒险呢？因为在孩子的成长过程中，母亲的照顾是非常重要的，而且孩子的健康成长对母亲的重要性也要比对父亲的重要性大得多。因此，女性必须首先保证自己存活下去，这样才能照顾孩子，而后才能保证自己的孩子存活下去。与其他女性争夺资源和男性伴侣确实会为女性带来一定的好处，但女性却可能因此失去自己的生命，这样的风险是女性承担不起的，这也是女性犯罪率比较低的主要原因。

☆女人为什么喜欢手拉手走路?

无论在大街上还是在商场里，手拉着手走路的女性几乎随处可见，而手拉着手走路的男性则很少见到。当人们看到两个女人手拉手走路的时候，人们会认为这两个女人感情很好；但如果人们看到的是两个男人手拉手走路，那么大多数人想到的都会是同性恋。人们已经形成了一种思维定式：只有女性拉着手走路才是正常的，男性拉着手走路则是不正常的。当然，这样的说法并不是没有根据的，因为大多数男性都不喜欢拉着手走路，而女性则刚好相反，这应该也是所有人的共识。

为什么女性喜欢拉着手走路呢？因为女性的触觉更敏感，她们更喜欢通过触觉的方式去感受亲情、友情和爱情。无论是拥抱还是拉手，这些身体上的接触对女性来说都是非常重要的。当她们与自己的亲人、爱人或朋友一起行走的时候，她们通常都会拉着对方的手或挽住对方的手臂；当她们受到伤害或感到委屈的时候，她们更希望得到他人的拥抱。在女人看来，身体上的接触既是亲密无间的一种表现，也是对各自心灵的一种抚慰，因此是十分必要也是必不可少的。

女人对触觉的敏感性与其体内的一种激素有关，这种激素即为催乳素。催乳素除了促进乳腺生长发育、引起并维持泌乳等作用以外，还具有兴奋触觉感受器的作用。在人体的器官中，皮肤是最大的一个，共分布着280万个痛觉感受器、20万个冷觉感受器和50万个触觉感受器。在某种情况下，外界的刺激会促使大脑命令腺垂体分泌一定量的催乳素，从而造成触觉感受器的兴奋，使人产生一种被拥抱的欲望。男性体内也存在催乳素，但其含量非常小，因此男性的触觉不容易兴奋。

事实上，女性的触觉要比男性的触觉敏感得多。一项权威的调查显示，即使对触觉最不敏感的女性，也要比对触觉最敏感的男性敏感。如果用数字来计算，女人对触觉的敏感程度大概要比男人高出10倍。给予男人和女人同样的拥抱，女人的感觉要比男人的感觉复杂得多。

很多时候，男人甚至会对一般的身体接触毫无感觉，特别是当他们正全神贯注地做一件事情的时候。在各种社交场合中，两个女人之间的身体接触通常都要比两个男人之间的身体接触多出4～6倍。

除了催乳素的分泌量比女人少之外，男人的触觉不敏感还有一个原因，那就是男人的皮肤比女人厚。女人的皮肤比男人更有弹性，但女人的皱纹也比男人多，这是因为女人的皮肤比较薄，其下面有一层厚厚的皮下脂肪层，但随着年龄的增长，脂肪层不会再像以前那样饱满，从而导致了皱纹的产生。

男人的皮肤厚对他们的狩猎生活更有利，因为只有对伤痛不敏感，才能在穿过丛林、擒捉猛兽的时候发挥自己最大的力量。人们常说男人比女人的忍耐力更强，对一些小伤满不在乎，其实，那只是因为男人根本就没有感觉到女人那么大的疼痛。

女人对触觉的敏感是天生的，而男人对触觉的不敏感则是在后天发育的过程中逐渐形成的。当然，在出生的时候，女婴对触觉的敏感度也要比男婴高，但此时男婴的触觉也是比较敏感的。所以，对于孩子们来说，无论是男孩还是女孩，触摸都是非常重要的。孩子们渴望与爸爸妈妈进行亲密的接触，这既可以让他们获得安全感，也会让他们觉得自己得到了更多的关爱。在童年时期，男孩和女孩都喜欢和小伙伴们手拉着手一起玩耍，但随着他们的成长，男孩和女孩逐渐变得越来越不一样。

在成长的过程中，女孩对触觉的敏感度会逐渐增加，而男孩对触觉的敏感度则逐渐降低。当男孩和女孩都长大成人之后，女人的触觉要比男人敏感10倍左右。男人常常会误解女人对自己的接近，他们以为女人在向自己发出性暗号，其实，女人有时只是渴望一种亲密无间的抚慰，与性根本就没有什么关系。这时，男人只要给予女人适当的抚摸和拥抱，女人就会觉得特别满足。如果男人马上提到性，反倒会让女人产生不快，认为男人的心里只想到那些事。所以，男人如果希望获得女人的芳心，那就多给他们一些拥抱和爱抚吧！

☆男人为何会对男孩子的玩具感兴趣?

女人常说男人是永远都长不大的孩子，即使临近中年，也会对小男孩的玩具表现出很大的兴趣，这让女人很难理解。如果说是男人童心未泯，那么他们跟孩子一起玩玩儿也就算了，可真实的情况是他们更喜欢将玩具拆了重装。也就是说，男人对玩具的工作原理更感兴趣。他们会花很多钱去买一个电动玩具，这在女人看来是一种不可思议的行为，因为他们花重金买回来的电动玩具根本就不值那么多钱。其实，女人只要想想自己也会花大价钱去买一个毛绒玩具，就不难理解男人的行为了。

男人为什么会对男孩子的玩具感兴趣呢？理由很简单，因为他们出色的空间能力。从原始社会以来长期的狩猎生活使得男人大脑中主管空间能力的区域异常发达，这是他们最引以为傲的能力。他们喜欢运用自己的空间能力，喜欢做与空间能力有关的事，这可以证明他们自身的价值，也可以带给他们一种特殊的成就感。在现代社会，给予男人展现其空间能力的机会并不多，所以，男人需要自己创造一些机会，否则真是浪费了他们发达的大脑空间区域。男孩子的玩具恰好满足了男人的需求，所以他们才会表现出极大的兴趣。

其实，男人不仅仅是对男孩子的玩具感兴趣，而是对一切有按钮的、有发动机的、能转动的、能发出声音的、有闪光灯的以及电池驱动的东西都感兴趣。换句话说，只要是运用空间能力的东西，就都能激发起男人的兴趣。女人为什么对这些东西不感兴趣呢？因为女人的大脑中没有发达的空间能力区域，她们的空间能力相对较差。人们总是对自己擅长的东西感兴趣，而对自己不擅长的东西则没什么兴趣。所以，对男孩子玩具感兴趣的是男人，而不是女人。

男人总是在为施展他们的空间能力寻找机会，他们喜欢自己组装电脑桌、制作书架、修理家用电器。他们只是想满足自己的空间欲，但在家里，他们的行为却常常会惹火女人。男人虽然做事情比较专一，但他们却并不是有始有终的人，他们的注意力至多只能集中9分钟。如果在9分钟之内没有将问题解决，那么他们就会将手头上的事情先放在一边，转而去做其他的事情。所以，家里常常会堆满他们没有做完的项目，弄得家里乱七八糟，这让女人十分恼火。

▲《变形金刚》剧照

这一系列的电影之所以受人特别是男性欢迎，部分原因便是他们对于玩具的兴致还在。

男人可以将发动机的零件一个一个

拆下来，然后再将其安装好。每当看到男人在做这种无聊的事情，女人就会生气地问男人："好好的东西，你干吗非把它拆了呢？拆完了还怎么用呀！"男人则慢条斯理地答道："别着急，我很快就会把它重新组装好，保证不耽误使用。"可实际的情况是：男人拆完之后，过了几天才重新组装好。也难怪女人会抱怨，可男人也有他们的道理，他们需要慢慢研究，这样才能将其工作原理摸透。不过男人的道理在女人看来根本就不算道理，而是在强词夺理。

最让女人生气的还不是男人喜欢在家里折腾，而是该折腾的时候不折腾。如果家里有什么东西坏了，男人很少主动去修理，可如果女人打电话找别人来修理，男人就会很生气，埋怨女人花钱请别人来做自己可以做的事情。男人真的可以将家里坏掉的东西修好吗？有时候是这样的，但不总是。不过即使男人没有办法将坏掉的东西修好，他们也不会主动承认自己不会修，而是会想各种办法尝试。女人不明白男人为什么无论如何都不肯承认自己不会修某个东西，其实，这与男人不肯下车问路是同样的道理。

空间能力作为男人最擅长的一种能力，是男人的骄傲和自豪，也是男人衡量自身价值的重要标准。如果男人承认自己不会修某个东西，那就等于承认自己大脑的空间区域发育得不健全，这无异于是对男人的一种侮辱。如果女人在没征求男人意见之前就请别人来家里修理，男人就会认为女人觉得他无能。所以，当家里有东西需要修理的时候，女人最好将其交给男人去做，并给他一个期限。这样，男人如果自己做不了，他可以自己去请专业的师傅帮忙。不管最终他是通过什么途径修好的，他都会认为是自己解决了这个问题。

☆为什么长相酷似爸爸的孩子得宠？

孩子的长相取决于父母的遗传基因，有些孩子长得更像爸爸，有些孩子则长得更像妈妈。从遗传学上来说，孩子长得像爸爸或像妈妈都是很正常的，但社会上却有一种怪现象，那就是长相酷似爸爸的孩子比较得宠，而长相酷似妈妈的孩子则较少得到爸爸及爸爸的亲戚的关爱。这就是说，无论孩子的长相如何，妈妈及妈妈的亲戚都会同样疼爱，但只有长相酷似爸爸的孩子，才会得到爸爸及爸爸的亲戚的疼爱。

为什么长相酷似爸爸的孩子比较得宠呢？因为这样的孩子一定是爸爸的孩子。虽然男人和女人都可能发生婚外性行为，但真正遭遇背叛的却只有男人。为什么这么说呢？因为男人发生婚外性行为的结果是让其他女人怀孕，但他们自己并不需要对其他女人的孩子负责，而且也不会影响到他们对妻子和孩子的照顾；女人发生婚外性行为的结果则是自己受孕，这就意味着男人要为不属于自己的孩子提供资源，替其他男人抚养后代，这是任何男人都无法接受的。

人类繁育后代的目的是为了将自己的基因延续下去，所以男人只会为自己的后代提供资源。也就是说，男人只有在确定孩子是自己的以后，才会承担起父亲的责任，尽心尽责地照顾孩子。不过要确定孩子的亲生父亲并不容易，因为这个问题男人很难弄清楚，有时甚至连女人都不太确定。现代社会虽然已经具备了亲子鉴定的条件，但贸然去做亲子鉴定也不太合适，如果孩子真是自己的，也会伤了夫妻之间的感情。而在没有鉴定条件的远古时代，要判断孩子和自己的血缘关系就更加困难了。

尽管困难重重，但男人仍然有自己的办法，他们将孩子的长相与自己的相似度作为依据，来判断孩子是不是自己亲生的。如果孩子长得很像父亲，那么男人就可以据此判断孩子是自己的亲生骨肉；如果孩子长得一点儿都不像父亲，那么男人就要怀疑自己与孩子之间的血缘关系了。如果孩子长得像男人熟悉的其他男人，那么情况就会更加糟糕。当男人怀疑自己与孩子的血缘关系时，他们就会对孩子疏于照顾，因为他们不想为与自己无关的后代提供任何资源。

正因为男人对自己与孩子的血缘关系存在疑问，所以他们才会特别注重孩子的长相。虽说他们也清楚长相不像自己的孩子也可能是自己亲生的，但毕竟也存在没有血缘关系的风险，所以他们不会贸然将资源投注在这样的孩子身上。他们唯一可以确定的就是长相酷似自己的孩子与自己存在着血缘关系，所以他们会对这样的孩子格外疼爱，毫无保留地将资源投注在这样的孩子身上。事实上，男人的担忧并不是没有道理的，据调查，有10% ~ 30%的父亲确实不是孩子的生身父亲。

与男人的不确定形成鲜明对比的是女人的确定，无论在什么情况下，母亲都可以确定孩子与自己的血缘关系。因为母亲承担着孕育胎儿的责任，无论自己的卵细胞与哪个男人的精子结合，胎儿的基因都有一半儿来自母亲。因此，与父子关系的不确定相反，母子关系永远都是确定的。孩子的父亲可能不是他的生身父亲，但孩子的母亲一定是他的亲生母亲。正因为女人对自己与孩子血缘关系的绝对肯定，所以她们不会在意孩子的长相，只要是自己生下的孩子，她们都会用心呵护。

女人清楚，她们无法依靠自己的力量将孩子抚育成人，她们需要男人的帮助，需要男人为自己和孩子提供充足的资源。所以，她们必须让男人相信孩子就是男人的亲生骨肉，只有这样，男人才会愿意将资源投注在孩子身上。当孩子出生的时候，不管孩子长得像谁，母亲及母亲的亲戚都会说孩子长得像父亲，尽管孩子的长相可能一点儿都不像父亲，但她们仍然会这样说。此外，孩子的姓氏一定是随父亲的姓氏，而不是随母亲的姓氏。这些都是女人在向男人证明他们与孩子的亲子关系。

☆为什么婚姻会让男人安定下来?

对男人来说，婚姻有一种神奇的作用，那就是让男人安定下来。男人在步入婚姻以后，就像是打了镇静剂，不再像以前一样毛躁，也不再像以前一样冲动，好像变了一个人。很多暴力犯罪分子，在婚后竟然也变得平和了许多。婚姻真有这么大的魔力吗？不是说“江山易改，本性难移”吗？可为什么婚姻却能让一个男人发生如此大的变化呢？很多人对此百思不得其解。其实，如果站在演化的角度来看，一切就都顺理成章了。

男人之所以会出现极端和暴力行为，是因为他们要面对残酷的繁衍竞争，他们所做的一切不过是为了让自己在竞争中取胜，争得成功繁衍的机会。也就是说，男人的这些不理智行为只会出现在没有得到女性伴侣之前，而不会出现在得到女性伴侣之后。原因很简单，既然男人的目的是为了得到女性伴侣，那么当目的已经达到的时候，他们还有必要再去使用先前那些极端的且风险极大的手段吗？显然，婚姻可以让男人拥有一个属于自己的伴侣，繁衍自己的后代，这是让男人安定下来的主要原因。

在争取到繁衍机会以后，男人接下来该做的就是投注资源在自己的后代身上，让其健康地成长，完成延续自己基因的重任。对于处在这种状况中的男人来说，安稳显然是最重要的。一方面，男人需要保证自己的身体健康，这样才能创造财富，为孩子的健康成长提供足够的资源；另一方面，男人也要保证现有资源的安全。所以，婚后的男人不会去做太过冒险的事，包括不会从事犯罪活动，也不会进行风险太大的投资。男人在婚后会变得畏首畏尾，就是因为他们有了顾虑，不再像婚前一样无所顾忌。

当然，如果男人在婚后一直都没有生育，那么他们就不会像有了后代的男人那样渴望安定。尽管得到女性伴侣是男人的目的，但却不是最终的目的，他们最终的目的是要繁衍自己的后代，将自己的基因延续下去。如果只是得到女性伴侣而无法遗传基因，那么他们的目的就还是没有达到。所以，婚后无子的男性也是很难安定下来的。有人说孩子是夫妻之间感情的纽带，因为孩子有着父母两个人的基因，可以将父亲和母亲联系在一起。其实，真正的原因是孩子可以将父母二人的基因延续下去，使他们获得生殖上的利益。

对男人来说，孩子才是让他们安定下来的真正原因。可以这样说，婚姻让男人安定下来的真正原因是孩子的出现。当一个男人成为父亲以后，会很快变得成熟稳重起来，也会更有责任感。

不过，当男人结婚以后，创造力也会急剧下降。如果说暴力和冲动与婚后的安定不协调，那么在男人安定下来以后，应该更有利于他们的创造才对，怎么会出现相反的情况呢？有人说是因为男人在结婚以后需要花费一定的时间和精力照顾妻子和孩子，不能像婚前那样将全部精力都用在创造上，因此创造力才会有所下降。这样的说法听起来似乎有些道理，但却是经不起推敲的。在古代社会，男人在婚后是不需要做家务的，照顾孩子也完全由妻子来做，所以说结婚并不应该影响男人的创造力。

由此看来，男人在婚后出现创造力减退应该与时间和精力无关。要解释这种现象，还是要从演化的角度来讲。前面已经讨论过了，男人的犯罪倾向与创造性会随着年龄的增长而发生相同的变化，这就意味着二者在本质上是相同的。犯罪也好，努力创造财富也罢，其目的都是为了提高男人本身的竞争力，使其可以获得女性的青睐，得到繁衍后代的机会。也就是说，犯罪行为和创造行为都是男人达到繁衍目的的手段。既然如此，当繁衍目的达到以后，这两种手段当然也就都用不着了。

☆男性的选择决定了人类的命运吗？

人类社会之所以能发展到今天的程度，其主要决定因素是女性的选择。尽管在人类进化的绝大多数时间里，占据统治地位的都是男性，但真正决定人类命运及社会发展走向的却是女性。正因为我们的社会是女性在做选择，所以才会有今天这样的发展。如果换成是男性做选择，那就完全是另外一种情况了。在男性选择的社会里，人类文明根本就不会出现，社会也不可能向前发展，现代社会当然也就不可能是现在的样子了。为什么决定人类命运的是女性的选择而不是男性的选择呢？

在繁衍活动中，女性占有绝对的主动权，她们可以决定是否与男性交配，以及与哪个男性交配。这就是说，男性要繁衍自己的后代，必须首先征得女性的同意，如果女性不同意，他们就无法将自己的基因延续下去。因为女性所能繁衍的后代数目是有限的，而男性所能繁衍的后代数目是无限的，这就造成了某些男性拥有很多个后代，有些男性却根本没有后代。在这种情况下，男性为了争取与女性交配的机会，就必须想办法获得女性的青睐，吸引女性的目光，让女性选择自己。

男性是如何吸引女性的呢？当然是做一些女性喜欢的事，成为女性心目中的理想对象。这就是说，女性喜欢什么样的男性，男性就会向哪个方面努力。比如说女性喜欢资源丰富的男性，那么男性就会努力让自己拥有更多的资源；再比如说女性喜欢有内涵的男性，那么男性就会努力提高自己的文化修养；等等。因为女人的选择标准不断提高，男人的各方面素质才会随着不断提升。于是，便出现了各种各样的人类文明，在人类文明的不断发展中，社会也不断向前发展、进步。

▲在日本浮世绘中，两性主题占有很大比例。图中一对恋人，男士身体前倾，似有所语，女士则执帕仰望，若有所思。

由此看来，人类的发展轨迹是以女性的选择标准来运行的。女性更偏好选择什么样的男人作为自己的性伴侣，人类的这项文明就发展得更快，取得的成就也就更高。男人为了得到与女人交配的机会，必须极力发展女人看重的特长。在众多男人的激烈竞争中，就促进了这项文明的发展。现代社会也是如此，竞争越激烈的事物，发展的速度就越快。所以说，竞争可以带动事物的发展。当男人间的繁衍竞争主要表现在某个领域的竞争时，就会促使这个领域更快地向前发展。

所有这些都告诉我们不能忽视女性选择的力量，如果没有女性的选择，就没有今天灿烂的人类文明。有些人可能会存在疑问，为什么男性的选择起不到这样的作用呢？其实道理很简单。既然男性所能繁衍的后代数目是无限的，那么如果由他们来选择交配对象，就必然会导致无休无止的性行为。因为女性是不能拒绝的，而男性又渴望将自己的种子更广泛地播撒出去，于是在人类社会中，性行为的场面就会是无处不在的，没有人会主动停止性行为，那种混乱应该是可想而知的。

每个男人都渴望与更多女人发生性关系，而每个女人每天都要与多个男人发生性关系，直到这个女人怀上某个男人的孩子。不过这个怀孕的女人却可能得不到任何男人的照顾，因为谁都不确定这个孩子的父亲是谁。由于得不到男人的照顾，这个怀孕的女人可能还没有等到孩子降生就死去了。即使孩子顺利降生，也很难在母亲单方面的抚育下长大成人。所以说，如果是由男性来选择女性，那么人类可能根本就延续不到今天，也许早在之前的某个时期就已经灭绝了。

所以说，大自然选择由女性来决定人类的命运是非常明智的。事实上，所有哺乳动物都是由雌性来做选择的，这也是在天择机制下形成的普遍规律。

☆现代婚姻制度是怎么形成的？

婚姻制度分为三种形式，即现代社会普遍奉行的一夫一妻制、长时间占据主导地位的一夫多妻制和曾经存在但极少出现的一妻多夫制。毋庸置疑，现代社会实行的是一夫一妻制，但人类本不是一夫一妻的动物，这必然会给一夫一妻制的实行带来一定的困难。在人类进化的绝大部分时间里，人类社会都是奉行一夫多妻制的，一夫一妻制是近代才出现的新兴事物。从表面上看，一夫多妻制似乎已经退出了历史的舞台，但实际上，这种婚姻制度并没有消失，而是以另一种方式继续存在于人类社会之中。

现代社会以法律这种强硬的手段规定一个男人只能娶一个女人，男人即使想娶多个女人，他们也不能那样做。虽然合法的婚姻争取不到，但一夫多妻的事实却是男人们非常向往的。那些有钱、有权的男人，除了合法的妻子之外，大多都会有情人或其他婚外情。男人渴望同时拥有多个女人，无论他们是否处在婚姻之中，他们的内心都是极度渴望与多个女人交往的。在妻子和情人之间，男人很难做出选择，因为他们更希望可以同时拥有二者。

另外，在现代社会，离婚是一种非常普遍的现象。虽然法律不允许一夫多妻，但却允许离婚，这也为一夫多妻提供了便利条件。也就是说，男人不能同时拥有多个女人，但他们可以通过离婚再娶的方式与多个女人构成婚姻关系，这实际上也是一种变相的一夫多妻制。一个男人在一生中可以拥有几段姻缘，虽然这几段姻缘没有交集，但他还是可以有几个妻子，只不过这几个妻子是接连出现的，而不是同时出现的。

由于男人和女人都不是一夫一妻的动物，因此让他们一生只忠于一段感情是很困难的，但为什么是一夫多妻而不是一妻多夫呢？一妻多夫制尽管在人类社会中存在过，但却属于极个别的情况，因为这种婚姻制度本身就存在着问题。如果多个男人共同拥有一个妻子，那么他们就很难确定妻子所怀的孩子究竟是谁的，这样一来，男人们就常常要照顾与自己无关的后代，这是男人无法接受的。在采取一妻多夫制的社会中，一般都是兄弟共妻，这样无论妻子怀的是谁的孩子，都是与自己有关系的，这也是一妻多夫制得以存在的先决条件。至于非兄弟共妻的一妻多夫制，则基本是不存在的。

当然，女人也可以离婚，也可以选择另一个男人，但相对来说，女人的再婚率要明显低于男人。这并不是说女人有多么拥护一夫一妻制，而是女人的一种无奈选择。前面已经讨论过了，随着年龄的增长，男人所拥有的资源越来越多，对女人的吸引力也会随之增加，所以男人在离婚后仍然可以找到称心的伴侣。而女人的年龄越大，生殖能力就越低，对男人的吸引力也就越小，所以女人在离婚后很难再找到称心的男人。由此看来，现代社会奉行一夫一妻制但却允许离婚，其实奉行的还是变相的一夫多妻制。

既然人类社会奉行的一直都是一夫多妻制，那为什么还会出现一夫一妻制这种婚姻制度呢？这主要是为了满足大多数女性的需求。性交的主动权在女性手上，只有在女性同意的情况下，性行为才可能发生。这就是说，男性若想繁衍自己的后代，必须首先获得女性的认同，当然强暴等特殊的情况除外。所以，当大多数女性都想要一夫一妻的时候，一夫一妻制就会成为主流的婚姻制度，尽管很多人仍然在行一夫多妻之实。

是什么决定了女性的选择？是社会的资源分配。在相当长的一段历史时期，社会上的资源分配都是极不均匀的，贫富差距非常大。在这种社会环境中，女性嫁一个单身的穷人绝不会比嫁一个已婚的富人更有保障，所以大多数女人都会选择一夫多妻。随着社会的发展，到了近代，社会资源的分配已经相对均匀一些，一个富人一半儿的资源未必会比一个贫穷男人全部的资源多，所以大多数女人更倾向于一夫一妻。也就是说，是女人的选择促成了一夫一妻制，并一直沿袭到了现在。

☆为什么生育儿子的家庭离婚率偏低？

有人在对离婚家庭的调查中发现了一个怪现象，即生育儿子的家庭离婚率偏低。很多人都对此感到不解：难道夫妻是否离婚还与他们所生孩子的性别有关系吗？但事实的确如此，一个有儿子的家庭要比一个没有儿子的家庭离婚率低得多。如果说孩子是家庭关系的黏合剂，可以让家庭关系更牢固，那么男孩无疑比女孩更能胜任这个角色。当婚姻关系出现问题的时候，儿子往往能让父亲放弃抛妻弃子的想法，而女儿产生的影响力却是非常有限的，她们很难阻止父亲的离开。

一个家庭会否破裂，其关键并不在女人，而是在男人。前面已经讨论过了，如果不到万不得已的地步，女人是不会主动选择离婚的，因为女人为离婚所付出的代价要远远大于男人。男人则不同，如果他们对现有的婚姻生活不满意，或者是爱上了其他比自己妻子更优秀的女人，他们就随时都可能产生离婚的念头。这就是说，在离婚这个问题上，握有绝对主动权的是男人，而不是女人。

既然离婚的主动权主要握在男人手中，那么生育儿子的家庭离婚率偏低也就意味着儿子对父亲更重要。为什么儿子对父亲比较重要呢？这还要从两性本身的价值说起。从出生时起，男性和女性的价值衡量标准就是不同的，这是在漫长的进化过程中形成的，短时间内很难改变。男性的价值主要以财富、权力和地位来衡量，女性的价值则主要以年龄和生理吸引力来衡量。男性的财富越多、权力越大、地位越高，其自身的价值就越大；女性越年轻，对男性的生理吸引力越大，其自身的价值也就越大。

人类繁衍的目的是为了将自己的优良基因遗传下去，其实也是为了间接证明自己的价值。这就是说，后代所具有的价值越大，繁衍就越成功。为了让自己的后代更具价值，父亲和母亲必须用心培养孩子，但这种培养主要是针对儿子说的，因为父母能为女儿做的事情很少，他们除了确保女儿的健康和生命以外，对于其他的事情则基本是无能为力的。我国古代的教育都是针对男孩的，这就证明了古人重视对男孩的教育，而不重视对女孩的教育。

女性的生理吸引力主要取决于先天因素，年龄更是任何人都无法左右的，所以，在女儿出生以后，父母对其产生的影响就比较小了。相对来说，儿子则更需要父母的精心培育，尤其需要父亲的陪伴和教导。男性是否能创造更多的财富、拥有更高的权力和地位，仅靠先天因素是远远不够的。在追求财富和名利的道路上，父亲往往可以给儿子很多建议和帮助，这对于儿子实现他的个人价值是十分重要的。由此看来，儿子的成长过程比女儿更需要父亲的持续性陪伴。也就是说，父亲对儿子的重要性比对女儿更大。

另外，父亲创造的财富主要靠儿子来继承，儿子继承财产的多少也可以反映父亲自身的价值。在人类进化的绝大部分时间里，财产的继承权都是属于儿子的，家里有什么绝活儿手艺也是传男不传女。女儿在出嫁以后，与娘家基本上就没有什么关系了，当然也不能继承娘家的财产。父亲可以通过自己的努力让儿子得到更多财产，帮助其迅速提升自身的价值。儿子继承的财产越多，父亲的繁衍就越成功。当然，父亲也可以将自己的权力和地位传给自己的儿子，这些都是女儿无法继承的。

正因为儿子对父亲非常重要，父亲在儿子的成长过程中也扮演着异常重要的角色，所以，父亲才会在离开儿子的时候产生犹豫，而在离开女儿的时候则要坚决得多。这就是说，儿子比女儿更适合做家庭关系的黏合剂，可以将父亲拴得更紧一些。如果父亲被紧紧地拴在家庭关系之中，而母亲又大多不会主动要求离婚，那么这对夫妻离婚的概率就是很低的。能将父亲紧紧拴住的是儿子而不是女儿，所以，生育儿子的家庭离婚率要偏低一些。

☆男人为什么有更出色的空间定位能力?

男人具有出色的空间定位能力，这一点在现实生活中已经得到了验证。当女人拿着一张地图来回转圈的时候，男人总是能迅速找到目的地。当男人看过地图以后，他就会知道自己该往哪个方向前进，而且下次再走同样的路，他就不需要再看地图了。到达一个陌生的地方，迷路的常常是女人，而男人则很少迷路，即使他们不知道自己在哪里，也总是能找到方向。大部分从事须运用空间能力的职业者都是男性，这并不是性别歧视，而是女性的大脑不适合这些领域，再说她们对这些职业也不感兴趣。

男人为何具有出色的空间定位能力呢？因为在他们的大脑中有发达的空间定位区。有研究显示，在男人大脑的右半球，至少有四个主管空间能力的功能区，而女人则没有这样的功能区。所以，男人的空间定位能力要明显优于女人。男人喜欢可以运用空间能力的活动，也喜欢观看其他人做这样的活动，而且他们通常都可以表现得很出色。女人则对这些活动不感兴趣，既不喜欢参与，也不喜欢观看，当然，她们在这些活动中的表现也平平。一般来说，即使是表现最差的男人，也要强过表现最好的女人。

男人的大脑之所以会有如此发达的空间功能区，与他们长期的狩猎生活有着密切的关系。事实上，从人类发展的初期开始，男人就已经在发展这种能力了。男人是否能捕杀到猎物，关系到其一家的生存，所以，男人必须想办法提高自己捕杀猎物的能力。他们需要测算猎物的速度、运动方向和距离，并了解需要用多大的力度才能杀死猎物，这将帮助他们提高狩猎的效率，获得更多的猎物。

另外，男人长期在外面狩猎，经常要四处追赶猎物，因此他们必须努力记得来时的路，以便能快速返回家中。如果他们总是在追赶猎物的过程中迷路，那么家中的妻儿就会因为得不到食物而忍饥挨饿，甚至会被活活饿死，而他们自己也会处于危险之中。也就是说，男人发展他们的空间能力是生活的需要，更是生存的需要。长期的狩猎生活使得男人的空间能力不断得到发展，并逐步完善，成了男人的特长之一。

为什么女人没有空间功能区呢？因为她们不需要。女人作为守巢者，不需要像男人那样四处奔走。她们活动的范围十分有限，通常都是在巢穴附近，因此不会有迷路的顾虑，而且她们也不需要追赶猎物。正是因为女人和男人的处境不同，所以女人没有必要去发展自己的空间定位能力，因为那对于她们的生存是无关紧要的。换句话说，如果当初是女人外出狩猎，男人在家中守巢，那么女人的空间定位能力就一定会优于男人。

男人出色的空间能力是天生的，当然，这并不是说刚出生的男婴就可以准确地辨别方向，而是说他有这样的基础和条件，在发育后便可以表现出优秀的空间能力。事实上，男孩和女孩的大脑发育过程是不同的，女孩是左右两个半脑同时发育，而男孩则是右脑发育得较快，因为他们的雄激素抑制了左脑的发育。也就是说，女孩的左脑比男孩的左脑发育得快，男孩的右脑比女孩的右脑发育得快。这样发育的结果就是女孩比男孩的语言能力更强，而男孩则比女孩的空间能力更强。

耶鲁大学的一项调查发现，在进行机械组装时，大多数男人都表现得很好，但只有20%的女人可以表现得像男人一样好。当蒙上男人的右眼时，他们的表现更加出色。这是因为左眼接受的信息会直接传给右脑，而男人的四个空间功能区都在右脑，所以他们会表现得更好。不过对于女人来说，蒙上哪知眼睛或者说蒙不蒙都无所谓，因为女人的大脑中没有空间功能区，而且女人是依靠两个半脑共同解决问题的。女人的空间定位能力不如男人，这是女人不得不承认的事实，但我们绝对有理由相信，如果女人的大脑中也有四个空间功能区，那么女人就完全可能比男人表现得更出色。

☆男人与女人的话有不同的含义吗？

有人说男人和女人本来自不同的星球，后来才生活在一起，虽然处在同样的生活环境中，却仍然保留了以前星球的语言和行为习惯，所以才会造成男人和女人之间的诸多误会。这种说法虽然毫无证据，事实上也是不可能的，却足以说明男人和女人的差异之大。对于同一国家、同一民族的男人和女人来说，他们从小学习的语言文字是完全相同的，按理说不该存在听不懂对方语言的问题。但实际上，男人和女人虽然说着同样的话，但话里的含义却各不相同，因此就很容易造成男女之间的沟通障碍。

很多时候，男人的话都是在传递信息，我们可以从字面上去理解男人的意思，但女人却常常在表达情感。女人的词汇储备比男人丰富，她们也擅长使用各种修辞手法，因此在解读女人语言的时候，通常不能只看表面的意思，而是要看女人所表达的情感。不过男人并不擅长体察他人的情感变化，因此他们很难读懂女人的语言。女人虽然对他人的情感变化比较敏感，但她们往往将男人的语言想得过于复杂，因此她们也常常误会男人的真正意思。

相对来说，男人的语言比较简单，也没有太深的含义，女人的语言则比较复杂，含义也不太好懂，至少对男人来说是这样。女人喜欢暗示，喜欢夸张，就是不喜欢直来直去，这与男人完全相反。女人通常用很多语言暗示男人自己有某种要求或愿望，但男人却很难领会到，他们只会就女人所说的事与女人进行交流，而不会联想到其他的事情。男人很直接，他们常常用直白的语言去传递最基本的信息，表达他们的意思，但女人却总能曲解出很多其他的意思来。

女人对男人说："我这双鞋的颜色不太好！"男人说："不会呀！我觉得很好呀！"女人指了指对面女孩穿的鞋对男人说："你看那双鞋的颜色是不是很好看！"男人点了点头："嗯，挺好看的，不过我觉得你的鞋子也很好看。"男人本以为女人会欣慰于自己对她的夸奖，可没想到女人却变得闷闷不乐。男人开始反思，我又做错什么了吗？还是说错什么话了？如果旁边有一位女性听到他们刚才的对话，那么她或许可以帮助这个无助的男人。因为她能听出女人是希望男人给她买那双鞋，可这样的话里话男人是很难理解的。

如果将双方的角色对调，那就是另外一种场景。男人对女人说："我这双鞋的颜色不太好！"女人说："那你喜欢什么颜色的，我们再去买一双吧！"男人说："不用了，等需要的时候再买吧！"女人不解地问男人："难道你不想要一双新鞋吗？"男人认真地回答道："当然不。我只是觉得我这双鞋的颜色不太好，可是它的质地很好，而且款式也是我喜欢的，为什么还要再买一双呢？"女人不明白，如果男人真的有某种需求，他们一定会直接说出来，而不会像女人那样间接暗示。

当男人对女人说"很好"、"一切正常"、"没事"等话语的时候，通常是男人正在思考问题的表现。女人很擅长体察别人的情绪，所以她们能感觉到男人的反常，尽管男人嘴上说自己很好，但女人却认为男人一定出了什么事，她们必须弄清楚，否则她们会更担心。其实，男人可能确实碰到了一些麻烦，但他们自己可以解决这些问题，所以他们对女人所说的话是真实的，也是为了让女人不为自己担心。

男人把女人的话想象得过于简单，而女人又将男人的话想象得过于复杂，所以，男人听不懂女人的话，女人也听不懂男人的话。生活中的很多误会就是因为男人和女人互不了解对方的语言而造成的，比如说上面提到的两种情况。一般来说，解读男人的语言要从文字表面着手，注意男人所陈述的事实；解读女人的语言则要看到文字背后的东西，注意女人所要表达的情感。当然，这种解读方法只适合一般的情况，有些时候，男人的语言也可能隐含其他的含义，女人的语言也可能在陈述事实。

☆为什么男人不喜欢陪女人购物？

购物是女人的一大乐趣，几个女人可以漫无目的地在商场逛上一整天，而且无论买不买东西，她们的心情都会变得轻松而愉快。所以，女人喜欢购物，哪怕只是随便逛逛，她们也会觉得是一种享受。男人就不同了，他们不喜欢购物，更讨厌陪女人购物。对男人来说，购物简直就是一种折磨，他们不但不会因为购物而变得轻松，反倒会变得精神紧张。英国的心理学家戴维·路易斯博士经研究发现，男人在购物时的精神紧张度可以和警察处理暴徒时的精神紧张度一样高。

男人很少购物，这些事情通常都会由他们身边的女性代劳，比如说他们的妻子或母亲。即使男人外出购物，也会速战速决，绝不会在商场停留太久。大多数男人在商场停留20分钟之后，就会感到大脑发胀，有一种得脑溢血的感觉。也就是说，男人一般都会将购物时间控制在20分钟以内，但这短短的20分钟显然是无法满足女人的要求的。如果男人答应陪女人购物，那就意味着男人要忍受比20分钟多得多的时间都泡在商场里，这将让男人变得异常烦躁和沮丧。

为什么男人会如此讨厌陪女人购物呢？这还要从他们的狩猎经历说起。在狩猎过程中，男人的目光必须始终盯住猎物，并尽快捕杀猎物。他们的视野比较狭窄，往往是直线性的。他们喜欢沿着直线前行，而不喜欢七拐八弯地绕行。女人的视野则比较宽阔，可以扫视到周围的一切。在商场里，各种各样的店铺琳琅满目，女人喜欢在期间不断地穿梭，以寻找自己最喜爱的商品，但这对于习惯直线行走的男人来说显然是很难适应的，因为每次转弯他们的大脑都要做出清醒的判断。

男人没有挑选猎物的经历，当他们发现猎物的时候，就会立即做出捕杀的决定，并迅速猎取，然后马上回家。现在，男人仍然在以同样的方式购物，他们发现自己想要购买的物品以后，就会迅速做出购买的决定，然后将其带回家。男人不喜欢货比三家，更懒得精挑细选，这是由他们的进化过程决定的。与男人不同，远古的女人在采集果实时需要四处探寻，找到最美味的果实，然后再带回家。女人今天的购物方式也与此相似，她们不愿意放过任何一家店铺，因为她们想找到自己最满意的商品。

从根本上说，男人讨厌陪女人购物是受不了女人在商场里长时间漫无目标地转来转去，因此，女人如果希望男人陪自己购物，那就要给男人一个确切的目标或一个时间表，而且要尽量压缩购物时间。当男人有了目标之后，他们就会更有动力，毕竟他们天生就是目标的实现者。只有让他们为了实现既定的目标而努力，他们才不会感到忧虑和紧张。如果女人希望男人将某种商品买回家，那最好同时告诉男人具体的牌子和价位。当男人找到商品之后，别忘了表扬他们。男人本不擅长购物，所以女人必须要不时调动男人的积极性才行。

如果女人让男人陪自己买衣服，就一定要提前确定自己要买的款式和花色，不要让男人跟着自己到商场四处转，也不要一件接一件地试起来没完，更不要一个劲儿地询问男人的意见。男人的大脑很难把握花色和款式，他们不能给女人有价值的参考意见，而女人一再的询问却会让他们心烦意乱。当然，女人喜欢尝试各种时装也是无可非议的，因为她们的大脑有广泛的情感和感觉区，可以对不同的款式做出不同的反应。所以，女人觉得衣服只有穿在身上才知道好不好看。不过女人的试穿过程最好自己进行，只让男人陪同进行最终的购买就可以了。

男人购物是讲究效率的，他们希望在短时间内选购到自己需要的商品。如果转了一圈后女人什么都没买，男人就会非常郁闷。对于男人来说，出去打猎却空手而归是自己无能的表现，但对于女人来说却是常有的事。所以，女人觉得自己不买什么也没有关系，而男人却坚持一定要买些什么。如果女人只是想随便逛逛，没有确切的目标，那就最好找自己的女性朋友陪着，而不要让男人陪着。如果购物给男人造成了压力，甚至危害到了男人的健康，女人还会舍得让男人陪自己购物吗?

☆为什么男人痴迷体育运动?

男人对体育运动的喜爱可以说到了痴迷的程度。每当足球世界杯的战火燃起，男人们的眼睛里就再也容不下其他的事物，他们白天在公司与同事讨论每天的精彩赛事，中午要抓紧时间看最新战报，晚上回到家或周末也是没日没夜地守在电视机前看直播或录播。在男人看球的时候，女人在他们面前就形同空气，女人说了什么、做了什么他们一概不知，除非女人挡住他们的视线或忽然将频道转换，否则他们就根本注意不到女人的存在。

女人实在受不了男人对体育运动的痴迷，因为每当男人沉迷于体育节目之中的时候，她们就只能独自打发时间，而且男人在观看体育比赛的时候是无法安静的，他们的情绪常常会变得异常激动，而原因可能只是裁判的一个误判。女人觉得男人因为体育运动而忽视了自己，于是她们让男人在自己和体育运动中做一个选择，要么选择自己，要么选择体育运动。在男人看来，女人的这种做法就是在无理取闹，不管这场闹剧以何种结局收场，有一点都是可以肯定的，那就是男人和女人之间的感情受到了影响。

男人为什么会如此痴迷于体育运动呢？因为他们是天生的狩猎者，过了太长时间的狩猎生活，他们四处奔走，追捕猎物，每天早出晚归，这样的生活方式已经成了他们的习惯，可是现在这种状况却完全改变了。男人们不仅不再需要外出狩猎，而且连运动的时间都很少，这让他们很不适应。虽然社会的变化结束了男人的狩猎生活，但他们对狩猎的热情并没有退却，他们的狩猎者角色也并没有发生本质性的变化。不过现代社会毕竟已经不再允许他们长期从事狩

▲正在训练的拳击运动员

猎活动了，所以他们不得不将自己的狩猎热情投注到其他事物上，而体育运动就是最好的选择。

男人在狩猎中需要利用他们的空间能力追赶猎物，这与他们追逐和踢打球类非常相似。男人需要判断球的方向和速度，然后尽快追赶过去，将其踢打到目的地，并尽快击中目标。在现实生活中，男人切身参加体育运动的机会也很少，但观看体育比赛也同样会让他们兴奋不已。他们将自己的热情倾注到自己喜爱的球队上，将自己想象成自己崇拜的体育明星，这会让他们重新找回狩猎的感觉。

出色的空间能力本是男人最大的特长，但在现代社会，男人这一特长却越来越派不上用场。只有在开车的时候，他们才能有那么一点儿如鱼得水的感觉，这也是男人享受开车过程的主要原因。除了少数从事飞行、导航等职业的男人之外，大多数男人的工作都是不需要空间能力的，以前赖以生存的能力现在竟然毫无用武之地，这让男人异常苦闷。而只有在体育比赛中，他们才能找到归属感。也只有在自己喜爱的球队赢得比赛的时候，他们才能找到那种久违的成就感，而这种成就感，是在工作中无法获得的。

由此看来，男人痴迷于体育运动从某种意义上来说是为了找回他们的狩猎角色，延续他们的狩猎生活。了解了其中的原因，就不难理解男人在观看体育比赛时的种种过激反应了。当自己喜爱的球员进球的时候，他们会兴奋得大跳大叫，就如同他们自己射中了猎物；当拳击比赛中的某一方被对方击中的时候，他们也会露出痛苦的表情，就如同他们自己被击中一样。男人喜爱体育运动是出于他们的狩猎本能，而女人因为不曾有过狩猎的经历，所以她们对体育比赛基本是没什么兴趣的。

女人应该明白，男人痴迷于体育运动并不意味着忽视女人的感受，更不是不爱女人的表现。如果女人硬要男人在自己与体育运动中取舍，那显然是在为难男人，而且与男人的本能“争风吃醋”，也不可能有什么好的结果。女人可以试着加入男人，陪男人一起观看体育比赛，这将为你们创造更多的话题，让你们的交谈更愉快。如果实在不喜欢，那就在男人看体育比赛的时候做一些自己喜欢的事情。总之，千万别在男人观看体育比赛的时候打扰他，否则他就会将你看成一个无理取闹、蛮不讲理的女人。

☆为什么男人对朋友的私生活知之甚少?

男人喜欢与自己的朋友在一起喝酒、聊天、做运动，他们与朋友相聚的时间并不短，但奇怪的是，他们对朋友的私生活状况却知之甚少。他们可以轻易地说出朋友最近在做什么新的项目、打算买什么牌子的汽车，却说不出朋友的妻子和孩子们最近发生了什么事。女人则刚好相反，她们对朋友的私生活非常了解，但是对朋友的工作情况却不太关心。女人总是试图从男人的口中了解他们朋友的私生活状况，结果却往往让女人大失所望，因为男人的回答不是“不太清楚”，就是“他没有说”。

男人为什么对朋友的私生活知之甚少呢？因为他们不关心。私生活向来都不是男人之间的谈论话题，这是在原始社会就已经形成的交谈习惯。对于整天外出狩猎的男人来说，探讨彼此的私生活状况显然对他们的狩猎活动毫无帮助。在狩猎过程中，男人需要长时间保持沉默，以免惊走猎物。也就是说，男人不需要太多交谈，即使要交谈，他们交谈的话题也会围绕狩猎而展开，以帮助他们捕获更多的猎物，至于彼此的私生活状况，则完全没有必要了解。正因为朋友的私生活对男人来说并不重要，所以男人才不会主动询问。

女人的情况与男人刚好相反，她们需要交谈，而且需要了解其他女人的各方面状况。对于留守在家中的女人来说，与其他留守女人建立良好的关系是非常重要的。她们关心其他女人的私生活状况，也乐于将自己的心事与其他女人分享。在女人的交谈之中，私生活常常是主要的话题，因为女人将其看成是拉近关系的重要手段。为了与其他女人建立良好的关系，女人们必须要善于交谈，而且也必须关心彼此的私生活状况。也就是说，是社会角色的不同导致了男人和女人对朋友私生活的关心程度不同。

男人的确不太关心朋友的私生活状况，但那并不意味着男人不关心朋友。在男人看来，如果朋友的私生活遇到了什么麻烦或出了什么问题，那么朋友就一定会主动提出来的，因为他们自己也会这样做。如果朋友什么都没说，那就是不想说或者没什么可说的，当然也就没什么可问的了。男人是不会逼对方说些什么的，很多时候，男人们在一起只是打球、喝酒，很少说话甚至一句话都不说，但他们并不觉得有什么不妥。在男人看来，朋友的相聚更像是一种休憩，可以有效地缓解压力。

因为男人的大脑是单轨道的，一次只能思考一件事，所以，男人只要把心思从工作上移开，就可以达到缓解压力的目的。男人之间可以互相理解，他们并不期望朋友说多少话，只要自己不想说，就没有必要说，因为其他男人会理解。不过女人是绝对无法理解的，因为对女人来说，如果她们和朋友长时间坐在一起不说话，那只能说明她们的感情出现了问题，这是很严重的事。当她们看到朋友坐在那里一言不发的时候，也会马上断定朋友发生了什么事，并关切地询问朋友究竟发生了什么。

男人可以理解男人的沉默，但女人不理解。当女人发现男人沉默寡言的时候，就会主动询问男人是不是遇到了什么麻烦，她们不知道男人正在休憩。男人不喜欢询问朋友的私生活状况，但女人却总是渴望从男人口中得知他们朋友的私生活状况，她们不知道男人之间是很少谈论这些话题的，因为根本没有必要。所以，男人更喜欢同自己的男性朋友在一起，因为只有男人和男人在一起的时候，他们才能够真正地放松下来，做自己想做的事，这是男人之间才有的默契。

女人不理解男人为什么会对朋友的私生活状况漠不关心，同样，男人也不理解女人为什么那么喜欢打听朋友的私生活状况。男人只有在征询朋友意见的时候，才会将自己的生活细节说出来，而女人则随时随地都可能与人交流各自的私生活状况。男人只对商业信息和解决问题比较敏感，他们很少谈论人和情感。所以，如果你想了解某人的兴趣、健康、行踪等私人问题，就千万别去问男人，因为他们根本不知道。你可以去问女人，只有女人才会关心这些问题，给你想要的答案。

第七章

逸史传说

☆共工为何发怒撞倒不周山?

共工是中国古代神话中的天神，人面蛇身，满头红发，坐骑是两条龙。

相传，颛顼是黄帝的孙子，他聪慧而又有智谋，统治的疆域很广，在民众中有很高的威望。在当时有个部落的首领叫共工氏，他想推翻颛顼，成为最高的统治者。为此，两人之间发生了一场激烈的斗争。

共工带领反叛的军队，向颛顼处杀去。颛顼并没有惊慌，他点燃了72座烽火台，召集四方的诸侯来支援，并亲自挂帅，前去迎战。

两队人马由天上杀到了凡间，又从凡间杀回了天上，胜负难分。此时，颛顼手下的人越来越多：人形虎尾的泰逢从和山驾着万道祥光赶来了；虎头人身的计蒙从光山乘着疾风骤雨也来了；长着两个蜂窝脑袋的骄虫从平逢山带领毒蜂毒蝎也来了。共工的手下却越来越少，他的大将柜比先是被砍掉了一只胳膊，接着脖子也被砍断；王子夜被乱兵加身，头、胸腹、四肢甚至牙齿都被砍得散落在地上。

双方厮杀到西北的不周山下，共工身边只剩一十三骑。看到越来越多颛顼的部下向自己杀来，绝望的共工发出愤怒的呐喊，驾起坐骑飞龙，一头撞向不周山的半山腰。刹那间，只听见轰隆隆的巨响，不周山被拦腰撞断，整个山体崩塌下来。不周山本是撑天的柱子，它的崩塌也让天地间发生了巨变：西北的天空因失去支撑而向下倾斜；拴系于北方的太阳、月亮、星星也都没办法固定，纷纷挣脱束缚，向倾斜的西天滑去，形成了我们今天看到的日月星辰东升西落的运行线路，并且解除了白天永远是白天，黑夜永远是黑夜给人们带来的痛苦。在东南方，系着大地的绳子也断了，大地向东南方塌陷。于是，江河的水都向东南方流去。

☆筷子真的是大禹发明的吗?

▲禹王治水图　版画

禹三过家门而不入，最后他带领众人治好了洪水，禹也赢得了百姓的爱戴。而筷子的发明亦传说与其有关。

东西方餐桌之上，最明显的不同,便是人们吃饭的工具。中国人习惯使用筷子，外国人擅长用刀叉。用过筷子的人都知道,筷子是一件神奇的餐具，手能做的动作，筷子基本都能做。据说经常使用筷子，还可以健脑。那么，这个神奇的餐具是由谁发明的呢?

民间流传，洪荒时代，水患横行。为了尽快将洪水制伏，解人民疾苦。大禹经常吃不好，睡不着。一日，奔波劳碌的大禹感到饥饿难耐，便在野外就地取材煮起肉来。由于煮沸的肉汤很烫，大禹没有时间，也没有耐性等到肉汤凉了再吃。于是，他折下两根树枝，捞出锅中的肉便吃了起来。大禹发现，用树枝夹热的食物吃，既方便又不会烫伤手。后来，这种以树枝捞食物的方式流传开来，人们便形成了用“筷子”吃饭的习惯。

大禹捞肉发明筷子的说法，只是个传说。其实，在远古时期，人们吃的是生食，用手抓取。随着钻木取火的发明，人们的生活也发生了变化。以手抓食的方式不再适用于煮熟的食物，借助于木棒等工具吃饭便成了人们的最佳选择。筷子也就应运而生。

很长一段时间，人们并不以“筷子”称呼这种餐具。据《礼记》记载，商纣王使用一种叫作“象牙箸”的东西吃饭。这种箸，便是我们所说的筷子。

“筷子”一词的出现，是宋朝以后的事。据说，这一名称是从江南的水乡传出来的。在古代，人们很忌讳一些谐音不吉利的字。所操行业、家世背景不同，忌讳的字也有所不同。

在水乡，船家尤其忌讳“陈”、“住”等字。在他们看来，“陈”即意味着“沉”；“住”即意味着“蛀”，或船走不快的意思。平时生活中，人们经常使用的“箸”刚好和“住”谐音。

于是，船家便将“箸”改为了“快儿”，有穿行飞快的意思。后来这种叫法流行了起来。人们借鉴箸从竹声的方法，在“快”字上加了个竹字头。“筷子”便产生了。

☆人们爱把做梦说成“梦周公”，周公怎么会和做梦扯到一块呢?

“哎，昨晚我又梦周公了！”意思是又做梦了。虽然我们经常这么说，但却很少有人知道历史上的“周公”是谁，也不明白周公为什么会和“梦”联系到一起。

周公姓姬名旦，是文王第四子，武王的弟弟，我国古代著名的政治家。因其封邑在周，爵为上公，故称周公。周公先后历文王、武王、成王三世，功勋卓著。据《曲阜县志》载：“武王十三年定天下，封公于少昊之墟曲阜，公不就封，留相武王，成王即位，命世子伯禽就封于鲁。”

成王初即位的时候，由周公辅政。它先后平定三监之乱，灭五十国，奠定了周王室国家的长治久安。回来后又制定礼乐，最后又还政于成王。“成康之治”的繁荣兴盛，周公有很大的贡献。孔子非常推崇周公，他一生倡导的都是周公的礼乐制度。

据说周公善于解梦，民间广泛流传着他关于解梦的书籍。所以后人就把做梦说成是“梦周公”，以表达对周公的敬仰，希望梦能给自己带来好运气。至于梦是否有特定的含义，现代科学一般认为梦是大脑神经细胞的无规律的活动。在人们睡眠时，多数神经细胞不活动而处于抑制状态，而少数神经细胞仍在进行无规律活动。但以弗洛伊德为代表的精神分析学派认为，梦具有一定的现实基础，是潜意识的反映。

☆“黄泉相见”讲的是什么故事，是死后相会吗?

“黄泉”是指人死后所居住的地方，“黄泉相见”是指人死后在地下会面。但是，历史上却有活人“黄泉相见”之事，这就是郑庄公掘地见母的故事。

“黄泉”一词的来历说法颇多。有人认为天地玄黄，而泉在地下，所以称为黄泉。还有人认为中国古代以黄河流域为中心，泉水因黄土而变黄，故称为黄泉。此外还有术数方面的解释，大地为土，土的五行颜色所属为“黄”，而泉行于地下，故曰“黄泉”。

古人深信因果轮回，认为人死后有灵魂，亲戚朋友迟早能在地下见面，所以有“黄泉相见”一说，如白居易《长恨歌》：“上穷碧落下黄泉，两处茫茫皆不见。”这里的“碧落”、“黄泉”和西方的“天堂”、“地狱”颇为近似。

“黄泉相见”还与郑庄公有关。郑庄公是中国春秋时期著名的政治家，其母姜氏与庄公胞弟姬段串通一气，给他制造麻烦。在母亲一再强求下，庄公不得不把姬段分封到京地，然而姬段贪欲不止，大修城邑，图谋不轨。郑庄公忍无可忍，发兵平定了叛乱。他一怒之下把母亲放置于城颍，发誓“不及黄泉，无相见也”。可不久又后悔了，于是出现了颍考叔献计的情节：“君王何必担忧呢？如果掘地见水，打成地道去见面，谁能说这不是黄泉相见？”郑庄公听从了颍考叔的建议，如此，他对内对外都有了交代。

现在我们说的“黄泉见面”就是死后相见，多用来表达感情的浓厚或忠贞不渝。

☆陈胜、吴广起义是中国历史上最早的农民起义吗?

中国最早的农民起义是哪一次？这是个有争议的话题。现在史学家一般认为是陈胜、吴广领导的大泽乡起义，但在此之前也爆发过好几次起义，那么这些起义为什么不被认为是最早的大规模农民起义呢？

据说武王伐纣时，由于兵力空虚，商纣临时释放了大量奴隶，将他们武装起来和武王的军队作战。但奴隶在阵间起义，倒戈相向。西周厉王在位时期，禁止国民谈论国事，采取高压政策和严刑酷法来统治平民。公元前841年，忍无可忍的国人拿起武器，攻入王宫，赶走了残暴昏庸的周厉王，这在历史上被称为“国人暴动”。

春秋末期，有一位非常著名的跖。他率领手下9000人，攻城略地，专好杀富济贫，被当时的奴隶主阶层视为“盗”。

战国时期，庄跻曾领导楚国人民大起义，杨宽的《战国史》称庄跻是农民起义领袖，在《吕氏春秋》、《荀子》和《商君书》上也有记载。这次起义发生在公元前301年，比陈胜、吴广起义要早100多年。

而秦末的大泽乡起义规模非常大。当时秦二世任用奸相赵高，大量征发人力修建阿房宫和骊山陵墓，又兼以严苛的法律，百姓怨声载道。公元前209年，陈胜、吴广一行900多名贫苦百姓被征发到渔阳，因大雨所阻，不能按时赶到，依秦律当斩。于是陈胜、吴广喊出：“王侯将相，宁有种乎？”的口号，率众起义。义军很快发展到几十万人，给秦朝统治者以毁灭性的打击，但最后由于缺乏统一指挥和战线太长而归于失败。

史学家一般认为陈胜、吴广起义是中国最早的农民起义。这主要是依据中国历史的社会形态划分，一般认为春秋为奴隶社会逐步解体的阶段，而战国时期封建制度才逐步确立。所以以前的几次起义只能算作是奴隶起义，而不是农民起义；庄跻领导的起义虽然发生在战国时期，但规模无法和大泽乡起义相比。

☆“谶纬之学”为何受到刘秀的重视?

▲汉武帝刘秀像

“谶纬之学”是流行于中国两汉时期的一种学说。它最早起源于燕齐一带，秦时开始向中州一带传播。“谶”，即一种神秘的预言假托神仙圣人预决吉凶，具体又分为符谶、图谶等;“纬”是相对于“经”而言，是对儒家经书的神学化解释。“谶纬之学”以阴阳五行学说和董仲舒“天人感应论”为依据，将自然界的偶然现象神秘化，并将之视为社会兴衰、重大事件即将发生的征兆。“谶纬”常被人作为制造舆论、改朝换代的工具。如《史记·陈涉世家》记载：陈胜、吴广起义时，就曾将写有“天下兴，陈胜王”的书帛放入鱼腹中，吴广又于深夜在神祠前点篝火，“狐鸣呼曰：‘大楚兴，陈胜王’”。

“谶纬之学”因为适应了当时封建统治者的需要，故流行一时，尤其在东汉时受到光武帝刘秀的异常重视，被称为内学，尊为秘经。之所以如此，是因为刘秀夺得天下正是得力于“谶纬”。

据《后汉书·光武帝纪》记载：王莽当政末期，当时南阳的谶纬之风特别盛行。穰(今河南邓州市)人蔡少公“颇学图谶，言刘秀当为天子”，刘秀的姐夫邓晨便鼓励刘秀去夺取天下。刘秀在河北发展起自己的势力后，随从劝其称帝。刘秀因力量不足而犹豫。他的太学同学、颍川人张华又及时送来了赤伏符，其中有“刘秀发兵捕不道，四夷云集龙斗野，四七之际火为主”。刘秀遂借此宣扬，自己起兵是“答天神，塞群望”的义举，由此在当时众多起义队伍中脱颖而出，最终夺取了天下。

刘秀建立东汉政权后，对谶纬崇信更甚。极力利用谶纬来神化皇权，在用人施政时也都以谶纬“决定嫌疑”，并最终“宣布图谶于天下”，使谶纬成为国宪。谶纬之学遂成为东汉统治思想的重要组成部分，凭借国家政权的力量盛行一时。“五经之义，皆以谶决，于是五经为外学，七纬为内学”，人人“崇尚谶纬”，不引谶纬，人不尊经。

“谶纬之学”到魏晋时日渐衰落。后来，历代统治者都因担心谶纬之书蛊惑人心，危害自己的统治而对其严加查禁。

☆为什么汉朝分为“西汉”、“东汉”，宋朝却叫“北宋”、“南宋”？

在中国历史上有个很有趣的现象，朝代更迭以成对的形式出现。比如“西周”后有“东周”，“西汉”后有“东汉”，“西晋”后有“东晋”，“北宋”后有“南宋”。仔细分析后就会发现，最初是以“西”和“东”来划分，后来则是“北”和“南”。如“唐”后有“南唐”，明后有“南明”，虽然存在的时间都很短，但却反映出地域变迁的特征。

楚汉之争后，刘邦夺取天下，定都长安，史称“西汉”（从公元前202年开始，到公元8年王莽篡汉结束）。王莽夺取政权后，采取了一系列稳定经济的措施，但效果却适得其反，引发了绿林和赤眉大起义。其中西汉皇族的远亲刘秀通过数年努力，剿灭了其他势力，统一了全国，史称“东汉”。

“西汉”和“东汉”存在前后相继的关系，也称“前汉”和“后汉”，刘秀也不认为自己建立了一个新朝代，而是光复了汉朝。他自认为是汉宣帝的继承人，继位后，追尊汉宣帝为中宗，由于当时长安在战乱中破坏严重，所以定都洛阳。从地理位置上，洛阳位于长安以东，所以人们称刘秀建立的朝代为“东汉”。

五代十国后期，宋太祖赵匡胤黄袍加身，当了皇帝，定都东京汴梁（今河南开封市），史称“北宋”。从960年登位，至1127年止，首尾历时168年，共传九帝。北宋末年，金兵攻破汴梁城，徽、钦二帝被俘。徽宗第九子赵构在应天府即位，后迁都于临安（今浙江杭州），史称“南宋”。“北宋”和“南宋”的划分还是从都城的位置和疆域考虑的，汴梁位于淮河以北，临安则在长江中下游地区；北宋拥有北方的大部分土地，而南宋则偏安于南方一隅。

从政治和经济发展角度考虑，中国领土从汉唐到宋元明时期，有个逐步扩大的过程，同时经济中心从西方向东方转移，由北方向南方转移。统治者为了加强对这些地区的控制，逐步将都城东迁。当北方游牧民族强大时，就可能南移。这反映到王朝更迭上，便是先“西汉”后“东汉”，先“北宋”后“南宋”。

☆史上赫赫有名的传国玉玺为什么缺了一个角，今人知道它的下落吗?

传国玉玺相传由秦始皇所制。公元前221年，秦始皇灭六国统一中国后，命人以蓝田玉为材料琢出了一块传国玉玺。又命丞相李斯在其上篆“受命於天，既寿永昌”八个虫鸟字，由玉工孙寿刻到上面，将之作为皇帝继位的凭信，打算一代一代传下去。另也有说法称此传国玉玺取材自和氏璧。从此，这个四寸大小的传国玉玺便成了历代皇帝作为正统继承者的标志。

秦灭汉兴，传国玉玺被献给汉高祖刘邦。西汉末年，两岁的皇帝刘婴登基，传国玉玺由王莽的姑母汉孝元太后代管。王莽篡权后，命大臣王舜向孝元太后索取传国玉玺，孝元太后虽为王家人，却忠心于汉朝，不肯交出。被逼不过，孝元太后一怒之下将这个宝贝掷在地上，据说玉玺的一角因此被摔掉了。后来王莽用黄金镶补，尽管手艺精巧，但玉玺终归是留下缺角之痕。

后来，光武帝刘秀从王莽手中夺回玉玺。东汉末年天下大乱，关东各路诸侯讨伐董卓时，率先攻入洛阳城的孙坚从井中捞出的宫女尸身上找到一只红色匣子，匣中之物正是传国玉玺。之后孙坚之子孙策为向袁术借兵马，将之献于袁术。袁术兵败后，玉玺又落到曹操手中。之后，经过魏、西晋、前赵、冉魏、东晋、宋、南齐、梁、北齐、周、隋、唐，至五代时期失去踪影。有关玉玺的失踪详细说法，现时有三种：一种说法认为乃是后唐末帝李从珂在洛阳被契丹人攻破之际，怀抱传国玉玺在玄武楼上自焚，玉玺自此下落不明；另一说则认为946年后晋出帝被辽太宗捕获之时玉玺丢失；但还有一说则认为传国玺一直传到了元朝，是在元朝末帝顺帝手上失踪的。总之，至今，这个传国玉玺未曾找到。

☆《三国演义》中关、张、赵、马、黄被封为“五虎上将”，历史上真有此事吗?

人们对《三国演义》的评价是“七分史实三分虚构”。那么，《三国演义》玄德进位汉中王一回中有关“封关羽、张飞、赵云、马超、黄忠为五虎大将”的情节是史实，还是虚构呢?

据《三国志》载：“太祖建兹武功，而时之良将，五子为先。”说的是当时在魏国，有张辽、乐进、于禁、张郃、徐晃五位大将，世人称之为“五虎良将”。有关蜀国的情况，书中说，蜀汉昭烈帝刘备因关羽、张飞、马超、黄忠武功高强，又建业有功，封他们为前、后、左、右四大将军。其中，并没有赵云的排名。只是在编撰史书的时候，陈寿将常胜将军赵云与四大将军列在了一传里。根据《三国志》中所载推断，蜀国并没有封“五虎上将”称号的史实，但是“五虎上将”中所包含的人物却是存在的。

元末明初，罗贯中的章回体小说《三国志通俗演义》在史实的基础上，首次按照关、张、马、黄、赵的排名，将这五位大将合在了一起。后来，清代的毛宗岗父子二人把这部书改编成现在通行的《三国演义》，五将排名又变更为关、张、赵、马、黄。之后，“五虎上将”的说法渐渐被人们所接受，并延续下来。

按照《三国演义》所写，“五虎上将”以关羽为首。他文韬武略，胆识过人。与他有关的历史事件有温酒斩华雄、千里走单骑、水淹七军等。生性孤傲的他最后死于小人之手，后人推崇他为“武圣”。“五虎”排名第二的张飞被视为有勇有谋的人物，他为刘备打江山立下了汗马功劳。作为“五虎上将”中最有争议的一个将军，赵云深得刘备喜爱，号称“常胜将军”，而历史上的赵云却是战功平平，地位也不高。“五虎”之四的马超可谓仪表堂堂，刘备能够成功入主西川，马超功不可没。“五虎”之末黄忠射箭百发百中，号称“神射手”。

☆民间有“扶不起的刘阿斗”之说，但诸葛亮为什么没有废掉这个昏君呢？

《三国演义》中，诸葛亮是一个足智多谋、上知天文下知地理、料事如神的能人。为辅佐刘备打江山，诸葛亮可谓鞠躬尽瘁。刘备去世后，他的儿子刘禅即位。后人评价刘禅，说他是“扶不起的阿斗”。既然如此，诸葛亮为何要看着蜀国毁在他手中，而不废掉他呢？

▲诸葛亮像

《三国志》中，有这样一段记载：“章武三年春，先主于永安病笃，召亮于成都，属以后事，谓亮曰：‘君才十倍曹丕，必能安国，终定大事。若嗣子可辅，辅之；如其不才，君可自取。’亮涕泣曰：‘臣敢竭股肱之力，效忠贞之节，继之以死！’先主又为诏敕后主曰：‘汝与丞相从事，事之如父。’”

蜀汉章武元年(221年)，刘备为报吴夺荆州、关羽被杀之仇，率军攻打吴国，最终以蜀军惨败而告终。第二年，刘备在白帝城的永安宫病危。他知道自己将不久于人世，将诸葛亮等建国功臣以及自己的儿子叫到床前。他先对诸葛亮说：“丞相你胸襟坦荡，多年来为国操劳，我刘备感激涕零。如今我要离开了，我将刘禅托付给你。如果他是个可塑之才，我希望丞相如同辅佐我一样扶持他；如果他不成器，昏庸无能，那么丞相就废掉他吧。”之后他又对自己的儿子说：“我不在，丞相就是你的父亲，从今以后，你要像尊重我一样尊重丞相。”

按当时蜀国的情况分析，兵权基本上握在对刘备忠心耿耿的李严、魏延等人手里。攻打吴国之后，蜀国损兵折将，需要休养生息。另外，刘备当初称王的时候，自称中山靖王后裔，云集响应者众多。即使诸葛亮拥有雄才伟略，终是一介平民，缺少根基，没有羽翼，如若取而代之，多少会背负篡国夺权、忘恩负义的骂名。因此，即使刘禅是个“扶不起的阿斗”，诸葛亮等人也不会废掉他，而是依刘备临终之托，恪尽职守尽量辅佐。

☆小说戏曲中的张飞是个“大老粗”，历史上的张飞真的如此吗?

张飞为蜀国五虎上将之一，《三国演义》上描写他“豹头环眼，燕颔虎须”，有万夫莫当之勇，当阳长坂坡一役中，更是一人喝退曹军十万雄兵。其为人莽撞，《三国演义》中有多处记载，《三国志平话》更说他不仅随便杀人，还把袁术的儿子活活摔死。戏剧中的张飞黑头花脸，文盲一个，出台便唱：“大字黑麻麻，小字我认不得它！”历史上的张飞真是如此吗?

其实张飞除了作战勇猛外，还是很有谋略的。在当阳长坂坡一战，他凭借的不仅是勇敢，否则就是喊破嗓子恐怕也无济于事。当时他手下只有二十余骑，为制造疑兵之计，便命令手下士兵在马尾上绑上树枝，在树林中来回跑动，一时间“桥东树林之后，尘土大起”，后来曹军到来，果然不敢靠近。在进攻蜀国的途中，张飞为先锋，他散布假消息，并用替身骗得严颜晕头转向，抓住严颜后更是“义释”之。这样严颜归顺刘备，为平定西川铺平了道路。瓦口隘一战中，他利用别人知道自己酗酒的缺点装醉，巧施连环计，把号称智勇双全的张郃打得一败涂地，就连诸葛亮都称赞他：“张将军能用谋。”

张飞出身屠夫，那么是否真就是个“大老粗”，大字不识一个呢?据考证张飞不仅是个书法家，还是个善画美人的画家。据南北朝陶弘景《刀剑录》载：张飞拜新亭侯，亲书刀剑铭文：“新亭侯，蜀大将也。”明代《丹铅总录》：“涪陵有张飞刁斗铭。其文字甚工，飞所书也。”但这些物证已殁，无从稽考。不过现存清光绪年间一个拓本，为《张飞立马铭》。关于善画美人，明代卓尔昌编《画髓元诠》说张飞：“喜画美人，善草书。”清代《历代画征录》：“张飞，涿州人，善画美人。”

看来历史上的张飞除了脾气暴躁，做事鲁莽外，还是具有一定谋略的。此外能书善画，似乎风流儒雅更胜其他五虎上将。但长相和屠夫的出身，让人对其产生了一定的误解。所以，后人看到的只是“猛张飞”，而忽略了他其他方面的优点。

☆貂蝉的名字是什么意思，她真是吕布的妻子吗？

貂蝉与西施、王昭君、杨贵妃并称为中国古代“四大美女”，她的名字“貂蝉”其实起源于战国时期赵武灵王的胡服骑射。

▲描绘剪除董卓历史故事的年画——连环计

通过《宋书·礼志》中的记载来看，“貂蝉”最早是赵武灵王实行胡服骑射的改革中，给官员们保暖的一种服饰。在秦汉时期，这种东西成了皇帝近臣的饰品。《宋书·礼志》中还提到，汉魏时期宫中曾有女尚书出现，她们“着貂蝉，佩玺，陪乘”。女尚书赋予了这个名字柔美的韵味。

再说小说中的人物“貂蝉”。在正史中，根本没有关于她身世的明确记载。那么，这个人物是否存在？如果存在的话，她到底是谁呢？

《三国演义》中说她是王允的歌伎，利用美人计挑起了吕布和董卓之间的矛盾，借吕布的手杀掉了董卓。但是，这只是小说中的描写，不能作为事实依据。

综合史籍中的说法，关于貂蝉的身份有三种说法：

第一种说法是：貂蝉是吕布手下部将秦宜禄的妻子。在《三国志·关羽传》中说，秦宜禄的妻子长得颇有姿色，关羽原本想把她娶来做妻子，但是却被曹操留下了，这引起了关羽的嫉恨之心。性子刚烈的关羽，一怒之下就杀死了秦宜禄的妻子。由此事还衍生出元杂剧《关公月下斩貂蝉》。

另一种说法是，貂蝉是董卓的婢女。在《后汉书·吕布传》中记载，董卓派吕布看守宫中的小门，吕布却趁机与董卓的婢女私通，而与吕布私通的这个婢女就是貂蝉。

还有一种说法是，貂蝉就是吕布的妻子。据《三国志·吕布传》中记载，吕布的妻子曾说过“妾昔在长安，已为将军所弃，赖得庞舒私藏妾身耳，今不须顾妾也。”由此可见，貂蝉应该是吕布的妻子。

这几种说法，各有各的道理，谁都无法说服他人。

☆赵云真的被刘备呼为四弟吗？赵云受到刘备重用了吗？

在民间传说中和一些戏曲中，刘备称呼赵云为四弟。其实，真实情况却不是这样的。

据《三国志·蜀书》记载，赵云原本是公孙瓒的部下，后来追随刘备。书中还记载赵云和刘备关系密切，甚至“同床共眠”。后来，在长坂坡一战中，赵云救出了刘备的夫人和儿子，与刘备的关系更近了一层。

赵云投靠刘备以后，正史中并没有关于他们结拜的记载。即便是在小说《三国演义》中，赵云也没有参加桃园结义。《三国演义》里，关羽和张飞都称呼刘备的夫人为嫂嫂，而赵云一直都称她们为夫人。仅从称呼中，就可以看出赵云并不是刘备的四弟。

小说中的赵云深明军机，骁勇善战，与关羽、张飞、黄忠、马超并列“五虎上将”，是蜀汉王朝的中流砥柱。但历史上真正的赵云却暗淡得多。

赵云一生中最重要的三次战斗分别是长坂坡救刘禅、助刘备入蜀和街亭之战。在长坂坡战役中，赵云充分发挥自己的乱战本领。在混战中，他怀抱后主刘禅，同时还保护刘备的两位夫人，将他们平安带出战区。助刘备入蜀是赵云第一次正式领兵打仗。虽然赵云出兵早，但是入蜀花费的时间很长，比他出兵晚的张飞却比他早到成都。在街亭之战中，赵云以一人之力断后，军资什物略有所弃，兵将没有损失。战后别人都受罚了，只有赵云得到了嘉奖。也就是说，除了长坂坡救阿斗之外，赵云在战场上并没有建立让人信服的功勋。

也正因为如此，赵云在蜀汉一直没有得到刘备的重用。赵云追随刘备之初，官位是“先主主骑”，在长坂坡救出刘禅后，他升职做了牙门将军，官职也不高。刘备自称汉中王后，赵云被封为翊军将军，职责是统领御林军。赵云的官位不但远低于关羽、张飞等人，甚至晚投刘备的魏延职位也比他高得多。

刘备一生知人善任，他对赵云虽然信任，却始终没有委以重任，原因多在于赵云的能力有限，难当大任。

☆历史上的关羽只是一员普通武将，它是怎样变成万民敬仰的关帝爷的?

在历史上，真正的关羽不过是一员普通的武将，但是，这位战功平常的将军却成了备受万民敬仰的关帝爷。这到底是为什么呢?

关羽字云长，河东解州（今山西解州）人氏。因杀人逃亡河北涿郡，与张飞一起投奔正在招兵买马的刘备。刘备因军功升任平原相，关羽和张飞则为别部司马。此后，刘备在战争中屡遭挫败，关羽一度依附曹操，并因解“白马之围”被封为“汉寿亭侯”。后来，关羽辞别曹操寻归刘备。赤壁之战后，刘备入川，留关羽镇守荆州。刘备称汉中王，封关羽为前将军。219年，关羽发兵攻曹，降于禁，斩庞德，威震华夏。同年吕蒙白衣渡江，偷袭荆州得手，关羽败走麦城，被擒身亡。后来，蜀国后主谥之为“壮缪侯”。

▲关公秉烛夜读图

据传，关羽死后，屡屡显灵，保佑一方百姓，尤其是下层的弱势小民，因此受到民间的崇拜。因战乱或生活所迫流离出来的游民在浪迹江湖过程中，会有一种强烈的无力感，他们特别需要关羽这样的英雄所具备的无所畏惧、重朋友、讲义气的精神。再加上关羽本人也是游民出身，所以为下层民众所认同。

到了宋代，通俗文艺兴起，说三国成为其主要话题。而其中的关羽戏成为当时“说话”的热门，并为不同阶层的人们所喜闻乐见。宋元之际，评话和小说中构造出“桃园三结义”、“夜读春秋”、“青龙偃月刀”、“赤兔马”、“千里走单骑”、“过五关”、“斩六将”、“古城聚义”、“华容道义释曹操”等情节，关羽的形象日渐丰满并开始定型。

民间对关羽的信仰和崇拜引起了统治者的重视。为了褒扬勇武、忠诚和重义精神，宋朝以后的皇帝不断加封关羽。

宋徽宗先追封关羽为“忠惠公”，再晋为“崇宁真君”，后又封为“昭烈武安王”和“义勇武安王”。宋高宗封关羽为“壮缪义勇武安王”。宋孝宗封关羽为“壮缪义勇武安英济王”。元文宗封关公为“显灵义勇武安英济王”。明太祖朱元璋明令拜关公，并在洪武二十七年在南京建关公庙。明神宗封关羽为“三界伏魔大帝神威远镇天尊关圣帝君”。从此以后，关羽就成了“关帝”爷了。到清朝，对关羽的崇拜更是登峰造极。顺治皇帝封关羽为“忠义神武关圣大帝”。康熙帝封关羽为“伏魔大帝”，并于1703年亲临关公故乡解州拜灵题匾。乾隆帝加封关羽为“忠义神武灵佑关圣大帝”。嘉庆、道光、咸丰、同治年间，皇帝又多有加封题字匾。到光绪年间，关羽的封号为“忠义神武灵佑仁勇威显护国保民精诚绥靖翊赞宣德关圣大帝”，长达26个字。

政府的推崇，在关羽崇拜中起到了推波助澜的作用，致使民间关帝崇拜之风更盛。民众把关帝视为武神、财神和正义之神。当人们需要帮助的时候，都会祈求关帝保佑。

☆“乱七八糟”与历史上哪两场著名的政治大动乱有关？

“乱七八糟”是个成语，也是口语中使用非常广泛的一个词。它常用来形容毫无秩序、乱糟糟的样子。语出自清代曾朴《孽海花》第五回：“你看屋里的图书字画，家伙器皿，布置得清雅整洁，不像公坊以前乱七八糟的样子了。”

“乱七八糟”与中国古代两场政治大动乱有关，分别为“乱七”和“八糟”。“乱七”指的是西汉初年的“七国之乱”，“八糟”指的是晋朝的“八王之乱”，都是皇权斗争激化的产物。

西汉初年，刘邦大量诛杀功臣，铲除异姓王。为了加强刘氏宗族势力，又分封了一批刘姓子弟为王。但是，随着诸侯王的势力扩大，其弊病也显现出来。经过几朝的演变，到景帝时诸王势力越来越大，其中齐、楚、吴三封国几乎占天下之半，严重地威胁着汉王朝的中央政权。大臣晁错建议景帝进行“削藩”，减少诸王的封土。景帝采纳了晁错的建议，引起诸王的强烈不满。景帝三年正月，吴、楚等七国以“诛晁错，清君侧”为名，发动武装叛乱，史称“七国之乱”。景帝听信谗言，诛杀了晁错，但诸王军队不退。景帝派太尉周亚夫率兵征讨。周亚夫以坚壁清野的战术，多次打败七国军队。三月，叛乱基本平定。这便是历史上著名的“周亚夫平七乱”。“乱七”一词，即出于此。

“八糟”指的是晋朝皇室争权夺利的“八王之乱”。西晋初年，司马炎建立晋朝后，担心其他大夫会夺去他的政权，便把皇室子弟分别封为诸侯王，并规定享受许多特权。司马炎死后，继位的惠帝司马衷昏庸无能，贾后把持朝政。为独霸朝野，贾后将皇太子司马遹废为庶人后毒死。赵王伦趁机发动兵变，打出了为太子司马遹报仇的旗号。永康元年，赵王伦发兵进攻洛阳，斩杀贾后及其亲党，一场持续16年之久的皇权混战就此开始。由于先后参与这场战乱的共有8个同姓王，所以史称“八王之乱”。

“七国之乱”和“八王之乱”都对当时的社会经济造成了很大的影响，老百姓的生活更加困难。因此后人就用“乱七八糟”来表达混乱或无序的状态。

☆历史上真有“徐娘”其人吗，“徐娘半老”到底是有风韵还是没有风韵?

“徐娘半老，风韵犹存”，比喻尚有风韵的中年妇女。历史上确有“徐娘”其人，本名徐昭佩，梁元帝的妃子。

梁元帝本名萧绎，梁武帝的第七子。生有残疾，眇一目。和他父亲一样，萧绎对治理朝政不感兴趣，终日与一帮文人雅士谈论老庄之道。其妃徐昭佩是前齐太尉之后，当朝将军徐琨之女，出身名门，但长相却是一般。梁元帝不喜欢她，徐妃的态度也由曲意逢迎转为冷若冰霜。

每次元帝来的时候，她只化“半面妆”，以此讽刺萧绎是个“独眼龙”。她经常喝得大醉，还经常吐在萧绎的龙袍上。元帝很是厌恶，更加疏远她。徐妃深宫寂寞，就忍不住和一些道士、书生厮混起来，这时候她已经年近不惑了。

暨季江是元帝的侍臣，长得很是英俊。徐妃看上他后，二人经常在深宫内苑中尽情欢乐。宫闱秘事，本该讳莫如深。谁知暨季江对外人感慨道："柏直狗虽老犹能猎，溧阳马虽老犹骏，徐娘虽老犹尚多情。"足见其对徐妃并非真情，二人之间不过是相互利用罢了。后来事情败露，元帝处死了和徐妃私通的一干人，并将徐妃幽禁在后宫。

这个典故便由此而来。原句为"徐娘虽老，犹尚多情"。今天我们用"徐娘半老"来指尚有些风韵的中年妇女。

☆关公、赵公明、比干、范蠡都被民间供为财神，到底谁是正财神？

送子娘娘和财神大概是中国人最常供奉的两尊神了。这也反映了中国人一向最大的两个愿望：求子与求财。其中关于财神的说法十分混乱。

在民间，关公、赵公明、比干和范蠡都被当成财神供奉。除此之外，还存在"文财神"财帛星君，"偏财神"、"五路财神"等说法。那么，到底谁才是人们最该拜的正财神呢？

一般而言，在众多财神之中，人们普遍认为赵公明是正财神。

赵公明又称玄坛真君、赵公元帅，是众多财神之中影响最大的一位。明代以来，许多商店、住宅都供奉他的神像。他面似锅底，手执钢鞭，身骑黑虎，极其威武。周围常放着聚宝盆、大元宝、宝珠之类的宝贝，更加强了财源茂盛的效果。

其实，赵公明作为道教神，并非一开始便是财神。晋《搜神记》记载，他本是人间春夏秋冬四大瘟神之中的秋季瘟神，是个人们唯恐躲之不及的角色。但到了明朝，《历代神仙通鉴》中却介绍称赵公明本是终南山人，秦时避乱修仙，后来被玉帝封为"神宵副帅"，正式职业是为张天师守护仙炉，镇守龙虎山。但同时，谁要是想求财，他也能帮帮忙。后来在小说《封神演义》中，姜太公封神时，封赵公明为"金龙如意正一龙虎玄坛真君"，职责是专司金银财宝，迎祥纳福，并为其配了招宝四天尊作为副手。从此，赵公明开始掌管天下财富。随着小说的广泛流传，明代之后，民间开始广泛供奉。

至于其他几位财神，比干本是商纣王时的大臣，因为犯颜直谏被纣王挖了心，人们认为无心之人比较公平，将其拜为文财神。关公作为财神主要在商人之中流行。商人做生意最讲究忠诚与信义，关公作为忠义精神的楷模，便被人们拜为财神，以维护商业界的道德秩序。因其本是武将，成了武财神。范蠡本是一个商人，因善经营，人们也将他拜为财神。

☆陶渊明不为五斗米折腰，他靠什么维持生活？

陶渊明被称为“隐逸诗人之宗”。他的山水田园诗翻开了古典诗歌的一个新篇章。陶渊明选择的是完全的归隐田园，不苟且于仕途。他曾在《归园田居》中写道：“少无适俗韵，性本爱丘山……久在樊笼里，复得返自然。”可见，陶渊明向往田园生活的愿望是发源于本真。据史料记载，陶渊明曾经出仕，而且深受上司赏识。那么是什么原因让陶渊明决心放弃仕途，选择归隐的呢？

《晋书·陶潜传》中记载道：“潜叹曰：‘吾不能为五斗米折腰，拳拳事乡里小人邪！’”出生于官宦世家的陶渊明生性耿直、淡泊名利。在朝政腐败、官场黑暗的东晋末年，在朋友的劝说下，出于养家糊口的现实逼迫，陶渊明本着“大济苍生”的目的出仕。因受不了官场盛行的腐臭之气，心性清高的陶渊明多次辞官。

405年，年过四十的陶渊明出任彭泽县令。有一天，浔阳郡派督邮下来视察。据说这位督邮是个贪婪的小人，经常假借公差之名，收受贿赂。陶渊明本就不想巴结这种小人，更厌恶官场的迎来送往，于是就起草了一份辞官书，将官服印绶放在案上后，携妻子回老家，隐居乡野去了。

辞官以后，陶渊明回到家乡。虽然没有了俸禄，但作为名门之后，陶家还是有些房屋地产的。归隐后的陶渊明和妻子耕种于陇亩之上，以资生活。由于雅爱诗书，估计农田管理得也不怎么样，所以日子比较清贫。虽然有时捉襟见肘，但陶渊明却能乐在其中，怡然自得。从陶渊明归隐后的诗作中，我们就可以看出一二。

☆秦琼和敬德本是唐朝的两员大将，后来怎么会成为门神呢？

春节时，人们贴春联迎福的同时，也要在门上贴一对门神以防止鬼祟入门。我们所贴的门神，乃是唐代的大将秦琼和尉迟敬德。

隋末，炀帝无道，天下大乱。617年，唐国公李渊由太原起兵南下，讨伐隋室。在兵家重镇吕州霍邑（今山西省霍州市），李渊率唐兵与隋将宋老生大战月余，斩宋老生，然后势如破竹，直下长安建立大唐。另一军阀刘武周趁山西空虚，占了李渊的山西老巢。619年冬，李世民奉父命领兵回击山西。李世民在收复了河东、平阳之后，兵至霍邑。刘武周命元帅宋金刚死守霍邑，宋金刚命偏将尉迟敬德扼守白壁关，阻止李世民北进。李世民手下大将秦琼与敬德展开激战，两人多次交锋，均如蛟龙战猛虎，难分上下。李世民起爱才之心，想收服敬德。李世民多次施恩敬德，但敬德不为所动，称只要刘武周不死，自己便不会叛变。李世民爱才心切，又一时灭不了刘武周，便想了一个办法——杀了个长相酷似刘武周的冤大头，并将首级送到敬德处。敬德误以为真，归顺了李世民。

▲尉迟恭门神像

▲秦琼门神像

后来李世民夜宿霍邑衙门，多次在梦中被两个无头人惊醒。李世民仔细琢磨，这两人一个像617年在霍邑被斩的隋将宋老生，另一个却像那个被充作刘武周割了头的人。这两个无头鬼时时骚扰，使得李世民坐卧不宁。李世民召见徐茂公求计，徐茂公道："主公屈杀这似刘武周之人，是因为急于收降敬德将军，主公可派敬德将军夜守衙门，也许得以安宁。"李世民依言，使敬德守门，果然那个似刘武周的冤魂不再来扰，而那个像宋老生的冤魂仍至。李世民再次求计于徐茂功。徐茂公道："臣闻宋老生虽为隋将，但其忠勇可嘉。听说宋老生极敬佩秦二哥为人，试增派秦二哥夜守衙门，或许得安。"李世民依言增派秦琼夜守衙门，果然宋老生冤魂也不再来。

此事后来传到民间，人们纷纷在门上张贴敬德和秦琼的画像，以求妖魔鬼祟不敢入门。从此他们两位便成了门神。

☆《天官图》为何专画郭子仪，为什么说他"五福俱全"？

《天官图》是中国古代民间悬挂在中堂内的画，画上人物是天官郭子仪。相传郭子仪不但生前功名显赫，而且是个"五福俱全"的人物。何谓"五福"，为什么天官图专画郭子仪，而不是别人呢？

郭子仪(697～781年)，华州郑县人，祖籍山西汾阳。唐代著名的军事家。武举出身，高七尺三寸，勇武不凡。安史之乱时任朔方节度使，在河北打败史思明。后联合回纥收复洛阳、长安两京，功居平乱之首，晋为中书令，封汾阳郡王。代宗时，郭子仪正确地采取了结盟回纥、打击吐蕃的策略，保卫了国家的安宁。

▲郭子仪像

郭子仪戎马一生，屡建奇功，在当时的朝廷和民间都具有很高的威望。

据《太平广记》说，郭子仪“权倾天下而朝不忌，功盖一代而主不疑，侈穷人欲而君子不罪。富贵寿考，繁衍安泰，终始人伦之盛无缺焉”。此人肚量宽宏，一生共有八子七婿，儿孙满堂，终年85岁。他死后，有人把他的画像悬挂在中堂，称《天官图》，以祈全福全寿，后来在民间流行。

“天官”是老百姓对于郭子仪的尊称，就像民间把关羽尊为武圣人、关帝爷一样。这与他为人大度、与人为善、品德淳厚是分不开的。由于其人生轨迹完全符合中国古代所言的“五福”特征，因此被称为“五福俱全”的人物。

据《尚书·洪范》记载：“五福，一曰寿，二曰富，三曰康宁，四曰攸好德，五曰考终命。”汉桓谭《新论》：“五福，寿、富、贵、安乐、子孙众多。”可见五福指的是长寿、富贵、健康、安乐、善终、子孙众多等含义。郭子仪享年85岁，就是在现在看来也算是长寿了，他一生荣华富贵，善始善终，八子七婿，可谓儿孙满堂。这在古人眼里就是完美人生的一种体现。人们崇敬他，也希望具有和他一样幸福美满的人生，于是称其为“天官”，并绘图加以供奉。

☆“杨家将”英名世代传扬，流传的说法合乎史实吗？

“杨家将”的故事世代相传，从杨业到杨延昭、杨宗保及其儿子杨文广，再到佘太君、穆桂英挂帅，最后到寡妇和奴婢出征。整个故事可谓荡气回肠，蕴含了浓厚的爱国主义情感。经宋元戏曲和元代评话的改编和完善，已深深地扎根于中国传统文化之中。那么历史上真实的“杨家将”与戏文中存在差异吗？

“杨家将”讲述的一门忠烈保家卫国的故事，始起于杨业。杨业本为北汉侍卫新军都虞侯，后来投降宋朝。对于边防和对辽作战非常有经验，曾多次打败辽国军队，威名远播，其子杨延昭继承父亲遗志，戍边卫国，立下赫赫战功。北宋文学家欧阳修称赞他们：“父子皆名将，其智勇号称无敌，至今天下之士至于里儿野竖，皆能道之。”

宋元时期，民间艺人将杨家将的故事变化成戏曲，搬上舞台。明代文学家又把他们的故事编成《杨家将演义》、《杨家将传》，情节包括七郎八虎闯幽州、血战金沙滩、穆桂英挂帅、杨门女将、十二寡妇征西、佘太君百岁挂帅、杨排风等，这在一定程度上丰富和完善了人物角色和故事情节。

真实的杨家将却与此存在出入，但确实存在杨门三父子抗辽的史实。首先是杨业，在雁门关战役中，他大败辽国驸马萧咄李，缴获马匹辎重无数。以后辽军只要看到杨业的大旗，都不敢轻易和他交锋。杨延昭子承父业，当时宋朝对辽国采取防御策略，因为保护边防，杨延昭深受爱戴，延续了杨家将的威名。杨文广则是杨延昭的儿子，杨宗保在正史中根本不存在。当时由于宋辽议和，杨文广虽有壮志但终难舒展，成就比起他的祖父辈又逊了一筹。

至于佘太君和穆桂英，正史中并无记载。害死杨业的应是王诜，而非潘美。杨延昭也并非杨业的第六个儿子，史书记载其为长子。至于“六郎”称呼的来历，则是辽人迷信，认为其为北斗第六颗星转世，专克辽国，这也从一个侧面反映出杨延昭对辽国的威慑力。

☆“岳母刺字”有历史依据吗?

岳飞是中国南宋时期著名的抗金英雄。相传在他年轻时，岳母在他背上刻下“精忠报国”四个字。之后岳飞驰骋沙场，报效国家，做出一番事业。那么“岳母刺字”真的存在吗?

▲岳飞像

据后人考证，“岳母刺字”在宋人的笔记和野史中均无记载，包括岳飞的曾孙岳珂所著的《鄂王行实编年》中也没有记录。岳母刺字最早见于元人所编的《宋史本传》。书云：“初命何铸鞠之，飞裂裳，以背示铸，有‘尽忠报国’四大字，深入肤理。”但书中并未说明这四个字出自岳母之手。

到明代中叶，岳飞的故事开始广为流传。成化年间创作的《精忠记》，也仅提及岳飞背脊有“赤心救国”字样。明朝末年，李梅草创，冯梦龙改定的《精忠旗传奇》称：“史言飞背有‘精忠报国’四大字，系飞令张宪所刺。”

“岳母刺字”最早见于清乾隆年间杭州钱彩的《精忠说岳》。该书第二十二回以“结义盟王佐假名，刺精忠岳母训子”为回目。该回讲述岳飞不受杨幺的使者王佐之聘，其母恐日后还有不肖之徒前来勾引岳飞，倘若一时失察受惑，做出不忠之事，英名迟早毁于一旦。于是祷告上苍神灵和祖宗，在岳飞背上刺了“精忠报国”四个字。该书详细记叙了岳母刺字的整个过程：先在岳飞脊背上用毛笔书写，再用绣花针刺就，然后涂以醋墨，使之永不褪色。但有学者提出，文身刺字是一门特技，有严格的操作程序和技巧，绝非一般常人所能。岳母乃家庭妇女，不可能具有这种技艺，刺字一事显然是作者按照元、明有些传记中的记叙，加以想象发挥，艺术加工出来的。

☆历史上真有王重阳这个人吗?

王重阳历史上实有其人，他本名中孚，字允卿，宋徽宗政和六年（1112 年）出生于咸阳一个望族。早年攻读儒家经典，企图进取仕途。后来他发现，在宋、金干戈不断的兵荒马乱年代，很难有所作为，于是毅然弃文从武。由于天性聪颖，加上刻苦练习，他的武功进步很快。“靖康之难”后，金人曾在北方扶植刘豫建立了“大齐”作为傀儡政权。大齐举办武举考试，王重阳参加，一举夺魁，当时号称“天下第一”。

王重阳考得武举不久，金人便废掉大齐，正式入主中原。作为一个汉人，王重阳未被金人所用，只被分到一个小镇当了收酒税的小官吏。于是他愤然辞官还乡。

入仕碰壁之后，王重阳便开始倾心于道教，希图出世。他在48岁时抛弃妻儿，遁入玄门，自号重阳子。他在终南县的南时村挖了一个4米多深的洞穴，称为“活死人墓”，自号“王害风”，每天静坐其中玄思，试图创造一个全新的教派。

修道期间，王重阳和佛门僧人多有接触，因此对佛教也有一定了解，再加上早年是儒学出身，他深感儒、释、道各有精妙之处。于是他主张儒、释、道三教平等，三教合一。正是在这种思想的基础上他创立了“全真教”。所谓“全真”，即“识心见性，独全其真”，同时也包含了“圆融儒释道于一身”之义。表现在修行方法上，便是注重内丹修炼，以修身养性为正道，反对符与黄白之术；同时提倡除情去欲、苦己利人。学习经典则同时依据《道德经》、《般若波罗蜜多心经》、《孝经》三家经典。全真教还模仿佛家，首次创立了道士的出家制度。

☆“八仙”中不乏汉唐历史人物，他们是怎样成为神仙的呢?他们的法力神通如何?

对于“八仙”，可能大家都不陌生。“八仙”是指历史上得道成仙的八个人，分别是铁拐李、汉钟离、张果老、蓝采和、何仙姑、吕洞宾、韩湘子、曹国舅。他们到底是如何成仙的呢?

铁拐李，本名李玄，隋朝人，据说其遇到太上老君而得道。李玄本非瘸子，一日他神游华山赴太上老君之约，嘱徒弟如果他七天后不回的话，就化了他的肉身。没想到徒弟因母病急着回家，六天后便化了李玄肉身。李玄的魂魄回来后无处可附，只好附在瘸丐的尸体上。

汉钟离，本名钟离权，是汉朝大将。他在一次对吐蕃的战争中，被嫉妒他的上司梁冀故意配了三万老弱残之兵，兵败逃跑迷路，遇到一个胡僧传授他青龙剑法和金丹术。后来钟离权又遇见华阳真人和仙人王玄，得到了“长生诀”。最后他来到崆峒山隐居修炼，最终得道成仙。

倒骑毛驴的张果老据说本是一个穷苦的赶驴车的人。一天路过一座庙宇，看到里面在煮肉，就进去偷吃。没想到当时煮的是千年人参精，张于是得道成仙。他的驴因为喝了汤，也一道成了仙。

吕洞宾是唐朝京兆人，是一个饱读诗书的书生，本来意在仕途。他有一天偶遇汉钟离，汉钟离施法使其做梦中了状元，然后又获重罪家破人亡。吕洞宾于是彻悟人间富贵的虚幻，跟随汉钟离学道成仙。

何仙姑是八仙之中唯一的女性，本名何琼，广州增城人。何琼 13 岁时入山采茶，遇到吕洞宾，教她吃云母粉成仙的方法。何于是发誓不嫁，每天在山谷中修行，最终成仙。

蓝采和，唐开元天宝人，本来在勾栏里唱杂剧，后来被汉钟离引渡成仙。

韩湘子，传说是唐代大文人韩愈的侄子，性格放荡，嗜好饮酒，不喜读书。后跟随吕洞宾学道，最终位列仙班。

曹国舅，是宋仁宗的大舅子。因触犯国法，被包拯所抓。得宋仁宗帮助被释放后大彻大悟，遁入山林学道。最后被吕洞宾和汉钟离引渡成仙。

☆观音是男性还是女性?

现在广为流传的观音像，在中国唐朝以前是男人的相貌。《华严经》中记载:“勇猛丈夫观自在。”观自在指的就是观音，而“勇猛丈夫”则证明观音原为男子。

根据古印度佛教的雕塑和中国早期观音造像可知，观音都是男人相，嘴上两撇小胡子就是很好的证据。《悲华经》也有这样的记载：“有转轮圣王，名无净念。王有四子，第一太子名不，即观世音菩萨……”

观世音菩萨大概在东汉末年传入中国，到南北朝后期，出现了女性观音像，唐朝之后盛行起来。《北齐书·徐之才传》中说：“武成酒色过度，恍惚不恒，曾病发，自云初见空中有五色物，稍近，变成一美妇人，去地数丈，亭亭而立，食顷，变为观世音。”由此可见，观音是女性的形象在当时已经深入人心了。

▲六臂如意观音坐像 唐

观音相貌丰腴则是受到唐朝文化的影响。那么，观音到底是男性还是女性呢？其实，观音的性别是根据众生的需求而来的。众生希望观音以男相来化度，观音就会显示男相，反之亦然。所以观音的性别不是观音本身的问题，而是众生的需求问题。

观音后来固定成为女相，仔细推究起来有以下两个原因：一是在重男轻女的古代，女性的地位低下，所经受的苦难要比男性多。救苦救难观音救助世间的女子时，就以女相献身，解除她们身心上的痛苦。久而久之，人们就把观音的相貌定为女相了。二是女子心中的善良和慈爱，本来就胜过男子，观音以女相献身，只不过是将世间的母爱加以扩大和净化，降慈悲给每一个受难的世人。

☆据说钟馗是一个鬼王，专职捉鬼，他到底是什么来历？

钟馗是民间传说中专门捉鬼、斩鬼、吃鬼的鬼王。按照佛道融合形成的阴曹地府理论，他与牛头马面、黑白无常类似，属于十殿阎罗手下的一种衙役，专门负责捕捉那些危害人间的厉鬼。那么钟馗究竟有什么来历呢？

有关钟馗的记载最早见于宋代沈括的《梦溪笔谈·补笔谈》。说吴道子画钟馗像，在画像旁边写了个关于钟馗来历的题记：唐代开元年间，唐明皇在骊山检阅部队之后回到后宫，莫名其妙地染上了疫病。一天晚上，唐明皇梦见一大一小两个鬼。小鬼身穿红色衣服，背后插了一把大竹纸扇，一只脚上穿了只犊鼻鞋，另一只脚则光着，手里拿着唐明皇的玉笛和杨贵妃的香囊绕殿而跑。大鬼则身穿蓝衣，戴帽子，袒露一臂，脚上穿一双官靴，正在追赶小鬼。大鬼捉到小鬼后，挖了小鬼的眼睛，然后将小鬼劈开吃掉了。唐明皇看得目瞪口呆，于是问大鬼："尔何人也？"大鬼回道："臣钟馗氏，即武举不捷之士也，誓与陛下除天下妖孽。"唐明皇醒后，病便好了。唐明皇便请当时的吴道子画出钟馗像。从此，钟馗在民间一下子流行起来。唐明皇封钟馗为"赐福镇宅圣君"，批告天下，一年四季遍悬钟馗像，以祛邪魅佑平安。

之后钟馗的生平被后人逐渐丰富。在民间故事中，他是唐朝终南山人，生得豹头环眼，满脸大胡子。钟馗虽然面目丑陋，却学问斗载，刚直不阿。家境贫寒的他在同乡资助下进京赶考，虽然才学得到考官认可，但因面目丑陋而没被录取，一气之下撞死在了皇殿上。因其一身正气，死后做了阴间鬼王，负责管理那些跑出阴间捣乱的小鬼。但这种说法很可能只是后人附会，许多人都提出了不同的看法。明代李时珍认为钟馗是一种锥形菌类，因为民间也将锥称作钟葵，又因为古代画作中经常有锥形物体击鬼，所以将捉鬼的人称为钟馗。明末清初学者顾炎武认为，古代傩舞仪式的巫师手中的大棒称为终葵，也叫椎，这可能才是钟馗的来源。总之，多数学者倾向于钟馗的原型是一个物体，而非一个人。

☆因掌管世人夭寿，阎罗王令人闻之色变，阎罗王的来历是怎样的？

即使是大奸大恶之徒，天不怕地不怕，也没有不怕阎罗王的。

那么阎罗王是怎么来的呢？真有阎罗王吗？

其实中国古代原本没有阎王的观念，佛教从古代印度传入中国后，阎王作为地狱主神的信仰才开始在中国流行开来。在古代印度神话中，阎王是管理阴间的王。佛教创立后，沿用了阎王的观念，认为阎王是管理地狱的王。阎王信仰随佛教传入中国后，中国人是比较认同地狱观念的，只不过做了些许改造，在阎罗王上面又立了几个道家的神，这样，阎罗王便不再是阴间的第一把手，只成了一个负责具体审判事务的官员。再后来，审判的权力也被分割，一个阎王又成了“十殿阎罗”。

▲五殿阎罗王 明

此图描绘了阴曹地府阴风惨惨的情景，据载包拯就是设计了这样一个场面，吓得郭槐如实招供。

至于阎罗王之位到底是谁在担任，自隋唐到清末，产生了多种说法。一种说法是隋将韩擒虎。《二十四史》多讳鬼神，但韩擒虎死后做阎罗的传说，竟被记入本纪，可见此说在当时十分流行。据说当时韩擒虎未死时，便有阴间众官吏来接。隋文帝杨坚听说，专门设宴为他送行。

另一说法是北宋名相寇准，寇准向以公正秉直闻名，估计是出于这个原因，民间“推选”他当阎罗。

还有一种常见的说法便是北宋的龙图阁直学士包拯。以包拯的刚正直言，执法严峻，自是阎罗王的最合适人选。甚至有人说他在世时便已经开始着手审理阴间案子，所谓“日断人间，夜判阴间”，为死后的正式赴任做好了准备。

另有说法则是南宋丞相江万里，他为人刚直，触犯权奸贾似道后回乡。后来元兵攻破南宋，他投水自杀。民间推举他，多半也是因其刚直不阿。

☆《天仙配》中的董永在历史上真有其人吗?

董永与下凡的天仙女的故事，在中国已经流传了近两千年。关于这个民间神话故事，最早的记载始于汉代，以后各朝代都有改编和补充。这个故事最初在黄河流域流传，魏晋时期，随着北方人因为战乱南迁，董永事迹便流传到了全国各地。董永的传说形式多种多样，影响非常深远。那么，历史上是否真有董永其人呢？关于这一点，人们的看法是不一致的。

有人认为，董永是“文学故事人物”。他们的观点是：董永的故事有各种详细的记载，但又各不相同，这说明董永的故事显然是经过编造的。从而否定董永其人的存在。《辞海》的编者就说：“其事始见于曹植《灵芝篇》，《搜神记》亦有记载，当为魏晋间流行故事。”既是流行故事，其中人物当然不必认真。

但更多的人认为历史上确有董永其人。在汉代刘向《孝子图》、唐代李翰《蒙求》、元代郭居业《二十四孝》、清代《历代孝子录编》及《中国人名大辞典》等中均有记载，说董永是汉代千乘人。

汉代刘向《孝子图》虽然已经失传，但在唐代的《法苑珠林》和宋代的《太平御览》中都有引用，内容也基本相同。这说明董永的故事在刘向生活的西汉末年已经开始流传。东晋干宝的《搜神记》、东汉时代的武氏墓群石刻以及湖北的《孝感县志》都表明董永是汉代千乘人。汉代的千乘县和千乘郡都属青州管辖范围内，在今天的山东省高青县境东部，东邻现在的博兴县。

《博兴县志·人物志》中记载：“董永墓在今崇德社（今陈户镇），去墓数里有董家庄，永故宅也。”董家庄在今天的博兴县陈户镇，在汉代属于千乘郡千乘县。董家庄就是董永的故乡，博兴县志所载的与上面提到的各种书中说法是吻合的。

董家庄原有董公庙，虽然现在已经不存在了，但《山东通志》中记载：“董公庙在城（今博兴县城）东北三十里祀董永。”

以上的资料证明了董永的故乡就是现今山东省博兴县陈户镇董家庄。

董永确有其人，那么与仙女的故事呢？认为董永确有其人的观点是：董永卖身葬父确有其事；与仙女的故事，只是人们美好的愿望。

☆张天师是谁?

“张天师被娘打——有法没处使”是句歇后语。显然，先不管这张天师是谁，有什么“法”，被娘打时也只能乖乖领受。而人们之所以选择张天师作为例子，则是为了更加强调这种无奈，因为张天师以法力高强著称。人们一般用这个歇后语形容一个人遇到特殊的情况，虽然本来是有手段的，却无法施展出来。那么，张天师是谁，他有些什么法术呢?

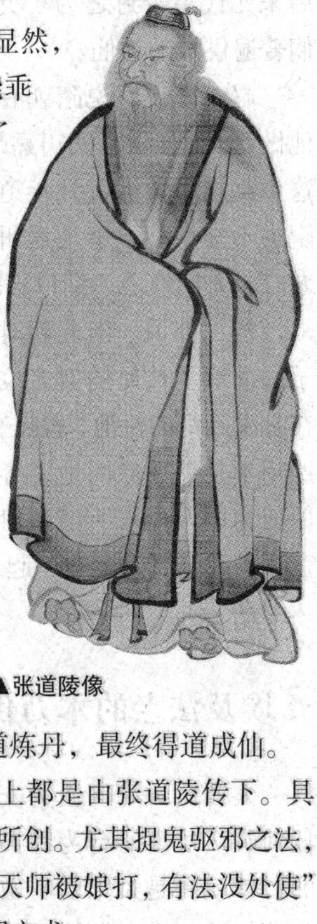
▲张道陵像

张天师，指的是道教创始人张道陵。张道陵，字辅汉，东汉末年生于沛国丰（江苏省丰县）。为创汉功臣张良之八世孙，史书又称其为张陵。他不仅熟悉《道德经》等道家经典，还是一位大儒，从其学者有千余之众。据说他夜里被太上老君托梦授以“正一盟威符录”，学得驱使神灵之法。太上老君又授予他三五斩邪雌雄剑、阳平治都功印、平顶冠、八封衣、方裙、朱履等法宝。从此他成了专门驱赶妖魔鬼怪的天师，并创立了道教，后在龙虎山修道炼丹，最终得道成仙。

至于法术，应该说我们常见的后世道士之术基本上都是由张道陵传下。具体而言，道教的炼丹之术，以及咒语符术，都是张道陵所创。尤其捉鬼驱邪之法，可说是张道陵乃至后世天师派道士的看家本领。而“张天师被娘打，有法没处使”里所说的“法”所着重强调的，便是张道陵的捉鬼驱邪之术。

☆历史上到底有没有“二郎神”？

在《西游记》中孙悟空大闹天宫时，最好看的部分应该是“孙悟空大战二郎神”一段了。两“人”的本领实在是不分上下。那么，这个神通广大的二郎神是如何产生的呢，在历史上有没有原型呢?

二郎神，又称灌口二郎，是道教中颇有名的神人。民间多认为他原居四川灌县，具有防止水灾的功能。关于其历史原型，有多种说法，下面是比较普遍的几种。

李二郎说。我们知道，战国时期的秦国蜀郡太守李冰在成都平原上修建了都江堰，从而成就了成都平原天府之国的美誉。据蜀中民间传说，在修建都江堰的过程中，李冰有个被人们唤作“李二郎”的次子，曾协助父亲“凿离堆、开二江”，立下了大功。人们为纪念这位“李二郎”，便建庙将他作为神灵奉祀。后来元代皇帝封之为“英烈昭惠显圣仁佑王”，“二郎神”走出四川，成为人们普遍供奉的神仙。

赵二郎说。说隋朝有个文人叫赵昱，隐居在青城山修道。后来隋炀帝强迫他做官，他便做了四川嘉州太守。据说当时灌江中常有蛟龙兴风作浪，危害一方。这位赵昱自恃练过几年道术，便带了把刀跳入江中，杀死蛟龙，之后他便挂官隐去不知所终。于是嘉州人将之奉为神明，在灌江口为之立庙。因他在家排行老二，人们唤之“灌口二郎”。

杨二郎说。南北朝时氐族的有个领袖人物叫杨难当，他是氐王杨盛的第二子，继承了长兄杨玄之位，因此传说中被称为二郎。历史上杨难当的统治中心在甘肃武都的仇池，曾据有宕昌之地，即今邻近灌口的松潘，还曾派兵深入川境。四川本是羌氐族旧地，容易慑服于他的兵威。于是由传说而信仰而立庙崇祀，便成为唐宋以来所谓灌口神的起源。而后世小说中又有人将宋徽宗宠信的一个宦官杨戬与之附会在一起，于是二郎神的“杨戬”之名广为流传。

☆埃及法老的木乃伊为什么经常改葬?

人死后讲究入土为安，而一旦盖了棺入了土，其他人就不能再去打扰了，任何破坏坟墓的行为都被认为是对死者的不敬。破坏坟墓尚且如此，移动死者的尸体就更是大大的不敬了。因此，如果没有特殊情况，死者下葬后就不会再改葬。然而纵观古埃及的历史，改葬现象时有发生，而且改葬最为频繁的就是埃及法老的木乃伊。

埃及法老作为埃及最高贵的统治者，自然会对自己的身后安息之地尤为重视。为了能让自己死后有一片安息的乐土，法老们在生前就开始主持修建自己的陵墓，并在其中设置了重重机关，以防盗墓者潜入陵墓。可这样精心修建的陵墓，法老们在死后却大多“无福享受”。他们不但无法安静地躺在自己的墓穴之中，甚至连一个像样的栖身之地都没有。至于那些奢华的陵墓，自然是“人”去墓空了。

埃及法老的木乃伊为什么经常改葬呢？这都是那些盗墓者的“功劳”。虽说法老们生前就知道盗墓活动很猖獗，因此尽量将自己的陵墓修得很隐蔽，并设置机关来阻拦盗墓者，但这些手段显然并未发挥太大的作用，盗墓者仍然有办法进入墓穴带走他们需要的东西。为了保护法老们的遗体和陪葬品，必须有人在适当的时机将它们全部迁出，改葬在其他的地方。

那么，转移埃及法老木乃伊这个神圣的使命是由谁来完成的呢？是那些虔诚的僧侣和“勤王”的忠臣，也有一小部分是政府派来的看守人员。他们一直默默守护着法老们的陵墓，与盗墓者周旋斗争，当得知盗墓者将要有所行动的时候，他们就会提前将法老的木乃伊及陪葬品转移到其他地方。这样一来，法老们的木乃伊就只能四处游荡了，而改葬也实属无奈之举。

☆希罗多德曾对金字塔作了详细的描述，却为何对狮身人面像只字不提呢？

公元前5世纪，古希腊著名历史学家希罗多德游历埃及时，记下了最早关于金字塔的文字：

“胡夫国王采纳祭司们的建议，强迫全埃及的人民去修建金字塔，并以10万人每隔3个月交替一次的方式劳作。仅仅建设为拖拉石头的道路这一项，就花费了10年的时间，而建造一座金字塔则需要20年。整个国家的民众都处于水深火热之中。”

“建造金字塔用的是阶梯式的建筑方法：先造好阶梯后，再用木制的起重机举起巨大的石头，或许是用与阶梯数量相同的起重机，也或许只用一台易于移动的起重机，一块一块地往上运送。”

……

然而，花了大量笔墨描写金字塔的希罗多德，为什么对近在咫尺的狮身人面像“视而不见”、只字不提呢？是希罗多德认为狮身人面像如此渺小，不值一提吗？

原来，狮身人面像所处的地势较低，它原来是一个小山包，但在修建哈夫拉金字塔时，其上部和四周的好石头都挖走了，这里就成为吉萨高地的一块低洼地区。所以，狮身人面像在历史上曾经数次被沙漠完全吞没。在其前爪间的一块记梦碑上，曾记载着第十八王朝法老图特摩斯四世（公元前1425～前1414在位）为其“现身”的故事：

当时，石像已经被沙子埋到了脖颈。一次，法老阿蒙霍特普二世年轻的王子图特摩斯来此狩猎，在其头部阴影下休息。他在睡梦中忽然听到石像开口对他说：“我是伟大的霍尔·艾姆·艾赫特，沙石憋得我透不出气来。假如你能帮我除去我身上的沙土，我将封你为上下埃及的国王。”王子当即答应了它的要求。后来，王子兑现了这个诺言，将石像挖了出来，并在其东、西、北三面筑起一道土坯墙，以防沙土再次堆积，他本人也当上了法老。

然而，土坯墙并不能阻止沙暴对石像的侵袭，到公元前5世纪希罗多德造访埃及时，石像可能再次被沙土完全吞噬，所以希罗多德对它只字未提。

☆终结了埃及法老王朝的亚历山大为什么被视为埃及人的“解放者”？

▲亚历山大骑马追赶波斯王大流士。

早在公元前3100年，美尼斯就建立了世界上最早的奴隶制王朝——埃及。美尼斯还开创了法老专制的政治制度。埃及文明曾盛极一时。公元前525年，埃及被波斯王朝征服，建立了第27王朝。后来，埃及人发动起义，推翻了此王朝。而在公元前343年，波斯人再次入侵埃及，建立了第31王朝。此时的埃及已不像从前那样强大，开始衰败。

亚历山大大帝东征时，法老王朝只是徒有虚名而已。公元前332年，亚历山大大帝击败了波斯王朝的大流士，《亚历山大远征记》中描述了大流士逃跑时的落魄模样。他的落败从侧面反映出亚历山大当时的风光。虽然亚历山大征服埃及也算得上是对埃及的侵略，但是这次侵略却将波斯王朝从埃及的土地上赶走，使埃及摆脱了波斯人的统治。

亚历山大接管埃及后，埃及的僧侣兴奋地将他礼拜为埃及的法老。亚历山大的到来开启了埃及的希腊化时代，东方文明和西方文明进入了大融合时代。亚历山大在埃及建立了亚历山大城，建造了古代世界的七大奇迹之一的亚历山大灯塔，将希腊语定为埃及的官方语言，埃及的文明似乎再次繁盛起来。

亚历山大毫不费力的入侵，结束了埃及持续近3000年的法老王朝，因此亚历山大被当时的埃及人视为“解放者”。

☆新王国时期的埃及法老为什么选择葬于“王陵谷”而不再为自己修建金字塔?

从古王国后期开始，埃及民间的盗墓之风愈演愈烈，甚至出现了盗墓专业村。因此，为了死后的“安全”起见，新王国时期的法老们便不再为自己修建金字塔，而是在尼罗河西岸地段的山谷中开凿石窟墓，用于安放自己的遗体。于是，这个山谷便成了新王国时期法老们墓葬的集中地，成为举世闻名的“王陵谷”。

第一个在王陵谷建造陵墓的法老是图特摩斯一世（公元前 1525 ~约前 1512 在位）。他命人在山谷的石灰岩壁上开凿了一条很陡的隧道作为墓穴，此举标志着延续了 1000 多年的金字塔式墓穴的建造正式终结。在此后的 500 年间，各代法老都是沿用这种方式建造自己的墓穴。石窟墓深入山腰，墓内结构复杂，装饰富丽堂皇，虽然比不上金字塔的雄伟壮观，但至少不像金字塔那样“树大招风”，让法老们有一种“安全感”。

不过法老们的心里依然不是很踏实，他们尽量使墓道修得复杂隐蔽，有些墓口还故意用沙子掩埋起来，以掩人耳目。此外，他们还在王陵谷安置了一大批专门的修建和保卫人员。保卫陵园的军队驻扎在营房之内，负责修建的工人则在简易的房屋里栖身。修建人员包括石匠、画工、木乃伊制作师和其他手工艺者。他们来自全国各地，需要经常补充，因为当一座墓窟建成后，那些最后参与此事的建筑工人往往会被秘密处死，以防泄露墓中的机密。

然而，这些防护措施依然无法制止猖獗的盗墓活动，类似金字塔附近的盗墓专业村又在王陵谷附近出现。盗墓者为生活所迫或在巨大利益的驱使下，铤而走险，千方百计地找到墓穴的入口，将里面的金银财宝洗劫一空。到了埃及古文明行将结束的公元前 4 世纪，王陵谷已经破败不堪，许多洞穴的入口大敞四开，王陵谷成了法老们的“阴魂”、野兽和盗墓者的共居地。

☆为什么有人说巴比伦文明的本质是商业文明?

美索不达米亚工商业发展的顶峰应属巴比伦时期。由于两河流域南北的统一，城市经济的发展，大大促进了工商业的发展，巴比伦城成了全国贸易甚至是国际贸易的中心。因此有人说，巴比伦文明本质上是商业文明。的确，流传下来的文献，大多带有浓厚的商业色彩。就国内贸易而言，从大量的借贷、契约、合同、期票的泥版文书，可以看出当时商业活动频繁的程度。自从马传入后，交通工具的革新使巴比伦的商务由国内市场推向了国际市场，成为近东的贸易中心，与地中海诸国也有商业往来。

古巴比伦时期的对外贸易具有如下特点：其一，商人在生意结束后往往向神庙和国家交税；其二，商人常常采用合伙经营的方式；其三，商业资本多半来自私人，一般的借贷契约都有 5 ~ 8 位证人，并有证人的印章；另外，这一时期出现了专营某种商品的大商人。

从以上我们可以看到，除国家与神庙控制和组织的商业贸易外，巴比伦的私人商业活动也十分活跃。在当时，许多商船云集在巴比伦的码头，这里成为商贸的集散地，这些商业活动多半是属于私人性质的。

汉谟拉比法典中提到了两种主要商人，一是大商人“塔木卡”，一是小商人“沙马鲁”。塔木卡的活动包括：从事商业贸易、高利贷、贩卖奴隶、为国家征收租税，塔木卡因此享有王室份地。沙马鲁既是塔木卡的代理人，也是其商业伙伴，其所从事的商业活动有的是为塔木卡推销商品，塔木卡付给其工资；有的则是与塔木卡合伙经营，参加分成。沙马鲁在社会经济地位上虽比不上塔木卡，但也可能比较富有，基本是独立的私商，而不是王室官员。

关于巴比伦商业的繁荣景象，历史学家这样描述道：

巴比伦商人们领着毛驴商队缓慢地穿梭于城镇之间，做着生意，他们能渗透到周围很远的社区。他们在幼发拉底河上游一带时常出没，这样，在这里出现了一个叫作哈拉的城镇（哈拉的意思就是“旅行”）。在许多人家的院子里，都堆有很高的货包，每一捆包上都印着商人姓名的泥章。

☆克拉苏率领的罗马军为何在东征时神秘失踪?

公元前 53 年，古罗马的克拉苏率领大军东征安息（今伊朗东北部），不幸在卡尔莱（今叙利亚的帕提亚）遭到安息军队的围歼。罗马军队几乎全军覆没，只有克拉苏的长子率第一军团 6000 余人拼死突围出来。33 年后，罗马帝国与安息停战讲和，双方开始互相遣返战争俘虏。这时，罗马人才惊奇地发现，当年突围的古罗马第一军团神秘地失踪了！这桩悬案困扰了中西方史学界许多年。

有人提出，古罗马军团最终定居在中国。这一论点引起了国内外学者的高度关注。西北民族学院历史系教授关意权从《汉书·陈汤传》得知：公元前 36 年，西汉王朝陈汤等人在去往郅支城（今哈萨克斯坦境内）西征匈奴的途中，发现单于手下有一只奇特的雇佣军，他们用圆形盾牌组成“鱼丽阵”（即“鱼鳞陈”）进攻敌人，并在土城外修“重木城”作为防御，这是当年罗马军队所独有的作战手段。西征大获全胜，陈汤等人将 1000 多名俘虏带回中国。这时，西汉河西地区突然出现了一个叫“骊靬”的县。《后汉书》中记载：“汉初设骊靬县，取国名为县。”“骊靬”是当时中国人对罗马的称呼，那么“取国名为县”是不是说明这里居住的是罗马人呢？难道当年陈汤等人西征中看到的奇特军队，就是失踪的古罗马第一军团的残部？

▲克拉苏头像

正是他率兵镇压了斯巴达克起义军。

这个疑团能不能解开，就要看能不能找到骊靬古城。经过多年的考察，关教授和他的合作者在甘肃省永昌县焦家庄乡楼庄子村六队的者来寨，发现了骊靬古城的遗址。遗憾的是，古城在自然力和人力的破坏下只剩下长30余米、高不足3米的断壁残垣了。在这座古城的遗址中曾发现过一处汉代的墓葬，经考古学家的论证，墓主是汉代的欧洲人。在者来寨邻近的杏树村，还发掘出一根修筑“重木城”所需的器物——周身嵌有木杆、一丈多长的粗大圆木。

关教授还发现，者来寨的村民虽是汉族，但有欧洲人的相貌特征：身材高大，皮肤深红，有蓝眼睛、深眼窝、棕色头发，汗毛也较长。据统计，者来寨的400多口人中，有200多人是欧洲相貌特征。通过对民俗的考察，关教授还发现，当地村民有古罗马遗风，如当地人喜欢斗牛。他们安葬死者时，一律让头朝西，关教授认为这是古罗马的方向。

以上的种种发现，都极大地支持了罗马第一军团并没有神秘失踪，而是作为俘虏被西汉政府安置在骊靬城定居了下来。

☆年轻时凶狠残暴的阿育王为什么被后人称为“和平的皇帝”？

阿育王是印度孔雀王朝的第三代君主。他一生的业绩可以分成两个部分，前半生是“黑阿育王”时代，后半生是“白阿育王”时代。

公元前273年，其父王病重，阿育王回国争夺王位，传说他杀死了99个兄弟之后才坐稳了宝座。在排除一切反对势力后，阿育王举行了灌顶仪式（印度当时的登基仪式）。杀人无数的阿育王即位后依然不改其凶狠嗜杀的作风。

他发动了一系列战争，通过武力基本统一了印度，其中规模最大的一次战争是公元前261年远征孟加拉沿海的羯陵伽国。这次战争使孔雀王朝基本完成了统一印度的事业，但也造成了10万人被杀、15万人被掳走的人间惨剧。此战中，阿育王被伏尸成山、血流成河的场面所震撼，痛悔自己统治的凶残，于是停止武力扩张，改变其统治策略。

在其后半生，阿育王在全国努力推广佛教，使佛教成为国教，促成了这一世界性宗教的繁荣。其统治时期也成为古代印度历史上空前强盛的时代。

阿育王先后在全国修了 8 万余座佛舍利塔，多次帮助僧团，布施供养三宝。阿育王又派许多大德高僧，到全国各地乃至国外弘扬佛教，这些传教高僧及大臣东到缅甸，西到埃及、希腊等。

由于阿育王幡然悔悟，在其后半生的统治中十分强调宽容和非暴力主义，并且积极地爱护人民、保护生命、护持佛教，所以他被人称为“和平的皇帝”。

☆伟大的航海家哥伦布为什么会被人看成“吹牛大王”？

哥伦布是人类历史上最为出色的航海家之一，他发现美洲大陆的事迹为人们所熟知。

哥伦布出生在意大利热那亚一个纺织工匠家庭。他从小就在家中的纺织作坊中帮工。多年的劳作及动手实践，培养了哥伦布细致、耐心的性格和极强的动手操作能力。热那亚是地中海北部重要和著名的港口，每天数以万计的船只在这里停泊。港内肤色不同、着装各异的人们，异国的香料、热带的馨香、千奇百怪的海上见闻，以及海产品的腥臭，给幼小的哥伦布留下了深刻的印象。

▲哥伦布是意大利著名的航海家，自幼喜欢冒险，为寻找传说中金银遍地的中国和印度，他四次横渡大西洋，并首次发现了美洲大陆。

大约在满 14 岁之后，哥伦布投身海洋当了一名见习水手。后来他曾多次参加远航，南到几内亚，北到冰岛，积累了丰富的航海经验。1476 年，他偶然到了葡萄牙，从此在那里学习航海知识。他学会了葡文及拉丁文，并利用这些语言深入研究了航海所必不可少的宇宙学和数学，且学会了绘制地图和使用各种航海工具。他阅读了《马可·波罗游记》，对东方的富饶遐想无限，于是产生了到东方去的想法；他接触了学者托斯卡内里，接受了其“地圆学说”，并根据托斯卡内里“向西航行，即能到达那个生产各种香料和宝石最多的国家”的指引，大胆地为自己制定了一项西航去印度的计划。他认为从加那利群岛到日本只有 2400 海里，到中国只有 3350 海里，这也就等于把地球缩小了 70%。

1478 年，他向裘安王子兜售自己的计划时，也许是害怕他的计划被别人窃取而隐瞒了关键部分，加上他平时爱说大话及要价太高（要一年用的粮食、三艘船、船员，并要求被封为骑士，担任新发现地方的总督并分得该地一切财富的 1/10），所以没人相信，认为他是个“吹牛大王”，拒绝了他的要求。

哥伦布愤然离开葡萄牙，移居西班牙。而哥伦布的计划正中西班牙统治者的下怀，王后伊萨贝拉同意资助哥伦布西航探险，并与其签订了著名的“圣大菲协定”。1492 年 8 月 3 日，哥伦布率领船队起锚出海了。不久，哥伦布就发现了美洲大陆，“吹牛大王”成了名垂青史的航海家。

☆克伦威尔为什么被称为“精神恶魔”？

1599 年，克伦威尔出生在英国亨廷顿。1628 年，克伦威尔被选进国会当议员，但是为期不长，因为次年国王查理一世就解散了国会，实行独裁统治。直到 1640 年，在对苏格兰人作战需要资金的情况下，查理一世才恢复国会，图谋加税。新国会强烈要求国王不再实行专制统治，但是查理一世不甘屈从国会，又解散了国会。之后，在全国人民的强烈反对下，查理一世不得不在 1640 年 11 月再次召开国会。这次国会的召开，标志着英国资产阶级革命的开始。

1642 年 8 月，国王查理一世向国会宣战，内战爆发。在历时 4 年的战争中，克伦威尔组织了一支骑兵部队，在与国王军队的作战中，他杰出的军事才能使他声望日隆。在关键性的马斯顿战役中，克伦威尔起了举足轻重的作用。他率兵大败王党军，扭转了战局。1646 年战争结束，查理一世成了阶下之囚。但是和平并没有到来，因为内部发生分裂，各派别间存在着根本的分歧。没过一年，查理一世潜逃，企图东山再起，他重新纠集军队，第二次内战爆发了。克伦威尔再一次击败了查理一世的军队，在清洗了国会中的长老派势力后，于 1649 年 1 月 30 日把查理一世推上了断头台。

1649 年 5 月，克伦威尔宣布成立共和国，建立了以他为首的资产阶级专政。不久，他就残酷镇压了平均派和掘地派的民主运动和爱尔兰民族起义。克伦威尔开始执政时，他本想通过与国会谈判来进行新的选举，但是当谈判破裂时，他就用武力解散了残余国会。从那时直到 1658 年他去世，克伦威尔曾先后成立和解散了 3 个不同的国会，采用了两部不同的宪法。在克伦威尔执政期间，他主要依靠军队的支持来维系统治，也就是说，他是一个军事独裁者。

因此，后人评价他时，认为他只是用一种新的剥削制度代替旧的剥削制度，虽然他在口头上赞成国会有至高无上的权力和反对独断专行的统治，但是在事实上却建立了一种军事独裁统治。于是，克伦威尔被冠以“精神恶魔”、“头号杀人王”等称号。

☆法国的国庆节有什么特别的意义?

国庆节对每一个国家来说都具有特别的意义，也是各国政府和人民最为重视的一个节日。比如说中国的国庆节是10月1日，1949年的这一天，中华人民共和国正式诞生。这样的常识基本上每个中国人都能说出来，然而在法国，国庆节的来历却不甚清晰，甚至还存在两种不同的说法。

有一种说法认为，法国的国庆节是为了纪念1789年的7月14日。持这种观点的人认为，1789年7月14日是法国历史上极不平凡的一天，因为在这一天，巴黎人民攻占了巴士底狱，拉开了法国资产阶级革命的序幕，标志着新的资本主义法国的诞生。中国史学界一般都是持这一观点的。

另一种说法认为，法国的国庆节是为了纪念1790年的7月14日。持这种观点的人认为，1790年7月14日是法国国民自卫军举行联盟大会的日子，这一节日最初被定为联盟节，是法国全国大联盟运动的产物，后来才发展成国庆节。法国文学家于连·邦达是这样评价这一节日的：“7月14日这一天，法兰西人战胜了分裂，排除了分歧，坚定了他们组成为一个民族的决心。”这种说法显然要更有说服力一些，因为“联盟统一”比“开始革命”更适合作为国庆节的寓意。

此外，也有人认为如果7月14日不是法国资产阶级革命的开始，那么联盟节也就不会选在这一天举行。因此，法国的国庆节应该是两者的意义兼而有之。虽然这个问题至今尚未形成定论，但却并不影响法国人民庆祝这一节日，每到7月14日，法国上下便成了欢乐的海洋。

法国人的国庆节活动

国庆节是法国最隆重的节日。节日前夕，不仅城市的所有建筑和公共场所都要用彩灯和花环装饰起来，而且每家每户还都要悬挂彩旗。7月14日当天，在著名的香榭丽舍大街要举行隆重的阅兵仪式。到了晚上，凯旋门的上空会亮起红、白、蓝三色探照灯柱，狂欢的人群涌上街头，随着广场上的音乐声翩翩起舞。为了使庆祝活动达到高潮，法国政府每年都要燃放大量的烟花爆竹。此外，在国庆节期间，各地还会举办丰富多彩的文娱活动，庆祝这一意义非凡的节日。

第八章

帝后职官

☆“三皇五帝”真有其人吗?

我们经常能在书本上看到这样的句子：“自盘古开天辟地以来，从三皇五帝至今，中华文明已有五千年的历史。”

用斧头开天辟地的盘古，无疑是神话传说中的人物。那么“三皇五帝”究竟是谁？他们是传说中的人物，还是真有其人呢？

史料记载中，有些说“三皇”是燧人、伏羲和神农氏，“五帝”是黄帝、颛顼、帝喾、尧、舜；有些说“三皇”是伏羲、神农、共工，“五帝”是少昊、颛顼、帝喾、尧、舜。总之，众说不一。大部分的意见是“三皇”为燧人氏、伏羲氏和神农氏，“五帝”为黄帝、颛顼、帝喾、尧帝、舜帝。

此外，“三皇五帝”是人是神，也没有明确的论断。比如，“三皇”中的太昊伏羲氏，史料记载他为古代东夷的部落首领，根据阴阳的变化创制了八卦，还模仿蜘蛛结网发明了渔网，并创制了乐器“瑟”，这很明显属于人类的行为。可是，他却是人头蛇身，用现在的眼光来看，恐怕只能排入妖怪的行列。

又如神农氏，相传他用树木制作了耒、耜等农具，并发明了草药，为人治病。他虽然有着人身，却是牛头。和人最相近的要算燧人氏。传说他发明钻木取火，以在森林中捕食野兽为生。

到了“五帝”时期，这些古代的英雄们已经没有牛头或蛇身的怪异长相了。他们不仅和人类一样吃肉食，吃水果，而且更热衷搞发明。比如，仅黄帝就发明了养蚕、缫丝、舟车、文字、音律、算术、历法、棺椁、器皿等。

这些仅属于传说，因为没有确切的年代，也没有相关的资料来证明。我们也可以说，“三皇五帝”是先夏文化时期神话传说和历史考古资料参半的人物。也可把他们看作是中国祖先处于史前各个不同文化阶段的象征。

虽然不确定是否真有其人，这些古代英雄们仍然受到现代人的崇奉。

"皇帝"释义

"皇"本来的意思是"大"和"美",古为上天、光明之意,"因给予万物生机谓之皇"。到了战国末期,由于上帝的"帝"字被作为人主的称呼,遂用"皇"字来称上帝,比如《楚辞》中的西皇、东皇、上皇等。

"帝"原指天帝,是生物之主,兴益之宗,"因其生育之功谓之帝"。"五帝"时期,"帝"指实力强大而成为部落联盟的领导者。

☆赵武灵王"胡服骑射",功勋卓著,但他的下场是怎样的?

赵武灵王是战国时期赵国的著名君主,在任期间为了抵御北方胡人的侵略,实行了"胡服骑射"的军事改革,使赵国军事力量日益强大。随后,赵国打败了胡人,北灭中山国,成为"战国七雄"之一。

所谓"胡服骑射"是指学习胡人的短打扮服饰,同时也学习他们的骑马、射箭等武艺。"胡服骑射"这个典故告诉人们不要故步自封,应学习别人的长处,勇于改革。这个词语出自《战国策·赵策二》:"今吾(赵武灵王)将胡服骑射以教百姓。"

通过"胡服骑射"制度,赵国的军事实力得到很大提高,逐步统一了北方。但赵武灵王并不满足,希望打败西南方的秦后统一全国。为此他将王位让给自己钟爱的幼子赵何,即赵惠文王,并让有丰富政治经验的老臣肥义做相国,而自号为"主父"。他从烦琐的政务中解脱出来,统率他亲手缔造的骑兵,准备从河套一带南下袭秦。为了稳中求胜,赵武灵王冒着很大的危险,化装成使者入秦,窥审秦王态势,侦察关中地形,认真研究袭秦战略。这时候,国内却因争太子位发生了动乱。据《史记·赵世家》记载:惠文王四年,公子章"作乱",杀了肥义。公子李成、李兑起兵靖难,击败公子章。公子章兵败后投奔主父,主父收容了他。公子成、李兑围攻主父所居的沙丘宫,杀死公子章。他们害怕主父报复,就将他围困在宫中。"主父欲出不得,又不得食,探爵鷇(小麻雀)

▲赵武灵王胡服骑射复原图

胡服骑射大大增强了赵国军队的战斗力,使赵国实力大增,赵武灵王的伟大功绩也为世人所传颂。

而食之，三月余而饿死沙丘宫。”

赵武灵王的死和他游移的态度是有关系的。先是废长立幼，引来群臣和长子的不满。后来又转而宠爱长子，在究竟立谁为王的态度上不甚明朗。这直接导致了公子赵章的作乱。后来收留其长子可能是出于父亲的疼爱，但是已经不能为取得政权的次子所容。所以在宫里被困了三个月，竟然没人去救。一个很有作为的国王就这样被活活饿死了，但他的“胡服骑射”政策却对后世影响深远。

☆古人为何管地方长官叫“父母官”？

父母官是旧时百姓对州、县官的尊称。那么，人们因何称地方官为“父母官”呢？

据《汉书》记载，汉元帝时期，有一位叫召信臣的大臣，担任南阳太守。他在任期间，爱民如子，造福一方。他兴修水利，建设了一系列利民惠民的实际工程。他还经常来到田间地头，亲自带领人民耕作。劳作累了，便与民同吃同睡。由于灌溉及时，耕作合理，农民的收入逐年增加。在带领人们努力生产的同时，召信臣还特别重视教化。他还制定不少移风易俗的条规，比如：要求当地人，婚丧嫁娶不得铺张浪费；官吏及其子弟如有骄奢淫逸者，罢官受刑等。

在他的治理下，南阳郡安乐祥和，节俭之风盛行，地方富庶。其他地方的百姓听说了，都迁居这里。当地人非常爱戴这位太守，于是称他为“召父”。唐河县城南至今还保留有“召父渠”遗址。

无独有偶，到了东汉光武帝时期，南阳百姓又遇一个好太守，其人名叫杜诗，相传他比召信臣带给人们的好处还多。于是，南阳民间就开始有了“前有召父，后有杜母”的说法。

后来，老百姓也常把那些勤政廉洁的官员亲切地称为“父母官”。再往后，不论官员政绩如何，都是“尊在”乡野，所以，人们为了抬举这些官员，便把所有地方官统称为“父母官”。当然，这么叫也有希望他们能像如“召父杜母”一样为民谋福利的成分在里面。

☆“东宫”、“西宫”有什么特殊含义？

何林注《公羊传》说：“西宫者，小寝内室，楚女所居也。”后称妃嫔居住的宫为西宫。东宫则是太子所居之宫，也用以指太子。

直到清朝末年，中国历史上才有了东太后、西太后的叫法。1861年，咸丰皇帝病死于承德避暑山庄烟波致爽殿。皇太子载淳即位于灵前。第二天颁发上谕，尊皇后钮祜禄氏为母后皇太后，徽号慈安；懿贵妃叶赫那拉氏为圣母皇太后，徽号慈禧。从这一天起，慈安太后搬入烟波致爽殿东暖阁，慈禧太后搬入西暖阁。据此，宫内始有东太后、西太后之说。

▲慈安太后之玺及玺文

☆皇位传承中“立子杀母”之说是谁兴的规矩？

封建社会一般都是“母以子荣”。通常后宫嫔妃钩心斗角，也都是希望能够把自己的孩子送上皇位，即使为之付出生命代价也在所不惜。但是中国历史上也存在“立子杀母”之说，这一规矩和汉武帝有关。

汉武帝统治时期，政治清明，国力强盛，但他的遗嘱却很耐人寻味。他立刘弗陵（昭帝）为太子，却要杀掉刘弗陵的生母钩弋夫人。当时有人提出疑问，汉武帝说：“往古国家所以变乱，多由于主少母壮。女主独居骄蹇，淫乱自恣，没有什么力量可以制约，你们没有听说过吕后事件吗？”

吕后是汉高祖刘邦的妻子，在惠帝年幼时，曾“临朝听制”，代行皇帝的权力。汉武帝有这样的遗嘱是害怕太后和外戚的专权，但是吕后干政毕竟已经年代久远，缘何武帝对自己宠爱的妃子也要行此杀手呢？这又与窦太后长期把持朝政，致使汉武帝自身理想和抱负难以施展有关。

窦太后喜欢老子的学说，文帝景帝时期主张的也是“无为”而治。汉武帝则喜欢儒家学说，喜欢和儒生来往，因为建“明堂”的事曾两度与太后翻脸，但是由于年少无权，只能听任宰割。武帝对于女子干预朝政是非常痛恨的，因而才会有这样的规定。

☆女主“临朝称制”的做法是从谁开始的？

“临朝称制”是指皇后、皇太后或太皇太后在皇帝年幼的时候代理行使皇帝权力的制度。古代女子不得干预政治，后妃们要想掌权就得“临朝”。“制”是皇帝的命令，始于秦始皇。“临朝称制”最早的是秦昭王的母亲芈八子，但从实现大一统或“制”产生后来看，则是吕后。

芈八子是秦惠文王来自楚国的姬妾，其中“芈”是楚国姓，而“八子”是她的封号。八子的地位不高，位于皇后、夫人、美人、良人之后，在秦国后宫的八级（下面还有七子、长使、少使的封号）中只是居于中下游。因此，在秦惠文王身后，她和儿子嬴稷就在皇后和新君秦武王的合谋下，被送去燕国当了人质。三年后，秦武王死于意外。芈八子在燕国的支持下，果断地联络了自己的异父弟魏冉拥立嬴稷回国，经历了三年的“季君之乱”，终于使嬴稷登上了王位的宝座，成为秦昭王。她也因此成为宣太后，并在秦国临朝称制了41年。在她统治期间，秦国的国力日益强盛，为后来秦始皇嬴政统一六国奠定了基础。

汉高祖刘邦的皇后吕雉也是“临朝称制”的代表。她在儿子惠帝死后正式临朝代行天子之权，是当时西汉真正的掌权者。在她执政的七八年中，史书中直接以“高后某年”记事，《史记》、《汉书》等正史也为她专门立了帝王资格的“本纪”。吕后的执政生涯也算成功，她虽然扶植诸吕，对待朝臣心狠手辣，但政治局面基本稳定，社会经济得到恢复，为其后的“文景之治”打下了基础。

☆皇帝的坟墓叫“陵”，这种叫法是从什么时候开始的？

箫声咽，秦娥梦断秦楼月。秦楼月，年年柳色，霸陵伤别。乐游原上清秋节，咸阳古道音尘绝。音尘绝，西风残照，汉家陵阙。

这是李白的《忆秦娥》。词中说到的“汉家陵阙”，是指现在陕西关中平原上的西汉帝王陵墓。在中国，帝王陵墓很多，比如秦始皇陵、乾陵、明十三陵、明孝陵、清东陵、清西陵、定东陵、崇陵等。慈禧的定东陵是中国现存规制豪华、体系比较完整的一座皇后陵寝建筑群。

帝王们为了“厚葬以明孝”、“事死如事生”，登基即位伊始，就着手为自己建造陵墓，不惜花费大量的人力、物力和财力。

那么，为什么古代帝王的坟墓称为“陵”呢？这种叫法是从什么时候开始的呢？

▲乾陵石像

周朝以前，君王的坟墓也都称“墓”。大约从战国中期以后，帝王的坟墓逐渐开始称为“陵”。《史记·赵世家》记载：“赵肃侯十五年经营寿陵。”《秦始皇本纪》记载：“秦惠文王葬公陵，悼武王葬永陵，孝文王葬寿陵。”

“陵”的本意是大土山。帝王为了显示王权至高无上的地位，便将坟墓建得像一座山陵，故皇帝的坟墓得名陵墓。唐代皇陵更是“因山为陵”，气势恢宏。有诗句描写乾陵“千山头角口，万木爪牙深”。帝王陵墓，实际上包括陵墓及其附属建筑，合称为陵寝，不仅占地广阔，而且还有相当的高度。帝王以“九五”为尊，所以，规定将墓建成九丈高，可实际上，多数皇陵都超过了这个高度。

☆武则天是中国唯一的女皇帝吗？如果不是，那还有谁呢？

武则天是唐高宗李治的皇后，后改国号为周，自称圣神皇帝。史学界一般认为她是中国历史上唯一的女皇帝，但也有人认为中国最早的女皇帝是北魏孝明帝的女儿元姑娘。

▲武后步辇图 唐 张萱

此图描绘了中国唯一的女皇帝武则天出行的情景，再现了盛世的气概。张萱是盛唐时期著名的人物画家。

北魏时，胡太后生了个儿子，取名元诩。宣武帝死后，年仅4岁的元诩当上了皇帝，这便是孝明帝。胡太后被尊为皇太后，并因孝明帝年幼而临朝听政。胡太后恣意擅权，生活上更是风流不羁，引起群臣的不满。在群臣的支持下，孝明帝决定向太后夺权。于是令秀容川、豪酋尔、尔朱荣率兵来洛阳，准备逼太后退位。胡太后知道后，召集心腹密商对策。这时恰好孝明帝妃潘嫔生了个女孩，胡太后假称是个男孩，大赦天下，改年号“孝昌”为“武泰”，接着暗中毒死孝明帝，然后奉其女元姑娘当皇帝，说是太子即位，中国历史上第一个女皇帝就这样登基了。后来，等人心安定下来，胡太后又说皇帝其实是个女孩子，要另立嗣君，就将元姑娘废了。

元姑娘其实是位公主，即位当皇帝也是胡太后一手包办，并很快被废，所以史学界很多学者并不承认其为中国历史上第一位女皇帝。此外，在唐高宗时期还有位民间义军领袖陈硕贞，她曾自称“文佳皇帝”。

陈硕贞，睦州淳安县梓桐人，自称仙人，民间奉以为神。她早年丧夫，家境贫寒，由于不忍见乡亲受官吏的压榨和迫害，便率众起义，表现了无比的勇气和才智。起义后，她自称“文佳皇帝”，任用章叔胤为尚书仆射，童文宝为大将，建立农民政权。后连续攻克桐庐、睦州，并逼近歙州、婺州，威名大震。朝廷闻讯后，派扬州刺史房仁裕带兵前往镇压，婺州刺史崔义玄亦赶紧征集兵力拒之。

由于义军缺乏实战经验，几经浴血奋战，死伤无数，最终全军覆没。

元姑娘是被太后挟持，陈硕贞的起义也没有成功，所以史学界一般只承认武则天是中国历史上唯一的女皇帝。

☆为什么称"唐玄宗"为"明皇"，为什么叫杨贵妃为"太真"？

唐玄宗李隆基又叫"唐明皇"，是唐朝著名的皇帝。在其执政早期社会安定，政治清明，经济空前繁荣，唐朝进入鼎盛时期，后人称这段时期为"开元盛世"。唐玄宗后期，他贪图享乐，宠信杨贵妃，并任用杨国忠、李林甫等奸臣，导致安史之乱发生，唐朝开始从强盛走向衰落。

▲贵妃出浴图

玄宗是李隆基的庙号。其谥号为"至道大圣大明孝皇帝"，简称"唐明皇"。杨贵妃是其宠信的妃子，中国古代四大美女之一。杨贵妃是在开元后期进入皇宫的，白居易《长恨歌》中"春宵苦短日高起，从此君王不早朝"则是描写杨贵妃入宫后备受恩宠，唐明皇沉溺于美色而逐渐荒废政事的事。

"太真"是杨贵妃的号。据《旧唐书·后妃传上·玄宗杨贵妃》载："时妃衣道士服，号曰'太真'。"唐代诗人罗隐在《牡丹》诗中说："日晚更将何所似，太真无力凭栏干。"元代王实甫《西厢记》第二本第一折："（莺莺）有倾国倾城之容，西子、太真之颜。"明代杨珽的《龙膏记》中有："丰若有余，柔若无骨，啧啧太真、飞燕，旷世兼长。"

"太真"本为混沌之气。据《文选》记载："启太真之否隔兮，超遗物而度俗。"李善为这句话作注说："太真，太极真气也。"《子华子·阳城胥渠问》："太真剖割，通之而为一，离之而为两，各有精专，是名阴阳。"杨贵妃喜欢穿道士的衣服，所以称为"太真"，这当然与唐朝尊儒重道有关，而"玄宗"是明皇的庙号则表明他是一个对道教感兴趣的皇帝。

☆"烛影斧声"是怎么回事，宋太祖是非正常死亡吗？

宋太祖赵匡胤驾崩后，赵光义即位，是为太宗。但太宗是赵匡胤的弟弟，这违背了古代"父传子，家天下"的原则。而且在赵匡胤驾崩的那天晚上，有"烛影斧声”的悬案，意为赵光义通过弑兄的方式夺取帝位。

▲赵匡胤像

对于赵匡胤的死，历来争议颇多，民间传说为赵光义所杀。开宝九年（976年）十月十九日夜，赵匡胤病重，宋皇后派亲信王继恩召次子赵德芳进宫，以便安排后事。但赵光义早已窥伺帝位，王继恩被收买。在得知太祖病重后，赵光义即与亲信程玄德在晋王府通宵打探消息。王继恩奉诏后则直接去找赵光义。赵光义立即进宫，直闯太祖的寝殿。王继恩回宫，宋皇后即问：“德芳来了吗？”王继恩却说：“晋王至矣。”宋皇后知道事有变故，于是便以皇帝之谓“官家”称呼赵光义。乞求说：“吾母子之命，皆托于官家。”赵光义答以：“共保富贵，勿忧也！”史载，赵光义进入宋太祖寝殿后“但遥见烛影下晋王时或离席”。并传出“柱斧戳地”之声，赵匡胤随后去世。

但正史对这段经过却语焉不详，因此成为历史疑案。《宋史·太祖本纪》上只简略的记载：“癸丑夕，帝崩于万岁殿，年五十，殡于殿西阶。”

司马光在《涑水纪闻》中则极力为宋太宗辩解。认为太祖死时，太宗当时不在寝殿，不可能“弑兄”。现代学术界一般认为宋太祖是非正常死亡，但具体原因说法不一。有人从医学角度认为死于下毒或家族遗传的躁狂忧郁症。还有人认为太祖与太宗之间没有太多矛盾，“烛影斧声”很可能是激情杀人。也有人认为是赵光义调戏太祖宠姬花蕊夫人，被太祖发觉后遭到怒斥，太宗自知无法取得胞兄谅解，便下了毒手。似乎都言之有理，但目前仍未找到确凿无疑的证据。

☆为什么叫李世民为“唐太宗”，而叫朱棣为“永乐帝”？

古代皇帝都有些谥号或庙号，如李世民称“唐太宗”，明朝第三个皇帝朱棣称“明成祖”。明成祖在位时改年号为“永乐”，从1403年至1424年，前后共22年，所以明成祖也叫“永乐皇帝”。那么庙号和谥号有什么区别，年号又是如何产生的呢？

谥号是古代皇帝死后，后人对他们的称谓，比如汉武帝、光武帝、隋炀帝，皆以“帝”称。庙号在唐以前则严格按照“祖有功而宗有德”的标准，开国君主一般称祖，继嗣君主有治国才能者为宗。如宋朝赵匡胤称太祖，其后的赵光义称太宗，其余的称帝。在隋以前，并不是每一个皇帝都有庙号，因为按照典制，只有文治武功和德行卓著者方可入庙奉祀。唐以后，每个皇帝才都有了庙号。

可见，在唐以前，每个皇帝都有个谥号，但未必有庙号。而在唐以后，皇帝的谥号逐渐加长，人们更多称呼他们的庙号。一般开国皇帝都叫“祖”，第二个皇帝则称“太宗”，如李渊称“唐高祖”，李世民为其子，在其任上开创“贞观之治”，故称“太宗”。但明朝并不按此例，朱元璋为太祖，而朱棣却不称“太宗”而称“成祖”。“太宗”前一般有三祖：太祖、高祖、世祖，大概是嘉靖皇帝认为朱棣功绩大，堪比开国皇帝。

一般来说，庙号的选字并不参照谥法，但是也有褒贬之意。以清朝为例：太祖开国立业，太宗、世祖、圣祖发扬光大，世宗、高宗等都是守成令主的美号，仁宗、宣宗等皆明君贤主。其他朝代如中宗、宪宗都是中兴之主，哲宗、兴宗等则是有所作为的好皇帝。神宗、英宗功业不足，德宗、宁宗过于懦弱，玄宗、真宗、理宗、道宗等好玄虚，文宗、武宗名褒实贬，穆宗、敬宗功过相当，光宗、熹宗昏庸腐朽，哀宗、思宗只能亡国。

一般新帝登基都会更改年号。古代采用干支和皇帝纪年法，如朱棣登位后改年号为“永乐”，统治时间较长，并且明清两朝规定一帝一元，所以明成祖也称“永乐皇帝”。

☆改元和改朝换代是一回事吗，它们有什么区别？

世道兴衰，治乱更迭。当一个朝代腐朽到一定程度，就会爆发农民起义，继而被新的王朝取代。这便是中国历史上的改朝换代。从夏朝建立，历经商、西周、春秋和战国、秦、汉、南北朝、隋、唐、五代十国、宋、元、明、清，其间不知经历了多少王朝更迭。而新君登位，一般都会改元，采用新的年号。那么改元和改朝换代是一回事吗？

改元就是改变年号。中国古代最早使用的是干支纪年法，以十天干配合十二地支，六十年一个循环，也称一甲子。在官方，统一使用的则是年号纪年法。一般新帝登基，都要改变以前的年号，然后这第一年则称“元”年。所以改变年号也称“改元”。

改元和改朝换代不同。改朝换代同时面临着年号的改变，改元在同一个朝代的不同皇帝之间也可以发生。通常新帝继位，都会改元，确立新的年号。就是同一个皇帝，也可以更换年号。如汉武帝改了11次年号，唐高宗用过14个年号，唐玄宗即位初年改元“先天”，这一年称先天元年，后改元“开元”，又改元“天宝”。

到了明代以后，才规定一帝一元，所以可以用年号来称呼皇帝。如清高宗年号是乾隆，就被称为乾隆皇帝。

☆西方国家的“内阁”与中国古代的“内阁”性质一样吗?

现在电视里经常有“某国首相”来访的新闻报道，这里的首相指的是国家行政首脑，即“内阁首相”。在中国古代也存在内阁大学士的称呼，在明朝时代行宰相职权。二者在性质上有什么差异呢?

“殿阁学士”一说在唐朝时就有，如唐朝集贤殿中的学士、直学士等，其职责主要是编辑图书、发现推荐文学贤才，并不是掌握行政权的中央机构。宋朝设立的“殿阁大学士”名目繁多，如“观文殿、端明殿、龙图阁、天章阁、宝文阁、显谟阁”等学士，但都是给做过宰相的人加上的荣誉衔，无实际职权。

明朝时，朱元璋废除宰相职，由皇帝亲自指挥六部，但又需要有人帮助处理政务。于是“殿阁大学士”一职应运而生。洪武十五年，明仿宋代制度，置华盖殿、谨身殿、武英殿、文渊阁、东阁等大学士，为皇帝顾问。又置文华殿大学士以辅太子，品秩都是正五品。明成祖即位后，特派解缙、胡广、杨荣等入午门值文渊阁，参预机务，称为内阁。仁宗时，任用杨士奇、杨荣为华盖殿、谨身殿大学士，权力加重。明世宗时，改华盖殿为中极殿，改谨身殿为建极殿，将大学士的朝位班次，列在六部尚书之前，地位大大提高。明代之内阁大学士虽无宰相之名，实有宰相之权。

清代沿置，天聪年间设内三院，顺治年间改称内阁。以大学士分兼殿、阁之衔。乾隆年间，规定三殿、三阁大学士之制。但因实权掌握在满洲贵族手中，内阁职权低落，参与重要政务的人多由皇帝指定，不一定是内阁成员。军机处成立后，实权集中到军机处，内阁徒有虚名，仅成为传达皇帝谕旨、公布文告的机关。但名义上仍为清代最高级之官署。

可见“内阁”一词始见于明成祖时期。西方直到20世纪才有“内阁”的称呼并确立其合法性，但产生历史却很早。“内阁制”是君主立宪制的一种形式，内阁是由议会中占多数席位的某个政党或构成多数席位的几个政党联合组成，由国家元首任命的。内阁最初始于英国，由英王的枢密院外交委员会演变而来。17世纪英国资产阶级革命后，在英王威廉三世时，枢密院与外交委员会已有“内阁”之称。一般认为，正规的内阁制始于英国1721年成立的以华尔波尔为首的内阁。以后，内阁这一形式为许多资本主义国家所采用，成为这些国家的最高国家行政机关。内阁首相或总理就是政府首脑。

可见，二者是完全不同的两个概念。中国的“内阁制”虽然产生时间要早，但却是中央集权的反映，内阁成员属于皇帝的心腹或幕僚。西方的“内阁”则是资产阶级革命的产物，其本质是要限制王权，是政府的首脑机关。

☆什么人才能乘坐“八抬大轿”出行？

看古装戏，经常能看到官员出巡的情景。前面有差役鸣锣开道，后面是“八抬大轿”；一时间行人急着闪避，当官的耀武扬威而去。就是这样普通的细节，里面也有很多学问，它与中国古代封建等级制度密切相关。

鸣锣开道，现多用来指为某人或某物的出现做好准备，在过去则是为了宣扬官家的威严和权势。首先锣声的多寡就有讲究。锣鸣七下，表示县太爷起轿或行辕出行；鸣锣九下，是府一级的官员出行；鸣锣十一下，代表省、道一级的官员出行；皇帝出行，则要鸣锣十三下。

“轿子”也是中国古代官员或贵族喜欢乘坐的交通工具，产生年代非常早。《尚书·益稷》中，大禹自称：“予乘四载，随山刊木。”“四载”当中，就包括原始的轿子。1978 年，在河南固始县侯古堆开掘的春秋战国的古墓中出土了三乘肩舆（古轿子）。它们的制作颇为精巧，包括屋顶式和伞顶式两种类型，这说明在此之前，肩舆已有了一段较长的发展过程。

先秦到两晋时期，统治者和官员出行主要以乘车为主，但轿子一直存在。唐朝时，轿子的使用则仅限于皇帝或妇女、老弱。宋朝时，轿子得到普及，大到皇帝官员，小到普通百姓，皆有使用。按照用途不同，分为三类：皇室王公所用的，称为舆轿；达官贵人所乘的，称为官轿；人们娶亲所用的那种装饰华丽的轿子，则称为花轿。抬轿子的人有多有少，一般 2 ~ 8 人。

人们常说的“八抬大轿”起初是官员等级的一种反映。民间的便轿一般为二人抬，官员则分为四人抬和八人抬。如清朝就规定，凡是三品以上的京官，在京城乘“四人抬”，出京城乘“八人抬”；外省督抚乘“八人抬”，督抚部属乘“四人抬”；三品以上的钦差大臣，乘“八人抬”等。可见在清朝，“八抬大轿”是三品以上官员才能乘坐的，不像“鸣锣开道”，一个小县令也可以。

☆皇帝的龙袍上到底绣有几条龙，为什么不多绣几条呢？

看电视时，我们也会注意到，皇帝的龙袍上七扭八拐地绣着好几条龙。那么，到底绣有几条龙呢？

在抚顺市博物馆，珍藏着一件清代光绪皇帝的御用龙袍。据介绍，这件龙

▲雍正皇帝朝服像

袍长125厘米，两袖通长172厘米，下摆长110厘米。龙袍为圆领，右衽，具有满族风格的马蹄形袖。龙袍上的前胸、后背及两肩各绣有正龙，前后襟和底襟绣有升龙、降龙和行龙。

据史籍记载，皇帝的龙袍上都绣有九条金龙，胸前、背后各一，左右两肩各一，前后膝盖处各二，还有一条被绣织在衣襟里面。

为什么龙袍要绣九条龙呢？因为古代帝王受《周易》的影响，崇尚“九五至尊。”《易·乾》中说：“九五，飞龙在天，利见大人。”意思是说这条龙已经飞上天了，表示达到了最高境界。也是因为这个缘故，皇室建筑、家具陈设和生活器具等多用九、五两个数字。

为什么要将一条龙绣在里襟呢？因为九是奇数，很难在布局上做到均衡对称，于是，将一龙绣在里襟。这样，龙袍的实际龙纹不少于九条，而且在正面或背面看又都是五条(两肩之龙前后都能看到)，正好与九五之数吻合。

不过，也有例外的，明朝皇帝龙袍的龙纹数就多于九条。

1958年出土的万历皇帝的“缂丝十二章衮服”，就有十二条龙，被绣在一个圆形的中间，俗称“团龙”。

十二条龙因位置不同而有不同的名称，位于衮服前胸和后背位置的龙，是正身的龙，也就是面向外的龙，被称为“正龙”或者是“坐龙”；侧身的龙叫作“行龙”，行龙也按照朝向上下的不同分为升龙和降龙。

万历皇帝龙袍上龙的数目比起明世宗嘉靖七年创制的“燕弁服”上的就不能算多了。由弁帽、袍服、玉带、袜子和丝履构成的“燕弁服”上的龙纹呈九九之数：前身一个盘龙团纹，后身两个盘龙方纹，领子与袖子上的龙纹加在一起是45条，衣襟上的龙纹是36条。另外，在腰间的玉带上还装饰着九件刻有龙纹的玉片。

帝王礼服上的十二章纹样

帝王礼服上的十二章纹样，包括日、月、星辰、山、火、宗彝、粉米、龙、华虫、藻、黼、黻共十二种纹样，几乎囊括了天地之间一切有代表性的事物，是中国儒家学派服饰理论的核心。这些花纹的使用很有讲究，只有天子的服装才可以全部使用，以下各级只能使用龙以下的八种纹样，并且级别不同，使用的纹样也不相同，充分体现了古代社会的身份等级制度和设计出这种礼服制度的最终意义。

☆“寡人”、“朕”、“孤”等字眼并不好听，古代皇帝为何拿来做自己的专有称呼?

一个人落魄孤立无援的时候常会说：“我现在是孤家寡人，要什么没什么。”孤家寡人就是说形单影只，孤立无援的意思。可是在古代，“孤家”和“寡人”可都是皇帝的专称，众星捧月，群臣簇拥，那么皇帝又怎么会是“孤家寡人”呢?

“寡人”一词在古代意为“寡德之人”，这是古代君主的谦辞。先秦时期，王、诸侯、士大夫等，都可以自称为“寡人”。如《左传》所记载：“请子奉之以主社稷，寡人虽死亦无悔焉。”《史记·廉颇蔺相如列传》中也有“秦王以十五城请易寡人之璧”的说法。那时候，寡人不光是男人的专属。《诗经》中曾经记载，卫庄公夫人庄姜就曾自称过寡人，由此可见，古人常用的“寡人”来谦虚地说自己无德无能。但是到了唐朝，这种现象明显减少了，逐渐变成只有皇帝可以自称寡人。

皇帝自称“朕”的情况，也和“寡人”差不多。早先，人们都可以用“朕”自称，“朕”和现代汉语里“我”相似。并且，使用这一称谓的人不分等级。此时的“朕”并没有特殊含义，只做第一人称使用。然而到了秦始皇称帝，“朕”就只有皇帝一人可以自称，而且明文规定，违者重罚。其实，“朕”最早指的是身体的意思，嬴政以自己功盖三皇五帝，以始皇帝自称，并且认为这个词有“预兆”、“朕兆”的意思，所以要专用在自己身上，以尊皇权。

“孤”的用法完全是延续了秦朝以前的称谓习惯。因为在没有皇帝一人独掌天下的诸侯纷乱时期，王与诸侯国王并存，因“孤”含有“独自”和“孤独”等意味，诸侯们通常用此字自嘲落魄。但是到了汉末，“孤”却有了雄霸的意思。群雄独占一方，各自称孤。“孤”从此就演变成了王者的代名词，其中也包含有高处不胜寒，傲然孤茕的意味。

☆“黄袍”是皇帝的“专利”吗，皇袍一定是黄色的吗?

960年，率兵北征的赵匡胤到陈桥驿时，手下的一些将领全副武装，带领一些士兵直奔他的寝室。惊恐的赵匡胤刚穿好衣服，还未及反应，将领们便将他强行拖出去，并将事先准备好的黄袍披到他的身上。接着，大家跪拜在地高呼万岁。

这就是宋太祖因陈桥兵变而“黄袍加身”的典故。从此后，皇帝穿黄袍得以广为人知。

那么，“黄袍”是皇帝的“专利”吗？是不是只有皇帝才能穿黄色的衣服呢？

黄色服饰在中国古代一直比较流行，谁都能穿，只是到了隋唐时期，因为以黄为贵，“黄袍”才成为帝王的专用衣着。尤其是在唐朝，皇帝不愿意自己和一般人同着黄袍，就颁布了“禁士庶不得以赤黄为衣服”的命令。《野客丛书·禁用黄》中记载：“唐高祖武德初，用隋制，天子常服黄袍，遂禁士庶不得服，而服黄有禁自此始。”唐高宗时又重申“一切不许着黄”。但这时的规定并不严格，一般百姓着黄衣仍然较多见。

到了北宋，赵匡胤登基后，“黄袍”正式成为皇权的象征。宋仁宗时还规定：一般人士衣着不许以黄袍为底或配制花样。自此，不仅黄袍为皇帝所独有，连黄色亦为皇帝专用。

其实，在唐宋之前，君王、皇帝对穿什么颜色的袍服，并没有明确的规定。西周、东周时期，据《礼记·月令》记载，天子“着青衣”。春秋时期，各诸侯国纷争，国君的袍服更是五花八门。到了秦朝，由于盛行“五行”之说，秦王朝尚水德，以黑色为贵，所以，秦始皇就穿黑色袍服。而晋代，因为尚金德，以赤色为贵，所以，晋代的皇袍就采用了红色。

龙袍的来历

龙，在上古时期只是人们心目中的一种神异的动物，带有一定的平民性。到了唐、宋时期，统治阶级为了利用人们的龙崇拜心理，不但自诩为龙种，还垄断了龙形象的使用权，严禁民间使用龙的图案，甚至还严禁百姓提及龙字。到了明代，龙更成为帝王独有的徽记，正式形成了在皇帝服装上绣大型的团龙花纹的礼仪制度。所以，皇帝的衣服又叫龙袍。

☆帝王的正妻为什么称为“皇后”，这个称号从何而来？

在封建宫廷里，皇帝拥有“三宫六院七十二嫔妃”，在众多的妻妾中，仅有皇帝的正妻称为“后”，就是“皇后”。可是，为什么称皇帝之妻为“后”呢？

在周朝以前，天子的妻子都称为“妃”，周朝开始才称为“后”。如《礼记》记载：“天子之妃曰后。”到秦王嬴政统一六国后，改称号为“皇帝”，便称皇帝的正妻为“皇后”。不过，这时候的后妃制度还不完备，直到汉朝才开始执行较完备的后妃制度和等级划分。《汉书·景帝纪》记载：“朕亲耕，后亲桑，以奉宗庙粢盛祭服，为天下先。”《汉书·高帝纪》中有“尊王后曰皇后，太子曰皇太子”。

▲清顺治皇后孝康章皇后像

“后”原意指君主。在上古时代，“后”是帝王的称号。如大禹的儿子称为“夏后氏”，再如传说中射日的后羿。

《诗经》中记载：“商之先后，受命不殆，在武丁孙子。”郑玄笺曰：“后，君也。”《左传》中说：“其南陵，夏后皋之墓也。”《书经》说：“树后王君公，承以大夫师长。”可以看出，其中的“后”都指君主。

既然“后”在上古是帝王的称呼，为什么后来又用来称呼女性呢？

从字形来看，“后”是个会意字。甲骨文中的“后”字，口字在左下方，右上方是一拢起的手；到金文中，字形成镜像般翻转，拢起的手移到了左上方，便一直沿用至今。

《说文解字》中说：“后，继体君也，像人之形，施令以告四方，发号者，君后也。”在上古氏族部落中，女性具有崇高的地位，一般为发号施令者。这时，“后”的意思指有权威的女性长辈。可见，作为帝王正妻的“皇后”便是从此引申出来的。

☆戏中总唱皇帝“三宫六院七十二妃”，何谓三宫，何谓六院，只有七十二个妃子吗？

在民间，如果问一个人皇帝的老婆有多少，答案十有八九是“三宫六院七十二妃”。那么，“三宫六院七十二妃”是实指呢，还是泛指呢？

民间所谓的三宫，一般指后妃居住的中宫和东西两宫，其实这是明清以后才划分的。三宫最早指的是诸侯夫人的住所，而天子后妃居住处称六宫。《礼记》中记载：“王后六宫，诸侯夫人三宫也。”由于六宫为皇后居住地，所以往往用六宫指代皇后。

后来，三宫的含义发生了变化。汉朝时，以皇帝、太后、皇后合称为三宫，又称太皇太后、太后、皇后为三宫。唐代穆宗时又将两太后与皇后合称三宫。可见，历代说法各不相同。

六院原作六苑，指后妃居住的宫苑。白居易《长恨歌》“回眸一笑百媚生，六宫粉黛无颜色”；李贺《贝宫夫人》“六宫不语一生闲，高悬银牓照青山”。

七十二妃也是泛称，指皇帝后宫人数众多，实际上皇帝后宫侍妾的人数远远多于七十二人。《管子·小匡》记载：“九妃六嫔，陈妾数千。”《礼·昏仪》记载：“古者天子后立六宫，三夫人，九嫔，二十七世妇，八十一御妻。”

清朝曾对皇帝老婆的基本数量有过规定：皇后一人，皇贵妃二人，贵妃二人，妃四人，嫔六人。规定是规定，皇帝仍然可以随心所欲地无限“扩军”。比如，嫔以下的贵人、常在、答应等，就没有具体名额限制。据记载，康熙皇帝一生中曾拥有妻妾五十五名，数量之多令人惊讶。不过，这仅仅是“有名位”的一小部分，据说，他实际拥有妻妾 200 多名。

☆哪个皇帝最早使用“奉天承运，皇帝诏曰”，这句话什么意思？

在历史剧中，我们很容易看到这样一幕：传圣旨的人高呼“圣旨到”，众人马上跪倒在地。传圣旨的人念道：奉天承运，皇帝诏曰……

不管什么朝代，圣旨好像都是以这一句开头的。这符合历史事实吗？

答案是不符合。因为据考证，“奉天承运，皇帝诏曰”的最早使用者是明太祖朱元璋，依据就是“奉天承运”中的“奉天”其实指的就是“奉天殿”，取意遵照天意，即皇帝的权力受命于天。而奉天殿正是明太祖朱元璋首建的。公元 1368 年，朱元璋在南京称帝后建造了一座皇城，并将其中规格最高的朝会大殿命名为“奉天殿”。燕王朱棣迁都北京，后来建紫禁城时，又将“奉天殿”原封不动“搬到了”北京。

关于此一说，清朝大学者俞樾也有考证。他在《茶香宝续钞》中说：“奉天承运”是“论奉天殿名而及之”。

说“奉天承运，皇帝诏曰”开始于明朝，还有一个依据，就是朱元璋所捧的大圭上面刻着“奉天承运”这几个字。此说法来源于明朝万历时期的天文学家沈德符。

其实，明朝圣旨的开头并不是“奉天承运，皇帝诏曰”，而是“奉天承运皇帝诏曰”，意即“奉天承运皇帝”朱元璋颁布的诏书。而“承运”指的是继承新生的气运，实指君权神授。

“奉天承运，皇帝诏曰”大意就是，皇帝遵照上天的旨意，对你下一些需要执行的命令。借用天命，无非是为了加强中央集权。

☆清朝为皇帝选秀有评委吗，选秀的要求和选拔程序如何？

清代的选秀是一种挑选后宫粉黛的制度——凡满、蒙、汉军八旗官员、另户军士、闲散壮丁家中年满14岁至16岁的女子，都必须参加三年一度的备选秀女。

每到选秀年度，户部都会在奏报得到允许后，发文给八旗都统衙门的各级长官，命其呈报适龄女子花名册，先由八旗都统衙门汇总，再由户部上报皇帝。

皇帝决定选阅日期后，各旗选送的秀女会被骡车提前送到京城。应选前一天，秀女们要按照满、蒙、汉的顺序和年龄排列先后次序：宫中后妃的亲戚，以前被选中留了牌子的、本次复选的女子，本次新选送的秀女。

排好顺序的秀女，要在入夜时乘坐骡车进入地安门，等到神武门宫门开启后下车，在太监的引导下，按顺序进入顺贞门。秀女们乘坐的骡车则要离开一段时间——从神武门夹道东行，出东华门，由崇文门大街北行，经北街市，然后再经地安门到神武门外。骡车再次来到神武门外时，已是第二天中午了。

被太监引入宫中的秀女，或五六人一排，或三四人一排，或一人一排，供皇帝或太后选阅。被选中者，就留下牌子，再定期复选。没被选中的，就撂牌子。

复选再度被选中的，才有机会成为后妃的候选人，或被赐予皇室王公或宗室之家。

后妃候选人，还要屡屡“复看”，还会有留牌子的和撂牌子的。这一阶段留牌子的，有“记名”的，也有“上记名”的。“上记名”是指皇帝亲自选中留牌子的。

不管是“记名”的，还是“上记名”的，都还要经过“留宫住宿”进行考察。最后一关中会选定数人，其余的又都是撂牌子的。

选皇后的标准

皇后是不是一定有靓丽的容貌呢？并非如此。清朝统治者选皇后有两条标准：一是品德，一是门第。清代册封皇后、妃、嫔的册文中常常见到的是宽仁、孝慈、温恭、淑慎，“诞育名门”、“祥钟华阀”，等等。其中，门第有更重要的作用。比如，光绪皇帝的皇后隆裕相貌平平，她能成为皇后，只因为她是慈禧太后的侄女。

☆皇太极为何把国号改为“清”，这个国号与明朝有关吗?

皇太极是清朝第二个皇帝，又称“清太宗”。他当政期间，将原来年号天聪改为崇德，将国号改为清。至于“清”的来历，历来说法颇多，莫衷一是。

有人认为“清”字与努尔哈赤当年逃难骑过的一匹大青马有关。据说因为跑得太急，大青马活活给累死了，努尔哈赤却因此逃脱大难。他对这匹马很有感情，就说：“大青啊，大青啊，你是为我累死的，将来我得了天下，我这个国号就叫大青。”“清”跟“青”是谐音，后来皇太极在盛京称帝后便以此作为国号。

还有人认为“清”和“金”在满语中读音非常相近，所以用“清”。满族是金人的一支，清指出了这个民族的渊源。还有人从萨满文化去解释，说“清”就是“青”，不带三点水的“青”和带三点水的“清”是一个音，青天是通天、吉祥的意思。另外还有人认为是皇太极进兵中原的需要，因为“金”让人联想起南宋时候的大金国，人们一提起金人，就想起岳飞，改国号为“清”有利于减少阻力。

此外，有人认为皇太极懂得五行数理或在确定国号时得到高人指点。因“清”五行属水，而“明”由于左边有“日”，所以属火，而水克火。意思是大清必将战胜大明朝，取而代之。

翻遍正史也没有皇太极改国号为“清”原因的叙述，皇太极自己没有做解释，清朝的《太宗皇帝实录》亦无记载。所以这也就成了一个谜，上面的几种说法都是后人的推断。

五德循环

“五德”是指事物的水、火、木、金、土五种德性或品质。“五德循环”就是“五德”相生相克和周而复始的循环。这种学说在中国古代的朝代更迭中最常见。据史书上记载从三皇五帝时就出现“五德循环”了，如伏羲氏为木德王，神农氏为火德王，明朝为火德，清朝为水德。

“五德”学说最早由战国时代的邹衍提出。以金、木、水、火、土五行之德配于各朝代，认为改朝换代就是五德的相生、相克和终始循环。《史记·孟子荀卿列传》：“邹衍睹有国者益淫移、不尚德。称引天地剖判以来，五德转移，治各有宜，而符应若兹。”五行配帝王之德有二法：一为依五行相生之顺序，伏羲氏（木）、神农氏（火）、轩辕氏（土）、金天氏（金）、高阳氏（木）、尧（火）、舜（土）、禹（金）、商（水）、周（木）、汉（火）。二为依五行相胜（克）之顺序，周火德，则秦以水德代之；秦水德，则汉又以土德代之。

☆皇帝之最中，乾隆独揽三项，你知道是哪三项吗？

▲乾隆戎装像

乾隆皇帝是雍正帝第四子，在他统治中国的60多年间，政治比较安定，社会经济繁荣，史称“康乾盛世”。乾隆皇帝能书善画，很有才华，在古代皇帝之最中，荣获三项桂冠，你知道是哪三项吗？

首先，他很长寿，是中国皇帝中寿龄最高的，享年88岁。在他之下的是北朝时的梁武帝萧衍活了85岁，女皇帝武则天享年81岁。古代皇帝生活一般骄奢淫逸，纵欲无度，所以很多短命。乾隆能有此高寿，完全和自身修养有关。他总结出养生四决：“吐纳肺腑，活动筋骨，十常四勿，适时进补。”其中“十常”为齿常叩，津常咽，耳常弹，鼻常揉，睛常运，面常搓，足常摩，腹常捋，肢常伸，肛常提。“四勿”为食勿言，卧勿语，饮勿醉，色勿迷。

乾隆还是中国历史上执政时间最长的皇帝。他生于康熙五十年（1711年），雍正元年（1723年）被立为太子，雍正十一年封为和硕宝亲王，开始参与军国要务。雍正十三年（1735年），雍正去世，弘历即位，改年号乾隆。嘉庆四年（1799年）正月卒。乾隆共在位60年，退位后又当了3年太上皇，所以实际执政63年，超过康熙的61年。

此外，除了皇帝中的两项桂冠，乾隆皇帝还是历史上写诗最多的人。他在世88年，据统计共作诗41800首，平均每天作诗1.3首。乾隆作诗没有定稿，或即兴口授，或朱笔作草，称为“诗片”。诗片由廷臣学士退下“抄录”，然后恭进，遂成御诗。其诗虽多，但仅韵平字正而已，无论是思想内容还是艺术形式，均无多大价值，流传至今能为人传诵者寥寥无几。故世人对乾隆亦无“诗人”之称。

☆清朝后期几个皇帝的名字非常难写难认，老皇帝为何用生僻字给儿子取名？

清军入关，不仅带来了满族文化，还带来了八旗制度，除了姓氏的冗长饶舌，就连皇帝的名字都生僻难写，这是因为他们长期生活的环境造成的呢？还是另有原因？

其实这源于古代的避讳制度。若要追根溯源，则要推至周代，当时，人们只是简单的避讳诸侯王等王公贵族的名讳，秦汉时期才被发展成为一种制度，而在宋朝最为完善规范，之后一直被延续，直至清王朝灭亡。

最初，避讳分官讳和私讳，所谓的私讳就是指的一些官员、尊者、圣贤、长辈等，在说到他们父祖的名讳时，都要用其他字代替，不得直呼名讳。《红楼梦》中，黛玉读到“敏”字时，总是读成“米”或者“密”，就是为了避讳她母亲贾敏的名讳。在很多古书典籍中，书中人物地名等，都因避讳而另寻他字，以致有很多事物与史书记载有出入。

官讳，相对来说忌讳就多了，官讳又叫国讳。可想而知，整个国家都要避讳，足见所要避的人非同一般。一般情况下，国讳所要避讳的是皇帝，包括旧名、御名、庙讳甚至是祖先之名。有时，皇亲国戚的名字也要避讳，不但不能说，即使文字也要避讳。这一制度被明确写入律法，违者轻则牢狱之灾，重则满门抄斩。

古时避讳的方法大抵有：改字法、空字法和缺字法。也就是遇到所避之字时，换成其他字，或者空出用方框代替，或者将原有字缺失一笔来代替。

清朝统治前期，由于满族人文化的长期影响，帝王们并没有太注重这些。到了康乾盛世，满族人因吸收汉文化，朝廷也开始实施避讳制度。皇家如用常用字取名，一旦避讳，民间要改动的地方太多，就会造成很大麻烦。所以皇帝给皇子取名字的时候，也尽量用生僻字，这样需要避讳的地方就少了，书写上麻烦也会减少。这也是帝王爱民的一种表现。更重要的是，皇族也要遵守避讳制度，只有采用生僻字，才能尽量独一无二，不和祖辈冲突。

☆慈禧太后是中国历史上唯一“垂帘听政”的人吗？

垂帘听政是指太后临朝管理国家政事。垂帘：太后或皇后临朝听政，殿上用帘子遮隔。听：治理。语出自《旧唐书·高宗纪下》：“时帝风疹不能听朝，政事皆决于天后。自诛上官仪后，上每视朝，天后垂帘于御座后，政事大小皆预闻之，内外称为二圣。”

▲慈禧太后像

垂帘听政最早可追溯到战国时期。当时如果太子年幼，就由其母亲辅政。但是根据宫廷的规定，朝中官员不得直接观看和接触皇太后，所以辅政的皇太后一般坐在皇帝理政厅堂侧面的房间里，在房间和厅堂之间挂一帘子，听官员们与皇帝谈论政务。于是，这种由母亲帮助皇帝辅政的制度，就被人们形象地称为“垂帘听政”。

唐朝的武则天在称帝前，就进行过垂帘听政。宋朝有两个垂帘听政者。一个是北宋的高太后，她是宋英宗的皇后，历英宗、神宗二朝。宋哲宗即位后，高太后以太皇太后（皇帝祖母）的身份听政。另一个是南宋的谢太后，咸淳十年（1274年），宋恭帝即位时尊她为太皇太后，由她垂帘听政。这一时期辽国萧太后在其子辽圣宗即位时，也以皇太后身份垂帘听政，其间与宋真宗订立了有名的“澶渊之盟”。

清朝末年，慈禧太后也曾“垂帘听政”。在中国历史上，由于皇帝年幼而“垂帘听政”的太后或太皇太后有十数位之多。“垂帘听政”和“临朝称制”都是古代帝后掌权的一种形式，但也存在一定的差异，“垂帘听政”并不临朝，主要是辅政，而不代替皇帝下达命令；“临朝称制”则是直接代行皇帝的权力，对朝政进行处理。

☆李莲英等人为什么叫慈禧太后老佛爷，这是她的专称吗？

慈禧太后在晚清末年曾长期主宰中国政坛，被称为“老佛爷”，据说这个称呼最早是李莲英开始叫的。但是“老佛爷”真是慈禧太后的专称吗？

传说“老佛爷”这个词最初是由李莲英拍马屁产生的。据说光绪初年，慈禧太后刚满40岁。由于朝中老臣反对她垂帘听政的企图，所以心中闷闷不乐。李莲英看出了慈禧的心思，于是命人在万寿寺建了一座佛，对太后说：“听说万寿寺大雄宝殿常常有双佛显光，这是大吉大利之兆，奴才想请太后驾临前往观看。”

▲慈禧旧照

这幅晚清留下的照片中，老佛爷慈禧装扮成普度众生的观音。她身边捧着法器的是李莲英装扮的善财童子。

当时清政府腐朽无能，处处受到帝国主义列强的欺压。慈禧听说有大佛显圣，心中愉快，便起驾出宫，和李莲英一起直奔大雄宝殿。到了殿上，一看还是原来的三世佛，便骂李莲英：“明明是原来的三世佛嘛，哪来的双佛显光？”李莲英不紧不慢，将慈禧请到三世佛后，果见一慈眉善目的观世音坐在殿中央。此寺方丈住持还有文武大臣都随侍慈禧身后。这时，李莲英喊道：“老佛爷到。”其他人即刻跪伏高呼："恭迎老佛爷！"

于是，慈禧太后就这样成了"老佛爷"。也有人说这一称呼始于慈禧五十大寿以后，由当时为她庆祝寿诞的一位礼部侍郎率先提出。理由是她为"大清中兴"做出了巨大贡献，有"皇朝巨擘之力"，又"威声远播泰西"，因此"堪为当世人主之效"。后来，这位四品侍郎升任官阶二品的山东学政。

但是"老佛爷"并非慈禧专有，清朝历代皇帝都可以叫作"老佛爷"，但皇后、太后或太皇太后中称"老佛爷"者仅慈禧一人。清朝帝王"老佛爷"的称呼，是从满族的祖先——女真族那里沿袭而来。女真首领最早称为"满柱"，"满柱"是佛号"曼殊"的转音，意为"佛爷"、"吉祥"。清军入关后，将"满柱"汉译为"佛爷"，并把它作为皇帝的特称。

☆两千多年的封建社会，中国一共有多少个皇帝?

自公元前221年秦王嬴政称"皇帝"，到1912年最后一个封建皇帝溥仪在辛亥革命的炮声中宣布退位止，中国经历了83个王朝，2132年。

这83个王朝共有多少位皇帝呢？从秦始皇算起，共有408位。秦朝2位，汉朝31位，三国11位，晋朝16位，五胡十六国78位，南北朝59位，隋朝3位，唐朝22位，五代十国55位，宋朝18位，金辽西夏35位，元朝18位，明朝16位，清朝12位，另外，还有南明、北元；李自成、张献忠；太平天国洪秀全父子以及称洪宪帝仅两个月的袁世凯。

如果把秦始皇以前840年中的王、公、侯也列入皇帝之列，则应该是829位。

我们知道，中国皇帝都被称为"万岁"，但真正长寿的并不多，相反，短命的倒不少。

10岁以下的娃娃皇帝有29位，10岁到19岁的有28位，20岁到29岁的有50位，30岁到39岁的有62位，40岁到49岁的有55位，共224位。这些皇帝连知天命都没熬到。

如果把60岁以上的称为长寿的话，那么，长寿皇帝就很少了，总共才53位。其中，汉武帝刘彻（69岁）、康熙帝玄烨（68岁）、元太祖成吉思汗（65岁）、隋文帝杨坚（63岁）、汉高祖刘邦（61岁）、元世祖忽必烈（79岁）、唐玄宗李隆基（77岁）、明太祖朱元璋（70岁）、清高宗弘历（88岁）、梁武帝萧衍（85岁）、女皇帝武则天（81岁）、宋高宗赵构（80岁）和五代吴越武肃王钱镠（80岁）。

这些皇帝中，在位时间比较长的是康熙61年、乾隆60年、汉武帝和西夏仁宗都是54年、西夏崇宗53年；在位时间最短的是金末帝完颜承麟，从登基到驾崩仅有半天时间。

其他的，在位时间超过40年的有11位，在位时间超过30年的有19位，在位时间超过20年的有31位，在位10～20年的有103位，在位时间不满10年的皇帝有244位。

紫禁城里住过的皇帝

紫禁城，明永乐十八年建成，是明清两代的皇城。既然是明清两代的皇城，里面究竟住过多少个皇帝呢？史料记载是24个皇帝。

这个数字是不确切的，少了一位，就是李自成。1644年，山海关大战之后，李自成在武英殿登基，定国号为大顺，年号永昌。42天后，清兵和吴三桂逼近北京城时，李自成率军退出北京城。

☆大臣们称皇帝为“陛下”，为什么会用这个称谓呢？

古代皇帝的称谓很多，皇帝自称为“寡人”、“朕”，嫔妃大臣称“皇上”、“万岁爷”等。从字面上就可以看出，这些称谓都含有尊崇敬畏、祈福祝愿的意思。但是大臣叫皇帝为“陛下”，这是为什么呢？

据史料记载，古代的皇宫设计相当考究。皇帝的宝座高高在上，从下面通向宝座有一系列台阶。这个台阶，古人称之为“陛”。

许慎的《说文解字》说：“陛，升高阶也。从阜，坒声。”为了保卫皇帝的安全，侍卫分列台阶两侧。朝会的时候，大臣们则站在台阶下。臣子们向皇帝讲话时，不敢直呼天子，所以先叫一声“陛下”，其本意是“我要向皇上说话，请站在台阶下的侍卫们代为向上传达”，以此表示地位低的人向尊贵的皇上进言。

殿下

皇太子通常被称为殿下，意为比陛下的地位稍低。那么自古殿下就是皇太子的专有名词吗？和陛下一样，殿下最初也不是指人，古时的建筑中，宫最大，殿其次，陛下指的是皇帝龙椅前的台阶，殿下指的是殿檐之前的台阶。

《三国志》中，杜袭称曹操为殿下，这是有关殿下最早的出处。原先，殿下也指皇上，后来经过演变，殿下成了王公亲王的尊称。到了唐以后，殿下多用来指代皇太子，皇太后和皇后。如今，一些君主制国家中，皇室成员依然被称为殿下。

蔡邕的《独断》中就记载了这样的史实："谓之陛下者，群臣与天子言，不敢指斥天子，故呼在陛下者而告之，因卑达尊之意也。"因而，"陛下"也就成了皇帝的代名词，指代大臣候旨于台阶之下，皇帝高居台阶之上，"陛下"也就成了对皇帝的尊称之一。

有史表明，"陛下"除了指代皇帝外，还有尊称行使皇权的人的意思。据《汉书》记载，汉朝元帝的皇后王政君就曾被王莽等人尊称为"陛下"。

☆皇帝的女儿称"公主"，这个称谓是怎么来的呢？

其实，公主这一称呼最早并不是皇帝女儿的专称。早在周朝时，周天子的女儿称为王姬。而公主这一称谓，则始于春秋战国时期。《公羊传》中说，周天子嫁女儿自己不做主婚人，而是请和自己同姓的诸侯代为主持，"主"指的是主持的意思，而"公"则指的是主持婚礼的诸侯，"公主"也就是由诸侯主持婚礼。后来，天子和诸侯的女儿也就称为"公主"了。

"公主"一称为皇帝女儿专利始于西汉。据《汉书》记载，因为主婚的是诸侯，皇帝的女儿便叫公主；而诸侯女儿的婚礼由父亲主持，父亲又叫"翁"，所以，诸侯的女儿就叫翁主，也叫王主。

西汉时期，皇帝的姐姐的地位也是十分尊崇的，比如，汉景帝的姐姐就被呼为"长公主"，汉武帝即位后，她又被呼为"太长公主"。汉代公主都有封邑，且由皇帝赐给上等的豪华宅第，有的还拥有大片的园林。皇帝还允许她们在自家的府里设置官吏，称之为家令、家丞等。皇帝对公主赏赐丰厚，她们中的许多人都拥有大量的土地财富，富奢堪比王侯。

历朝历代，公主一称也多有变化。隋唐时期，宫中的等级划分更加明确，皇帝的姐姐，先皇的姐妹，以及皇帝的女儿被称为公主，而皇太子和诸王的女儿则不得以公主自称。太子之女为郡主，诸王之女为县主。宋朝一度推翻了公主的叫法，用帝姬、宗姬称呼皇室女儿。明朝又改回隋唐旧制。

清军入关前，皇帝的女儿称格格。崇德元年，皇帝的女儿才改叫公主。清朝时皇后生的女儿叫"固伦公主"，表至尊一国，而嫔妃所生称"和硕公主"，表重尊一方。

☆为什么把公主的丈夫称为"驸马"，还有别的叫法吗？

最早，"驸马"一词并不是指皇帝的女婿。据《汉书》记载，"驸马"是一种官职，全名为驸马都尉，主要负责掌管御用的副车，实名为“副马都尉”，是汉武帝时期设立的。起初，担任这一职务的大都是皇室或外戚，还有一些王公大臣子弟，他们都是皇帝的贴身侍从官。据史料记载，这种官待遇不薄，俸禄两千石。

“驸马”作为皇帝女婿的专有名词始于魏晋时期。相传曹魏时期的玄学家何晏容貌俊美，魏文帝将金乡公主许配与他，并授以“副马都尉”一职。于是，魏晋之后的皇帝，大都封娶了公主的女婿为“副马都尉”。时间长了，人们觉得用“副马”代指公主的丈夫不太合适，所以，便将“副马”改用为“驸马”了。

随着名字的更改，“驸马”作为官职的意思也淡化了。比如，晋宣帝与晋文帝女婿虽为“驸马都尉”，但是已经只是个称呼，没有实际职位了。后来，人们也就习惯将娶公主的人称为“驸马”了。

除了“驸马”这个称谓，古人还称公主的丈夫为“帝婿”、“主婿”、“国婿”。此外，驸马还有别称，这还得从玄学家何晏说起。据说何晏不仅貌美，而且拥有一张比女人还要白皙的脸，魏文帝原以为何晏敷粉欺骗皇室，就用计试探。结果何晏以衣袖拭脸都没有改变，于是人们便因他的脸如施粉黛而称他为“粉侯”。随后这一称呼也就被沿用到了所有公主的丈夫身上。到清朝，公主的丈夫又被冠以“额驸”封号，皇后所生公主的丈夫为“固伦额驸”，嫔妃所生的公主丈夫为“和硕额驸”。

☆古书上常说“三公九卿”，这些官职具体是什么？

据《礼记》记载：“夏后氏官百，天子有三公、九卿、二十七大夫、八十一元士。”“设四辅及三公，不必备，惟其人。言使能也。”可见，夏朝时期已经设立三公九卿之职。

然而，“三公九卿”具体为何职位，众说不一。西汉今文经学家认为，《礼记》所载“三公”指司马、司徒、司空；古文经学家则认为太傅、太师、太保为“三公”。

秦朝变革官制，不设三公。“置左右丞相，无三公官。”又设太尉管理军事、御史大夫（掌邦国刑宪、典章之政令，以肃正朝列），为丞相副手。因为秦代最高职位有三，后人遂把“丞相”、“太尉”、“御史大夫”并称“三公”。具体而言：

丞相，最高行政长官，辅助皇帝处理政务，同时负责对文武百官的管理。

太尉，最高军政长官，负责管理全国军事事务，但他平时没有军权，战时也要听从皇帝的命令，而且要有皇帝的符节才能调动军队，军权实际上也是掌握在皇帝手里。

御史大夫，执掌全臣奏章，下达皇帝诏令，负责监察百官的。也是副丞相。

秦汉时期，在这三大职位下设“九卿”，作为中央行政机关分掌具体事务，如祭祀、礼仪、军事、行政、司法、文化教育等。其中包括：

1. 奉常，掌管宗庙礼仪，地位很高，属九卿之首。

2. 郎中令，掌管宫殿警卫。

3. 卫尉，掌管宫门警卫。

4. 太仆，掌管宫廷御马和国家马政。

5. 廷尉，掌管司法审判。

6. 典客，掌管外交和民族事务。

7. 宗正，掌管皇族、宗室事务。

8. 治粟内史，掌管租税钱谷和财政收支。

9. 少府，掌管专供皇室需用的山海池泽之税。

随朝代的更替，“三公九卿”又有不同所指。如东汉确立大司马、大司空和丞相为鼎足而立的三公制；宋代以后，则称太师、太傅、太保为三公。

东汉时的九卿为太常、光禄勋、卫尉、太仆、廷尉、大鸿胪、宗正、大司农、少府。到了明清时期，九卿则改为吏、户、礼、兵、刑、工六部尚书，以及都御史、大理寺卿、通政司使。以前的九卿之官已成虚衔或加官、赠官。

☆什么时候文官与武将开始分开的，上朝时文东武西的列班又起于何时呢？

文官与武将的分开，是指文官不再作战，而专门有了指挥作战的武将。人们对它们分开的具体时间有不同的观点。

《史记》中说，黄帝时期已设立了“司马”等军事首领官职。《尚书》称，商朝时期，有了文武百官。虽然夏商时期，文武百官已经分门别类，可是卿、士大夫们既要管理政治上的事务，还要领兵作战。并且“司马”平时只管政治，而无统兵之权，战时做统帅也是由天子临时任命的，战争一结束，统兵之权又会上交天子。可以说，在西周之前，文官武将是不分的。

又据《史记》记载，在春秋时期，军队的最高统帅是天子，常亲自领兵作战。《左传》中也说当时文官武将都可领兵去作战，可见那时“大夫”是文武一体。也可以说，文官武将在春秋时期尚未分开。

战国时期，地主阶级掌握了国家最高行政权。各国君主觉得那些既能管理行政事务、又能领兵作战的官员，一旦造反，后果将不堪设想。即使不造反，

▲官吏朝觐壁画　唐

武则天朝中，官员和侍卫有不少风流倜傥之人，他们中有不少或被别人推荐，或自荐，或被武后召幸，从而成为武后面首。

时间长了也会引起君权旁落。于是，他们决定采用文武分职的方法，让文官只负责管理内政，武将只负责领兵打仗。这样，几千年的封建君主专制体制得以确立。可以说，战国才出现了专职将军。

随着社会经济的发展，战争规模不断扩大，士兵总量不断增加，指挥作战逐渐成为一门艺术，一支军队的指挥必须要有军事方面的专业知识，富有管理、训练和指挥作战的经验。就在这个时期，一批名将应运而生，例如吴起、孙膑、乐毅、白起、廉颇等，都是专职武将。而文官则专职负责朝中政事，不再领兵出征。

可见，文官武将分开的具体时间，应是战国时期。

那么，上朝时，文东武西的列班又起于何时呢？《史记·刘敬叔孙通列传》记载："功臣列侯诸将军军吏以次陈西方，东乡；文官丞相以下陈东方，西乡。"据此可知，文东武西是汉初叔孙通所定的朝仪，文东武西的排列位次也是从这时候开始的。

☆知府见知州，谁给谁磕头？

知府和知州都是中国古代官职名，均为地方行政长官。但这两个概念又存在一定的差异，二者在官衔和职能方面都是不同的。

"知府"一词最早产生于唐，当时建都之地称府，以府尹为行政长官。宋升大郡为府，以朝臣充各府长官，称以某官知某府事，简称知府。明以知府为正式官名，为府的行政长官，管辖所属州县。清沿明制不改。知府又尊称太守、府尊，亦称黄堂。

"知州"的产生是为了削夺节度使权力。宋太祖为了防止唐、五代以来藩镇割据的局面重演，规定诸州刺史得直接向朝廷奏报和接受诏令，节度使不得干预除所驻州之外（所谓支郡）的政务。后来，逐步派遣京朝文官接替刺史管理州务，称"权知××州州军事"。"权"表示不是正式职务，只是代理；"知"就是管理的意思；州军事的"州"代表民政，"军"代表军政。简称知州。明、清以知州为正式官名，为各州行政长官。

据《日知录》载："宋叶适言，五代之患，专在藩镇。艺祖思靖天下，以为不削节度，则其祸不息。于是始置'通判'，以监统刺史，而分其柄；命文臣权知州事，使名若不正、任若不久者，以轻其权……唐制，京郡乃称府。至宋，则潜藩之地，皆升为府。宋初，太宗、真宗皆尝为开封府尹。后无继者，乃设'权知府'一人，以待制以上充。"可见，宋以前实行的是秦汉以来的郡县制，并无"府"之说。

不过"州"是很早就有的，比如三国志中刘备曾为"益州牧"。那时候州比郡大，所以州牧就是一方诸侯，但没有"知州"的概念。唐初虽有"府"，但"府"的长官叫府尹，而非知府。准确讲，这两个官职都是宋以后才有的。一般来讲，知府比知州官衔要高，但也有和知州平级的；知州比知县管辖范围广，但也有和知县平级的。

☆ "乌纱帽"有什么特别，为什么会成为官位的别称?

如今，"乌纱帽"已成为"官位"的代名词。那么，"乌纱帽"为什么会成为官位的别称？这又是从何时开始的？

乌纱帽原本是民间的一种便帽，正式作为"官服"则开始于隋朝，兴盛于唐朝，到宋朝时加上了"双翅"，明朝以后，戴乌纱帽才正式成为做官的代名词。

东晋成帝时，在宫廷中做事的官员都戴一种用黑纱制成的帽子，就是最早的"乌纱帽"。南朝宋明帝时期，王休仁对这种帽子做了改进。改进后的乌纱帽在当时很流行，官员百姓都喜欢戴。当时的乌纱帽颜色样式都不固定，全看个人喜好。

▲唐代头戴乌纱帽的官员

直到隋唐时期，乌纱帽仍然是作为常服的帽子。据《中华古今注》记载：唐武德九年(626年)，唐太宗李世民下诏书说："自古以来，天子服乌纱帽，百官士庶皆同服之。"但是，为了适应封建社会的等级制度，隋朝用乌纱帽上的玉饰来显示官职的大小。

宋朝初年，为防止议事期间朝臣们交头接耳，赵匡胤想了一个办法，从此改变了乌纱帽的样式。这种乌纱帽其实叫幞头，是方形的，上面有一折，幞头后背的左右两侧各伸出一只脚，用铁丝或者竹篾为骨，后来慢慢把脚加长。这种幞头貌似庄严，其实在官员群聚的朝廷，甚为不便。至于地位比较低下的公差等都戴交脚或局脚幞头，乐官则戴牛耳幞头、银叶弓脚幞头等。

明太祖朱元璋时期，乌纱帽的命运有了关键性突破。由于官员们特别爱戴乌纱帽，朝廷遂正式将它列为王公百官上朝及处理公务的必要配备。并下了规定："凡文武百官上朝和办公时，一律要戴乌纱帽，穿圆领衫，束腰带。"从此，乌纱帽成为了官员的特有标志。

白纱帽

580年以前，不论当官的也好，平民百姓也好，都可以戴乌纱帽。可是，真正显贵的并不是乌纱帽，而是白纱帽。因为白纱帽只有皇帝才能戴。

南朝宋末年，宫廷政变，叛将萧道成头上就戴了一顶白纱帽，萧道成便是后来的齐高帝。当时，白纱帽又叫高顶帽，即使皇太子也只能在自己屋子里戴，因为他是未来的君主，而在皇帝面前他也只能戴乌纱帽。

☆为什么把报到称为点卯，古代的早朝都是卯时开始的吗?

"点卯"在北京方言中是指到哪报到，有打个招呼或应付差事的意思。在古代则是指衙门开办公事和早朝的时间，具体来说，这与中国古代地支计时的方法有密切联系。

古代通常把一天分为十二个时辰，分别用十二地支指代。如子时是指晚上的十一点到凌晨的一点，然后依次是丑、寅、卯、辰、巳、午、未、申、酉、戌、亥。一个时辰对应两小时，卯时就是凌晨的五点到七点这段时间。

以明朝早朝为例，大臣必须午夜起床，穿越半个京城前往午门。凌晨三点，大臣到达午门外等候。当午门城楼上的鼓敲响时，大臣就要排好队伍。到凌晨五点左右钟声响起时，宫门开启。百官依次进入，过金水桥在广场整队。官员中若有咳嗽、吐痰或步履不稳重的，都会被负责纠察的御史记录下来，听候处理。通常，当皇帝驾临太和门或者太和殿时，百官行一跪三叩大礼。大臣向皇帝报告政务，皇帝则提出问题或者作出答复。

可见凌晨五点是宫门开启的时间，皇帝在卯时接见大臣并讨论政务，故有点卯一说。而不需要上朝的官吏则将这个时间作为开办公务的时间。每次事先查点人数时称点卯，吏役听候点名叫应卯，其点名册称为卯册。若需签到，则称为画卯。如李存《义役谣》："五更饭罢去画卯，水潦载道归业晡。"

后来点卯制度流于形式，很多官员不过前去报个到或者敷衍应付一下。于是点卯也就有了应付差事的意思。北京是明清两代的定都之地，深受皇权文化的熏陶，于是成为民间俗语也就不足为怪了。

☆现代人星期天公休，中国古代的官员能休假吗？

现代人工作或学习都是一周公休两天，而在中国古代，普通劳动者是没有休假概念的，官员们的休假制度，则散见于各代官志中。

据《汉律》记载，早在西汉时就有明文规定："吏员五日一休沐。"意思是公务人员上了四天班，第五天则放假洗澡更衣，修发刮脸。到了东汉，这个制度又有了放宽。据《史记·百万君传》载："官员每五日洗沐归谒亲。"它规定官员不但可以洗澡更衣等，还可以回家看望老小、夫妇团聚。

到了唐代，休假制度从5日休一天改为10日休一天，即在每月的上旬、中旬、下旬的最末一天休息。除此之外，每年的"清明"、"冬至"还放1～3天假，让官员回家祭祀祖宗，称为"至日"。宋朝公务人员的休假制度更加宽松，他们全年的实际休假达到98天。

明朝的休假制度较之宋朝有所改变。月假是3天，加上元旦、元宵、中元、冬至等节日可放假18天，每年休假只有50多天。清朝的休假制度前期基本上沿袭明朝，到后期则发生变化。鸦片战争以后，西方人大量进入中国，他们每星期休假一天，时间一长，国人产生了认同感。到了1910年，清朝政府在上层基本上实行了星期天为公休日制度。

可见，中国古代是有官员的休假制度的，除了正常的公休日，还存在节假日，这与现代相同，但在具体规定上却有差异。中国双休日的规定开始于1995年3月25日，国务院重新发布修改关于职工工作时间的规定，将每周工作时间改为40小时，即实行双休日工时制，从当年5月1日起实施。

☆现今有退休制度，古代官员也可以退休吗？

中国法律规定，国家公务员退休年龄为：男60岁，女55岁。到了这个年龄，就可以回家养老，享受天伦之乐了。

那么，古代官员们也可以退休吗？当然可以，官员退休在古代有一个非常文雅的称谓，叫作"致仕"，意思就是"把官职还给君王"。

《周礼》记载，周朝是"大夫七十而致仕"。即做官的到了70岁就要告老还乡，

“还禄位于君”。

周以后各朝各代基本都沿用了这个制度。唐朝规定“诸职官年及七十，精力衰耗，例行致仕”。明清两代则改成了60岁退休。尤其是清朝，官越小退得越早。低级武官的退休年龄是：参将54岁，游击51岁，都司守备48岁，千总、把总45岁。

☆官员退休后是否依然享受国家的俸禄呢?

唐以前，官员退休后，朝廷就不再发给他们俸禄了。比如，建初六年(81年)，东汉大臣郑均退休后，皇帝只赐给他一个“终身尚书”的空名，没有分毫退休金。

唐代五品以上官员退休后，可拿到一半的禄米。宋代，真宗赵恒登基后，朝廷明文规定：文武百官退休后可按其俸禄，给予一半退休金。退休金制度便是从这时候开始的。

由于退休后，权力和地位都失去了，于是，有些官员便运用各种手段，尽量拖延退休时间。但也有不少贤达之士，退休年龄一到就主动退休，把事情让给年轻人来做。

有些人为此还写了退休诗以明心志。南北朝时期的梁代，人称“山中宰相”的陶弘景，既是医学家，也是文学家，退休后便写了一首“退休诗”：

眼前流水自悠悠，歇卧偷闲恋绿畴。

笑看金笼牵鼻去，等闲落得用鞭抽。

第九章

文学艺术

☆中国文学史上第一个有正式名称的诗文派别是什么?

江西诗派是中国文学史上第一个有正式名称的诗文派别。

北宋后期，黄庭坚在诗坛上影响很大，追随和效法黄庭坚的诗人颇多，逐渐形成以黄庭坚为中心的诗歌流派。宋徽宗时，吕本中作《江西诗社宗派图》，认为陈师道等 25 人与黄庭坚是一脉相承的，因为他们大部分的籍贯为江西，故称其为“江西诗派”。

宋末方回因为诗派成员多学杜甫，就把杜甫称为江西诗派之“祖”，而把黄庭坚、陈师道、陈与义三人称为诗派之“宗”，提出了江西诗派的“一祖三宗”之说。

江西诗派的诗歌理论强调“夺胎换骨”、“点铁成金”，即或师承前人之辞，或师承前人之意；崇尚瘦硬奇拗的诗风；追求字字有出处。在创作实践中，“以故为新”。作为宋代最有影响的诗歌流派，它的影响遍及整个南宋诗坛，余波一直延及近代的同光体诗人。

☆ “竹林七贤”缘何得名?

“竹林七贤”是指魏晋时期的嵇康、阮籍、山涛、阮咸、向秀、刘伶、王戎七位文士。他们经常在竹林里携手共游，开怀畅饮，高谈阔论，所以被人们称为“竹林七贤”。

当时的社会动荡不安，司马氏和曹氏争夺政权的斗争异常激烈，民不聊生。文士们不仅无法施展才华，而且时时担忧性命安全，因此崇尚老庄哲学，从虚无缥缈的神仙境界中去寻找精神寄托，用清谈、饮酒、佯狂等方式来排遣苦闷的心情。“竹林七贤”就是这些文士们的代表。在文学上，竹林七贤的作品基本上继承了建安文学的精神，但由于当时的血腥统治，作家不能直抒胸臆，所以不得不采用比兴、象征、神话等手法，隐晦曲折地表达自己的思想感情。

☆唐代诗人中除了“仙”、“圣”还有什么？

唐朝是诗歌发展的鼎盛时期，很多诗人都有自己的雅号。

▲“诗仙”李白像

诗祖——陈子昂。元代方回称“陈拾遗子昂，唐之诗祖也”。

诗杰——王勃。其诗流利婉畅，宏放浑厚，独具一格，人称“诗杰”。

诗佛——王维。因其虔诚信佛，在部分诗歌中宣扬佛教，赞美佛教的无声寂灭而得名。

诗星——孟浩然。清代陆风藻《小知录》称“诗星，孟浩然也”。

诗天子——王昌龄。他有“诗家天子王江宁”的美誉。

诗仙——李白。因其诗歌雄奇豪放而得名。

诗圣——杜甫。其诗沉郁顿挫，倾慕圣贤。

诗骨——陈子昂。其诗词意激昂，风格高峻，大有“汉魏风骨”，被誉为“诗骨”。

诗豪——刘禹锡。唐代白居易称“彭城刘梦得，诗豪也”。

诗魔——白居易。其作《与元九书》“劳心灵，役声气，连朝接夕，不知其苦，非魔而何”。

诗囚——孟郊、贾岛。元好问《放言》称“长沙一湘累，郊岛两诗囚”。

诗鬼——李贺。因其诗歌设想奇绝，瑰丽凄恻而得名。

诗奴——贾岛。一生以作诗为命，好刻意苦吟，人称其为“诗奴”。

☆“郊寒岛瘦”说的是谁？

“郊寒岛瘦”指唐朝著名的两位诗人孟郊和贾岛，二人以苦吟著称，因其平生遭际大体相当，诗之风格清奇悲凄，幽峭枯寂，格局狭隘窄小，破碎急促，且讲究苦吟推敲，锤字炼句，往往给人以寒瘦窘迫之感，故被后世并称为“郊寒岛瘦”。最早提出这一评语的是苏轼：“元轻白俗，郊寒岛瘦。”

☆“大李杜”和“小李杜”指的是谁?

唐朝诗人中有两个“李杜”,李白和杜甫并称“大李杜”,李商隐和杜牧并称“小李杜”。

李白,字太白,号青莲居士,又号“谪仙人”，中国唐代伟大的浪漫主义诗人，被后人称为“诗仙”。李白生活在唐代极盛时期，怀有“济苍生”、“安黎元”的理想，他的大量诗篇，既反映了那个时代的繁荣气象，也揭露和批判了统治集团的荒淫和腐败，表现出蔑视权贵，反抗传统束缚，追求自由和理想的精神。在艺术上,他的诗想象新奇,构思奇特,感情强烈,意境奇伟瑰丽,语言清新明快,气势雄浑瑰丽，形成豪放、超迈的艺术风格，达到了中国古代浪漫主义诗歌艺术的高峰。唐朝文宗御封李白的诗歌、裴旻的剑舞、张旭的草书为“三绝”。

杜甫，字子美，自号少陵野老，世称杜少陵，曾任左拾遗、检校工部员外郎，因此后世称其为杜工部。杜甫是伟大的现实主义诗人。杜甫以古体、律诗见长，作品的风格“沉郁顿挫”。杜甫生活在唐朝由盛转衰的历史时期，其诗多涉笔社会动荡、政治黑暗、人民疾苦，一生写诗一千四百多首，其中很多是传颂千古的名篇，他的诗被誉为“诗史”，后人尊称他为“诗圣”。对后世影响深远。

▲杜牧像

杜牧(803～852)，字牧之，杜佑孙，唐京兆万年(今陕西西安)人。晚年居于樊川。唐代著名的诗人，诗作明丽隽永，人称“小杜”。

李商隐，字义山，号玉溪生、樊南生，晚唐著名诗人。祖籍怀州河内（今河南沁阳市或博爱县），生于河南荥阳（今郑州荥阳）。其诗构思新奇，风格浓丽，尤其是一些爱情诗写得缠绵悱恻，为人传诵。但过于隐晦迷离，难于索解，至有“诗家总爱西昆好，独恨无人作郑笺”之说。

杜牧，字牧之，京兆万年（今陕西西安）人。唐文宗大和二年进士，历任监察御史，黄州、池州、睦州等地刺史，以及司勋员外郎、中书舍人等职。杜牧有政治理想，但由于秉性刚直，屡受排挤，一生仕途不得志，因而晚年纵情声色，过着放荡不羁的生活。杜牧的诗、赋、古文都负盛名，而以诗的成就最大，与李商隐齐名，世称“小李杜”。其诗风格俊爽清丽，独树一帜。尤其长于七言律诗和绝句。

如果说李白、杜甫共同创造了盛唐诗歌的一个几乎无可企及的巅峰，那么李商隐和杜牧则在晚唐业已没落的诗风中添上瑰丽的一页。

☆“苏门”有哪四个学士?

“苏门四学士”是北宋文学家黄庭坚、秦观、晁补之和张耒的并称，他们都是苏轼的门生，受到过苏轼的指导。

《宋史·文苑(六)黄庭坚传》记载：“(黄庭坚)与张耒、晁补之、秦观俱游苏轼门，天下称为四学士。”在众多门生中，苏轼最欣赏并重视的就是这四个人。他自己也说：“如黄庭坚鲁直、晁补之无咎、秦观太虚、张耒文潜之流，皆世未之知，而轼独先知。”由于苏轼的推誉，四人很快名满天下。

四学士造诣各异，受苏轼影响的程度有差别，文学风格也大不相同。黄庭坚的诗自创流派，与苏轼并称苏黄；秦观的主要成就在词，多抒情，亦有感伤身世之作，词风婉约清丽，辞情兼胜；晁补之的词作，以伤春惜别、相思忆旧之传统题材居多，并颇具清新蕴藉韵味与柔丽绵邈情调；张耒对诗文亦有自己的观点，其核心则是以理为主，辞情翼之。

☆“唐宋八大家”的名称是怎么来的?

唐宋八大家包括唐朝的韩愈、柳宗元，宋朝的欧阳修、苏洵、苏轼、苏辙、曾巩、王安石。

八大家之名始于明初朱右，他将以上八大家的文章编成《八先生文集》。明中叶唐顺之所纂的《文编》，仅取唐宋八位散文家的文章，其他作家的文章一律不收。以后不久，推崇唐顺之的古文家茅坤根据朱、唐的编法选了八家的文章，并加以整理和编选，辑为《唐宋八大家文钞》。唐宋八大家之称遂固定下来。

▲唐宋八大家像

☆《金瓶梅》的作者兰陵笑笑生到底是谁，有定论吗?

要说中国乃至世界古往今来最为神秘的一个笔名，大概要算兰陵笑笑生了。

▲《金瓶梅》故事图 清

此是清初人依据《金瓶梅词话》第六十三回所绘的图画。画面中央艺人正在表演海盐腔，右下方的伴奏乐队有胡琴、三弦、笙、笛、云锣等乐器，两旁是饮酒看戏的宾客，左上方是掀帘看戏的女眷。

这个署在明代小说《金瓶梅》上的名字，几百年来，成了诸多金学家和普通读者百思不得其解的谜。也难怪，《金瓶梅》在万历年间一问世便被誉为“第一奇书”；另外，其又是中国第一部文人独创的小说，第一部将目光从帝王将相、才子佳人身上转移开，投向普通人日常生活的小说，在文学史上地位极高。

目前为止，历代学者对兰陵笑笑生的真实身份共提出了60多种说法。我们简单介绍几种主要的。

“嘉靖名士说”。虽然具体人选不定，但几百年下来，金学家们对于这位兰陵笑笑生的在世时间达成比较一致的看法，认为他是一位嘉靖年间的名士。另外，因书中多山东口语，不少学者推测作者是山东人。并有人进一步做出推测，认为作者是山东峄县人。由此，不少学者认为《金瓶梅》作者该是明嘉靖年间山东峄县的一个名士。至于具体人选，有人提出是山东峄县人贾三近，他曾任嘉靖年间的兵部右侍郎，是个名士。也有人认为是贾三近的父亲贾梦龙，因为他的生卒年代与《金瓶梅》成书时代基本吻合，他创作的诗词也可在《金瓶梅》中找到。还有人认为是明代著名诗人谢榛，他是山东临清人。

除“嘉靖名士说”，被多数人认可的便是“王世贞说”了。王世贞是嘉靖年间的著名文学家。传说王世贞的父亲被权臣严嵩害死。王听说严嵩的儿子喜欢看淫书，为替报父仇，写了《金瓶梅》，并在每页书上抹了毒药后，把书送给严嵩的儿子。严嵩的儿子一边蘸唾沫一边翻书，最后被毒死。这是流传范围最广也是流传时间最长的说法。这个故事本是对一些明清学者经考证得出的“王世贞说”观点的附会，因此此观点本身并非无稽之谈。

“屠隆说”。屠隆是明代著名戏曲家，为人放荡不羁，豪放好客，纵情诗酒。此说也比较流行。

“李开先说”。李开先也是有名的戏曲家，山东章丘人。这也是一种比较流行的说法。

此外，冯梦龙、唐伯虎、汤显祖这些著名文人也都有人怀疑是躲在兰陵笑笑生后面的神秘人。总体而言，这个谜至今还未解开。

☆古人所说的“四大奇书”具体指哪四部名著?

“四大奇书”，指《三国演义》、《水浒传》、《西游记》和《金瓶梅》四本古典长篇小说，因为均为明代人所写，又称“明代四大奇书”。这种说法最早由明末小说家冯梦龙提出。所谓“奇”者，除了指内容和艺术上的新奇之外，还指这几本书对于小说体裁本身的开拓。“四大奇书”分别开创了中国古典章回小说的历史演义传统、英雄传奇传统、神魔小说传统、世情小说传统四大传统。

《三国演义》写于明初，由罗贯中在民间传说和有关话本、戏曲的基础上写成，是中国第一部长篇章回体小说。小说文不甚深，言不甚俗，气势雄浑，娓娓道来。

《水浒传》也是创作于明初，作者施耐庵。同《三国演义》一样，它也是在民间故事和话本、戏曲基础上创作而成。《水浒传》是中国第一部描写农民起义的小说，全书围绕“官逼民反”这一线索展开情节，讲述了政治上一个永久的话题——合法政权体制内的反叛者与政权的关系。该小说被清代著名文学评论家金圣叹评为“六才子书”之中的“第五才子书”，并被其从一百回删减至七十回。

《西游记》先是由许多民间艺人口头创作，在嘉靖年间，由吴承恩最后完成。它是中国最优秀的神话小说作品，书中借助唐朝僧人玄奘法师西天取经的故事，融佛道于一炉，幻想出了一个超自然的世界。

《金瓶梅》不同于前面三部的集体创作，是中国第一部文人独创的长篇小说，成书时间大约在明万历年间。作者署名兰陵笑笑生，至今不知究竟为何人。

六才子书

明末清初著名文学品评家金圣叹将他所推崇的《庄子》、《离骚》、《史记》、杜甫的律诗、《水浒传》、《西厢记》六本书合称为“六才子书”。金圣叹本打算对之逐一详细评论，但他后因“哭庙案”获罪被腰斩，只完成了对《西厢记》和《水浒传》的评论，“杜诗”评论只写了一部分。

金圣叹生性狂傲不羁，才华卓绝，视角新颖，见解怪诞，其书评为历来古典文学研究者所重视。金圣叹在评点的同时，也对原作加以修改。他不仅修改词句，还作全局性的删减。他判定《水浒传》后五十回为罗贯中“横添狗尾”，故尽行砍去，并假称得到施耐庵原本，又伪造施耐庵序贴在前面。这便是今天的七十回版本的《水浒传》；他又断言《西厢记》第五本非出王实甫之手，也系别人所续，将之删去，以《惊梦》收尾。

《金瓶梅》的题材由《水浒传》中“武松杀嫂”一段故事演化而来，是第一本将目光投向市井小人物的小说。《金瓶梅》对后世小说产生了非常大的影响，《红梦楼》就明显地受到它的影响。因其淫秽内容太多，成为明清以来历代禁书。

☆为什么那些顺口溜式的诗被称为“打油诗”？

诗歌本来是属于文人圈子的高雅艺术，但自从出了“打油诗”，诗歌的姿态也便放低了许多，那些学识不高，甚至不通文墨的人也都敢堂而皇之地吟几句诗了。所谓“打油诗”，就是顺口溜式的诗。这种诗不讲究平仄对仗，意境不高，辞藻不美，只讲究趣味性，供人一乐。那么，这种诗为何被称为“打油诗”呢？

唐代时南阳有个书生，姓张，名打油。张打油生性达观幽默，虽考取功名未成，仍整日悠哉闲逛，自得其乐。据说他酷爱民间文艺，尤其喜欢作顺口溜诗。闲逛时，张经常兴之所至，便随口诌上一首，以过诗瘾。“江山一笼统，井口一窟窿，黄狗身上白，白狗身上肿”便是他的杰作。

话说有一天，张打油又出来溜达，走至一个新落成的县衙，看里面无人，便悄悄进去参观。临走时诗兴又发，在洁白的墙壁上留下了大作一首：“六出九天雪飘飘，恰似玉女下琼瑶。有朝一日天晴了，使扫帚的使扫帚，使锹的使锹。”县太爷听说后，十分生气，便下令抓了张打油。县太爷在大堂上责问张打油为何要乱写乱画，张打油答道：“吟诗作文，乃高雅之事，何在乎区区一面墙壁。”县太爷一听他口气挺大，便以当时的南阳城被“安史之乱”的叛军围困为题材，要求他作诗一首。声称如果作得好，便不再治他罪。张打油稍加思索便吟道：“贼兵百万困南阳。”县太爷也是懂文墨之人，暗觉气势不凡。接下张又道：“也无救兵也无粮。”县太爷觉得这句便略微失去气势了。最后，张收尾道：“有朝一日城破了，哭爹的哭爹，叫娘的叫娘。”干脆成了打趣的俏皮话，在场的人一听都笑了。县太爷觉得虽然境界不高，但也颇有几分意思，于是便放了张打油。

后来此事传开，张打油成了名人。人们便将这种顺口溜诗称为“打油诗”了。

☆戏曲中曹操是个“白脸奸臣”，这个形象是怎么来的？

受到《三国演义》的影响，人们一提起曹操，首先想到的就是奸臣。其实历史上的曹操文武全才，是一位杰出的政治家、军事家和诗人。他的形象从英雄转变成“奸臣”，有一个变化的过程。

汉代末年，华夏大地上风云四起，曹操带领军队经过多次战争最后统一了

▲曹操逼宫年画

北方，为后来华夏大地的再次统一做出了巨大的贡献。在当时，许劭就曾这样评价过曹操："治国之能臣，乱世之奸雄。"意思是说，曹操如果生在太平盛世，那他将是能辅佐皇帝治理好国家的能臣，如果他生活在乱世之中，就会驰骋天下，成为造就一番霸业的英雄。这评价本是许劭对曹操的赞美和嘉许。宋朝前的历史，都肯定了曹操的历史功绩，对他有较为公正的评价。

真正把曹操说成是"白脸奸臣"，则是在宋朝。北宋初年，辽金相继在北方兴起，并不断南犯。宋朝人屡战屡败，逐渐失掉自信心。宋朝君臣为了强调自己的正统地位，便把刘备树立为正统，曹操则开始受到贬抑。"靖康之耻"的灭国之祸后，宋室南渡，当时的南宋政府处境与三国时期的蜀汉相似，都在南方，而且北方也都有强大的敌人。统治者为了在民众心中强化南宋政府正统的观念，对曹操的贬损变本加厉。后来，随着程朱理学兴起，它所提倡的仁义和忠君思想极大地影响了人们对曹操的认识和判断。于是，曹操形象被进一步丑化，慢慢变成了罪恶的"奸臣"。

说唱艺术在北宋时就已经兴起，受到当时政府和民间思想的影响，人们开始在舞台上丑化曹操。时间一长，曹操就成了"白脸奸臣"。元末明初，随着《三国演义》的问世，曹操的形象被彻底定型。舞台表演会影响小说对人物形象的刻画，反过来，小说也会影响戏曲舞台上对人物形象的塑造。随着各地方剧种的诞生和发展，许多的三国戏不断上演，曹操"白脸奸臣"的舞台形象被越来越多的人认同并接受。

☆何谓"金陵十二钗"，贾宝玉看到的正册、副册、又副册中的女子是怎么划分的?

《红楼梦》第五回中，有这样一段对话：宝玉因问："何为'金陵十二钗正册'？"警幻道："即贵省中十二冠首女子之册，故为正册。"宝玉道："常听人说，金陵极大，怎么是十二个女子？如今单我们家里，上上下下就有几百

▲大观园图（局部） 清

个女孩儿。”警幻微笑道：“贵省女子固多，不过择其要者录之，两边二橱则又次之。余者庸常之辈，则无册可录矣。”宝玉再看下首一橱，上写着“金陵十二钗副册”；又一橱上写着“金陵十二钗又副册”。

在古语中，“金钗十二”指的是女子头上繁多的金钗。后来“金钗十二”有了指代众多美女的含义。从小说中人物的对话里，我们可以得知，这里所说的“金陵十二钗”包含了南京城大大小小较有名气的美女。作者按照美女身份地位的高低贵贱，容貌等级将她们分别列在了正册、副册、又副册中。

金陵十二钗正册收录的，是以林黛玉、薛宝钗为首，包括贾元春、贾迎春、贾探春、贾惜春、贾巧姐、史湘云、妙玉、王熙凤、李纨、秦可卿在内的12名女子。从册中所列的人物，我们可以看出，她们大都是些贵族小姐、府中正室之类。

贾宝玉翻看的“金陵十二钗副册”，以“根并荷花一茎香，平生遭际实堪伤；自从两地生孤木，致使香魂返故乡”的香菱为代表。从她的身份地位，我们可以推断出，副册中所载的人物多为低于正册地位的小妾，或非正室所生的小姐之类。如此划分，诸如薛宝琴、尤二姐、尤三姐、邢岫烟、李纹等人便在副册之中。

又副册开篇以“霁月难逢，彩云易散。心比天高，身为下贱。风流灵巧招人怨，寿夭多因诽谤生，多情公子空牵念”的晴雯为首。可见，又副册中所载，大都是些低于正册、副册中的丫鬟、佣人之类。这样一来，像袭人、平儿、鸳鸯、紫鹃、莺儿、玉钏、金钏、彩云等人便都名列其中。

☆唐僧西天取经，“西天”到底在哪里，是指现在的印度吗？

吴承恩的神魔题材小说《西游记》，讲述了大唐高僧玄奘在三个徒弟的帮助下，历经九九八十一难，最终在西天雷音寺取得真经的故事。按照小说的描述，唐僧取得真经的地方应该在中亚、南亚一带，更确切地说指的是佛教的发源地印度。那么，“西天”真的是指现在的印度吗？

《阿弥陀经》中说道："从是西方，过十万亿佛土，有世界名曰极乐。"佛教认为：人的生老病死皆是苦难，这些苦难源自于人类的欲望。如果想寻求解脱，摆脱苦难，就要通过修行，达到无欲无求的境界。而"西方"正是"阿弥陀佛"得道成佛的地方。相传这里是一个没有痛苦，只有喜乐、清净、平等的极乐世界，又称"西方净土"。由此，我们可以得出："西方"并非实指，而是佛家所求的一种清净、安乐的理想境地。

从另一个角度上看，历史上确有玄奘西天取经这一史实。唐朝高僧玄奘苦于中国佛经混乱，决定到西天求取真经。途经120多个国家，最终到达印度。他在印度佛教圣地那烂陀寺潜心学佛修道，曾在辩论中大破外道诸论。取经归来，玄奘一面翻译佛经，一面奉旨撰写自己求经途中的经历见闻。645年，12卷的《大唐西域记》撰述完成，进献太宗皇帝。这在当时轰动一时，反响强烈。《西游记》便以玄奘取经经历为原型。按照小说中唐僧所走路线推断，"西天"是指唐代的天竺国——印度是毫无疑问的。

雷音寺

根据史实推断，《西游记》中所写的雷音寺，指的应该是当年玄奘学佛的那烂陀寺。据史料记载，这所寺院位于古印度王舍城外，是当时印度最大、最壮观的一所寺院。院中收藏书籍繁多，种类齐全。常年居住的僧人有四千之多，前来求佛学经的人络绎不绝。玄奘曾经在这里钻研佛法5年，年近百岁的主持方丈还曾破例为玄奘连讲佛法15个月。

后来，这座寺庙在战火中被夷为平地。人们根据《大唐西域记》所载，发掘出了这座佛家圣地。如今，与那烂陀寺相关的一些文物正陈列在王舍城附近的一家博物馆中。

☆孙悟空师兄弟神通广大，为什么不背着唐僧飞到西天去?

《西游记》中，猪八戒曾问过孙悟空，为什么不背师傅飞过流沙河。孙悟空回答说，筋斗云乃灵性之物，没有仙根的人是无法驾驭它的。就算孙悟空背着唐僧，也无法施展腾云驾雾的本领。原因就在于尽管唐僧修行很深，但毕竟是尘世凡胎，没有摆脱红尘，又怎能与众仙一样穿云钻雾呢？如此说来，孙悟空不能背唐僧西天取经还是不得已的行为。

但是从整部小说中，我们知道，孙悟空不能背着唐僧飞去西天取经的根本原因并不在此。孙悟空曾经说过："我们几位徒弟追随师傅西天取经，只是为了保护他的身家性命。师傅所要经历的苦难折磨，并非我们能代替的。只有经历了这些磨难，师傅才能修得正果，深悟佛道。到了西天见了那佛，才能有资本取得真经。我们等闲之辈，就算代替了师傅，取来的经也是空有外表，没有真正的价值。”

而且书中提到，唐僧是如来弟子金蝉子转世，来到人间就是为了完成西天取经、感化世人的任务。取经路上经历的每一次劫难，都是如来事先知晓的。如此安排，如来解释说：“当初我想要把真经送到东土上，怎奈世人蒙昧，不识真经，辜负了我普度众生的美意。我之所以将唐僧贬到凡间，是想借着真挚虔诚之人，历经磨难，取回真经的行为，感化众生。这样得到的真经实属不易，人们也会倍加珍惜……”

从小说中这两个人物的话中，我们可以看出，孙悟空没有背唐僧去西天取经，是为了完成如来“感化苍生”的大计。而唐僧所经历的种种，也是为了东土百姓得到真经，而心甘情愿替民受苦的苦修行为。

☆戏曲艺人为什么又叫“梨园子弟”？

▲登科升平乐舞图 唐

《儒林外史》第三十回说道：“通省梨园子弟各班愿与者，书名画知，届时齐集湖亭，各演杂剧。”意思是说，各个班子的戏曲艺人将齐聚湖亭，表演看家本领。通常，人们将戏曲艺人称为“梨园子弟”。那么，戏曲和梨园有什么关系，人们为何要这样称呼戏曲艺人呢？

戏曲艺人被称为“梨园子弟”是从唐玄宗时期开始的。据《新唐书 · 礼乐志》记载：“玄宗既知音律，又酷爱法曲，选坐部伎子弟三百，教于梨园。声有误者，帝必觉而正之，号皇帝梨园弟子。”从历史资料中可以看出，唐玄宗李隆基是个多才多艺的皇帝，不但懂音律，打得一手好羯鼓，还是个戏曲行家。他曾经挑选了 300 名乐工舞女，置于梨园中亲自调教。如果乐工弹奏有破音走调的，唐玄宗一听就能听出来。

据说，当时的梨园只是皇宫之中的一个果树园，场地空旷，花蝶飞舞。乐工弹奏，宫女翩然起舞，人景合一。可以说，梨园既是人间仙境，也是培训演员的基地。所以，后人便以“梨园子弟”来称呼这些乐工舞女。因此唐玄宗也被称为了戏曲的祖师爷。随之衍生而来的，还有“梨园行”——戏班子；“梨园世家”——戏曲家庭；“梨园界”——戏曲界等。

“梨园弟子”虽然泛指戏曲演员，但是，他们在梨园中的分工却是很细的。按照类别分，梨园子弟分为乐部和舞部。其中，乐部又分为坐部和立部。所谓的坐部，指的是一些资历高、技艺好的演员，因他们可以坐在堂上表演而得名。与之相对，立部则是只能站在台下弹奏的乐手。根据各自扮演角色，所在声部的不同，立部又细分为男部、女部和小部（儿童）。舞部则根据舞蹈的形式划分为文舞和健舞。据唐代皇家墓室壁画显示，这一时期的宫廷曲艺，已经达到了极为繁盛的程度。

☆“唱念做打”有哪些具体要求？

唱、念、做、打是戏曲表演中的4种艺术手段，同时也是戏曲演员表演的4种基本功，通常被称为“四功”。“唱”指歌唱，“念”指具有音乐性的念白，二者构成歌舞化戏曲表演艺术两大要素之一的“歌”；“做”指舞蹈化的形体动作，“打”指武术和翻跌的技艺，二者结合，构成另一大要素“舞”。

▲清代《拿花蝴蝶》戏画

画中六人各持刀剑，分派厮杀。舞弄之姿夸张优美，一手握兵刀防守进攻，一手在做各种姿势，烘托出热闹的打斗气氛。戏剧的“打”具有独立的审美地位。

戏曲在长期发展的过程中，逐渐融合唱念做打各种艺术手段，为搬演故事、塑造人物形象服务。早在汉代百戏中就有《东海黄公》的节目，通过武术和杂技，表演简单的故事。唐代盛行歌舞，以载歌载舞著称。宋杂剧演出分“艳段”、“正杂剧”、“杂扮”三部分，把歌舞、戏剧、杂耍集于一台，起了相互影响和融合的作用。元杂剧在表演上已有简单的武打。明代弋阳、昆山诸腔勃兴以后，在声乐和舞蹈技艺的结合方面渐趋完善。清乾隆、嘉庆年间，徽调与汉调合流，继承昆、弋的传统，吸收各种地方戏的优点，逐步向京剧演变，大致到了同治、光绪前后，一个以唱念做打多样统一的完整艺术形式才日臻成熟。

中国戏曲剧种繁多，表演上运用的艺术手段也各有侧重。大抵搬演生活小戏的花鼓、采茶等系统的剧种，载歌载舞；由坐唱形式搬上舞台的滩簧、曲子等系统的剧种，侧重说唱；昆曲、高腔、皮黄、梆子系统的剧种，唱念做打四功并重。中华人民共和国成立以来，各剧种相互促进，共同提高，上述差别已逐渐缩小，各剧种大都具备了唱念做打的艺术手段。

☆“科班”是什么意思?

我们常说“科班出身”，这个“科班”是什么意思?

科班是戏曲用语。戏班以演戏为主，科班以学戏为主。科，即品类、等级之意，因自汉以来，学人经科试以定次第等级，因此旧时投师学艺也称为入某一科，同年入学者为同科。考入或经人介绍加入某一学戏的班子的某一科，即称为进班入科，亦可称加入某一科班。如富连成班就分为喜字科、连字科、富字科、盛字科、世字科、元字科、韵字科、庆字科等8科。

科班均供奉唐明皇为祖师爷，并每日朝拜，凡入科班一定要立字据，如同定下卖身契约，不仅要打骂体罚，而且科满后要效力3年，因此旧时学戏称为打戏，坐科7年称为7年大狱。

科班起源于明代。随着戏曲的形成和发展，戏曲除官办的梨园、教坊之外，大多数都是采取口传心授的方法，或拜师学艺，或艺学家传（所谓“门里出身”）。这两种授徒的规模和作用都带有局限性，难以适应舞台艺术的平衡发展，于是采用以班代班方式培养演员的大小班和专门培养童伶的科班便相继出现，其性质仍然是师徒相传。明代嘉靖年间已有海盐子弟班和昆曲大小班或科班。清中叶之后，随着地方戏的勃兴，科班如雨后春笋，风靡各地。道光时苏州有昆曲科班，北京有老嵩祝班；咸丰、同治间又有全福昆曲科班和河北农村的双顺、永和、永胜及梆子科班。之后，又有四箴堂科班、益合昆弋科班等。清末民初，又相继出现了一批规模较大、专门培养童年演员的科班。其中有代表性的如富连成社、崇雅社、易俗社、昆剧传习所等，都积累了丰富的传艺经验，形成了一套严格的教学方法，许多知名的戏曲演员大多是这些科班出身。但由于受社会条件的局限，经费匮乏，人力不足，科班能够维持的时间不长。

科班本义是指旧时学、演结合的戏剧班子，是成为演员（旧称戏子）的必须也是唯一途径。后来科班就引申为正规的职业技能教育的统称，所谓科班并非指“出身”，而是指经过正规的培训。

☆什么样的板凳才叫“冷板凳”，这句话是从梨园行来的吗?

生活中，人们常称那些不被重视的人为坐冷板凳。那么，这个“冷板凳”

究竟是种什么凳子？为什么人一坐上去就要受冷落呢？

“冷板凳”一词源于梨园行。在戏曲行当里，有演戏的，还有伴奏的。通常演员在台上演，伴奏者坐在下场门侧，被幕布遮掩着，观众基本上看不到敲锣打鼓的人。整个戏曲跌宕起伏，除了靠演员的唱念做打之外，锣鼓起到了不可忽视的烘托渲染作用。如果场上只有演员清唱，显然气氛不够热闹。因而，人们以锣鼓班坐的长条板凳来指代敲锣鼓的人缺场，将冷场的清唱称之为“冷板凳”。

后来，人们取“冷板凳”的引申义，将那些受冷落，不受重视的人称为“坐冷板凳”。

☆人们把干杂活称为“跑龙套”，这是为什么？

文艺圈里，经常提到“跑龙套”一词。词典中对“跑龙套”的解释为：原指戏曲中拿着旗子做兵卒的角色，后比喻在人手下做无关紧要的事。其实，“跑龙套”一词源于“龙套”。所谓的“龙套”指的是戏曲表演上的一种戏服。这种戏服上绣有龙纹，且为套头装。穿这种衣服的演员通常没有台词，只是在台上走走过场，因而得名“跑龙套”。

▲戏曲中一般以4人为一堂龙套。

沈从文曾写过一篇名为《跑龙套》的文章，文中说：“跑龙套在戏台上像是个无固定任务角色，姓名通常不上海报，虽然每一出戏文中大将或寨主出场，他都得前台露面打几个转，而且要严肃认真，不言不笑，凡事照规矩行动，随后才毕恭毕敬地分站两旁。”

在曲艺界里，除了有主要演员和次要演员外，还需要一些陪衬烘托场面。而出演烘托场面的人物通常就被称为“跑龙套”。最早，充当跑龙套的人，多由戏班里的新人担任，四人组成一个单位，叫作堂。像这类的“跑龙套”大都是侍从衙役，主要的演出活动是呐喊助威。如果戏曲所表现的是战争场面，那么这些“跑龙套”的便要从主角们的刀枪剑戟下来回穿梭，以表示兵丁冲锋陷阵，“跑龙套”的时而还要摇旗呐喊增添声势。通常，“跑龙套”手里拿着门枪旗、红门旗、飞虎旗，或风旗、水旗、火旗、云牌等。所以有些曲目里，打旗的演员也被称为“跑龙套的”。

新人们通过“跑龙套”这一过程，不仅熟练了基本功，还增强了表演技能。

当新人们将这些杂技练到炉火纯青的地步之后，他们开始饰演锣、伞、报之类的带有少量台词的角色。随着艺龄及演技的增长，他们才有可能成为配角，甚至是主角。

如今，人们已经很少严格划分“跑龙套”和正式演员之间的区别了。在拍戏人手不够时，很多演员都会临时客串一下“跑龙套”的。这个角色虽然看着不起眼，但是在整个故事情节中，却起着不可忽视的烘托作用。

☆什么是生、旦、净、末、丑，人们为什么用这些字眼来命名角色?

在中国戏曲发展早期，戏曲角色的名称一直在变化。直到元代，角色的名称才基本固定，大体分为生、旦、净、末、丑五类。随着戏曲文化的进一步发展，末角逐渐被划归到生角中。所以，如今的戏曲行里，多以生、旦、净、丑来划分角色类型。那么，人们为什么要用生、旦、净、末、丑这样的字眼来命名角色呢?

关于戏剧角色名称的由来，历来说法不一，其中最主要的观点有两种。第一种观点认为，生、旦、净、末、丑的划分源于古印度梵剧。人们取元代的《青楼集》为证：“院本始作，凡五人：一曰副净……一曰副末……一曰引戏……一曰末泥……一曰装孤，杂剧则有旦、末。旦本女人为之，名妆旦色；末本男子为之，名末尼。”据文献考证，这些角色名称确与古印度梵剧中的角色有一脉相承之处。

另一种观点是从中国传统文化的角度评析生、旦、净、末、丑名称的由来。这种观点较于前一种观点，更受曲艺界的推崇。这种观点认为，戏曲中角色名是角色反意的用法。

通常扮演生角的人为男性。根据年龄角色，又分为老生、小生、武生、红生等。整场演出中，生角是关键。因而，要求生角做到唱腔唱词纯熟，能够灵活演出。于是，人们反“熟”的意思将其命名为生。

旦是女性演员的称呼。根据年龄身份分为青衣、花旦、刀马旦等。古人认为，傍晚时分才是女性活动的时刻，而且女为阴。所以便将与阳相对的阴命名为“旦”，用以代指女角。

净是花脸角色。这类角色主要以各色油彩的脸谱彰显人物性格或相貌的与众不同。所以，人们反脸不干净之意，将其命名为净角。饰演净角的为男性演员，按唱功和表演，又分为正净和副净。

扮演丑角的人，通常是灵活聪明之人。整部戏的诙谐气氛要靠这个角色烘托。他们的扮相比较怪异。人们取丑之意称呼这个角色。其中丑角又分为文丑、武丑。

已划归为生角的末角大都是些中年男子扮演，又名“末泥”、“末尼色”，是戏曲演出中最先出场的引戏演员，所以人们反“首”出场称他们为“末”角。

☆何谓“压轴戏”，人们为什么用它指称最精彩的那出戏?

所谓的“压轴戏”并非字面上所指的最后一个演出的节目，它是京剧中的术语。在京剧形成今天这种表演形式之前，一场戏通常是由5出戏构成的。当时的京剧一般在下午一两点钟的时候鸣锣开演，直到午夜散场。在长时间的演出中，为了吸引观众眼球，迎合观众生活规律，戏曲演员将整场演出分成了5大块。

鸣锣开唱便算“开锣戏”，唱了一两个小时之后，观众明显有些困乏。演员就会抖出些提神的剧目，给观众缓解一下疲劳。这出叫“早轴子”。到了傍晚时分，在观众有些饥肠辘辘，准备回家吃晚饭的时候，戏班子便抬出一场闹戏，暖暖场，这个环节叫“中轴子”。待到大家吃饱喝足，戏班子便开始整场演出的正戏部分，精彩的节目也开始登台亮相了。到倒数第二场的时候，吊了观众一天的胃口，该是表演精彩绝活的时候了，这场戏中，一般会请出班子里的名角出场。所以，整部戏里，前后几出戏都是为倒数第二场名角儿演出作铺垫的，因而倒数第二场被称为“压轴戏”。也唯有这一场，最让观众叫好。整部戏曲唱到这个时候，夜深了，戏也渐渐接近尾声了。最后，为了表示感谢，戏班通常会安排一场“送客戏”，称为“大轴子”。这场热闹的武戏结束后，观众也就散了。

随着京剧的不断发展，这样的演出形式渐渐被一整部完整情节的戏曲曲目替代。但是“压轴戏”这个戏曲术语却被人们保留下来，并在其他领域更广泛使用起来。人们借助于戏曲中“压轴戏”，表示最精彩的演出部分。

☆向人发出挑战被称为“叫板”，这是为什么?

生活中，人们喜欢把向人发出挑战称为“叫板”。那么，“叫板”这个词是从何而来，人们为什么要用“叫板”来表达这个意思呢?

《顾误录》中解释说：“板，古拍也。”在古代乐曲中，板和鼓是打拍子常用的工具。板所打出来的是强拍，鼓打出来的是次强拍或弱拍。根据这种打拍方式，中国传统戏曲中，又提出了“板式”一说。所谓的“板式”是指戏曲音乐的节拍和节奏形式。其中包含板眼和下板形式两层含义。“板眼”指的是强拍、次强拍和弱拍相结合的节拍形式，又分为一板一眼（二拍子）、一板三眼（四拍子）等形式；“下板形式”指的是节奏的形式。以戏曲唱腔为例，字随板出的叫“应头板”，后半拍出字的叫“腰板”等。根据节拍节奏的强弱舒缓，又将板式分为叫板、起板、转板、留板、歇板、砸板等。

“叫板”作为戏曲中的术语，指的是演员以一定的唱腔示意司鼓，下面的唱段是什么节奏的板式。叫板通常用在戏曲中的慢板、二六板、箭板、滚板等板式中。它的曲调以散板为主。为了能够使表演更加艺术，演员在道白的最后一句上运用叫板的方法，或以语气示意，或用动作唱腔示意，司鼓铜器便会转奏出下一唱段的板式。就是因为这样，人们才会将叫板引出下文，挑出新板式的意义引申为挑衅或挑战。

有板有眼

人们通常把做事老到，稳妥有样叫作“有板有眼”。有的时候，唱歌有节奏感人们也说“有板有眼”。《曲律》中说道：“凡盖曲，句有长短，字有多寡，调有紧慢，以板眼为节制，故谓之板眼。”也就是说，“有板有眼”原来指代的是戏曲。能将戏曲唱得字正腔圆，音调拿捏得恰到好处，便是有板有眼。其中，板分为板式变化体和曲牌连套体两大类。有时也指打拍子用的乐器；眼则指的是戏曲中的拍子。

☆“四大徽班”具体指哪四个戏剧班子，它们为什么到北京？

中国的国粹京剧，是在融合了徽调和汉戏的基础上形成的。北京算是京剧的摇篮，而“四大徽班”进京可以说是京剧发展的里程碑。

“四大徽班”指的是：三庆班、四喜班、和春班、春台班。最早进到京城来的，是徽班中的三庆班。据说，清朝的统治者都很喜爱戏曲。地方经常借各种庆典之由，向皇帝献媚。乾隆五十五年（1790年）秋天，乾隆帝八旬寿辰，各地更是借机奉承，纷纷派出实力演出队伍到京城贺寿，阵容十分强大。在祝寿的演出队伍中，有一支由扬州戏曲艺人高朗亭撑台戏班，名为三庆班。他们以唱二黄声调为主，又兼具昆曲、吹腔、梆子的戏风，形式多样，曲调优美，贴近生活，颇受当时北京百姓的喜爱。一场祝寿演出下来，三庆班名声大噪。

后来，三庆班在京城中落下了脚。在不断吸收其他戏曲艺术精华的基础上，

▲清代京城演戏的盛况

三庆班进一步完善，深受京城人民的喜爱。听说三庆班在京城尝到甜头，四喜、启秀、倪翠、春台等安徽戏班相继进京寻求发展。一时之间，融合了多种戏曲风格的徽戏成为京城戏曲的主流，致使当时在北京发展的秦腔、昆剧一度受到了冷落，甚至还有很多秦腔、昆剧演员转入徽班。

渐渐地，进京的徽班开始合并，最终形成了实力强大的“四大徽班”：三庆班、四喜班、和春班、春台班。其中，三庆班以出演整本大戏出名；四喜班以昆曲风格为主导；和春班则以武戏吸引观众眼球；春台班则是突出孩童戏曲的特点。

可以说，“四大徽班”的进京，使得我国的戏曲事业有了飞跃性的发展。尤其是在融合了楚调、西皮调的基础上，所形成的“皮黄戏”影响最大。也是在这个戏种的基础上，京剧开始形成、发展，并日臻成熟。

☆京剧各主要流派的创始人是谁?

京剧自产生之日起就产生了不同的流派，京剧流派主要是指演员的表演艺术风格和艺术特点，并且这种风格特点得到师承和传播。

▲京剧《霸王别姬》剧照

京剧是一种雅俗共赏，深受人们喜爱的戏曲形式，是中国的国粹。

须生：谭派—谭鑫培；汪派—汪桂芬；孙派—孙菊仙；汪派—汪笑侬；王派—王鸿寿；刘派—刘鸿声；余派—余叔岩；言派—言菊朋；高派—高庆奎；马派—马连良；麒派—周信芳；新谭派—谭富英；杨派—杨宝森；奚

派—奚啸伯；唐派—唐韵笙。

小生：程派—程继先；姜派—姜妙香；俞派—俞振飞；叶派—叶盛兰。

武生：李派—李春来；俞派—俞菊笙；杨派—杨小楼；盖派—盖叫天。

旦角：陈派—陈德霖；王派—王瑶卿；梅派—梅兰芳；程派—程砚秋；荀派—荀慧生；尚派—尚小云；筱派—筱翠花；黄派—黄桂秋。

花旦（青衣）：张派—张君秋。

老旦：龚派—龚云甫；李派—李多奎；孙派—孙甫亭。

净角：何派—何桂山；金派—金秀山；郝派—郝寿臣；侯派—侯喜瑞；裘派—裘盛戎。

丑角：王派—王长林；萧派—萧长华；傅派—傅小山；叶派—叶盛章。

☆“梨园三怪”到底有多怪？

戏曲中有“梨园三怪”的说法，他们都是谁？到底有多怪？

梨园三怪都生活在清朝末年。

跛子孟鸿寿。孟鸿寿幼年得了软骨病，身长腿短，身体纤弱。他苦学苦练，扬长避短，后来，成为戏院竞相邀请的丑角大师。

瞎子双阔亭，自幼学戏，双目因疾失明，更加勤学苦练。在台下走路要用人搀扶的他，上台表演却寸步不乱，终于成为名须生。

哑巴王益芬，出身艺人家庭。平日在后台看父母演戏，一一默记于心。每天早贪黑练功，长年不懈，终成为有名的二花脸。

☆京剧“四大名旦”和“四小名旦”都是谁？

京剧有“四大名旦”和“四小名旦”之分，指的都是谁？

梅兰芳(1894 ~ 1961年)，出身于京剧世家，在他从艺的50多年里，对旦角的唱腔、念白、舞蹈、化妆等各方面都有创造性发展。他在《宇宙锋》、《贵妃醉酒》、《霸王别姬》、《穆桂英挂帅》等戏中创造了姿态各异的古代妇女形象，在国内和国际上享有很高的声望。

程砚秋(1904 ~ 1958年)，他的戏路极广，不仅有《玉堂春》等青衣戏，也有《游龙戏凤》、《刺红蟒》等花旦、刀马旦和武旦戏。另外他在《窦娥冤》中饰窦娥，《青霜剑》中饰中雪贞。他主演的《贺后骂殿》、《锁麟囊》等戏都盛极一时。

尚小云(1900 ~ 1976年)，曾被评为“第一童伶”。他在《二进宫》、《祭塔》、《昭君出塞》等戏中塑造了一批巾帼英雄和侠女烈妇，在京剧表演艺术上也是独树一帜。

荀慧生 (1900 ～ 1968 年），他能使梆子旦角艺术融青衣、花旦、刀马旦的表演于一炉，在唱腔方面，他从昆曲、梆子、川剧中吸取精华，与京剧老生、小生、老旦的旋律融合，创造自己独特的唱腔。他擅长扮演天真、活泼、温柔的妇女，以演《红娘》、《钗头凤》、《荀慧娘》等剧著名。

1927 年梅、程、荀、尚确立“四大名旦”之后，青年旦角演员不断涌现。为了选拔优秀人才，1936 年秋天，由北京《立言报》主持，专门接待各界投票评选“四小名旦”。投票结果前四名是：李世芳得票 5800 张，毛世来得票 5000 张，张君秋得票 4800 张，宋德珠得票 3600 张，成为当年轰动一时的京剧“四小名旦”。

1940 年，北平《立言画刊》在长安剧场组织四小名旦合作演出《白蛇传》，李世芳、宋德珠合演《金山寺水斗》；毛世来演《断桥》、《合钵》；张君秋演《祭塔》，“四小名旦”遂成定论。

“四小名旦”演艺超群但风格各异——李世芳唱做俱佳，有“小梅兰芳”之称；毛世来深得“花旦大王”筱翠花的真传，擅演《十三妹》等剧；张君秋博采众长，创立了“张派”艺术；宋德珠工刀马旦、武旦，以武功和“出手”见长，世称“宋派”。

☆“同光十三绝”到底有多绝？

“同光十三绝”是徽班进京后由演唱徽调、昆腔衍变为京剧的 13 位奠基人，又都是技艺非凡的表演艺术家。当时的画家沈蓉圃参照清朝中叶画师贺世魁所绘《京腔十三绝》戏曲人物画的形式，把这 13 位前辈画在一幅画面上，挂在北京前门廊房头条东口听诚一斋店铺里，流传很广。

▲《同光十三绝》画像（摹本）　清代　沈容圃

沈容圃为光绪年间北京画师，绘清同治、光绪年间北京昆曲、京剧著名演员13人剧装写真图。全画长达丈余，绘13位演员。面目须眉，各具神情，色泽妍雅，栩栩如生。

画中绘老生4人：程长庚饰《群英会》之鲁肃，卢胜奎饰《战北原》之诸葛亮，张胜奎饰《一捧雪》之莫成，杨月楼饰《四郎探母》之杨延辉。

武生1人：谭鑫培饰《恶虎村》之黄天霸。

小生1人：徐小香饰《群英会》之周瑜。

旦角4人：梅巧玲饰《雁门关》之萧太后，时小福饰《桑园会》之罗敷，余紫云饰《彩楼配》之王宝钏，朱莲芬饰《玉簪记》之陈妙常。

老旦1人：郝兰田饰《行路训子》之康氏。

丑角2人：刘赶三饰《探亲家》之乡下妈妈，杨鸣玉饰《思志诚》之闵天亮。

☆川剧如何“变脸”？

相传“变脸”是古代人类面对凶猛的野兽，为了生存把自己脸部用不同的方式勾画出不同形态，以吓唬入侵的野兽。川剧把“变脸”搬上舞台，用绝妙的技巧使它成为一门独特的艺术。

变脸的手法大体上分为3种：抹脸、吹脸、扯脸。此外，还有一种“运气”变脸。

抹脸是将化妆油彩涂在脸的某一特定部位上，到时用手往脸上一抹，便可变成另外一种脸色。吹脸只适合于粉末状的化妆品，如金粉、墨粉、银粉等。扯脸是事前将脸谱画在一张一张的绸子上，剪好，每张脸谱上都系一把丝线，再一张一张地贴在脸上。丝线则系在衣服的某一个顺手而又不引人注目的地方。随着剧情的进展，在舞蹈动作的掩护下，一张一张地将它扯下来。

☆什么是“跌份儿”，这个说法是怎么来的，与戏剧有关吗？

北京人管丢面子、失身份叫“跌份儿”，有的时候也说成“丢份儿”。显然，“份儿”这个词有身份、面子、份子的意思。那么，像“跌份儿”这样的词是从何而来呢？

在旧时代的戏曲行业和其他服务行业里，人们的收入是不按工资计算的。当时采取的工资发放制度为：总收入分成份儿，按职位人头发放。以戏班子为例，通常，班主和头牌拿大份。其他成员按照职位类别、人头等条件拿份子。有的人可以拿到几份，有的人甚至只能拿到半份。

后来，在戏剧、服务行业中，便流行起一种说法：得到足份儿的“工资”便是“够份儿”；没拿到足份的“工资”便是“不够份儿”。同种行业之间，必然存在份大份小，身份地位通过所拿份子便一目了然。所以，“份儿”也就成了身份地位，甚至是面子的象征。

那些能够拿到足份“工资”的人，如果“工资”涨了，人们便称之为“拔份儿”；如果“工资”降了，那就意味着“跌份儿”了。随着新中国的成立，这种工资制度逐渐被新的劳动体制所代替。“分份”一说便退出了“工资”领域。但是人们却把它拓展到了生活中。借助它的引申义，来指代身份、面子，并一直沿用。

☆“相声”产生于什么时候，为什么要用“相声”来为这种艺术命名？

相声，又名像声、象声。据史料记载，早在春秋战国时期，就已经出现了“单口相声”，当时人们称之为“滑稽戏”。后来，经过不断融合发展，相声才最终演变成了今天的样子——讲究说学逗唱的滑稽性舞台表演形式。

关于相声的起源，有人认为源自于口技艺术。康熙年间的李声振在《口技》中记载道：“口技俗名‘象声’。以青绫围，隐身其中，以口做多人嘈杂，或象百物声，无不逼真，亦一绝也。”《燕京岁时记》补充道：“像声，即口技，能学百鸟音，并能作南腔北调，嬉笑怒骂，以一人而兼之，听之历历也。”从这两部书中所载我们可以看出：清人将口技艺术称为“象声”。此时的“象声”是一种娱乐性的声音模仿，并没有语言、肢体表演形式。

还有观点认为，相声是由唐朝的“双人相声”即“参军戏”发展而来。据《乐府杂录》记载：“开元中，有李仙鹤善此戏，明皇特授韶州同正参军，以食其禄。是以陆鸿渐撰词‘韶州参军’，盖由此也。”这种参军戏是种对口相声。表演者穿军绿色衣服，与现在对口相声相似，一个为逗哏，名为“参军”，扮演灵活机敏的角色；另一个为捧哏，名为“苍鹘”，饰演愚笨迟钝的角色。两人以生活为基点，语言诙谐幽默，行为滑稽搞笑，有时也兼具讽刺戏谑。必要时，伴有歌舞吟唱。

抖包袱

相声曲艺里，有一个名为“包袱”的术语。意思说，两人一逗一捧，经过层层组织、铺垫，抓住观众的兴奋点，最终抖出笑料，达到让观众开怀大笑的效果。在曲艺界里，有“时衣古画当令的笑”的说法。也就是说，抖包袱，既要抖响，又要抖出水平。笑料虽然源自生活，但是经过艺术加工，最重要达到拿捏适度、雅俗共赏的效果。太刻板，达不到观众的笑点；太过，则显得讽刺戏谑成分太浓。

☆“天下第一行书”是指哪幅书法作品，它的作者是谁？

东晋书法家王羲之被后人誉为“书圣”。人们称他的书法“飘若游云，矫若惊龙”，“龙跳天门，虎卧凰阁”，“天质自然，丰神盖代”。他的主要书法作品有楷书《黄庭经》、《乐毅论》，草书《十七帖》，行书《姨母帖》、《快雪时晴帖》、《丧乱帖》、《兰亭集序》等。其中，以《兰亭集序》的声誉最高，被视为“天下第一行书”。

《兰亭集序》也叫《兰亭序》、《禊序》。东晋永和九年，王羲之和谢安、孙绰等四十几人，在山阴的兰亭举行“修禊”礼。期间众人作诗行文表达对兰亭美景的赞叹，王羲之写《兰亭集序》作为众人所写诗文的序。

作为一篇序文，《兰亭集序》不仅文字优美，章法更为古今第一。北宋书法家黄庭坚这样称赞《兰亭集序》：“《兰亭序》草，王右军平生得意书也，反复观之，略无一字一笔，不可人意。”解缙也在《春雨杂述》中赞叹道：“右军之叙兰亭，字既尽美，尤善布置，所谓增一分太长，亏一分太短。”可见，《兰亭集序》的行书艺术可谓精美绝伦。整篇《兰亭集序》总共324个字。每字各生妙趣，行云流水，笔锋圆转，收放自如。序文中很多相同的字，都被王羲之写出了不同的风格，可谓重字不重形。这一点，也是《兰亭集序》书法艺术的精妙之处。

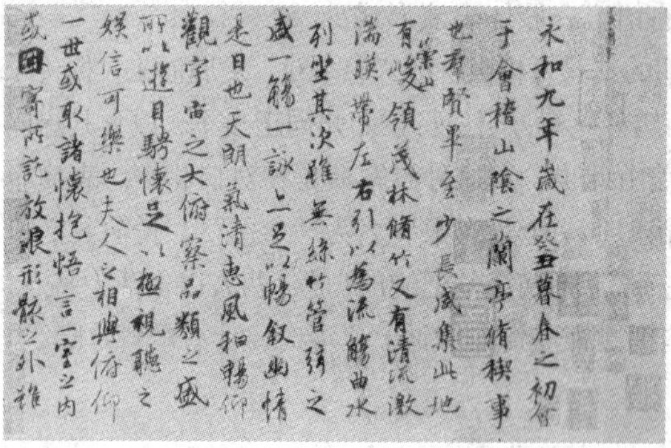

▲《兰亭序》帖

据说王羲之写完了之后，因为极为喜爱，便重新誊写了几份。但是看上去都没有最初的那份精妙。后来，唐太宗得到了兰亭真迹，曾令工匠临摹石刻，作为赠送大臣的大礼。人们普遍认为，现存的《兰亭集序》并非是王羲之的真迹，真迹早已随着唐太宗的驾崩而成了殉葬品。

☆宋体字与宋徽宗有关系吗？

关于宋体字的起源，大致有两种说法。一说它是由甲骨文，到秦始皇“书同文”，最终由书法家们集汉字特点，简化汉字结构而成的字体；二说它是应雕版印刷术的需要，而发明出来的印刷字体。

在第二种说法中，有人认为它是在宋徽宗独创的字体“瘦金体”基础上发展而来的。“瘦金体”也称“瘦筋体”，又有“鹤体”的雅称。瘦金体字形瘦长，又挺拔傲立。书写柔缓又强劲顿挫。横带收锋，竖有顿笔，撇捺甩出锋利不飘。整个字体看下来，柔中带刚，刚柔相济，是宋徽宗时期御用文书的专用字体。

据说，瘦金体最终衍生成宋体字与宋朝宰相秦桧有关。秦桧因写得一手娟秀字体，又极尽迎合奉承之能事，而深得宋徽宗的喜爱。在处理文牍过程中秦桧发现，各地呈上来的公文字体五花八门，阅读起来极为不便，于是他便有心规范字体。为了讨徽宗欢心，秦桧在模仿徽宗“瘦金体”字的基础上，取汉字精简笔画，创造出来了一种新的字体形式，时人称之为“秦体”。后来，秦桧因陷害忠良而成为千古罪人。人们便以朝代名称，将“秦体”字更名为“宋体”。

关于这种说法，文献中并没有明确记载。但是据汉字学家考证，如今我们所用的宋体、仿宋体，从字形到笔锋上，都和瘦金体一脉相承。

☆人们在练习楷书的时候为什么要遵循“永”字八法？

所谓的“永”字八法，指的是以“永”字的八个笔画，即点、横、竖、钩、提、撇、短撇、捺，阐述的是楷书笔势和组字方法。中国书法大体以“永”字的这八笔为基础，因而，人们在练习楷书的时候，都以“永”字八法为基本原则。

据《玉堂禁经》记载：“八法起于隶字之始，后汉崔子玉历钟王以下，传授所用八体该于万字。”“大凡笔法，点画八体，备于‘永’字”。意思说，“永”字八法源于古代的楷书。其八画为基本笔画，是万字的基础。《雪庵八法·八法解》又补充说道：“历代以下，书者工于笔法之妙。其名世者，如魏晋之钟繇、王羲之，唐之欧（阳询）、虞（世南）、柳（公权）、颜（真卿）之辈，亦各家有书，所传之，惜乎沦没日久，真迹不存，惟羲之‘永’字八法，共《三昧歌》流传在世。”这种观点认为，“永”字八法是从崔子玉、钟繇、王羲之等人传下来的书法之道。

还有观点认为“永”字八法是智永或张旭所创。虽然关于“永”字八法的起源说法不一，但都认同其在楷书中的地位。“永”的8个笔画各有笔势，想要写好楷书，确实要从练习“永”字入手。

☆印度的女神雕像为何都有突出的乳房和臀部？

印度最古老的经典著作《梨俱吠陀》认为，世界万物在最初诞生的时候，它们本身就存在欲望了，正是欲望使世间万物不断发展变化。因此，性在古印度被视为生命力和重要艺术加以歌颂和赞扬。

印度教对性爱也非常崇拜，并强调对性爱的重视就是对人的生命力、对宇宙创造力的歌颂。这个主题在印度的文艺上多有反映。在印度某些地区的建筑和雕刻上，就雕刻着许多性器和性爱的图案，卡朱拉霍神庙更是印度性爱艺术的集中所在。

▲从摩亨佐·达罗古城遗址中发掘出的人物造型的青铜器。

印度教的艺术深受这一观念的影响，在雕刻艺术领域体现得更加充分。在印度雕塑艺术中，女神、女性的形象比比皆是，而且这些女性形象都被描绘得极为性感。她们一般都有丰满的胸部、肥大的臀部、纤细的腰肢以及极具挑逗性的眼神，身体呈现“三道弯式”的造型，其艳情色彩非常浓烈。古印度《摩诃婆罗多》一书认为，臀部较大、乳房丰满的妇女是上天赐予人类的礼物，她是造物主用世界上最美的物质混合造就的。

☆古希腊雕塑为什么都是裸体的？

裸体雕塑似乎是古希腊时代雕塑创作的主流。人们在欣赏古希腊雕塑艺术的时候，不禁会产生这样的迷惑：古希腊为什么会流行裸体雕塑之风呢？

有些人认为，古希腊的裸体艺术来源于原始社会的裸体习俗。人类在进入农业社会以前，由于生产力落后，往往把性看成是生产力旺盛与欢乐的源泉，人们都以性为美，以裸体为美。因此，在人类早期的艺术作品中，特别突出对男、女外生殖器的表达。到了古希腊时代，裸体艺术更是进一步达到了高潮。

也有人认为古希腊的裸体艺术与当时战争的频繁与体育的盛行有着密切的联系。在古希腊人眼中，理想的人应是血统好、发育好、体型好、身手好的裸体男女。

正是这种思想，促使古希腊裸体雕塑成为艺术的主流。从艺术自身的规律来看，雕塑作为三维空间艺术，所要表达的是人体的美丽、健壮和力量，而运动场上的优胜者或英勇的战士，无疑是最理想的模特儿。

美国学者伯恩斯教授、拉尔夫教授则认为希腊的裸体艺术和他们的审美观念有关，在古希腊人的观念里，世间万物中人是最美的。“健全的精神寓于健康的身体”，是古希腊人信奉的一句至理名言。因此，这种突出表现人体艺术的美术作品无疑最符合古希腊人的审美观。

以潘绥铭为代表的中国学者提出了新的观点，他们认为：“人类有3种性征：第一是男女的生殖器的不同；第二是男女体型和外表的不同；第三是男女的心理、气质、风度和行为的不同。希腊裸体雕塑是当时性快乐主义风尚的产物，它在保留第一性征的基础上，强调第二和第三性征。”

古希腊时期著名雕塑代表作品和雕刻家

在整个西方文学艺术领域，古希腊雕塑占有举足轻重的地位。西方艺术崇尚的典范模式、庄重的艺术品格和严谨的写实精神，可以说都来源于古希腊雕塑艺术。

也就是说，古希腊的雕塑艺术几千年来影响和滋润了西方艺术。

古希腊神话传说是古希腊雕塑艺术的源泉。古希腊人认为神与人具有同样的形体与性格，因此，古希腊雕塑家参照人的形象来塑造神的形象，并赋予其更为完美的艺术形式。

古希腊的雕塑代表作有：亚历山德罗斯《断臂的维纳斯》、米隆的《掷铁饼者》、菲狄亚斯的《雅典娜神像》。

古希腊著名的雕刻家有：菲狄亚斯、米隆、波利克里托斯、普拉克西特列斯、利西普斯等。

☆米开朗琪罗有什么怪癖？

米开朗琪罗是文艺复兴时期雕塑艺术史上最具代表性的人物。他创作的人物雕像气魄宏大，雄伟健壮。他的大量作品是建立在写实的基础上的，象征了当时的整个时代。然而现实生活中的米开朗琪罗却给人以“怪人”的印象。

年轻时代的米开朗琪罗酷爱学习，性格孤僻，别人都把他看成一个孤芳自赏、疯疯癫癫的人物。米开朗琪罗的言行举止总是与社会格格不入，社交活动让他生厌。这与达·芬奇的相貌堂堂、举止优雅、风度翩翩、受到社会各界人士的喜爱形成了鲜明的对比。他只和几位严肃的人士交往，没有什么朋友。他终身未婚，一生只爱过德·贝斯凯尔侯爵夫人多利阳·柯罗娜，而且还只是一种柏拉图式的恋爱。

米开朗琪罗的重要作品

米开朗琪罗于1475年3月6日出生在佛罗伦萨。1496年，21岁的米开朗琪罗来到罗马，创作了他的早期作品《酒神巴库斯》和《哀悼基督》等。1501年，他回到佛罗伦萨，用了4年时间完成了他雕塑艺术最重要的代表作《大卫》。1505年在罗马，他奉教皇的命令负责修建教皇的陵墓。1508年，他在罗马用了4年多的时间完成了伟大的西斯廷教堂天顶壁画《创世记》。1513年，他创作了著名的《摩西》、《被缚的奴隶》和《垂死的奴隶》。1519～1534年，他创作了圣洛伦佐教堂里的美第奇家族陵墓群雕，这也是米开朗琪罗艺术生涯中重要的转折点。1536年，米开朗琪罗用了近6年的时间完成了又一伟大的教堂壁画《末日审判》。1564年2月18日，米开朗琪罗逝世于自己的工作室中。

☆《最后的晚餐》为何以修道院院长为原型来塑造犹大？

《最后的晚餐》是达·芬奇最重要的代表作之一，取材于基督教的一个重要传说。故事情节是耶稣已经得知自己被弟子犹大出卖，便与众弟子在逾越节的晚上聚餐，目的是当众揭露叛徒。当耶稣说“你们中间有一个人出卖了我”时，众弟子一阵骚动，每个人都做出了符合自己个性的反映，有的惊讶，有的困惑，有的恐惧，有的愤怒，整个场面陷于混乱之中。

▲达·芬奇（1452~1519年）因为绘画而闻名于世，例如《蒙娜丽莎》以及《最后的晚餐》，他的好奇心引导他学习包括从解剖学到天文学的一切知识，并且也取得了同样令人瞩目的成就。

在达·芬奇之前，这个题材被很多画家描绘过，然而由于画家们不善于表现人的内心世界，从人物形象上难以区别善恶，便把犹大画在餐桌的对面，使其处在被孤立的位置上，与其他弟子在空间位置上进行明显区分。达·芬奇在这一点上取得了突破，他在日常生活中对各种不同性格人物的形象进行观察，从中获得很多经验和灵感，并将其应用在自己的作品当中。

由于叛变者的形象是很难画的，达·芬奇在描绘犹大的形象时，也颇费脑筋，几天未曾动笔。不懂艺术的修道院院长对达·芬奇非常恼火，以为他是有意怠工，因为当时请达·芬奇作画是按时付酬的。于是，他让总管去催达·芬奇尽快作画。总管向达·芬奇传达了院长的意思，达·芬奇知道这并非总管的本意，便对他说，这幅画马上就要大功告成，只是犹大的模特儿不好找，实在不行，只好拿院长的头像来凑合了。从此以后，院长再也不敢来打搅达·芬奇的工作了。

据说，米兰大公看到《最后的晚餐》中犹大的面孔时笑了起来：“犹大简直和修道院院长一模一样，他妨碍你的工作，你巧妙地报复了他，就让他永远留在这张画里吧。正好，他总是把钱袋抓得紧紧的，舍不得在修道院的孩子身上花一分钱，使教士们吃尽了苦头。”可见，达·芬奇这样做并非完全出于个人的报复，而是发现院长和犹大在贪财这一点上是一致的。

☆《蒙娜丽莎》的原型是谁?

▲《蒙娜丽莎》

《蒙娜丽莎》中那个拥有神秘微笑的女子的原型到底是谁？500多年来，人们一直为此争论不休。

有人认为蒙娜丽莎的原型可能是一位名叫伊莎贝拉的妙龄少女，据说她相貌娇美、体态丰盈，特别适合当模特儿。美中不足的是她的牙齿不仅黄黑，而且牙缝很宽，所以伊莎贝拉总不敢对着别人咧嘴笑。她万万没想到自己极力控制的笑容，在达·芬奇的笔下成为经典，使无数人为之倾倒。

有人认为蒙娜丽莎的原型是有着“悍妇”之称的意大利传奇女子斯福尔扎。斯福尔扎是米兰公爵的私生女，不仅长得漂亮，而且还非常勇敢。据考证，克雷迪所画的25岁的斯福尔扎，其傲然的神态、双手的摆法与神秘的笑容，与达·芬奇画的蒙娜丽莎如出一辙。研究人员在对比画中人物的五官结构后，更确信蒙娜丽莎就是斯福尔扎。

有人认为蒙娜丽莎其实是达·芬奇的一幅自画像。假如在计算机上把蒙娜丽莎的像与达·芬奇的一幅自画像重叠在一起的话，会发现两幅像的面部如出一辙。但反对者表示，这个结果只不过是同一个画家采用同一种画风造成的。

一位名叫吉乌赛普·帕兰蒂的学者对佛罗伦萨市档案进行了长达25年的研

究后得出一个结论：蒙娜丽莎的原型名叫丽莎·格拉迪尼，她是佛罗伦萨一位名叫弗兰西斯科·吉奥康杜的丝绸商的妻子，他们共育有 5 个子女。

吉奥康杜是达·芬奇父亲皮耶罗的好友。蒙娜丽莎的画像完成于格拉迪尼 24 岁那年。当时达·芬奇正被一场财务纠纷困扰，皮耶罗为了帮助达·芬奇，自己出钱安排达·芬奇为朋友的妻子画了这幅画。帕兰蒂指出，皮耶罗曾不止一次以类似的方式帮助过达·芬奇。

帕兰蒂的观点得到越来越多专家的认可。

蒙娜丽莎身后的背景

近年来，加利福尼亚大学教授卡罗·佩德雷蒂在达·芬奇绘画国际研讨会上宣布，在达·芬奇留给后人的杰作《蒙娜丽莎》中，蒙娜丽莎身后的背景是意大利中部阿雷佐市布里阿诺桥附近的景色。

佩德雷蒂表示，达·芬奇的出生地距阿雷佐市约 100 公里，他还曾经在阿雷佐市生活过，这一地区的原始景色与《蒙娜丽莎》的背景几乎完全一致，因此，达·芬奇采用这一地区的景色作为《蒙娜丽莎》的背景是完全合乎情理的。佩德雷蒂的研究成果得到与会很多专家的认可。同时，专家们表示，确定画像背景所在地将对解开蒙娜丽莎的身世之谜有所帮助。

☆莎士比亚是别人假借的名字吗?

莎士比亚是世界文学史上最为重要的作家之一，在国际上甚至有人专门研究莎士比亚并形成了一门学问即“莎学”。但是，有人提出莎士比亚只是一个化名而已，并不是真实存在的，这是怎么回事呢?

早在几个世纪以前，就有人提出了疑问，因为莎士比亚是世界著名的伟大剧作家，他有很多作品为后人所传颂，但其生平不为人知之处仍有很多，他个人也没留下这类文字。有关莎翁身世的材料极少，这就给莎士比亚蒙上了一层神秘的面纱。即使是在莎士比亚的女婿霍尔医生所写的日记中，也难以寻到其岳父是杰出剧作家的一点说明。让人感到奇怪的是，当时没有人明确地指出哪些作品是莎士比亚创作的，也没有人对莎士比亚的去世表现出关注之情，因为没有一个人根据当时的习俗为他的去世写过表达缅怀之情的哀诗。因此，就连拜伦和狄更斯这样的大作家也对莎士比亚曾写过的那些杰作表示怀疑，狄更斯就曾经表示一定要揭开“莎士比亚真伪之谜”。

现在我们所知道的关于莎士比亚的生平只限于以下这些信息：莎士比亚是

欧洲文艺复兴时期最杰出的戏剧家和伟大的诗人，他出生于英国埃文河畔斯特拉特福镇一个普通的商人家庭中。年仅 21 岁时，他就告别了父母，到外面去寻找生活的门路。他曾做过剧场的杂役，后来又靠个人学习成长为一名演员，并逐渐成了一名剧作家。莎士比亚一生中创作了 154 首十四行诗和 2 首长诗、37 部戏剧，可以说是著作颇丰。除了他生前自己发表的两首长诗以外，莎氏的其他作品都是别人在他死后搜集整理成书的。

▲莎士比亚

首先明确表示出怀疑的是美国作家德丽雅·佩肯，他指出：“英国著名哲学家弗朗西斯·培根才是莎剧的真正作者。”他还列举出了自己的理由。第一，莎士比亚生活于英国伊丽莎白执政的大动荡时代，上流社会认为写剧、演戏有伤风化，是一件可耻的事，但在牛津大学和剑桥大学的知识分子中，仍有不少学者在悄悄地排戏。可能是迫于社会的压力，为之撰写剧本的人就虚拟出了一个“莎士比亚”的笔名。在当时的知识分子中，培根才华超群，阅历丰富，理所当然是剧作者。

其二，莎剧内容博大精深，气势恢宏，涉及天文地理、异域风情、宫闱之事，而演员莎士比亚出身于一个普通的市民家庭，从来没上过大学，因此不可能写出这样的剧本，说它出自才华横溢的培根之手才能说得通。

其三，将莎剧剧本（尤其是初版作品）和培根的笔记进行对比，可以发现二者有惊人的相似之处，这可以看作“莎剧系培根所著”的线索。

美国的文艺批评家卡尔文·霍夫曼于 1955 年提出了一个轰动一时的莎士比亚“新候选人”，他认为与莎氏同时代的杰出剧作家克利斯托弗·马洛才是莎剧的真正作者。霍夫曼认为 1593 年马洛假称自己受到迫害，离开英伦三岛，只身逃到欧洲大陆。他在以后的生活中以威廉·莎士比亚的笔名，不断地将他创作的一些戏剧作品寄回祖国，从而不断地在英国发表并搬上舞台。他的根据是与演员莎士比亚同样年龄的马洛是一个才华超群、阅历丰富的作家，毕业于剑桥大学，著名戏剧《汤姆兰大帝》就是他的作品。这位剧作家作品的文体、情节以及作品中塑造的人物和莎剧极其相像，据此卡尔文·霍夫曼断定这些剧本为马洛一人所创作。

还有学者认为，莎士比亚是伊丽莎白女王借用的名字，这个观点让人十分吃惊。莎士比亚第一本戏剧集是潘勃鲁克伯爵夫人出版的，而她正好又是伊丽莎白女王的亲信、密友和遗嘱执行者。那些学者们认为女王知识渊博，智力超群，对人的情感具有极高的洞察力，是完全能够写出那样的杰作的。莎士比亚戏剧中不少主角的处境与女王都出奇地相像。女王能言善辩，词汇丰富，据统计，莎剧中的词汇也非常丰富，多达21000多个。女王在1603年去世以后，以莎士比亚为名发表的作品数量大为减少，在质量上也大打折扣，这些很有可能是女王早期的不成熟之作，而在她死后由别人搜集出版的。

然而，和彻底驳倒各种各样的怀疑论者一样，要完全推翻莎士比亚的著作权也是极为困难的。到现在，绝大多数人仍坚持莎剧为莎翁创作的说法。

莎士比亚的作品是16 ~ 17世纪英国社会现实的深刻反映。莎氏博采欧洲文艺复兴时期的众家之长，大大丰富了自己的新文化思想，从而创作出了能够代表文艺复兴时期文学成就的作品。莎剧情节动人，语言优美，人物个性鲜明，给人们留下了深刻印象。由于其作品反映的是当时英国封建制度解体和资本主义兴起时的各种社会力量冲突的现实，因而其作品有“时代的灵魂”之称。众所周知，莎剧以“四大悲剧”最为著名，即《李尔王》、《麦克白》、《奥赛罗》和《哈姆雷特》，它们也是奠定莎剧在世界文坛崇高地位的力作。

正因为如此，莎士比亚不仅仅是一个名字，更是一个时代的化身，他代表了那个时代。因此，许多人不再去关心莎士比亚真伪的问题，但随着新技术不断运用于历史研究，相信这个谜题一定会被揭开。

☆少年维特有什么烦恼？

《少年维特之烦恼》是德国18世纪伟大的文学家、思想家歌德的巨作，这部作品让歌德成为一个世界性的诗人。小说受到各国读者的欢迎，掀起了一股“少年维特热”。《少年维特之烦恼》主要讲述主人公维特不幸的恋爱经历和在社会上所遭遇的挫折，篇幅不长，情节也不复杂，主要角色只有维特和夏绿蒂两个人。

小说采用书信体裁，以主人公维特写给朋友的信展开。为了逃避复杂的世事，维特去了瓦尔海姆。在一次乡村舞会上，他结识了少女夏绿蒂。夏绿蒂天使般的影子深深地刻在了维特的心里，维特爱上了她，即使他已经得知夏绿蒂订婚的消息。但这样始终是不妥的，为了忘掉这段感情，维特开始了新的生活，他去了很远的一家公使馆担任书记官，工作上并不得志。得知夏绿蒂已经结婚的消息之后，他的心情更加低落。回到瓦尔海姆通过与夏绿蒂的接触，他知道自己和她没有结果。在悲痛和压力之余，他感觉自己已经进入了绝境，最后举枪自杀。

读完小说之后，我们不禁发出疑问：“维特的烦恼到底是什么呢？”他的烦恼是要放到当时的社会背景中说的。当时的社会中存在着严重的封建等级偏见、小市民的自私与守旧等观念，维特则勇敢地喊出了那个时代的青年希望摆脱封建束缚，得到个性的解放和感情的自由，实现人生价值的心声。可以说维特的烦恼是具有进步意义的，这也是小说经久不衰的原因。

☆林肯为什么说《汤姆叔叔的小屋》导致了一场南北战争?

《汤姆叔叔的小屋》在《民族时代》上连载发表之后，立即引起了强烈的反响，之后成书出版。仅第一年在美国国内就印刷了 100 多版，销售了 30 多万册，后来被译为 20 多种文字在世界各地出版，并且至今都被人们津津乐道。《汤姆叔叔的小屋》对美国的巨大影响可以用林肯的话来概括：一本书导致了一场南北战争。林肯为什么要这样说呢?

《汤姆叔叔的小屋》以穿插轮叙的方式，描述了汤姆和乔治·哈里斯夫妇这两种不同性格黑奴的遭遇和命运：接受奴隶主灌输的基督教精神的汤姆，性格柔弱，只知道听从奴隶主任意摆布，最终难逃一死。而具有反抗精神、不甘心让奴隶主决定自己生死的乔治夫妇，则在斗争中得到了新生。

《汤姆叔叔的小屋》能受到强烈的欢迎，产生巨大的影响，和当时的社会背景是分不开的。美国独立战争结束后，北方的资本主义迅速发展，而广大的南方却依然推行灭绝人性的奴隶制度。因此，在美国国内形成了拥护奴隶制与反对奴隶制双方尖锐对立的局面。

《汤姆叔叔的小屋》通过描写两种黑奴的不同命运，也间接地说明了反对奴隶制度是正义的一方，应该获得胜利。小说的大量发行，使得人们更为深刻地认识到这一点。在当时的社会背景下，《汤姆叔叔的小屋》可以称得上是一篇引发、推动废奴运动的惊世之作。《汤姆叔叔的小屋》对社会的发展起到了积极的推动作用，林肯说它导致了一场南北战争，实不为过。

☆从被讽刺到被赞美，埃菲尔铁塔为什么会经历两种截然相反的境遇?

埃菲尔铁塔是巴黎乃至整个法国的标志之一，也是现代世界最著名的建筑之一，被法国人亲切地称为“铁娘子”。

埃菲尔铁塔于 1887 年正式动工，到 1889 年大功告成，历时 2 年多。铁塔由 18000 多个金属部件组成，重 7000 吨，施工时共钻孔 700 万个，使用铆钉 250 万个，设计草图 5300 多张。落成后的埃菲尔铁塔高达 300 米，直到 1930 年它一直是全世界最高的建筑。

▲巴黎的标志——埃菲尔铁塔

尽管埃菲尔铁塔的设计者——法国建筑师居斯塔夫·埃菲尔——宣称“法兰西将是全世界唯一将国旗悬挂在300米高空中的国家”，但如同世界上很多著名的建筑一样，埃菲尔铁塔从一开始便遭到了大多数巴黎人的漠视和批评。

《泰晤士报》上甚至刊登了由包括大名鼎鼎的莫泊桑和小仲马在内的300人签名的、反对埃菲尔设计方案的呼吁书，认为这一剑式铁塔严重破坏了巴黎的建筑风格和城市形象。在铁塔落成之后，批评的浪潮更是此起彼伏。加尼埃向政府请愿，请求拆除铁塔；著名诗人魏尔伦每次路过铁塔都选择绕道而行；莫泊桑每天中午都到埃菲尔铁塔下的餐厅用餐，据他说只有这里才是整个巴黎唯一看不到铁塔的地方。

铁塔的命运在第一次世界大战中出现了转折。在战争中，铁塔曾经作为电话监听台，截获过德国军队的重要情报。至此，法国人民反对它的声浪才渐渐平息，并开始接受和喜爱它，艺人、墨客们也开始用他们的作品来赞美埃菲尔铁塔。

一个工业技术和机械文明的代表作却变成当代一件伟大的艺术品；一个不是为广播发射装置建造的纪念碑式铁塔，却因扮演过发射台的角色而为人们所接受，“命运无常”在埃菲尔铁塔身上体现得淋漓尽致。

埃菲尔铁塔设计者的其他成就

埃菲尔铁塔之名几乎无人不晓，而它的设计者埃菲尔本人却鲜为人知。埃菲尔曾这样说：“我对埃菲尔铁塔十分嫉妒，人们似乎认为它是我唯一的作品，但事实上，我还有许多别的成就。”

埃菲尔的确还有许多别的成就。他以大胆的设计建造了世界上许多巨大的桥梁。在建筑领域，他还进行了各种各样的实验，从而开创了从木石建筑时代走向现代的钢筋混凝土建筑时代的历史。美国的许多摩天大楼都参照了数十年前埃菲尔作品中的工程原理。埃菲尔研制出第一座实用的风洞，使可控制速度的气流通过，以测试其对模拟建筑物的影响。他还研究出许多飞机机翼和螺旋桨的基本原理。此外，他还有许多小发明，其中包括有声电影的工作系统。

☆世界名曲《我的太阳》中的“太阳”究竟指什么？

《我的太阳》是意大利著名作曲家卡普阿（1864 ~ 1917 年）于 1898 年创作的一首歌曲。这首歌民族风格浓郁、曲调优美，如今已成为一首家喻户晓的世界性民歌。它是各国音乐家在音乐会上经常演唱的曲目，也是世界各地声乐比赛中所演唱的重要曲目之一。

据说，在 1952 年举行的赫尔辛基奥运会开幕式上，当意大利运动员入场时，乐队没有按照规定演奏意大利国歌，而是突然奏起了《我的太阳》。当时现场的 7 万名观众先是一片哗然，随后也伴着节奏鼓掌合唱起来。

原来，在奥运会开幕前，意大利驻芬兰使馆没有向大会组织者提供国歌，当意大利运动员入场时，乐队指挥发现没有意大利国歌乐谱，但他急中生智，马上指挥乐队演奏了《我的太阳》这首歌曲。由此可以看出这首歌的流行程度。

不过，如此流行的歌曲，依然有一个尚未解开的谜，那就是《我的太阳》中的“太阳”究竟指的是什么。

一些人认为《我的太阳》是一首情歌，卡普阿把自己的意中人（也有人说是意中人的笑容）比喻成太阳。

还有人认为它是一首歌颂兄弟情谊的歌曲。据说，有一对亲兄弟相依为命，哥哥为了让弟弟过上好日子而出外打工赚钱。哥哥即将出门远行，弟弟为他送行时唱了这首歌，把哥哥比作自己心中的太阳。

还有一个兼具友情和爱情的传说：兄弟俩爱上同一位姑娘，哥哥为了弟弟的幸福离家出走。弟弟含泪为哥哥送行，并唱了这首歌，同时把哥哥和爱人比喻成心目中的太阳。

由于卡普阿生前没有留下任何有关《我的太阳》的文字说明，因此“太阳”究竟指的是什么，只能由后人去猜测了。

☆美国自由女神像的原型是谁？

自由女神像是美国的标志性建筑，位于美国纽约赫德森河口的“自由岛”上，高 46 米，加基座为 93 米，重达 200 多吨。自由女神一身古希腊风格的装束；头戴光芒四射的冠冕，七道光芒象征七大洲；右手高擎象征自由的长达 12 米的火炬；左手捧着刻有“1776.7.4”的《独立宣言》；脚下是打碎的镣铐和锁链，象征着自由。

那么，自由女神雕像的原型是谁呢？

▲自由女神像
这座雕像高46米，1885年在纽约落成。它是由一名法国雕塑家设计的，是法国赠送给美国人民的礼物。自由女神像是来到纽约的贫穷欧洲移民们看到的第一个标志物。

原来，自由女神像的创作者——法国雕塑家巴托尔迪，曾在17岁时目睹了终身难忘的一幕。1851年，拿破仑三世发动了政变，推翻了法兰西第二共和国，建立了法兰西第二帝国。一天，一群共和国党人在街头与政变者展开巷战，一位忠于共和国政权的姑娘，手持燃烧的火炬，跃过防御工事，高呼“前进”的口号向敌人冲去，不幸中弹牺牲。从此，这位高擎火炬的勇敢姑娘的形象在巴托尔迪心中成了追求自由的象征。

1865年，巴托尔迪接受了一项任务，塑造一座象征自由的塑像，作为法国政府送给美国政府的礼物。不久后，巴托尔迪在一次婚礼上与一位名叫让娜的姑娘相识，让娜长得美丽端庄，落落大方。巴托尔迪认为让她来为“照亮全球的”自由女神像做模特是十分相称的，让娜欣然应允，协助巴托尔迪完成了雕塑工作。后来他们成了夫妻。

1884年7月6日，法国正式将自由女神像赠送给美国。1886年10月28日，自由女神像在美国最终落成并揭幕。

一个多世纪以来，自由女神像已成为美利坚民族争取民主、向往自由的理想。

第十章

教育科举

☆孔门“四科”是什么，他的弟子中谁能列为四科之首？

孔子当年的教育，大致分为四个方面，《论语》记载：“子以四教：文，行，忠，信。”

“文”指知识学问。当年孔子以《诗》、《书》、《易》、《礼》、《春秋》等书作为教科书，教授弟子政治、哲学、历史、文艺方面的知识。“行”即指身体力行之意，孔子要求弟子们将他所传授的学问道德付诸实践，在实践中体会并增长学问。因为孔子教学的核心是做人，因此孔子特别强调“行”的作用，认为学问只有落实在自己的行动上，才是真正的学问，所谓“巧言令色，鲜矣仁”。“忠”即与人共事时的认真与真诚，所谓“与人谋而不忠乎”。这里所说的“忠”的对象，不仅包括上司，也包括朋友等。孔子教授弟子与人一起共事，只有真心对人，全力以赴，才能问心无愧。“信”指一个人与人交往时的诚心，即“言而有信”。这是孔子特别强调的一种品格，“信”这个字在《论语》中出现多达16次之多。孔子说“人而无信，不知其可”，意思是说一个人一旦没有信用，真不知道该拿他怎么办才好。可见，他认为“信”是一个人做人的根本原则。

后人根据孔子教学的内容，又结合体现在他的众弟子身上的教学效果，对他的教学提出了“四科”之说，也即将他的教学大致分为“德行、言语、政事、文学”四个门类。其中的德行即指修养道德，言语则指口才演说能力，政事指政治才能，文学指文学才华。根据《论语·先进》记载，众弟子中，德行表现比较突出的是颜渊、闵子骞、冉伯牛、仲弓；在言语方面突出的是宰我、子贡；政事方面属冉有、季路两人；文学方面则是子游和子夏。需要指出的是，孔子本身并未做出具体科目的分类，他事实上所教授的内容比“四科”也要宽泛得多。

隋时，崔颐在所著的《八代四科志》中，即以“四科”为人物分类，“四科”的说法便随之沿用下来。

☆孔子最得意的弟子、最有政治才干的弟子、最有军事才干的弟子、最有钱的弟子分别是谁?

认真读过《论语》的人都会看得出，孔子最得意的弟子是颜回。以孔子的严格，《论语》中记载他竟夸过颜回四次。比如有一次，无缘无故地，孔子便突然发感慨："贤德啊，颜回！吃的是一小筐饭，喝的是一瓢水，住在穷陋的小房中，别人都受不了这种贫苦，颜回却仍然不改变向道的乐趣。贤德啊，颜回！"

孔子之所以非常器重颜回，是因为颜回是对孔子之"道"理解得最透彻的人，后人曾评价"颜渊独知孔子圣也"。另外，颜回不仅好学，而且将孔子之道落实在了自己身上，真正做到了知行合一。颜回不幸短命死后，孔子非常悲恸，当着其他弟子的面直言再也没有像颜回这么好学的人了。

孔子最有政治才干的弟子应该算是子路了。《论语》中可以看出，子路请教孔子的问题大多围绕着如何治理政事。子路先后在鲁国和卫国做过地方长官，政绩卓然。鲁国执政大夫季康子问孔子："子路这个人，可以让他治理政事吗？"孔子说："子路果敢决断，让他治理政事有什么困难呢？"一般人听讼需要听取当事双方的言辞才可判案，据说子路只根据一方的言辞便可比较准确地判案，其政治才干可见一斑。

冉求是孔子弟子中最有军事才干的。冉求是鲁国人，是鲁国执政大夫季康子的家臣。鲁哀公十一年，齐国的国书和高无丕率领军队进攻鲁国。冉求先是说服了犹豫的季康子，又用激将法使本不愿出兵的鲁国的卿大夫叔孙氏出兵，然后出谋划策击败了齐国军队。对此，季康子很好奇，问他的军事才能是天生的还是后天学习的，他回答是跟老师孔子学的，于是季康子决定迎接在国外游荡的孔子回鲁国。

▲孔子讲学图

孔子门生中，最有钱的是子贡。子贡因为深谙经商之道，每每能预测市场行情，以至于"家累千金"。《史记》记载，子贡有钱到他所到之处，诸侯国君都与他分庭抗礼。而且后世认为他是春秋时期与范蠡、吕不韦并列的几大商人之一，有“陶朱事业，子贡生涯”的说法——陶朱即范蠡。孔子周游列国 14 年，子贡在财力上的支持肯定不小。

☆古书上说的“大学”和今天的大学是一回事吗，古代到底有没有大学？

“大学”二字最早出自儒家“四书五经”之一的《大学》。该书作者为孔子弟子曾参，作者在书中以短短几千字阐述了儒家思想修习之要，微言大义。对于“大学”二字的解释，南宋鸿儒朱熹的“大学者，大人之学也”流传最广，后人多沿用此说，认为“大学”指具备一定道德修养之人通过行为与学问的统一所进行的自我修炼。另外，也有人比照古时的“小学”来解释“大学”。古时的“小学”指每个人在 13 岁之前所接收的教育，“小学”学习“小艺”，包括“礼、乐、射、御、书、数”六艺；而“大学”则是指学习称为“大艺”的“诗、书、乐、易、礼、春秋”六经。

从这两种解释中，我们都可以看出古时的“大学”体现为一种教育理念与教育内容，相当于现在我们所说的“大学教育”，与我们现在纯粹指“从事高等教育的机构”的意思是不一样的。另外，古时的“大学”与我们现在所说的“大学教育”也是有区别的，古时的大学偏重于提高个人修养与“修身齐家治国平天下”的意味，而现在的大学教育则要宽泛得多，泛指学习既定的学科知识与提高一般性的个人修养，标准是降低了的。

按照一个人学习所达到的深度与广度来说，中国古时是存在大学的，只是各个历史时期有不同的名称。据史料记载，在虞舜之时，即出现了名为“上庠”的公办学校，“上庠”即“高等学校”的意思；而春秋时期，孔子在自己家里开堂讲学，因为没有严格的学校制度与像样的教学设施，说大学可能有些勉强。

但到了汉武帝时，由国家在京师所办的“太学”则是相当正规的大学了，太学不仅设五经博士任教，而且作为官办学校首次对贫家子弟开放。

太学一直存在到明代；之后国子监兴起，成为典型的国办“大学”，一直持续到清末。另外，唐代末期，除官方“大学”，民间开始出现私人设堂授徒的书院，尤其到宋代，书院大盛。

书院相比于孔子等人的聚众讲学，因为有固定的教育场所与相当严格的学院制度，完全称得上是“大学”了，书院一直和官方“大学”共同存在，到清末才消失。

太学

“太学”乃是汉武帝接受董仲舒建议，在京师长安所设，它面向全国青年学子“招生”，传授儒家学说。太学设有专门的五经博士，教授五经、“春秋三传”等儒家经典。太学设学之初，效仿孔子弟子三千，而收三千“太学生”，后来时多时少，数量不定，最多时是在汉梁太后掌权期间，曾达到3万多人的规模。

“太学生”从“太学”毕业，便有机会做官。因此，“太学”制度可以说是首次实现了政府公职对于民间人士的制度性开放。太学制度一直被历代统治者所采纳，一直到明代方在名称上完全被“国子监”所取代，但其实质形式依然没变。太学在历个朝代中培养出了大批官员和文化人，对于文化的传播和发展起了重要作用。

☆人们为什么把“书”叫“图书”，是不是因为古代的书都有“图”？

生活中，人们经常将“书”称为“图书”。类似的，借阅书的地方似乎本应叫“书馆”，却被叫作“图书馆”；与书相关的行业不叫“书行业”，而叫作“图书行业”，似乎书是离不开图的。“图书”的说法既然是从古代流传下来的，是不是古代的书都有图？

“书”被叫作“图书”的原因，现在已经不太可考。但可以肯定的是，自古以来，书与图都是紧密联系在一起的。

在《周易・上悉辞》里，便记载了“河出图，洛出书”的上古神话故事。显然，先秦时期，“图”与“书”便被人们习惯性地联系在一起。另一方面，“书”这个字，在古代有“文字”的意思。而我们知道，汉字起源于象形文字，本是由图形演变而来。因此，在古人的思维习惯里，图与字，大概本是一种东西。由此看来，“图”与“书”连在一起也是很自然的了。

另外，从古代早期的书来看，也的确是文字与图画并重的。在古代，教育不发达，识字的人很少。图画是可以绕过文字直接传递信息的。因此，为向那些不识字的人讲述故事、宣传伦理道德等，大部分书籍都是图文并茂的，在文字旁边往往配有图画作直观展示。因此，中国自古有“左图右史”（史指文字）的说法。尤其是宗教性质的书籍，因为要面对大量不识字的下层民众，更需要借助于图画来宣扬教义。佛教的许多宣传性质的典籍，干脆没有文字，全部由图画构成。基督教在中国传播时，也借用大量的图片来宣扬。直到清末民初之际，为向普通民众普及科学、民主等西方现代观念，许多知识分子所办的宣传刊物还大量采用图画形式，一时画册、画报风靡于世。

事实上，从宋代起，古书上的图画开始逐渐减少，人们更重视文字的作用，但“图书”的说法还是一直沿用了下来。

☆ “二十四史”是哪二十四部史书？

“二十四史”是乾隆皇帝钦定的24部纪传体正史的总称。这些史书记载了上起黄帝时代，下到明朝崇祯十七年（1644年）四千多年的历史。“二十四史”共3213卷，约4000万字，使用统一的本纪、列传的纪传体的形式编写。它们分别是:《史记》(西汉·司马迁)、《汉书》(东汉·班固)、《后汉书》(南朝宋·范晔)、《三国志》(西晋·陈寿)、《晋书》(唐·房玄龄等)、《宋书》(南朝梁·沈约)、《南齐书》(南朝梁·萧子显)、《梁书》(唐·姚思廉)、《陈书》(唐·姚思廉)、《魏书》(北齐·魏收)、《北齐书》(唐·李百药)、《周书》(唐·令狐德棻等)、《隋书》(唐·魏徵等)、《南史》(唐·李延寿)、《北史》(唐·李延寿)、《旧唐书》(后晋·刘昫等)、《新唐书》(宋·欧阳修、宋祁)、《旧五代史》(宋·薛居正等)、《新五代史》(宋·欧阳修)、《宋史》(元·脱脱等)、《辽史》(元·脱脱等)、《金史》(元·脱脱等)、《元史》(明·宋濂等)和《明史》(清·张廷玉等)。这些史书勾勒出中国历史的主干，是中国古代史的权威读本。

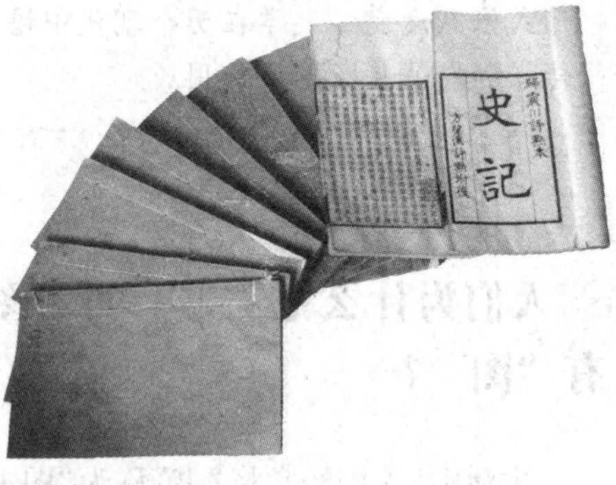
▲《史记》书影

☆ “十三经”是哪十三本经书？

十三经是指儒家的13部经典:《诗经》、《尚书》、《周礼》、《仪礼》、《礼记》、《周易》、《左传》、《公羊传》、《谷梁传》、《论语》、《尔雅》、《孝经》和《孟子》。十三经的称呼大约形成于南宋时期，是儒家的经典，也是儒家思想的精华所在。

从传统观念来看，《易》、《诗》、《书》、《礼》、《春秋》被称为“经”，《左传》、

《公羊传》、《谷梁传》属于《春秋经》的“传”，《礼记》、《孝经》、《论语》、《孟子》被称为“记”，《尔雅》是汉代经师的训诂之作。“经”的地位最高，“传”、“记”次之，《尔雅》为最低。十三经的形成经历了一个长期的过程。在汉代，以《易》、《诗》、《书》、《礼》、《春秋》为“五经”，受到政府的重视，立于学官。唐朝时期，又增加了《仪礼》和《春秋》三传，形成了“九经”。五代时，又收入《论语》和《孟子》，形成“十一经”。到了南宋时期，又加上了《尔雅》和《孝经》，“十三经”最终确立。“十三经”在古代中国有着高不可攀的地位，每一经都有皇帝钦定的权威注释，南宋时被汇编成规模宏大的《十三经注疏》。这部内容丰富的丛书，保留了许多珍贵的史料和文献，具有巨大的价值。

☆中国古代的四大藏书阁都在哪里?

中国现存藏书楼最著名的四个，其中一个为“天一阁”，另外三个分别是“皕宋楼”、“嘉业堂藏书楼”、“文渊阁”。

“皕宋楼”由晚清浙江人陆心源建造，总藏书量达 15 万卷。但因陆的长子陆树藩后来经商失败，藏书全部外卖日本。

“嘉业堂藏书楼”位于浙江省湖州市南浔镇，由浙江巨富刘承干于 1920 年兴建。该楼是中国近代规模最大的私家藏书楼，其中多海内孤本、珍本，尤以收藏地方志最多最全而著称于世。

“文渊阁”位于故宫东华门内文华殿，乃乾隆依照“天一阁”样式所建的全国七大藏书楼之一。其中所藏最有价值的《四库全书》于 1948 年被国民党政府运往台湾省，现藏于台北“故宫博物院”。

☆图书收藏中的“孤本”、“善本”是什么意思?

“孤本”的概念比较清晰，世间只此一本的古代书籍，便是孤本。并且，不仅“孤”，还要有价值。

举例来说，曹雪芹的《红楼梦》本来是写完了的，但被乾隆皇帝毁去了后面的四十回，现在的版本的后四十回系高鄂续写。如果谁手头有曹雪芹的全本《红楼梦》，便是“孤本”。但如果是一本无足轻重的书的唯一手稿，则未必是“孤本”。

“善本”的定义要稍微复杂一些，总体而言，可归结为两个标准，一是内容上无错讹，二是注解上能更接近文章本义。

所谓无错讹，一方面是指完整，既没有遗漏，也没有多余，这是针对书在印刷或抄写时可能在校对方面出现的错误而言；另一方面，是指书本身与原文文字符合，这是针对书的内容在传世过程中可能出现的错误而言。因为时间越早的版本在文字上应该越接近原书，因此，《文物法》规定，凡清乾隆六十年（1795年）以前出版的图书，都在国家法律保护之内，不得走私出口。这里只是在时间上大致划定了一个界限，并不绝对，1795年之前的书未必便是“善本”。

而在注解上更接近文章本意，则是从人们对书的内容的理解这一角度来说的。因为许多古书因成书久远，读起来文字障碍颇多，要想弄懂作者原意，往往需要借助前人注疏。比如我们现在所阅读的先秦著作，大多都需要借助汉代以来的注解。因此，这个注解的版本也相当重要。一般而言，自然是学问越高的人做的注解越好；另一方面，那些御用文人受政治力量驱使而做的穿凿附会的解释则没多大价值。因此，注者不受政治干扰、思想独立也至关重要。

除以上两个标准，也有人从印刷技术、用纸敷墨、装帧技巧等方面考虑，认为古代印刷、装帧得比较好，或者纸张、墨水精良的书也算是“善本”。这是从书籍本身的艺术性来看的。

最早的百科全书

《永乐大典》是明朝永乐年间完成的一部百科全书，原名《文献大成》，从永乐元年（公元1403年）开始编写，到永乐六年（公元1408年）全部完成。它不仅是我国文化史上最早、最大的一部百科全书，而且是迄今为止世界上最早的百科全书。

《永乐大典》收录有从先秦到明朝的七八千种古书典籍，汇集了当时的天下群书。其中包括经、史、子、集、释藏、道经、医药、戏剧、农艺等。全书共有22877卷，3.7亿字，前后共有数千人参与编写，用了5年的时间最终完成。编辑规模之大、书中内容之浩繁，在世界文化史上都属罕见。

《永乐大典》的重要价值在于，它一字不差地收录了书籍，全部照着原著整部、整篇、整段地分别编入，因此它完好地保存了许多宋元以前佚散的古典文献。

☆《百家姓》为什么按“赵钱孙李”的顺序排列，它只记录了100个姓氏吗？

《百家姓》相传由北宋初年吴越钱塘地区的一个书生所编撰。书中将常见

▲钱镠像

的姓氏编成四字一句、两句一韵的短文，读来朗朗上口，易学好记，流传广泛，影响深远。其与后来的《三字经》、《千字文》并称“三百千”，是中国古代幼儿的启蒙读物。书中之所以按照“赵钱孙李”的顺序排列，并非依据各姓氏人口数量，而是受到当时政治的影响。

据宋人王明清考证，《百家姓》之所以将赵排在第一位，乃是因为当时宋朝皇帝为赵匡胤，赵乃国姓。而在宋朝建国之初，还另有政权并存。浙江有称王吴越国的钱镠，另外还有定都金陵的南唐后主李煜，所以钱、李二姓也被排在了前面。而据说编写《百家姓》的书生是钱塘人士，就将吴越王钱镠的正妃的孙姓排在了李姓之前，最终形成“赵钱孙李”的顺序。接下来的“周吴郑王”则都是钱镠的其他后妃的姓氏，而后面的姓氏安排都大抵受当时门第政治的影响。

在中国古代，尤其是流行世家门第政治的魏晋南北朝以后，人们非常重视姓氏，因为它往往代表了一个人的家族地位，是一个人参加社交活动的一个重要名片。唐代曾以政治地位排出过名门八姓，彼此世世通婚。因此姓氏排序也便不可马虎半点了。当时朝臣编撰《氏族志》时，曾按旧日大族顺序在最前面分别排出“崔、卢、李、郑”四姓，惹得唐太宗很不高兴。朝臣只好按新的次序重新排列，自然，李姓被排在了第一位。而明代所编写的《千家姓》，也将朱姓排在了第一位。

需要说明的是，《百家姓》中并非只有100个姓氏，“百”只是一种泛称，并且其具体的数目在不同的朝代也有所不同。最初的《百家姓》收录了411个姓，至元代，由于连年战火，留下来的版本残缺不全，数目有所减少；明代版本则又做了增补，记录总共438姓，其中408个单姓，30个复姓；清人又进一步增补到504个，包括单姓444个，复姓60个，便是我们今天所看到的《百家姓》了。

☆《四库全书》中的“四库”是什么意思，《四库全书》的下落如何？

《四库全书》乃是中国最大的一部丛书。清乾隆年间，清朝国力正值康乾盛世的顶峰，乾隆怀着整理文化典籍和销毁“反动”书籍一公一私两个目的，组织大量人力财力，耗时近10年，编修了《四库全书》。其中共收书3460多种，

▲纪昀像

79000多卷，36000多册。而这么多的书整理在一块，总要有个章法，"四库"正是对这些图书的分类方法。"四库"又称"四部"，分别是经、史、子、集。这是中国自汉代以来形成的比较普遍的图书分类方法。《四库全书》的"四库"之下又分许多小类。经部包括《周易》、《尚书》、《诗经》、《周礼》、《仪礼》、《礼记》、《左传》、《公羊传》、《谷梁传》、《论语》、《孝经》、《尔雅》、《孟子》等；史部包括"二十四史"、《资治通鉴》等；子部包括先秦诸子、两汉经学、魏晋玄学、宋明理学、清代朴学等著述，及部分佛、道典籍、古代小说等；集部包括楚辞、汉赋、骈文、唐宋诗词、元曲、历代文集等。

《四库全书》修成后，乾隆命人抄成七部，分别藏于清代南北七大藏书阁，即紫禁城文渊阁、沈阳故宫文溯阁、圆明园文源阁、承德避暑山庄文津阁（北四阁）和镇江文宗阁、扬州文汇阁和杭州文澜阁（南三阁）。之后，这七部《四库全书》伴随着康乾盛世的余光，在安定和荣耀中度过了半个世纪。此后，在中国近代连绵不断的战争炮火中，厄运不断。其中文源阁本在1860年英法联军火烧圆明园时被焚毁；文宗、文汇阁本在太平天国运动期间被毁；杭州文澜阁藏书楼1861年在太平军第二次攻占杭州时倒塌，所藏《四库全书》散落民间。后经多次修补后恢复，但仍然散佚过半，目前藏于浙江省图书馆。文渊阁本原藏于北京故宫，后经上海、南京转运至台湾，现藏于台北"故宫博物院"，这也是保存最完好的一部。文溯阁本1922年险些被卖给日本人，现藏甘肃省图书馆。承德避暑山庄文津阁本于20世纪50年代被政府调拨到中国国家图书馆。总体算起来，七套《四库全书》目前还存三套半。

☆ 最早给汉字注音是什么时候，此事与外国人有关吗？

汉字注音经历了漫长的历史发展。从最初的音节整体描述，到声韵二分的反切注音，到音节中切分声调的纽四声法注音，再到注音字母和汉语拼音方案，每一步都是当时学术背景和历史的反映，都是多元文化相互碰撞的结果。

中国最早给汉字注音的是东汉的许慎。在其编撰的字典《说文解字》中，当他认为某些字应该注明读音时，就用直音法为其注音（用另一个音同或相近的字代替）。但这种方法有缺陷，如陈澧《切韵考·通论》："古人音书，但曰读若某，读与某同。然或无同音之字，则其法穷；或虽有同音之字，而隐僻难识者，则其法又穷。”后来产生了声韵二分的反切注音，在此基础上再加上声调，就是纽四声法注音。

这一时期的注音以汉字为主，音标化注音要晚些。明朝时，中国与西洋列国通商，万历年间，一些天主教徒为传教来到中国。为了学习汉语，他们用拉丁和罗马字母给汉字注音。当时鼎鼎大名的意大利传教士利玛窦于 1605 年在北京出版了《西字奇迹》一书。罗常培根据该书的汉字与拉丁文对照的译文，整理出一个包括 26 个声母和 44 个韵母的汉语拼音方案。1626 年，法国耶稣会传教士金尼阁 (1610 年来华) 在杭州又出版了《西儒耳目资》，在利玛窦的注音方案基础上做了一定的修改。后人称之为“利金方案”，打开了汉字音标化、音素化注音的大门。

从明朝、清朝到新中国成立，几百年间产生了几十种拼音方案。这些音标注音字母有汉字笔画式、速记符号式、拉丁字母、数码式、自造符号式等；从音节的拼音方式看，有声韵双拼制、音素制、三拼制等。

到新中国成立后，汉字的注音方式才得到统一。1955 年，在北京召开的全国性现代汉语规范问题学术会议公布了《汉语拼音方案》，后经 1958 年全国人民代表大会第五次会议通过。至此，汉字注音、记音才走上规范化道路。

☆中国汉字究竟有多少个，收字最多的字典是哪一部?

我们每天都在使用汉字，汉字与我们的生活密不可分，很难想象一个没有汉字的世界会是什么样子。但实际上我们经常使用的汉字非常有限，据统计：1000 个汉字能覆盖约 92% 的书面资料，2000 个字可覆盖 98% 以上，3000 个字时就可达到 99%。所以常用的汉字大概在 3500 个左右。如果你还想进一步阅读一些古籍的话，最多只要再增加一倍。

换句话说，我们经常使用的汉字不过几千字，那我们不经常使用或从来没使用过的汉字又有多少个呢?

要回答这个问题可能有点困难。因为自仓颉造字开始，人们对于汉字的创造活动就一直没断过，我们很难做个准确的结论。过去的字典只是讲收录了多少汉字，而不是说汉字就只有字典中那么多，毕竟由于编撰者经历和阅历的有限，难免有所遗漏，而且有很多古体字已经消失，难以统计。

当然，这并不表示我们不能得出一个结论。已通过专家鉴定的北京国安资讯设备公司汉字字库，共收录有出处的汉字 91251 个，是目前收入汉字最全的字库。所以我们可以大概说汉字有 9 万多。

说到汉字，就让人想到字典。无论是民间还是皇室，中国历来就有编撰字典的传统。中国最早按字的形体和偏旁编排的第一部字典《说文解字》共收录汉字 9353 个，南朝时顾野王所撰《玉篇》共收录 16917 字，宋朝官修的《集韵》收字 53525 个，《康熙字典》收字 47035 个，日本《大汉和字典》收字 48902 个，《汉语大字典》收字 54678 个。

20 世纪编辑出版的《中华字海》是迄今为止收录汉字最多的字典，共收字 85000 个。它涵盖了过去编撰的字典中的全部汉字，另外添入了佛经、道藏难字、敦煌俗字、宋元明清俗字、方言字、科技新造字以及一些人名和地名用字，是一部研究汉语言文字的极佳字典。

☆汉字原来竖着书写，从什么时候开始“横行”的？

大家都知道，中国古人的书写方式与现代人存在很大差异。现代人一般是从左到右，横着写；古人则是从右向左，竖着写。是什么导致了古人的这种书写习惯，又是什么原因让我们改变了这种习惯呢？

其实说来话长。自结绳记事以来，我们祖先的写作介质一直在发生变化。从龟甲兽骨、青铜器皿、竹简丝帛再到现在通行的纸张。中国汉朝以前是没有纸的，主要用竹简来作为书写工具（丝帛较贵），但竹简偏于狭长，汉字又是方块字，毛笔比现代的钢笔、圆珠笔所占的书写范围要大很多。古人为了书写方便，就采用竖写的方式，然后把一个个竹简穿起来，就是简书。

在东汉蔡伦改进造纸术后，由于人们已经习惯了竖写，所以这种习惯就被保留。直到清朝中后期，西学东渐，要求文字改革的呼声越来越高，其中就包括改变过去从右向左竖写的书写习惯。清末刘世恩写的《音韵记号》就是一本“横行”排版的书。

新中国成立后，一些学者如郭沫若、陈嘉庚先后向国家提出汉字“横行”的建议。受当时学术界影响，1955 年 1 月 1 日元旦出版的《光明日报》率先采用汉字从左向右横行排版的方式；到 1955 年 11 月，全国 17 家中央级报纸已有 13 家采用横排方式，1956 年 1 月 1 日，《人民日报》也改为横排，至此全国统一。

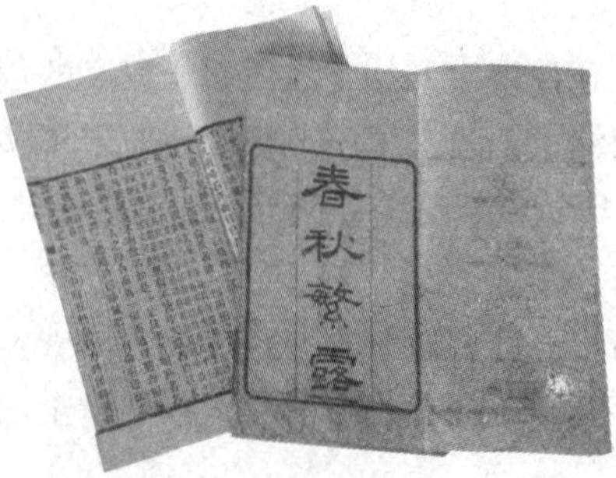

▲《春秋繁露》 西汉

汉字“横行”不是人们求新求异的结果，而是带有一定的必然性。

首先，当时世界上的众多媒体和刊物都是采用横版的方式，要与世界接轨并赶上时代步伐。第二，汉字横排有利于阅读。据科学研究表明：人眼横着看的视域要比竖着看高。横着看方便阅读，可以在一定程度上降低视觉疲劳。第三，便于各种数理化公式以及各种外国地名、人名书写。

☆很少听说私塾先生教数学，古代是不是根本就不开这门课，也没有这方面的教材？

数学作为一门应用性非常强的基础学科，无论天文、水利、建筑，乃至商业、日常生活，都须臾离不开。如果没有相应的数学教育，中国不可能长时间在世界上保持文明的领先地位。事实上，中国早就存在数学教学，并逐渐形成了比较系统的数学教育制度。

▲祖冲之像

西周时期针对贵族子弟开设的教学科目“六艺”中的“数”，便是一种早期的数学教育，而平民所学习的“小艺”中，也包含了“数”。到南北朝时期，中国数学蓬勃发展，《孙子算经》、《夏侯阳算经》、《张丘建算经》等算学著作相继问世。同时，数学教育也有较大发展，北魏在中央官学中专门开设的“算学”，可算是世界上最早开设的数学专科学校。这意味着算学被列为基本的国学之一。

隋唐时期，中国首次建立起正式的数学教育制度。隋文帝时期，中国在国子监设立了算学馆，在算学馆设算学博士1人，助教2人，学生8人，并制定了专用的数学教材《算经十书》对学生进行讲授。唐贞观年间，算学教育规模进一步扩大，专门设博士2人，助教1人，学生30人，八品以下子弟以及庶人喜欢算学、年龄在14～19岁之间者都可入学，学习期限9年。

从公元11世纪到14世纪的宋元时期，是以筹算为主要工具的中国古代数学的鼎盛时期。在此期间，涌现出一批杰出的数学家和数学著作，中国数学达到最高境界，与当时的阿拉伯数学一道居于世界领先地位。而在数学教育方面，在科举考试及太学、国子监等学校中都有专门的算学考试。

14世纪中后叶明王朝建立以后，统治者奉行以八股文为特征的科举制度，在国家科举考试中大幅度削减数学内容。失去国家的政策鼓励之后，数学教育也出现衰退，自此，中国古代数学便开始衰退，落后于世界了。

☆古代科举考试中作弊的现象严重吗?

作弊现象自古便有。事实上，科举考试自诞生的那天起，便进入了一场千年的作弊与反作弊的斗智斗勇的较量之中。为获取功名，能够想得到的作弊手段，古人都已经想到。

最古老最常规的手段便是“夹带”了。早在唐朝，夹带经文的方法已经被考生们发明，这种手段因操作简单、成本低廉而被考生广泛使用。具体操作手段便是将经文藏在衣服、鞋袜、砚台、蜡烛、食品中，或者干脆写在衣物或身体上。古代用于科举考试作弊的“袖珍型”经书有的流传至今，上面以非常小的字体刻着“四书五经”中的重要篇目的摘录、讲解等。

而另外一个常用的作弊手段，便是替考了，古代称为“枪替”。这种手段在唐朝也已经出现。古代没有照相机，也不可能为几万考生一一画像，因此只要性别不错，即可入场。因此对于“枪替”是防不胜防，以至流传有“入试非正身，十有三四；赴官非正身，十有二三”的说法。宋代著名婉约派词人温庭筠便是历史上有名的“枪替”。据说他就是因为以“枪替”出名，虽然才华横溢，但数次应试，都被主考官以品德问题刷下。民国初年的政要胡汉民，早年也是个“枪替”，曾在清末两次代人参加乡试，并且都中了举。

另外，一些有门路的人则在考试之前“买题”；还有人事先买通阅卷人，然后通过在考卷上做记号来取得好成绩；等等。

当然，针对考试各个环节，历代统治者也都有严格的防作弊手段。据说清代考生入场，连辫子都要解开检查，甚至肛门都要检查，以防“夹带”。而对于作弊者的惩罚也相当严重，按照《大清律例》，科考作弊者，要戴枷三个月示众，杖一百，最后发往边疆充军；而查处有人印刷与科举有关的袖珍书者，则株连九族。

☆什么样的人才能称“秀才”，“秀才”一直是科举考试中最低最容易考取的功名吗?

关于“秀才”，人们对它的理解最重要的大概有两点。首先，这是科举考试中的最低功名；其次，“秀才”没有做官资格。但事实上，秀才并非一直是科举考试的最低功名。

“秀才”一词最早出现于春秋时期，原本并非属于科举功名的范畴，也不特指读书人，而是相当于现在的“俊才”、“英才”。根据《史记·屈原贾生列传》

可知，历史上贾谊是有记载的最早被称为“秀才”的人。

汉武帝时期，朝廷推行官员选拔制度改革，“秀才”与“孝廉”一起成为地方官员举荐的两种优秀人才。东汉光武帝时期，为避光武帝刘秀名讳，“秀才”改称为“茂才”，三国曹魏时期，又改回“秀才”。隋朝科举制度开科取士，最初也称作“取秀才”，这时的“秀才”是考中功名的所有人的指称。唐初，科举考试中设立秀才科，刚开始时秀才科第最高，因要求非常高，很少有人考取。后来秀才科被废除，“秀才”一度成为读书人的统称。宋时，凡是参加科举府试的人，无论考中与否，都称为“秀才”。

明清之际，“秀才”的意思逐渐固定下来。这时的秀才有一定门槛，参加科举考试的读书人，经过院试，取得入学资格的“生员”才可称为秀才。考中秀才之后，可以说是十年寒窗初步获得成果。进，可以去考取举人，一旦考中，便正式进入为官的士大夫阶层；退，则可以开设私塾，也算有了个正经职业。并且，秀才虽然没有国家俸禄，但可以获得一定的特权，比如免除赋税、徭役，可以直接找县官提建议等。于是秀才这个最低功名成了明清两代出身贫困的读书人科举考试的“歇脚所”。他们往往一边通过教书获得经济来源，一边继续考取功名。但因为竞争激烈，尤其清代时满族统治者排斥汉人做官，许多人也就一辈子待在这个“歇脚所”了。清小说家蒲松龄曾以第一名中“秀才”，之后再也“晋级”不得，不得已才以写小说聊以自慰。

☆为什么把考取进士第一名叫“中状元”，“状元”是什么意思？

“中状元”又称“大魁天下”，意思是在科举考试中考取进士第一名，是古代读书人的最高荣誉。而“状元”一词则产生于唐代，“元”是“头”、“首”的意思，而“状”字，则与旧时科举程序有关。

唐代科举考试是两级制，先在地方考得“贡生”（相当于后来的“举人”）资格后，才有资格参加在京城举行的考试，进一步考取“进士”。进京考试的“贡生”先要到礼部填写包括自己身世和近况的个人资料，相当于现在的报考表，名曰“书状”或者“投状”。因此后来考得进士第一名的就是这些“投状”中的第一名，故称之为“状元”，或者“状头”。还有另一种说法是，在发布进士榜时，因为皇榜是自上而下挂在墙上，而进士名单则是依照名次自上而下，进士第一名自然在最前面，位于榜首，所以称之为“榜首”或者“状元”、“状头”。

需要补充的是，“状元”在宋代时并非指进士第一名，而是对于“殿试”三甲中“一甲”的统称，即“进士”前三名均可称为“状元”。只是到明清之际，殿试一、二、三名，分别称为“状元”、“榜眼”、“探花”。自此，“状元”成为名副其实的第一名，其地位也日益特殊，成为中国读书人“一朝成名天下知”的象征。

据史书记载，从唐代科举考试开始，至清光绪三十年(1904年)最后一次科考，其间历代王朝有名有姓的文状元654名，武状元185名。其中历史上比较有名的有唐代的贺知章、王维，宋代的文天祥，明代的杨慎，清代的翁同龢、张謇等，而历史上最后一名状元，则是清光绪三十年(1904年)的刘春霖。

☆什么是“连中三元”，其中的“三元”具体指什么？

“连中三元”是用于形容古代科举考试中的一种情况，指某个考生参加考试过程中，在乡试、会试、殿试三次考试中均考得第一名，即接连考得“解元”、“会元”、“状元”。这种说法大约出现在宋代。

宋代及以后的科举考试中，读书人首先在县、府参加考试，通过考试的称为“生员”，俗称“秀才”。考得“秀才”之后，才算获得了参加正式考试的资格。接下来，首先是参加每三年一次由省府主持举行的“乡试”，因为在秋天举行，俗称“秋闱”。此考连考三场，每场三天。乡试考中，称为“举人”，头名举人称“解元”。“举人”便具备了做官的资格，中举者正式跨入士大夫阶层，清代讽刺小说《儒林外史》中的“范进中举”一段说的便是乡试的情形。

通过乡试的举人，次年三月参加在京师举行的“会试”和“殿试”。会试由礼部在贡院举行，也称“春闱”，同样是连考三场，每场三天，由翰林或内阁大学士主考。会试考中者，称为“贡士”，贡士第一名称“会元”。贡士可以参加四月举行的“殿试”，殿试是科举考试的最后一级，由皇帝亲自主持和出题，并定出名次。据说殿试制度最早始于武则天。殿试只考一题，考的是对策，为期一天。殿试一般不再淘汰人，只是将所有人排出次序，录取名单称为“甲榜”，又称“金榜”，所谓“金榜题名”即指此。具体分为三甲，一甲只取三人，第一名为“状元”，第二名为“榜眼”，第三名为“探花”。剩下的分在二甲、三甲。

自古言：“文不称第一，武不称第二。”客观地说，要在文科考试中做到“连中三元”，确实相当难，历史上的王安石、苏东坡父子等大文豪均没有出现“连中三元”的现实也说明了这点。据史料记载，历代数下来，总共出现过十七次“连中三元”的情形，其中还有两次武科举的“连中三元”。

☆“鳌头”是什么东西，为什么科举取得第一名称为“独占鳌头”？

“鳌头”指的是古代帝王宫殿台阶上鳌的头。“鳌”是传说中的一种庞大的海生动物，据说头像乌龟，尾巴像鲤鱼，身形巨大，威猛有力，能够背起一座大山。民间传说它是海龙王的三太子，因为偷吃了玉皇大帝的玉浆液，被发配到东海为鳌。唐宋时期，皇帝殿前陛阶上的中陛石上经常镌刻巨大的鳌鱼，以象征皇权威严。翰林学士觐见时，都会立在陛阶正中陛石上的鳌头上，等待皇帝的召见。于是，人们将进入翰林院称为“上鳌头”。

科举考试中的殿试结束后，状元、榜眼、探花等人到皇帝殿前陛阶上迎榜。因只有状元一人独自站在中陛石上，将鳌踩在脚下，所以就说他“独占鳌头”。后“独占鳌头”便用来指在科举考试中考得第一名。

在古代，人们一般把“魁星点斗”与“独占鳌头”连用，来表示一个人中了状元。“魁星”本为“奎星”，是北斗七星中的第一颗星，本为占星术的星宿崇拜，后来逐渐演变成人格神，此神蓝面，赤发，像个鬼在翘足踢斗，主管读书人的文运。

“魁星”之所以是这副样子，传说与古代一个秀才有关。此人很有才华，因满脸麻子，又瘸一条腿，屡屡面试时落第。后来终于以第一名的成绩通过了乡试、会试。殿试时，皇帝一看这副尊容，便问道：“你那脸是怎么搞的？”他回答：“回陛下，这是‘麻面映天象，捧摘星斗’。”皇帝又问：“那么你的瘸腿呢？”他又回答：“回陛下，这是‘一脚跳龙门，独占鳌头’。”皇帝觉得他挺机敏，又问：“那你说，如今天下谁的文章写得最好？”他想了想说：“天下文章属吾县，吾县文章属吾乡，吾乡文章属舍弟，舍弟请我改文章。”皇帝很欣赏他的机智，等阅读完他的文章后，更是拍案叫绝，于是钦点他为状元。

后来这个秀才因其才情、执着、勤奋升天成为魁星，主管功名禄位，成为读书人供奉的神。后因“魁”有“首”的意思，所以逐渐代替了“奎”。

☆古代官场上，用“同年”相称的很多，是指年龄相同吗？

“同年”与年龄无关，而是古代科举考试中被同榜录取的举子之间的称谓，又称“同年生”。顾炎武在《生员论》中说：“同榜之士，谓之同年。”而“同年”之间也不论年龄，互相尊称对方为“年兄”，相互间的交谊称年谊，互称同年之父为年翁、年伯，互称同年之子为年侄、年家子等。

▲穆彰阿与乙丑同年雅集图（局部） 清

“同年”的说法最早源于汉代，汉代文官选拔制度是举荐制，同一年被举荐为孝廉的，则称“同年”或“同岁”。唐代，在科举考试中同年考中进士的，则为“同年”。到明清之际，除同榜进士外，乡试中的同榜举人，会试中的同榜贡士，也称“同年”。

在古代，这些新同榜举子，往往会参加一些官家组织或私下举行的集体活动。“同年”们在这些集体活动中大多能打个照面儿，之后便是私底下的交往了。这些官场新人因为初入官场，无所依靠，亟须建立起自己的官场人脉，而能够就近取用的关系除了主考官，便是“同年”了。因此，这些新科举子往往与主考官之间建立起一种官场上的纵向联系，而通过“同年”关系形成一种横向联系。这样，初入官场的举子们便有了一个虽不算牢固的但也暂时成型的关系网了。

一般而言，可以称为“同年”的人少则几十人，多则几百人，彼此之间不会有什么深交。但不管怎么说，都算是主考官的“门生”，总是有些同学情分的，加上有些考试之前在路上或住店时就已认识，关系还算深厚。另外，这些“同年”往往都刚刚步入官场，没有那么多官场纠葛，又因同样是刚刚通过科举“独木桥”，彼此话题也多一些，所以相互之间的交情也就多些真性情。在人人两面三刀的官场上，“同年”算是一种稍微有些人情味儿的关系了。因此，“同年”之间经常彼此照应一下，官职高的在提拔官员时，会优先照顾自己的“同年”。当然，时间久了，举子们在官场上脚跟站稳了，除意气相投或利益联系紧密的“同年”之外，其他的“同年”关系也就淡了。

☆科举中武举具体考试什么项目，为什么武举不受重视?

科举制度始于隋朝，当时只针对读书人，并没有设武举。至唐代，武则天首次开设武举。据说武则天因为以一女子身份登上皇位，旧势力对她并不完全服从，这位女皇帝便开设武举，选拔册封武将，为自己培养势力。

唐代武举主要考骑射、步射、举重等技术，此外对考生相貌也作了要求，要“躯干雄伟、可以为将帅者”。宋代，因宋太祖赵匡胤定下“以文立国”的国策，武举考试除考武力外，还要“副之策略”。武艺考“步射”、“骑射”两场，合格后再参加文化考试。文化考试则考一些诸如兵法、布局类的知识等。总体上以武艺为主，以策略为辅。元朝科举制度兴废不常，没有武举制度。到了明代，武举考试则更进一步，以考察谋略的笔试为主，而以武艺为辅了。并且先进行谋略考试，如果不及格，就直接淘汰，武艺再高也没用。清朝以后，尚武的清朝统治者又将个人武艺考试放在了前面，首先考骑射、力气、武艺等，然后合格者再参加笔试。

▲宋代武士复原图

历史上武举一共进行过约500次，宋神宗时，设立武状元。历史上有案可稽的武状元有282名，其中许多详细资料都已经丢失。总体而言，相比于文科考试，武举一直不怎么受重视。

历朝的武举制度时而设置，时而废弃，取士人数远远少于文举。并且武人考中武举后，只授出身，并不马上授官职。因此，武举人的地位也低于文举人，以至于一些武举状元还有再考取文科举人的念头。历史上比较出名的武举人只有唐朝大将郭子仪和明代的抗倭名将俞大猷。

☆明清科举的“八股取士”是怎么回事，严格到什么程度？

我们经常听人说“八股文”害死人，那什么是“八股”，这种制度真有那么可怕吗？

其实“八股”只是行文的一种体例，但它与中国古代的科举制度密切相关。明代成化年间（1465～1487年），科举考试的方法做了变更，用排偶文体阐发经义，称为“八股”，亦称“时文”“制义”或“制艺”。以后便承袭下来，格式愈益严格，而文章内容更加空泛。至清末光绪三十一年（1905年）科举制度被废除，影响中国长达400多年。

八股文，是指文章由事先规定好的八部分构成。每篇由破题、承题、起讲、入手、起股、中股、后股、束股八部分组成。破题，开首用两句点破题意。承题，用三四句或五六句承接破题的意义加以说明。起讲，用数句或十数句作为议论的开始，只写题大意，宜虚不宜实。入手，一二句或三四句，为起讲后入手之处。以下起股至束股才是正式议论中心。这四股中，每股又都必须有两股排比对偶的语句，一般是一反一正，一虚一实，一浅一深，亦有联属者，共合八股，故名八股文。全篇总字数，顺治时定为550字，康熙时增为650字，最后改作700字。

八股文除了体例要求严格僵化外，从命题范围来讲，只许在四书五经范围内命题。应试者还必须按四书五经的内容代圣贤立言，不能发表自己的观点。也就是说，八股文从形式到内容都严格到“僵死”的地步，任何人都无法施展，因而具很大的局限性，弊病十分明显。

然而明清取士，却以科举为重，而科举又以八股文为主，于是教育重心当然就完全放在如何教八股文与如何做八股文上了，这就严重束缚了学子的思想与才华。八股文要求的排偶句式不务实，考试内容也仅仅是阐述清楚书中的“圣贤之言”，并不要求学子有任何解决实际问题的能力。这就造成很多考生闭门只读圣贤书，而对百姓和民间疾苦缺乏基本的观察力。最后考中的很多人并无真才实学，只是成为皇帝忠实的奴仆。

☆ 宋代的四大书院如今安在?

书院是中国历史上一种集藏书、教学与研究功能为一体的独特的教育机构。最初大多由士人或富人自筹经费兴办，教学方式与内容自由灵活，学生以自学为主、导师辅导为辅。其最大特点在于多数时候不以科举考试为目标，而是重教育和学术研究，从而形成了中国历史上与科举教育分庭抗礼的民间学术研究传播场所，对中国封建教育和中国文化产生了重要影响。

唐末至五代期间，战乱频仍，官学衰败，许多读书人避居山林，模仿佛教禅林讲经制度创立书院，以弥补学校的不足。这时的书院为私学性质，以培养学生参加科举考试为目标。

到宋代，私人讲学的书院大量产生。陆续出现白鹿洞、岳麓、睢阳（应天府）、嵩阳、石鼓、茅山等书院。其中白鹿洞、岳麓、睢阳（应天府）、嵩阳书院并称为中国古代四大书院。在南宋孝宗、光宗时期，朱熹等理学家以书院为阵地，宣扬学术，对抗朝廷正统教育。当时的书院最闪光的地方在于使学术首次不依附于政治与科举，凭借自身魅力取得尊崇地位，并一度繁盛。南宋末期，书院为官府所控制，逐渐衰落。

元朝继承了南宋后期的政策，把书院列入全国官办学校系统，书院教育完全没有特色。明代书院又一度活跃，发展到1000多所，出现官私并存的局面。

一些私立书院自由讲学，抨击时弊，成为思想舆论阵地和政治活动场所。江苏无锡的东林书院，曾遭到朝廷四次毁禁，然而在严酷的政治压迫下，书院师生宁死不屈，此事成为中国历史上读书人对抗强权的标志性事件。“风声雨声读书声，声声入耳；家事国事天下事，事事关心。”这首著名的对联便出自东林书院。清朝书院完全为官府控制，失去书院特色，清末全部改为现代大中小学校，书院模式结束。

总体而言，书院起源于唐代，兴盛于宋代，清末消亡。

☆科举试卷的弥封制度是从何时开始的?

科举考试自隋唐以来，经历了漫长的历史演变。为了防止科举作弊，朝廷创立了弥封和誊录两种方法。现在举行重要考试，最后评卷前密封考生姓名、准考证号等信息的做法，就来源于科举试卷的弥封。

科举制度产生于隋朝，在唐代逐步完善。当时进行的考试，一般举人的姓名、籍贯等身份信息都是公开的，一些豪门贵族在发榜前就能够知道录取结果，考官也可从中玩弄手法，拉拢亲信。武则天时，因吏部选举多有不实，便命令应试举人将试卷上的名字糊起来，暗考以定名次。但是这种做法并未形成一种制度，考官在录取中，仍然“兼采时望，不专词章”。

北宋沿袭唐代旧制，考生“投卷”成风。主考官在去贡院的路上，达官贵人可以向他推荐人才，称为“公荐”。录取后，考生要登门向主考官谢恩，称主考官为“师门”、“恩门”，而自称“门生”。为了防止权贵干扰、考官徇私和师生结党，赵匡胤和他的继承人采取了许多有力的措施。

据《宋会要辑稿·选举三》记载，建隆三年九月规定：“今后及第举人，不得辄拜知举官子孙弟侄”，“兼不得呼春官为恩门、师门，亦不得自称门生。”宋太宗淳化三年殿试，礼部采纳将作监丞陈靖的建议，初次实行“糊名考校”法。即在举人考前先糊住其试卷上的姓名、籍贯等项，在决定录取卷后，再拆弥封，查对姓名、籍贯，借以杜绝考官“容私之弊”。咸平二年的礼部考试中，朝廷曾选派官员专司封印卷首。明道二年七月，宋仁宗“诏诸州，自今考试举人，并封弥卷首”。从此，糊名考校就不仅施行于殿试、省试，也施行于诸州府了。这便是弥封制度。

弥封制度实行后，在一定程度上降低了作弊的可能性。但是后来发现有考官指使考生在试卷上暗做记号，有时考官还可以辨认字迹。为了防止这种作弊，朝廷采纳袁州人李夷宾的建议，将考生的试卷另行誊录。大中祥符八年，宋廷专设誊录院，派书吏将试卷抄成副本，考官评卷时只看副本，应举者考试成绩的优劣"一决于文字"。原来贵族和官僚利用科举搞腐败的特权被取消了。但是南渡以后，由于宋王朝的腐朽，徇私舞弊层出不穷，弥封也就流于形式了。

☆进士们怎么都自称"天子门生"？

"门生"一词，大概由"门人"一词流转而来。春秋时期，一个人直接（当面拜其为师）或间接（以其思想为师）以某人为宗师，便自称其"门人"。比如孔子的三千弟子都自称孔子门人。"门生"一词，最早见于西汉宣帝时，到东汉开始大量出现。《后汉书·袁绍传》言袁氏"门生故吏遍天下"，这里的"门生"有弟子的意思，但又有所不同。当时宗师亲自教授的人为弟子，转相教授的则为"门生"。同时，门生还有另一个意思。汉代文官选拔制度采用举荐方式，士人被当地官员举孝廉、秀才进入仕途，举荐的州郡官吏被称作"举主"，而被举荐的贤士便称为"举主"的"门生"。

到魏晋南北朝时期，"门生"一度变质为依附于士族豪强的一类人，有臣属、门客，甚至奴仆的意味。唐宋时期，科举考试中考中举人或进士的人，称主考官为"座主"、"座师"或"恩门"，自己称为主考官的"门生"，这与汉代类似。这样，这些新举人、进士就和主考官之间建立起了一种特殊的师生关系。新举人、进士常把自己的考中看成是主考官对自己的一种类似于师恩的恩情，并且，通过这种师生关系也可在仕途上得到老师的一些照应；而主考官也乐于有这样的年轻后进来亲近自己。于是，科举考试就成了主考官结党营私，培养和拉拢自己势力的一种渠道，唐末便出现了涉及科举官员结派的"牛李党争"。鉴于此，宋太祖赵匡胤把最终决定考生能否被录取的大权收归皇帝。他在原来的两级考制的基础上又加了个第三级考试：殿试。殿试中皇帝亲自出题考试，并定出名次。这样皇帝就成了最终的主考官，成了所有进士的"恩门"，所有的新进士都成了皇帝的学生，也即"天子门生"。由此，科举考试的取士大权就转移到了皇帝手中，这便有效地杜绝了官员通过科举考试结党营私。

第十一章

礼仪习俗

☆古人的座次都有哪些讲究?

古时座次有着严格的尊卑之分。在筵席上，最尊的座次是坐西面东，其次是坐北向南，再次是坐南面北，最卑是坐东向西。《史记·项羽本纪》中载有："项王、项伯东向坐，亚父南向坐，……沛公北向坐，张良西向侍。"其中，项王的座次最尊，而张良的座次最卑。在举行朝会的时候，则是背北面南为尊，所以称帝叫作"南面"，而为臣则叫作"北面"。另外，通常的看法是，右者为尊，因此遭受贬谪称为"左迁"，而在座次的排定上，地位次尊的人则居于最尊者的右边。

☆古人见面的时候都行什么礼?

见面礼，即见面时所行用的礼节。古人常用的见面礼有揖、拱和拜等。揖是古人相见的最常用的礼节，具体又分为三种：没有婚姻关系的异性之间，行礼时推手微向下；有婚姻关系的异性之间，行礼时推手平而置于前；一般的同性宾客之间，行礼时推手微向上。另外还有长揖，是一种不分尊卑的相见礼，拱手高举，自上而下，较普通的揖程度更深一些。拱，是两手在胸前相合以表示敬意，《论语》中记载一次子路见到孔子时"拱而立"，就是行用的拱礼。拜，古人见面时最为庄重的一种礼节。早时的拜，只是拱手弯腰而已，两手在胸前合抱，头向前俯，额触双手。《孔雀东南飞》中的"上堂拜阿母"，指的就是焦仲卿对母亲所行的这种拜礼。后来拜则主要指跪拜，臣民在面见皇帝的时候都要行跪拜礼。

☆“打千儿”是一种什么样的礼仪？

在古代，人们见面为了表示对人的尊重，通常会行一些礼节，见到皇上要三叩九拜，见到长辈大官要跪拜，见到平辈要作揖。清时，有一种左膝前屈，右腿后弯，上体稍向前倾，右手下垂的动作，叫作“打千儿”。

“打千儿”是最常见的请安礼，介于作揖、下跪之间（请安礼具体又可以分为“打千儿”、“问安礼”、“跪安礼”、“蹲安礼”几种）。

关于“打千儿”的由来，有两种说法，其一：“打千儿”原是明代军礼。据《大明会典》所载，明朝全国的指挥使司和各卫所都使用这种礼节。原因在于，兵士甲胄在身，不便向上级军官行跪拜礼，变通为屈一膝或半膝。时间一长，便成了固定礼节。建州女真习得此礼，努尔哈赤建国后保留。八旗人家的晚辈见长辈，奴仆见主人，还有在亲友相见时，都行这个礼。其二：这种礼产生于辽金时代，是满族人对尊长，或下级对上级施行的礼节，平辈相见表示敬重时也行此礼。

“打千儿”之礼有男女之别。男性行礼的具体动作为：行礼人先立正站直，将左右袖口拂掸，随后左脚向前迈半步下屈，右膝下跪，右手下垂，俯身低头，同时口中说“××给××请安”，说完站起身，恢复立正神态，就算行礼完毕。

满族女人喜穿一种名为花盆底的鞋子，穿上这种鞋，行走活动都不是十分灵便，因而，她们在行打千儿礼的时候，通常是左右脚稍微前后相错，双手交叠放于腰间轻轻一蹲。

☆古代宴饮需要注意些什么？

作为汉族传统的古代宴饮礼仪，自有一套程序：主人折柬相邀，到期迎客于门外。宾客到时，互致问候，引入客厅小坐，敬以茶水、烟或点心。《清稗类钞·宴会》云：“（客来）即就坐，先以茶点及水旱烟敬茶，俟筵席陈设，主人乃肃客一一入席。”客齐后导客入席，以左为上，视为首席，相对首座为二座，首座之下为三座，

▲宴饮图

明张岱《夜航船》载：“十月朔拜暮，有司进暖炭，民间作暖炉会。”图为众人围坐宴饮的热闹场面。

二座之下为四座。客人坐定，由主人敬酒让菜，客人以礼相谢。席间斟酒上菜也有一定的讲究：应先敬长者和主宾，最后才是主人。男女同席时，则先女宾后男宾。酒要斟至八分满为宜。上菜时要先上冷菜后上热菜。上全鸡、全鸭、全鱼等大菜时，不能把头尾朝向正主位。宴饮结束，主人要将客人让入客厅小坐，上茶，交谈至辞别。这种传统宴饮礼仪如今在中国大部分地区仍完整保留。

☆每逢春节，人们总要放鞭炮，这里有什么讲究呢？

每逢春节，人们都要燃放鞭炮，以示庆祝，那么人们最初为什么燃放鞭炮呢？

我们现在所燃放的鞭炮，其实源自古代的爆竹。据《荆楚岁时记》记载，正月初一，天不亮人们就已经起床了，家家户户都在庭院里燃烧竹子。竹子爆裂发出毕毕剥剥的清脆响声，可以驱除妖魔鬼怪。火药发明之后，人们便将硫黄、硝石、木炭放进了竹筒里，这样一来，点燃后竹子发出的声音更加响亮。后来，人们还将火药放入纸卷，这就是“炮”。把“炮”编成串，就成了“鞭炮”。“鞭炮”点燃后，可以持续地发出响声。因为鞭炮的来源与古代烧竹子有关，所以又称为“爆竹”。

▲放爆竹图　清

古人之所以要烧竹子，目的是为了驱魔。传说，古时候人们经常被一些妖魔鬼怪骚扰，尤其是一种名为“年”的怪兽为祸甚巨。年长了一张人脸，却只有一条腿，每年春节都会出来害人，碰到它的人便浑身忽冷忽热，如果得不到救治，就会疼痛而死。

有一年的春节，为了庆贺丰收，祈愿下一年风调雨顺，家家户户张灯结彩，载歌载舞，一直闹到了后半夜。沉浸在欢乐中的人们忽发奇想，围着篝火燃起竹子。投到火中的竹子发出啪啪的响声，把欢乐的气氛推向高潮。

夜半时分，危害人类的年来了。它进入村子，正要兴风作浪，忽然听到篝火中的燃竹正发出噼里啪啦的响声，吓得掉头就跑。人们见此情景，才知道恶魔年害怕响声和火光。于是，每年到这个时候，老百姓都要燃放爆竹，为的就是把年吓跑。时间一久，年再也不敢出来祸害百姓了。虽然年不再出现，但是人们春节放鞭炮的习惯保留了下来。如今，人们过年燃放鞭炮已不再是驱除鬼怪，而是为了辞旧迎新，增添喜庆气氛。

☆除夕晚上，许多人家彻夜不寐，谓之“守岁”，人们为什么要这么做？

除夕不睡的习俗名叫“守岁”。人们为什么要“守岁”呢？

“守岁”又叫“熬年”。相传，古代有种叫“年”的怪兽，每到年三十晚上都要出来作祟。原本辞旧迎新的喜庆日子，成了人们最不愿意过的时间。到了年三十，家家户户早早地料理完家务，便门窗紧闭。因为害怕年来为祸，所以没有人敢睡觉。为了消除“年”即将到来的恐惧，人们便准备出一年里最丰盛的晚餐，一家人齐聚餐桌前，说笑逗乐，畅想未来美好生活，借此挨到天明。后来，民间就逐渐形成了除夕守岁的习俗。

早在西晋，就有文献记载有关守岁的事。《风土志》中说，除夕晚上，大家互相赠送礼物，预祝对方新的一年财运当头，讨个好彩头，这叫“馈岁”；准备丰盛的酒席，祭神祈福，这是人们告别旧的一年的方式；一家人其乐融融地聚在餐桌前，互相沾点福气，这是所谓的“分岁”；彻夜不眠，欢声笑语一直到天明这就是“守岁”。

俗话说“一夜连双岁，五更分二年”，也就是说，除夕这天晚上，人们不仅要告别旧的一年，辞旧迎新，同时，人们年龄也要再长一岁，所以就有了“此夜守岁惜年华”的说法。

☆贴春联是中国人过年的传统习惯，这种做法起于何时？

除夕这天，人们除了要守岁，吃年夜饭，家家户户都不忘贴春联。大红的春联贴在门两侧，喜庆又吉祥。那么，是从什么时候开始有了贴春联的习俗呢？

春联由古代的桃符演化而来。桃符起源很早，据《后汉书·礼仪志》记载：“正月一日，造桃符著户，名仙木，百鬼所畏。”可见，最初的桃符是用来驱除鬼怪的。

传说，古代有种凶残无比的怪兽，为害甚烈，无人能降住它。后来，有两位居住在山林中的专门整治妖魔鬼怪的神仙，用桃枝降服了这头怪兽。于是，民间相传，只要门上悬挂桃枝，上面刻上两位神仙的名字，任何妖魔鬼怪都不敢上前。这种桃枝就被人们称为“桃符”，也就是所谓的镇鬼灵符。后来，人们便延续了这种风俗。

桃符开始演变成春联，源起于五代十国时期。

据史书记载，后蜀主孟昶曾经令学士张逊在桃木板上题词。张逊写完后，蜀主一看，不对仗，便提笔写道：“新年纳余庆，佳节号长春。”这便是中国

▲写春联　清

历史上最早的一副“春联”。但是此时，文献里并没有出现“春联”的字样，人们依然称之为桃符。之后的很长一段时间里，人们都保留着挂桃符的习俗。宋王安石诗云：“千门万户曈曈日，总把新桃换旧符。”足见新年悬挂桃符，已经风行。

随着纸张的出现，人们便将厚重的桃木板换成了轻便的红纸张。

直到明代，桃符才正式以“春联”的身份亮相。

《簪云楼杂话》记载说，明太祖朱元璋规定，不论公卿士庶，大门上都要贴一副春联，而且皇帝会亲自审查。于是，大街小巷的门庭上贴满了画有各样花色的春联。据传，朱元璋出城审查时，发现一户屠夫家没有贴春联，便提笔在门前写下“双手劈开生死路，一刀割断是非根”的对句。百姓看了，都觉得这春联题得恰到好处，又对仗工整。后来，春联也就成了年俗文化中的独特文学样式。

春联又被称作“对联”，在1000多年的发展过程中，春联文化日臻成熟。如今，对联已经不仅仅是春节的贺词，更是传统文化的象征。

☆过年时，长辈要给小孩子压岁钱，这种习俗是怎么流行起来的？

相传，古代有种叫“祟”的小怪兽，性情十分古怪，专喜欢在过年的时候摸小孩子的头，偷取他们的思想。八仙听说了，便化身为八枚铜钱来到人间，此时恰逢年关。

有一家穷人，夫妻俩老来得子，喜欢得不得了。除夕这天，老两口怕祟来偷孩子的思想，便哄着孩子玩，不让他睡。孩子小，困了便要吵，夫妻俩实在没办法了，便将家里仅有的八枚铜钱拿出来给孩子当玩具玩。夜深了，孩子玩累后便攥着铜钱睡着了，夫妻俩也不知不觉地进了梦乡。

祟看见这家人都睡了，便偷偷地溜进他们的家。它伸出手刚想去摸孩子的头，便被八束金光击得连连后退。从此，祟再也不敢来偷小孩的思想了。原来，夫妻俩给孩子的这八枚铜钱正是八仙所化。

后来人们听说，只要在孩子手里放些钱，祟就不敢靠近孩子了，便纷纷效仿。

于是，民间就流行起了过年给孩子压“祟”钱的习俗。压祟，意味着辟邪、避晦气。渐渐地，“压祟钱”谐音作“压岁钱”，成了长辈表达对小辈们祝福的一种形式。

据史料记载，最早的压岁钱，并不是普通的流通货币，而是一种专门铸造出来用以避邪的钱形佩饰品。在汉代出土的文物里，一些钱币形状的佩饰上，刻有龙凤、斗剑、双鱼等吉祥图饰；有的佩饰上甚至还印有诸如“去殃除凶”的字样，人们把这种压岁钱称为“压胜钱”。

还有一种说法认为压岁钱由古代的春日散钱风俗演变而来。据《燕京岁时记》记载，在民间，人们通常会用彩线将铜钱串起来，再编成龙形，将这种东西放在床角，作为护身符。这种钱串，俗称压岁钱。一般情况下，长辈会直接把编好的铜钱给晚辈，希望压岁钱能给孩子带来一年的平安吉祥。这种做法，在明清时期最为盛行。

到了近代，压岁钱逐渐成了人们表达美好祝愿，祈愿大吉大利的一种形式。比如，送小孩子几张新的连号纸币，意为“连连发”；晚辈给长辈包个红包，意为压岁，“长命百岁”。压岁钱也就成了另一种文化内涵的载体。

☆每逢正月十五，家家都要挂红灯，这个习俗怎么来的?

在中国，有正月十五闹元宵的民俗。每到元宵佳节，不但家家户户挂着喜庆的大红灯笼，就连大街小巷都张灯结彩，人们赏灯游园，一片祥和景象。那么，正月十五人们为什么要挂红灯笼呢?

相传唐朝末年，黄巢带领起义军沿长江一路攻到濮州。但是，起义军连续奋战三天，没有撼动濮州城池半分。眼看就要到年关了，再拖下去军中将士就会无心恋战。于是，黄巢决定进城摸摸情况，寻找濮州城难以攻克的原因。

▲正月十五观花灯　明　选自《宪宗行乐图》

黄巢乔装成卖汤圆小二哥，偷偷进入城内。刚进城不久，便听街道上一片慌乱声，众官兵高呼：“不放过一个卖汤圆的，黄巢进城了。”黄巢心想，军中定是出了内鬼，看来此行凶多吉少，还是先避避风头再说。于是，他闪身跑进了旁边的小巷，翻身进了一家庭院。人刚落地，便碰到一名老汉。黄巢拱手说道："老人家，我被官兵追捕，实有隐情。还望老人家行行好，助我逃过此劫。"老汉看黄巢不像恶人，便将它藏在自家的醋缸里。

此时，官兵已经搜寻到了这里，不由分说将老汉家翻了个底朝天，但还是没有发现黄巢的踪迹。待官兵走后，老汉引出黄巢说："我家里尚有老小，恐不能帮你太多。我能做的也只能这样了，你还是自己想办法出去吧。"黄巢听了，向老人表示感激，并询问老汉有没有逃出城去的地方。老汉对黄巢说："城中天齐庙城墙南，有一个豁口，平时少有人注意，你可从哪里出城。"黄巢听后，松了一口气。他向老汉问道："老人家，你可知我是何人？"老汉徐徐答道："你一来，我便知黄将军入城了。"黄巢听后跪谢老汉，并告知老汉："您可取些红纸扎成灯笼，待我军攻进城时，看见红灯笼，定不伤恩人分毫。"说完转身离开。

老汉知道黄巢军早晚会攻入城内，便将这个消息悄悄地告知了乡里百姓。一时之间，红灯遍地。待黄巢军攻入城内，凡是红灯笼人家，一概不骚扰，只取恶霸贪官府宅。此时，正值正月十五。后来，正月十五挂红灯、闹元宵、逛庙会、赏河灯的习俗也就延续了下来。

不管由来如何，正月挂红灯的习俗已经成为我们传统文化的重要内容，当然，它还将继续流传下去。

☆正月理发真的会死舅舅吗？

中国大多数地方流传着"正月不理发"的习俗，据说"正月理发死舅舅"。那么，头发和舅舅有什么必然的关系呢？

清军入关后，为了维护"削平四周，留守中原"的治国主张，决定推行一种奇怪的发式：将头发从前部到脑顶剃去，再将四周的发际全部剃光，只留下中间集中的一块和一个长长的大辫子。

经历了无数次朝代更迭的汉人对于谁当皇上这样的事情并没有太多的关心，但是"身体发肤，受之父母，不敢毁伤，孝之始也"。清政府的政策遭到了中原的强烈抵抗，清政府便提出"留头不留发，留发不留头"。在清政府的高压下，一些文人士大夫就以"正月不剃头"来表达对明王朝的思念，实为"思旧"，为了掩人耳目，讹传为"死舅舅"。

☆古时的"寒食节"为什么不允许生火做饭？

相传，春秋战国时期，晋公子重耳为逃避晋献公宠妃俪姬的迫害，流亡异乡。

颠沛流离之中，食不果腹是常有的事。据说有一天，几天没吃饭的重耳饿昏了过去。追随他的臣子们也饿得东倒西歪，重耳这一昏，他们更像无头苍蝇一般，乱作一团。

随臣中，始终伴随左右的介子推看着昏迷的重耳，狠了狠心，走到小树林里。他撩起衣襟，割下了大腿上的一块肉，忍着剧痛，把肉煮熟了喂给重耳吃。有了充饥的食物，公子重耳总算捡回了一条命。

流亡 19 年后，重耳在秦国的帮助下重返晋国，登上了国君的宝座。这就是晋文公。为了感谢那些当年与他患难与共的臣子们，晋文公给狐偃等人加官晋爵，并且赏赐大量财物，唯独冷落了介子推。介子推心想：贵人多忘事，可与之同苦，不能共享富贵啊。于是，他什么也没说，便回乡去了。

晋文公听说介子推走了，十分懊悔，赶紧派人去请介子推回朝，然而接连派出的几批人，都没能请回介子推。晋文公不甘心，便亲自到介子推家请罪。到了介子推家，只见门已上锁，院内空无一人。询问邻人，才知道介子推早已带着老母隐居绵山了。

晋文公想：介子推这是心里有怨气，不想见我啊。我一定得把他找回来，重谢他的救命之恩。想到这，晋文公便带人来到绵山，命官兵搜山寻找恩人。但是，官兵搜遍了全山，也没见介子推的影子。这时有人献策说：“山中除此路之外别无下山之途，我们不如放火烧山，介子推那么孝顺，就算他不愿出山，也肯定不忍老母受苦，必会从此路下山来。”晋文公一听，好主意，便下令放火烧山。大火点燃，整个绵山成了一片焦土。等在路口的晋文公一行，直到大火熄灭，也没见有人从山中出来。晋文公下令进山再找，终于有人在一棵大树下发现了已被烧焦的介子推。死前，他还背着自己的老母亲。

看着被烧焦的尸体，晋文公懊悔不已。为了纪念介子推，他下令改绵山为介山。并规定，放火烧山这一天，举国上下禁火默哀，全民只能吃寒食。此后每年的这个时候，晋文公都来介山祭奠介子推。寒食节由此而来，民间也就流传下来寒食节吃寒食、忌烟火的习俗。

寒食节在清明前后，人们很容易混淆两个节日的日期，后来，寒食节渐渐与清明节合并在了一天，寒食节的习俗也就移到了清明节上。

☆七夕“乞巧”习俗从何而来，少女是如何“乞巧”的?

农历的七月初七是七夕节，这一天，牛郎织女鹊桥相会，以解相思之苦。世间男女便在这天祭拜牛郎织女星，希望找到终身伴侣。民间还有少女七夕“乞巧”的习俗，这是为什么呢?

▲乞巧图卷

唐朝王建有诗云："阑珊星斗缀珠光，七夕宫娥乞巧忙。"说的就是七夕节里，少女们乞巧的情形。事实上，有关七夕乞巧之事，早在汉代便有文献记载。

相传，王母娘娘的小外孙女织女随众姐姐下凡游玩的时候，爱上了放牛娃牛郎。从小与哥哥相依为命的牛郎在人间吃尽了苦头，遇到美丽善良的织女，自然珍惜得不得了。牛郎有一头神奇的老黄牛，在它的帮助下，两人背着天庭偷偷地结了婚，生下一儿一女，过起了男耕女织的幸福生活。牛郎勤劳肯干，织女心灵手巧，两人日子过得温馨甜蜜。但时隔不久，王母娘娘便知道了这件事。神仙与凡人私会已是违反天条的大罪，更何况还有了孩子。盛怒下的王母娘娘将织女带回了天庭，从此不许牛郎织女见面。

牛郎终日思妻日渐消瘦，老黄牛见了，心痛不已。它对牛郎说："等我死后，你披着我的皮到天庭找织女，这是我能为你做的最后一件事了。"牛郎听了，潸然泪下。老黄牛死后，牛郎披着牛皮，带着孩子便上天来寻织女。王母娘娘见了，恼羞成怒，拔下玉簪划了条银河，把牛郎织女隔在银河两边。织女见状，极为悲伤，整日茶饭不思，隔河眺望丈夫和儿女；这边的牛郎也领着孩子，向河对岸日夜遥望。王母娘娘看在眼里，心有不忍，最终做出让步，准许牛郎织女每年的七月七相见一次。于是民间便有了七夕牛郎织女鹊桥会的传说。

织女是天上最巧的神仙，据说能织就五彩祥云。人们相信，七月七日，只要虔心祭拜，织女定会将自己的一手巧活传于人间，使少女成为巧妇。因而，七夕节上，除了坐看鹊桥会、葡萄架下听情话的习俗外，少女中又流行起了贺双星、乞巧手的习俗。

七夕来临，少女们不但会准备"五子"敬献织女，还要举行形式多样的乞巧活动。有的地方会举行穿针乞巧的活动，在这个活动中，谁穿的七孔针越多，谁的手越巧；有的地方，少女们还通过投针验巧、喜蛛应巧等方式，来向织女乞巧。相传，七夕的露水是牛郎织女的眼泪，涂在眼睛和手上，人就会变得眼明手巧，至今江浙的部分地区还保留着七夕收集露水的习俗。

☆中国人有重阳节登高饮酒、插茱萸辟邪的习俗，这个习俗因何而起？

王维在《九月九日忆山东兄弟》诗中写道：“遥知兄弟登高处，遍插茱萸少一人。”古人认为，九为阳数，九月九日两九相连，谓之重阳。那么重阳这天，人们登高饮酒、遍插茱萸赏秋菊的习俗是怎么来的呢？

《九日与钟繇书》中记载：“岁往月来，忽复九月九日。九为阳数，而日月并应，俗嘉其名，以为宜于长久，故以享宴高会。”在这之前，人们虽没有将重阳作为节日过，但却有重阳畅饮、赏菊的习惯。直到唐代，重阳才正式作为节日被确定下来。

重九登高饮酒、插茱萸源自一个古老的传说。

俗话说“请神容易送神难”，但是东汉时期的汝河一带，人们没请，瘟神却自己找上了门。自从瘟神来到这里，汝河一带瘟疫横行，当地人口几近灭绝。有一个叫恒景的年轻人，曾经感染瘟疫，几番挣扎，终于在鬼门关前捡回了一条命。经历过生死的他决定求仙学医，救家乡父老于水火之中。

经过多方打听，恒景来到一座高山上，找到了隐居深山的仙长。仙长听说了恒景的遭遇，便收他做了徒弟，教他降妖之道，救人之法。经过几年的修炼，恒景出师了。临下山之前，仙长对恒景说：“那瘟神奇恶无比，为师送你一方斩妖剑。回去之后，待世间双阳之时，你引乡人到深山躲藏。我已为你备下辟邪的茱萸叶，你将茱萸发到乡人手中，定可保乡人平安。为师再送你瓶黄菊酒壮胆，你放心斩魔除瘟去吧。”

▲重九登高图　清　石涛

恒景回到家乡，等到九月初九这天，按照仙长交代，将乡人带至附近高山上。他把师傅所赠茱萸发到乡人手里，叮咛他们无论发生什么都不要丢掉手中之物。他还将仙长为他准备的菊花酒分给乡人喝，这才到汝河引瘟神出洞。

原本嚣张无比的瘟神刚一浮出水面，迎面一股茱萸香扑来，被熏得连晃两下。恒景乘机持利剑猛刺，击中瘟神要害。准备还击的瘟神被恒景身上的黄菊酒气所镇，无法回神。恒景趁此机会将瘟神斩杀。

为了庆祝瘟神被“送走”，乡人手持茱

萸欢呼雀跃，家家开怀畅饮。此后每年的九月九人们都登高饮酒以示庆祝。于是，民间便形成了重阳插茱萸、登高饮酒的习俗。

☆红色是节日喜庆的主色调，中国人为什么会偏爱红色？

以如火的红色作为喜庆象征古已有之。世间的颜色那么多，为什么唯独红色如此受宠呢？

早在人类文明之初，红色并未像现在这般受重视。远古时期，人们以黑、白为主色，黄色为吉色。周代，王室之中开始用红色绸幔作为宫中装饰，红色点缀之风初见端倪。至于红色成为高贵的色彩，则是汉高祖刘邦所定。传说刘邦乃是“赤帝之子”，赤，古语中红的意思。刘邦当了皇帝以后，把红色定为皇家御用色彩。从此，红色逐渐成为喜庆祥和的主色调。

相传，红色成为吉色，还与“年”有关。古代有种叫“年”的怪兽，每年的除夕夜都要出来为祸人间。有一次，正当它准备兴风作浪的时候，被人们欢庆春节时燃放的爆竹吓跑。胆大的村人趁它慌张之际，手持火把出来追赶。看见熊熊火光，“年”兽吓得狼狈逃窜。人们发现，“年”害怕响声和红色。于是，民间便形成了过年放鞭炮、贴红纸的习俗，人们认为红色可以辟邪驱魔。

红之所以被偏爱，除了本身具有的浓烈色调之外，还因为它为百色之本。色彩之中，红、绿、蓝被并称为三原色。也就是说，众多的颜色，都可以通过这三种基色调调出来。于是，这浓艳庄重的红色便有了根基、本源的含义，被历代帝王所推崇，被赋予了庄严、神圣的内涵。在皇宫中，到处可见醒目的红色标记。时至今日，象征着激情、奋进、吉祥喜庆的大红色，仍然是人们节日庆典的首选。

☆古代男女婚配有“合八字”的要求，为什么会有这个讲究？

人们通常用“八字还没一撇”，来形容事情还没有眉目。古代男女婚配，还有“合八字”的说法，这又是为什么呢？

现代人结婚，追求的是自由，靠的是感情，只要相处融洽便符合结合的条件。在古代，自由恋爱是不被封建礼教所允许的。两人必须依媒妁之言成婚。但是，即使有媒妁之言，两个人想要结合在一起，还要看看二人八字是否合适。

所谓的八字，指的是人的生辰八字。即将出生的年、月、日、时与天干地支相配，两两一组，四组相加正好八个字。通常，保媒的人将双方庚帖互换后，便会根据双方的生辰八字来推算两个人生活在一起是否合适。

合八字，主要依据的是五行学说：木生火，火生土，土生金，金生水，水生木；水克火，火克金，金克木，木克土，土克水。如果两个人的八字相生相合，那么这两个人便是天作之合，结婚后就会幸福美满。如若八字相克的两个人结合，重者可能导致家破人亡，轻者夫妻不睦。

有的地方，依照男女双方的生肖属相推算，比如民间有“白马怕金牛，鼠羊不到头，蛇见猛虎如刀锉，猪见婴猴泪长流”的说法。

古人十分重视命理，所以在婚姻大事上，自然要做一番考究。诸如“命中带煞”、“两金不宜”、“金木不嫁”之类都是婚俗中的忌讳。人们无法解释身边发生的一切，于是宁愿以八字相生相克之说来择亲，也不愿冒招灾引祸的风险。

现在民间仍然流行着男女婚配合八字的风俗，而且，合八字的方式更加多样化。但随着人们思想的解放，更多的人已经淡化了生辰八字合姻缘的说法。

☆新娘出嫁的时候都要在头上蒙上“红盖头”，这一习俗是怎么来的?

古代婚礼中，头顶红盖头的新娘很有几分神秘色彩，因为古时有的新人，结婚之前从未见过面。洞房里，新郎揭开红盖头，新娘才露出庐山真面目。那么，新娘出嫁蒙“红盖头”的习俗是怎么来的呢？

据说，新娘出嫁蒙“红盖头”源自天皇地母的传说。《独异志》里说，当初宇宙初开，天地一片混沌，世间仅有伏羲、女娲两人。他们原是天上神仙后裔，本是一对兄妹，被天帝派下人间掌管苍生。为了广阔的大地上有生气，二人决定成亲繁衍。但是两人碍于兄妹身份，羞于结合。于是，伏羲带着女娲来到一片空地上，祈求上天说：“天如允我兄妹二人结婚，允许我们繁衍生息，就让白云将我二人环绕。如若不然，云朵都散了吧！”说罢，伏羲和女娲便被云团重重环绕。为了遮羞，女娲便用草叶编了个团扇将脸挡了起来。古语中，“扇”与“苫”同音，有盖头的意思。后来，民间便效仿女娲以扇遮羞，开始有了新娘出嫁蒙盖头的习俗。

据史料记载，早在汉朝，便已有了“盖头”的雏形。古人开始操办婚庆典礼始见于东汉魏晋时期。人们不但要择良辰选吉日，更要酒宴乡邻。只有情况特殊无法操办之时，才会采取以纱蒙头拜见舅姑并喝交杯酒的方式成婚。“纱”算是最早的“盖头”了。

之后，盖头逐渐成为婚庆典礼上一种重要的饰物。众色中唯有红色最能彰显喜庆，所以，新娘的盖头多用红色的丝绸。有的红盖头上，绣以龙凤、鸳鸯等饰物，还有的人家以彩穗装点。

☆之所以把男女成亲叫“结婚”，是不是因为古时婚礼在黄昏举行?

男女成亲叫“结婚”，是因为古代人在黄昏举行婚礼，才这么叫的吗?

现代婚礼，除了宣告男女双方结合之外，更多的是庆祝答谢成分。要么是庄重纯洁的白色婚纱，红色装饰；要么是传统的大红布景。但是在古代，婚礼大多是庄重的祭告仪式，不但讲究颇多，而且以黑色为主导。据《仪礼》记载，古人结婚，新郎要着黑色礼服，在黄昏时分到新娘家迎亲，迎亲队伍以及迎亲物什同样以黑色为主。迎亲队伍前，由人手持蜡烛前方开道。古人实行这种婚礼方式，在现代人看来有点不可思议，仔细考察，发现另有缘由。

远古时期，民间有抢婚的习俗，强悍的人通常在黄昏时将新娘抢走。为了防止他人抢婚，人们不敢太招摇，便选择在黄昏举行婚礼。故而，男女结合被称为“昏因”，现在的“婚姻”一词便由此而来。随着阴阳学说的发展，黄昏成亲有了新解。古人认为，黄昏时分是昼夜交替的时刻，阴阳调和，相生相长，此时结婚正是调和阴阳之气的好时候。

男人谓之阳，女人谓之阴，如若两人结合借助于天时地利，必然大吉大利，不但符合礼法规范，还遵从了阴阳之术。因而，古人认为黄昏举行婚礼，可以达到阴阳平衡的目的。为了与阴阳相交替的黄昏融为一体，迎亲队伍以及新郎必须穿着黑色礼服，此时的婚礼被称为“昏礼”，意为黄昏举行的典礼。

据《酉阳杂俎》记载，婚礼在黄昏举行的定式直到唐朝才被打破。古婚礼所用的黑色，也逐渐被喜庆的大红色取代。后来，人们淡化了婚礼的阴阳观念，除了婚俗礼仪讲究仍然保留外，喜庆热闹的庆祝氛围更加突出。

☆新人完婚时，家里会处处张贴红色的“囍”，这是为什么呢?

中国人万事喜欢十全十美，好事成双，就连结婚贴喜字 都要剪成一对的。大红纸张上的“囍”字是怎么来的呢?

相传北宋名相王安石当年进京科考时，路上遇到一户人家大摆筵席宴请乡邻。旅途劳顿的王安石也没问宴请的原因，便混在人群中大吃起来。不一会儿，家丁挂出一盏走马灯，上面题着“走马灯，灯走马，灯熄马停步”。

▲王安石像

王安石见了，大呼“妙”。家丁一听，连忙跑回庭院禀告老爷，说有人要对对了。原来，这是马员外家特设的酒宴，专等有才学的士子登门对对子，以招佳婿。

王安石一时没想出好联相对，吃过酒饭，便匆忙进京赶考去了。到了考场之中，王安石挥笔即就，轻轻松松便答完了试题。过了几日，王安石被告知参加复试，进得厅堂的王安石淡定自若。只听主考官指着厅前的旗子说道：“飞虎旗，旗飞虎，旗卷虎藏身。”王安石一听，这和路上那副走马灯对子倒是挺配的，便张口答道：“走马灯，灯走马，灯熄马停步。”主考官一听，如此回环往复之对，竟能出口对上，真是难得的人才。

科场完毕返乡，王安石特地来到马员外家道谢，并用主考官的上联对上了员外的对子。马员外在王安石进京赶考之时，早已派人摸清了他的家底。如今气宇不凡的王安石就站在他面前，便当即将女儿许配给他。

就在新人准备拜堂成亲之时，门外一阵锣鼓喧天。原来，王安石科举高中。双喜临门的王安石一时兴起，便提笔在喜纸上的“喜”字旁又写了个喜字。后来，红色的“囍”字便出现在了新人的婚礼中。

☆中国式婚礼最热闹的是“闹洞房”，这个习俗是怎么来的？

婚礼中，闹洞房是最受年轻人喜爱的一个环节。亲戚朋友在一起肆无忌惮地闹上这一回，既宣告了新郎单身时代的结束，又庆祝了新人的喜结连理。那么，闹洞房的习俗是因何而来的呢？

相传，紫微星经常到凡间游玩。一次，紫微星看到一户人家正在娶亲，便来到他家凑热闹。浩浩荡荡的迎亲队伍敲锣打鼓而来，场面十分热闹。但是在迎亲队伍的后面，却跟着一个披头散发的女鬼，紫微星知道，这是恶鬼伺机行凶。便悄悄地混在了迎亲队伍中，观察动向。

新人拜天地的时候，紫微星发现女鬼不见了踪影，便四处寻找。在洞房门口，紫微星闻到了恶鬼的气息，便守在洞房门口准备拦截新人。拜完天地的新人，在众人簇拥下来到了新房门口。急于看到新娘子的新郎谢过亲友后，推门便想入内。紫微星连忙抵住门板说道：“新郎不可贸然入内，里面藏有厉鬼，非你等能够降服。”众人一听，都聚拢过来，央求紫微星指点破解之法。紫微星笑道：“鬼虽厉害，毕竟阴气过重，只要你等一起入内，阳气旺盛，大家欢声笑语闹到晨光乍现，恶鬼自然返回阴间。”于是，本应夫妻二人独处的花烛夜，成了众人欢闹的“吓鬼”夜。到了五更，恶鬼果然飘走了。

后来，民间便流传“洞房之时闹一闹，妖魔鬼怪都吓跑”的说法。

如今，人们闹洞房除了驱鬼辟邪之外，更多的是为了增加婚礼的喜庆热闹气氛，“闹洞房”不但可以让新娘子与亲朋好友熟络，还可以增加新人的洞房情趣。

☆中国人有给孩子起小名的习惯，并且取的都是“狗剩”之类的贱名，这是为什么？

有关起小名的习俗，在秦汉时期就已经存在了。《史记》中，汉代文学家司马相如便被其父称为“犬子”。有种观点认为，给孩子起贱名，源自古人的名字。古代的男人，经常会有名、字、号等。所谓的名，是孩子出生后父母亲给取的；到孩子成年之后，由长辈赐予字，寄托对孩子的期待和祝愿。在这以前，父母为了表达对孩子的宠爱，会给孩子起个小名，亲人或朋友都如此称呼孩子。秦汉之后，人们认为小名不雅，不够庄重，才立了“正名”。

但是更多的观点认为，人们之所以会给孩子起小名，源自古人的迷信。人们认为，孩子若想平安顺利地长大成人，必须有一个能够承载命运的名字。

在生产力比较落后的古代，孩子夭折的事情经常发生。人们不认为这是现实原因造成的，而是认为妖魔鬼怪在作祟。笃信神明鬼怪学说的人，为给孩子保命，想出了给孩子起贱名的方法。巧合的是，经常被家人唤贱名的孩子，要比没有贱名的孩子好养活得多。于是，人们更加相信，孩子有了小名，妖魔鬼怪会因贱名而厌弃这个孩子，妖怪不喜、魔鬼不爱的孩子自然就会远离灾祸，平安健康。

通常，人们会借用身边的飞禽走兽、花鸟虫鱼的名字唤自家小孩，这样不仅好记，而且不易为鬼怪识别。而且，诸如“阿猫”、“狗蛋”、“牛娃”之类，更是象征着如牲畜般健壮，并富有生机。总之，起贱名是大人保护孩子、祝愿孩子健康成长的一种表达方式。

如今，给孩子起贱名的情形已经越来越少了。

☆古人送别时多会折柳枝，有何寓意？

李白有诗云：“谁家玉笛暗飞声，散入春风满洛城。此夜曲中闻折柳，何人不起故园情。”在古代，人们送别，除了十里长亭相送外，也会折柳相赠。那么，折柳送别的习俗源于何时呢？

《诗经·小雅·采薇》中写道："昔我往矣，杨柳依依；今我来思，雨雪霏霏。"说的是离人在春光明媚、万物尚青之时离开，归来时，却是一片白雪皑皑的冬景。其实，这里作者是借景物烘托离别的心情。在这之后的很多乐府民歌中，开始陆续出现以杨柳表离别的诗句。

汉语中，柳与"留"谐音。人们希望通过折柳，表达挽留离人的心情，而人们依依惜别、难舍难分的情愫就像随风飘荡的柳枝一样绵绵无期。俗话说"有心栽花花不开，无心插柳柳成荫"，人们送离人折柳，又意在祝愿远行的亲人或朋友，能够如同柳枝一样，到哪都能有旺盛的生命力，不因背井离乡而不适。柳枝在身，便如亲人在旁，随遇而安。

据说，在古代的长安灞桥长堤上，每相隔几米的距离，便有一株如丝绦般的垂柳。此地是出入长安的必经之路，因而有很多人在此送别。微风吹拂着岸边的杨柳，更增添了人们的离别感伤。于是，人们折下柳枝送给离别之人，带着柳枝离开的人，便会如柳枝一样易于生存。唐代张九龄有诗云："纤纤折杨柳，持此寄情人。"

折柳意象产生后，文人墨客对其加以拓展升华，使得送别感怀的场景更显得意境深远，折柳惜别以表祝愿的情结也更加浓重了。

☆有些地方药罐子只能借不能还，这个习俗有什么讲究？

在山西晋南一带，流传着这样一种说法：药罐子只能借，不能还。药罐子的主人家明知道有借无还，非但不会生气，还会很高兴地把药罐子借出去。俗话说："好借好还，再借不难。"为什么晋南地区会有这样的习俗呢？其中有什么讲究吗？

一般人家是不会置办药罐子之类的物件的，只有那些有久病之人的家庭，不得已才会购置药罐子。如果哪家人生病了，需要熬中药，那么便要到别人家借药罐子。通常，药罐子用完后，人们会将药渣全部倾倒出门，取药"倒"病除之意。另外将药倒在十字路口上，被众人践踏，也有病被带走，消除病患的含义。处理完药渣之后，将药罐放置好，除非主人家来索回，否则是不能主动送回药罐的。

人们认为，购置药罐是招灾引病之举。主人家将药罐借出，意味着送病出门，自然很乐意将药罐借出了。如若主人家煎药还须索回药罐，借罐之人便要在药罐中放些钱财等，压一压病气。拿到药罐往家中返的主人，中途不得在别人家停留，不然，会将病患带至所到之家。

有些地方，还流行着"偷药罐"的风俗。人们不愿意借药罐，因为借药罐意味着把病借来了，而且煎完药，药罐还要留在家里，不吉利，所以要"偷"，这样用完药罐之后，再偷偷地将药罐送回去，既处理了煎药的问题，又解决了"招病”的难题。

其实，置药罐，借药罐，还药罐，并不能决定病症的去留，这不过是人们的一种心理作用而已。

☆房屋“前不栽桑，后不栽柳”有道理吗，古人房前屋后栽树还有什么讲究?

民间谚语：“前不栽桑，后不栽柳，院中不栽鬼拍手。”意思是说，房前不栽桑树，屋后不植柳树，院中更不种杨树。不种杨树，是因为杨树又名“呱嗒手”、“鬼拍手”。那么，“前不栽桑，后不栽柳”又是因为什么呢?

人们认为，“桑”与“丧”谐音。房前植桑，会给家门带来不幸，意为招丧引祸。“屋后不栽柳”是因为古人观念中，金银珠宝门前进，收在家中福气多。如果在房后栽柳树，那么金银珠宝和福气便会从房后“柳（流）”走，是不吉利的象征。

据史料记载，这种说法大概是汉唐以后形成的。“前不栽桑，后不栽柳”只不过是人们借汉字谐音，寻得心理安慰的一种说法。

在民间，关于房前屋后，还有很多说法。“门前一棵柳，珍珠玛瑙往家走。门前有棵槐，金银财宝往家来。”人们取柳树、槐树的“流”、“怀”之意，希望财运福气统统来到家中。为了庭院美观，房前屋后应种什么的顺口溜有：“前兰后桂庭牡丹，迎门松竹梅耐寒。影壁墙上爬山虎，金银菊花门窗前。刺梅不是庭中物，除去丁香留金兰。小桃花开红似火，月下夜赏斗颜鲜。”

☆古代男子成年时要行“冠礼”，这种成年礼具体是如何举行的?

在古代，若要举行成人礼，女子15岁，男子则要等到20岁。那么，在古代成人礼是如何举行的?

古代的男女都是要蓄长发的，当他们到达受礼的年龄时，男子把头发盘成发髻，叫结发，并戴上帽子，因而，成年礼在古代又叫“冠礼”。

据《礼记·曲礼》记载：“二十而弱，冠。”《说文》中解释道：“冠，弁冕之总名也。谓之成人。”也就是说，20岁的男子，即将步入成年人的生活。

加冠义为成年，通常在加冠的同时，还要给参加成年礼的男子取字。古人都有名和字，名是在人出生后所起，字则要等到成人礼的时候，由德高望重的

笄礼

古代男子成年有“冠礼”，那女子成年，是否也有这样的仪式呢？

在古代，女子十五便已成年，有史书记载，“女子，十有五年而笄”，“女子许嫁，笄而礼之，称字”。由此可见，在女子地位卑微的古代，“笄礼”是在她们订婚或者出嫁前的一个仪式。

在女子成年的时候，会把长发盘起，用簪子固定，因而又叫“加笄礼”。俗称“上头礼”，表示可以婚嫁了。贵族的女子“笄礼”后，一般要接受成人教育，学习三从四德、女红等。民间的“笄礼”相对来说比较简单，由多子多福的老妇为受礼女子梳洗打扮，以借老妇的福吉。

长辈或贵宾来取，以表期望、鞭策鼓励之意。

据记载，“冠礼”源自周朝，它是由早期原始社会的一种仪式演变而来。在远古时代，男女青年进入成年阶段，便要举行一种名为“成丁礼”或“入社式”的仪式，为的是指引青年过成人的生活，后世也就延续了这种为青年举办成人礼的活动。

古代的“冠礼”是十分讲究的，举行冠礼的日子要通过“筮日”的方式来确定，仪式在宗庙中进行。举行仪式之前，参与仪式的人员都要沐浴斋戒，仪式当天所穿服饰也是有礼法考究的。“冠礼”中，通常受冠者要依次戴上三顶帽子，被称作“三冠”。第一顶缁布帽表示已经是成年人了，可以独立行事；第二顶一般是由兽皮做的皮弁，表示国家兴亡，匹夫有责；第三顶为素冠，这是古人在祭祀典礼中常戴的帽子，表示有了祭祀的资格。

每次加冠，授冠者都要说一些祝词，或寄予厚望或指明方向，然后加字祭拜先祖。之后受冠者要一一参拜长辈。仪式结束后，举办“冠礼”的主人要大摆宴席，宴请来宾，宾客也会送上礼物以表祝贺。

这种仪式在到清朝便已被逐渐淡化，只是在男子成年的时候，家人小聚以表庆祝。

☆古人常说“男女授受不亲”，这一礼仪是说说而已还是有严格要求？

明沈采《千金记》第十一出：“多谢客官。自古道‘男女授受不亲’，待奴家放在地下，客官自取。”那么，“男女授受不亲”这条规则的约束力到底如何呢？

据《孟子》记载，男女授受不亲，是一种礼仪。“授受”，就是施与和接受；“授受不亲”，就是指没有亲属关系的男女不得有身体接触。

《礼记》中记载了这样一段对“男女授受不亲”的要求：孩子（指姐弟或兄妹）长到7岁以后，男孩与女孩就不能在一起睡觉了，也不能在一起吃饭。而且，男人和女人是不能杂坐的，就是使用同一套洗漱用品都是不被允许的。可见这“男女授受不亲”的要求有多苛刻。

其实早在战国之前，男女交际上并没有这么严格规定，人们群居而生，这种礼仪是行不通的。有资料记载，在西周时期仲春之月，男女是可以自由相会，嬉戏玩耍的。西汉以后，儒家学说取得正统地位，礼教受到贵族之家的重视，豪门望族强调男女隔离，防范夫妻之外的两性有过多的接触，但并不十分严格。宋代程朱理学兴起后，出现了“男女之大防”的说法，官宦之家，多将妇女禁于内室，不许她们迈出家门。

为了达到控制女性的目的，男人还向女人灌输贞操观念。因此，许多正常的东西都被视为不检点的行为，并因这种扭曲的“贞节”观酿成悲剧。明清文献记载，有女子曾因看见赤膊的男人，便认为不洁而自杀。

☆古人为什么不能穿鞋子上殿，关于脱鞋的礼仪有哪些？

据《礼记》记载：“待坐于长者，履不上于堂。解履不敢当阶，就履，跪而举之，屏于侧。”可见，古人对什么时候穿鞋、什么时候脱鞋是十分讲究的。之所以如此规定，是与古人的生活习惯密切相关的。

在古代，无论帝王将相还是贫民百姓，都是要脱鞋进屋的。因为在古代，居家没有桌椅板凳、沙发条几之类的陈设，只是在室内铺上“筵”和“席”。“筵”是席的一种，通常铺在下面，“席”则铺在“筵”的上面。在正堂里也可能全都铺有“筵”，进屋要走过“筵”，然后落座于“席”上。如果穿鞋直接进屋，必然会弄脏人家的“筵席”，极不礼貌。后来，脱鞋进屋由卫生的需要转化成一种礼仪，这样做成了对主人的一种尊重。

▲孔子杏坛讲学图轴

据《吕氏春秋》记载，有一次，文挚因为穿着鞋子去拜见君王，君王看见了，连理都没理他。像这样的情况，算文挚幸运，如若遇到个严厉的君王，小则罢官，重则会被关到牢里。

普通人家，讲究还不是太严格，但是在帝王家以及一些重要礼仪上，穿鞋、脱鞋则要谨慎小心了。通常，人们进屋之前，要把鞋子脱在屋子门前的台阶之下，并且将鞋放在不妨碍进出的地方，出来之后再将鞋子穿上。据《左传》记载，人们为此还设立了专门放鞋的“鞋架”。但是并不是所有的场合脱鞋都意味着尊重礼貌。《礼记》中说，凡是一些葬礼或者祭祀场合，都要穿鞋，室内是不能露脚趾头的。

☆乔迁新居之时，古人有“温锅”的习俗，这是怎么来的呢?

当一户人家乔迁新址或建新房后，锅、碗、瓢、盆和灶台都是新的，未经“温”过。“温锅”就是第一次做饭，当然要邀请亲戚朋友来热闹一番。加上我国过去民间夫妻自立、修建新房往往花出很多积蓄，也需要亲朋帮衬着过日子，于是便有了“温锅”的习俗。

“温锅”又叫“温居”、“添囤”、“暖房”。新房落成后，乔迁或兄弟分家一方迁进新宅，会热情邀请亲戚朋友前来认识新家门，亲友、邻居携带礼品前去庆贺，主人设宴款待来贺者。这是“众人添柴火焰高”互助传统的一种表现。

今天中国一些地区依然保留了这些习俗，但由于地域差异也存在区别。一般而言，“温锅”象征着对一对新夫妻自立的祝贺，所以亲人所送之物也包含了祝福之意，所送礼品的花样也很多，有送钱的，有送鸡鸦鱼肉、酒食的，还有送对联匾额或镜子炊具等日常生活用品的。娘家人一般送来的都是炊具，如锅、勺子之类。比较有特色的是送两斤豆腐、豆芽，两条鲤鱼，皆有好事成双之义。豆腐是“都富”，豆芽代表“儿孙满堂”，鲤鱼象征年年有余。

☆什么是“黄道吉日”，古时为什么要选择这样的日子出行或兴作?

旧时民间婚嫁、破土、出行、安葬等仪式都要选取黄道吉日。古人认为，在这些日子举行仪式可以免除灾难，诸事顺利。那么什么是“黄道”，“黄道吉日”具体指的是什么?

“黄道”一词是古代天文学的术语，并非起源于中国。古代巴比伦天文学家认为，黄道是太阳一年中在天球上的轨迹。夏至时，太阳位于最高点；冬至时，位于最低点。太阳每天在天球上行约1度，并与周围的星体形成合力对地球上的人形成影响。这些星象有吉有凶，那些有利的位置便是“黄道吉日”。这是西方占星术的起源，基于地球中心说。后来古巴比伦的天文知识传到希腊、印度，并在隋唐时期传入中国。

中国古代天文学家据此再分出十二神煞，分别为青龙、白虎、明堂、天刑、朱雀、金匮、天德、玉堂、天牢、元武、司命、勾陈。其中六吉六凶，青龙、明堂、金匮、天德、玉堂、司命被称为“六黄道”，所谓黄道吉日便是这六神指使的日子。后来意义变化，泛指宜于办事的好日子。

☆古代酒店、饭店为何多挂有幌子？

“幌子”在我国古代有两层含义。一种是由图腾崇拜演化而来，传达政治、文化信息的旗帜；另一种类型则是在商品生产和商品交换过程中，起陈列广告作用的高度抽象化且较为成型的表、帜、帘。我们所说的幌子，是指后一类。那么幌子是什么时候产生，又有什么作用呢？

幌子的产生年代很早，现已不可考。其来历主要与气候有关。北方寒冷，从前商店无陈列窗，冷天紧闭窗门，顾客不知店内经营何物，故产生了作为标志的幌子。

唐代饮酒之风日盛，酒店多悬挂长方形布幔，中间写斗大一个“酒”字，这便是酒幌。古代文献里，对酒幌的称谓各不相同，较常见的有“望子”、“招旗”等。孟元老在《东京梦华录》里就有“至午未间，家家无酒，拽下望子”之说。长篇小说《水浒传》中亦有“当日晌午时分，走得肚中饥渴，望见前面有一个酒店，挑著一面招旗在门前”的记载。

幌子形状各异。葫芦形、三角形、菱形以及各种实物形状的幌子广告的出现，打破了布幔特有的长方形形状，使幌子广告的表现形式日益丰富多彩。因不同形状的幌子广告均有特定的含义，代表不同商品的经营类别，因此，幌子广告逐渐成为各种行业的特殊标记。

☆厨师为什么要戴白色的高帽？

在饭店、餐馆里，每个厨师都戴有一顶白色的高帽。戴上这种帽子，给人一种干净卫生的感觉。在炒菜的时候，帽子可以避免厨师的头发、头屑掉进菜里。同时，厨房温度比较高，因为这种帽子具有较大空间，也可以使厨师不至于太热。但是，厨师最初戴白色的高帽子并不是从卫生角度考虑的，而仅是作为一种标志。

▲头戴白色高帽的厨师正在烹饪佳肴。

在中世纪，希腊战乱纷起，入侵者见人就杀，唯有修士不杀，因为修道院是神圣不可侵犯的，于是人们纷纷到修道院避难。一次，有几个名厨逃到修道院，为了安全，他们也换上了道士的黑衣黑帽。厨师与修士同吃同住，每天还为修士烧饭做菜。日子一长，为了区别于真的修士，他们把戴的黑帽改成白色高帽。

战乱平息后，厨师们都回到了各自的饭店，却还是喜欢戴白色高帽在厨房里操作。因为都是名厨，其他地方的厨师也开始仿效，纷纷戴上这种白色的高帽子。久而久之，戴白色高帽子便成了厨师的一种标志。

关于厨师戴白高帽的由来还有一些十分有趣的故事。据说，二百多年以前，法国有位名厨叫安德范·克莱姆。安德范性格开朗风趣且很幽默，又爱出风头。一天晚上，他看见餐厅里有位顾客头上戴了一顶白色高帽，款式新颖奇特，引起全馆人的注目，便模仿着为自己也定制了一顶白色的高帽。之后，他戴着这顶白色高帽，在厨房与大厅间进进出出，果然引起所有顾客的注意。很多人感到新鲜好奇，纷纷光顾这间餐馆，使餐馆的生意越来越兴隆。后来，巴黎许多餐馆的老板都意识到了白色高帽的吸引力，也为自己的厨师定制同样的白高帽。久而久之，这白色高帽便成了厨师的一种象征和标志。

更有趣的是关于这种白帽子的高度，据说有关部门还制订了戴帽的标准，根据厨师技术水平的高低和厨师工龄的长短，分别规定厨师所戴帽子的高低，使人们一看帽子便知道这位厨师的烹饪水平——帽子越高，手艺也就越高超。

☆绘身和文身对原始人有什么特别的意义?

在当今社会，绘身和文身迎合了不少青年人追求时尚的要求。而在原始人看来，绘身和文身则是一件非常重大而神圣的事情，有着特别的意义。那么，绘身和文身对原始人究竟意味着什么呢?

绘身和文身虽然都是附加在身体上的印记，但却有很大的不同。绘身是将颜料涂抹在自己的身体上，文身则是通过创伤或针刺的办法将颜料留在表皮之下；绘身色彩亮丽但很容易洗去，文身色泽暗淡却可以长久地保持下去；绘身不会给身体造成什么痛苦，文身则必须忍受一定的痛苦。

在原始人绘制或文刺的图案中，最常见的就是本部落的图腾，这应该与原始人的图腾崇拜有关。原始部落的图腾要么象征着祖先，要么象征着主神，在原始人心目中占有至高无上的地位。他们将图腾绘制或文刺在身上，可能是为了得到神灵或祖先的保佑与帮助。也有些绘身和文身是用来反映个人在社会中的不同地位的，绘制或文刺的图案不同，其身份和地位也不同。

有些学者认为，原始人绘身和文身可能只是出于一种爱美的天性，并没有特别的意义，至于其他意义则是后来衍生出来的。大多数原始民族都认为他们绘制或文刺在身上的花纹是最美丽的，一旦缺少了这些花纹，人就会变得很丑陋。还有些学者认为绘身和文身应与原始人的服装、发式以及其他饰物有关，但后来随着服饰的发展而逐渐消退了。

由此看来，绘身和文身是一种复杂的传统习俗，经历了漫长的发展和演变过程，不能简单地用某个具体的原因来加以解释。

☆古埃及人为什么要剃光头发戴假发？

古埃及人特别重视自己的仪表。他们不仅很早以前就开始使用香料、香膏等化妆用品来提升自己的魅力，而且还披金戴银，将自己打扮得“珠光宝气”。可让人不解的是，如此注重仪表的古埃及人却个个都是秃子。当然，他们不会光头上街，而是在出门前戴上假发。这就更让人纳闷了，为什么要剃光自己的头发戴假发呢？

▲正在化妆的古埃及妇女

按常理分析，戴假发通常有两种原因：一是由于疾病或遗传等原因造成头发稀少，看上去很不雅观，所以才戴上假发以遮盖自己本来的头发；二是因为自己想换个发型，但自己的头发又满足不了新发型的条件，或者即使可以满足也不愿意花费时间，这时就可以戴上合适的假发来应急。那么，古埃及人戴假发是属于哪种情况呢？答案是哪种都不属于。

古埃及人特别爱干净。他们不仅每天早晚要各洗一次澡，而且还要每隔三天把全身刮一遍。尤其在进行宗教仪式的时候，更是要将身体彻底地清洗干净，就连法老也必须沐浴更衣。因为在宗教仪式中，不洁被认为是对神的大不敬，所有不洁之人都会受到神的惩罚。所以，古埃及人特别注重自身的清洁卫生。而在人身上，最容易藏污纳垢的就是头发和胡须。为了保证自己的清洁，他们干脆将头发和胡须全部剃掉，永除后患。不过注重仪表的古埃及人怎么能光着头出门呢？于是各种各样的假发与假胡须就出现了。

由此看来，古埃及人剃光头发是为了清洁，戴上假发则是为了漂亮。剃光头发戴假发，就可以既保持清洁又不影响美观了。

☆情人节与牧师有什么关系？

每年的 2 月 14 日是西方的情人节，又称圣·瓦伦丁节。有关这一节日的起源众说纷纭，其中流传最广的一个说法认为它的起源与牧师有关。

有人认为情人节与一位名叫圣·瓦伦丁的牧师有关。据说在公元 3 世纪时，罗马有一位贪得无厌、穷兵黩武的君主克拉底斯，他不断对外发动侵略战争以扩大疆域，因此每年都要征召大批青壮年男子入伍。他认为全身心投入战斗的士兵更为精干，因此他下令禁止士兵谈情说爱，并禁止青壮年男子结婚。人们对这一禁令虽然不满，却又无可奈何。

有一位名为圣·瓦伦丁的牧师对青年人深表同情，不顾生命危险劝谏克拉底斯解除这一禁令，并毅然违反禁令为一些青年男女主婚。克拉底斯对圣·瓦伦丁的行为极为恼火，下令将其处决。在全国人的苦苦哀求下，克拉底斯只好收回成命而将其投入监狱。后来，不堪忍受折磨的牧师还是死在狱中。人们为了纪念这位热诚勇敢的牧师，便把他去世的那天——2 月 14 日定为圣·瓦伦丁节。

☆愚人节究竟源自法国还是印度？

愚人节是一个拿别人寻开心的节日。每到这一天，人们都会尽情地愚弄身边的人，并以此为乐。当然，每个人也都可能成为被愚弄的对象。关于这一节日的起源，历来就存在不同的说法，但主要以两种说法最为普遍，一说起源于法国，一说起源于印度。那么，愚人节究竟源自法国还是印度呢？

大部分人认为愚人节起源于法国。1564 年，当国王查理九世宣布太阳历的 1 月 1 日为新年时，一些守旧派对此极为不满。为了与政府对抗，他们仍然按照旧的历法在 4 月 1 日这天庆祝新年，互送礼物。守旧派的这一做法受到了改革派的大肆嘲弄，一些主张改革的人还在 4 月 1 日这一天送假礼物给守旧派，并邀请他们参加假的聚会。每当有守旧派的人上当，改革派的人就会笑称他们为“四月傻瓜”或“上钩的鱼”。从此，在4月1日捉弄人的风俗便流传开了。

除了法国说外，认为愚人节起源于印度的人也不少。据说印度的佛教徒们在3月25日到3月31日这段时间要连坐一个星期的禅，在此期间，教徒们会有所开悟。到了4月1日，教徒们坐禅结束，重新回到俗世之中。因此，教徒们将这一天称为揶揄节，在这一天，教徒们可以相互戏弄，彼此逗笑，故又将这一节日称为嘲笑节或戏耍节。后来，这一节日传到西方，就成了今天的愚人节。不过据英国历史学家考证，那句“到达彼岸”的佛教名言才是愚人节的真正起源。

当然，除了法国和印度说之外，还有其他几种关于愚人节起源的说法，但都不足以让人信服。虽说法国说和印度说支持者众，但也未能形成统一的观点。因此，关于愚人节的起源问题，还在进一步探讨中。

☆感恩节是为了感激谁的恩惠而设立的？

感恩节是美国人独创的古老节日，也是美国的例行假日。每到11月的第四个星期四，全美国就会沉浸在一片欢乐的海洋之中。无论工作多么繁忙，人们都会在这一天赶回家与家人团聚。感恩节在美国的受重视程度不亚于中国的春节。在感恩节里，美国人最常说的一句话就是“谢谢”，对身边的人表示感恩。那么，感恩节是为了感激谁的恩惠而设立的呢？

1620年，一批欧洲的清教徒乘着“五月花”号，到北美洲寻求宗教自由，这就是欧洲的第一批移民者。在1620年和1621年之交的冬天，由于气候恶劣又缺少饮食，有一半儿清教徒在这个冬天死去了。在饥寒交迫之时，当地热情善良的印第安人向他们伸出了援助之手，不仅为他们送来了生活必需品，而且还教他们如何种植、狩猎和捕鱼。在印第安人的帮助下，剩下的五十几名清教徒活了下来，并在第二年获得了大丰收。为了感谢印第安人的真诚帮助，他们

黑色星期五

感恩节是11月的第四个星期四，过了感恩节，就是星期五。人们习惯将紧挨着感恩节的这个星期五称为黑色星期五，这又是怎么回事呢？原来，美国人有在感恩节购物的习俗，每年的感恩节到圣诞节这一个月的时间，都是商家的打折促销旺季，因此大多数人都会选择在这段时间疯狂购物。过了感恩节，疯狂购物月就开始了。在购物月的第一天，也就是星期五，所有人都会摸着黑在商场前排队买便宜的商品，因此才有了黑色星期五的说法。

邀请印第安人与他们一起举行了庆祝活动，这就是第一个感恩节。

由此看来，感恩节最初是为了感激印第安人而设立的。

☆为什么用鸽子和橄榄枝来象征和平？

鸽子和橄榄枝象征着和平是人尽皆知的事情，可为什么要用鸽子和橄榄枝来象征和平呢？

据说，上帝因为不满人类的罪恶行为，一气之下用洪水将世界毁灭。但上帝在洪水来临之前，通知了唯一的好人挪亚，让挪亚建造一只方舟，装上能够繁衍的各种生物。在挪亚方舟上的生灵都躲过了洪水，继续生存下来，这就是著名的挪亚方舟的故事。

洪水平息之后，挪亚想知道洪水是否退尽，于是就放出了一只鸽子到外面打探。鸽子第一次回来是因为没有落脚之处，说明洪水还没有完全退去；第二次回来的时候嘴里衔着一根绿色的橄榄枝，说明洪水已经退去，树开始发芽生长了；鸽子第三次飞出去之后再也没有回来，说明洪水已经退尽，它找到了可以生存的陆地。于是，挪亚就把方舟上的生物放出，让它们繁衍，而挪亚一家也开始了新的生活。

《圣经》虽在公元前就已经问世，但口衔橄榄枝的鸽子图案直到17世纪才诞生。

16世纪欧洲宗教改革运动中，鸽子被视为圣灵的化身。17世纪20年代，爆发的以德意志为主要战场的战争给人们造成了极大的创伤，鸽子开始充当和平使者。德意志帝国在各个自由城市发行了一套纪念币，纪念币上的图案就是一只口衔橄榄枝的鸽子。

18世纪后期，德国诗人席勒在著作《奥尔良的姑娘》中把宗教意义引入到政治中，鸽子和橄榄枝的象征意义在世界范围内普及。

☆理发店为什么要以三色柱为标志？

大多数理发店的门口都有一个旋转的红、白、蓝三色柱，这几乎成了理发店的一个标志了。这是为什么呢？据法国人梅亚那克1540年设计的国际通用标识，红色代表动脉、蓝色代表静脉，白色代表绷带，理发店为什么要用代表动脉、静脉和绷带的颜色做标志呢？

在中世纪的西欧，流行的观点认为人之所以生病，主要是因为体内各元素不平衡，只要引出多余的元素，就会恢复健康。欧洲人普遍认为“放血是康复之始”，因为血液被他们认为是最容易引出的一种“元素”。但遇到有人需

▲1920年第七届奥运会在比利时的安特卫普举行，奥组委将寄托着和平愿望的鸽群放飞到空中。

要放血时，医师却不肯动手，他们认为这是下等人做的事。怎么办呢？后来他们就委托理发师来做，于是理发师就成了业余外科医师。1540年，英格兰国王批准了理发师拥有外科医师行医资格。因为红色代表动脉，蓝色代表静脉，白色代表纱布，所以理发师选用这三种颜色的柱子作为他们行医的标志，并挂在理发店门前。1745年，英王乔治二世敕令成立皇家外科医学会，外科医师从此与理发师分家，但理发店门前的三色柱却一直沿用下来。

关于用三色柱作为理发店标志还有其他的一些说法。一种说法是在法国大革命期间，有一家理发店是革命党人活动据点。一次，在理发师的掩护下，一个革命党主要领导人在追捕中得以脱险。革命胜利后，为表彰其功绩，特许他以国旗的颜色——红、白、蓝作为标志。另一种说法认为是在法国大革命期间，地下工作者为了便于联络，商定以理发店的三色花柱为标志，规定哪间理发店的花柱旋转了，就意味着革命者将在这里活动，后来花柱成了革命的象征。世界各国理发店纷纷效仿，三色柱于是就流传开来，成为理发店的标志。

现在，很多的理发店为了招徕顾客，采用了很多其他的标志或装饰，也不一定全都是三色柱为标志了。

第十二章

民族国家

☆ **远古传说中的英雄很多，中国人为什么把炎黄二帝奉为始祖，自称“炎黄子孙”？**

之所以在远古时代的众多英雄中，单单炎、黄二帝被中国人奉为始祖，乃是因为炎黄部落初次形成了华夏族的雏形。

传说在大约5000年前的黄河流域，存在着许多刚从母系氏族社会转化为父系氏族社会的部落。在众多部落之中，有两个部落最强大。一个是以炎帝为首领的部落，生活在中国西北地区的姜水附近；另一个是以黄帝为首领的部落，生活在西北地区的姬水附近，后来搬到涿鹿（今河北省涿鹿、怀来一带）。其中炎帝号神农氏，据说他率领其部落制作耒耜、种植五谷，并通过遍尝百草发明了医药，是中华农耕文明的创始者。而黄帝号轩辕氏，他率领其部落养蚕织丝，制作出了衣服，并学会了盖房子，还创造了文字和历法，将中华原始文明推向了新的历史阶段。

▲黄帝像

在当时的长江流域有一个九黎族，其首领名叫蚩尤，非常凶悍霸道，经常侵扰其他部落。有一次，蚩尤部落侵占了炎帝的一块地方，炎帝率兵与之大战，却被蚩尤打败。炎帝向黄帝求助，黄帝于是联合炎帝与蚩尤在涿鹿的田野举行了大战。后世许多文献中都提到这次战斗，称之为“涿鹿大战”。在“涿鹿大战”中，黄帝打败了蚩尤，将蚩尤杀死，并将他的部族赶到了偏远的地方。

打败蚩尤后，黄帝与炎帝为争夺部落联

盟领袖的地位，又打了几次仗。结果炎帝落败认输，归顺了黄帝部落。其他众多部落也都纷纷归顺，于是黄河流域的部落逐渐形成了一个大的部落联盟，以黄帝为首领。这个部落联盟后来逐渐融合为一个语言、习惯、生产生活方式类同的族群，此即是华夏族的雏形。因此，后世的中国人将炎黄二帝视为中华民族的人文始祖，自称是炎黄子孙。为了纪念这两位传说中的共同祖先，中国人还在黄河边上的陕西省黄陵县北面的桥山上建造了一座“黄帝陵”；在陕西宝鸡市，则有“炎帝陵”。每年都有世界各地的华人代表前去公祭这两位中华民族的始祖。

☆汉族的前身是华夏族，华夏族是何时形成的，又是何时演变成汉族的?

要梳理汉族的形成脉络，最早还是要从炎黄二帝讲起。在距今大约5000年前，黄河流域形成了许多农耕部落，其中以黄帝和炎帝两个部落势力最强大。后来来自长江流域的蚩尤部落侵占了炎帝的地盘，炎帝与之作战，却被蚩尤打败。炎帝请求黄帝帮忙，黄帝于是与炎帝联合杀死了蚩尤，并将他的部落赶到了南方蛮荒地区。之后黄帝与炎帝部落逐渐融合为一个大的部落，黄河流域的其他小部落看炎黄部落强大，也逐渐归顺了炎黄部落，从而形成了一个以黄帝为领袖的部族联盟。这个部族联盟在中原地区经过长期的融合，其生产、生活、语言逐渐统一，形成了华夏族的雏形。但这时的各部族之间的联系其实是松散的，说不上是一个统一的民族。

之后，炎黄部族联盟经过许多年之后到了尧、舜、禹时代，禹的儿子启建立了中国历史上第一个奴隶制王朝——夏朝，这个王朝有了个“夏族”的概念，也称“华族”或者“华夏族”。“夏”是美丽的意思，“华”则是广大之意，“华夏”大概可以理解为广大而美丽的地方。但这时的人们并没有很强的华夏族意识。然后到周朝，文化礼仪的兴盛让人们开始意识到自己比蛮族优越的地方，对于华夏族的自我意识增强。中国历史也第一次出现了“夏夷之辨”，华夏族正式形成。

经历东周诸侯割据的局面之后，秦朝统一六国，并首次建立起了中央集权式的强大国家政权。秦朝在文化上也形成了统一的文字、制度。由此，华夏族以政权为载体牢固建立。汉代继承了秦代的政权和文化，“华夏族”的称谓也逐渐转变为“汉族”。

需要说明的是，无论是华夏族还是汉族，都并非铁板一块，而是处于与其他民族不断的交融中。

五胡乱华

“五胡乱华”是指西晋末期和东晋时期北方多个少数民族大规模南下，造成多个少数民族政权与汉族政权对峙的局面，又称“永嘉之乱”。五胡是指匈奴、鲜卑、羯、羌、氐五个少数民族，另外还有小一些的丁零、乌桓、吐谷浑等少数民族。

汉朝以来，胡人不断向中原内地迁徙，逐渐盘踞华北地区，势力不断壮大。到西晋时期，胡人已入居关中及泾水、渭水流域，对晋都洛阳形成包围之势。晋惠帝时期的“八王之乱”之后，晋室分裂，国力空虚，民生凋敝，中原汉族的军事力量迅速衰退。胡人趁机起兵，中原于是大乱。百余年间，胡人及汉人先后建立了数十个强弱不等、大小各异的政权，史称“五胡乱华”。因北魏末年的史官崔鸿曾撰的《十六国春秋》一书将较具代表性的16个政权独立记录，故又将此一时期称为“五胡十六国”。实际上政权的数目远远不止16个，建立者也不限于胡人。

☆中国最古老的姓有哪些，它们从何而来，为什么多带“女”字旁?

据考古学资料表明，在西周铜器铭文中，记录有二十几个古老的姓，具体包括：姜、姚、姒、姬、娲、婢、妊、妃、妤、嬴等。这些姓便是目前可以考证的最古老的姓了。

明显可以看出，这些姓有一个共同的特征，便是基本上都带有一个“女”字。文字学者据此推测，最早的姓很可能是产生于母系氏族社会时期。在母系氏族社会，人类还处于狩猎与采集文明阶段。男人们因为狩猎而到处乱窜，居无定所。而女人们则主要从事采集活动，生活处所相对固定。并且因为实行群婚制，没有固定的婚姻对象，生出来的后代只知其母，不知其父，整个部族都是以女人的血亲关系为核心而形成的。因此当时产生的姓便多带“女”字旁。并且当时的姓不是个别人或个别家族的称号，而是整个氏族或部落的称号。“姓”本身由一个“女”字加一个“生”字组成，显示出它的本义便是用于说明该姓之人由某个母系氏族所生。至于姓的具体来源，考古学者推测，很可能是取自该氏族、部落所在地名或附近河名。比如“姜”姓，乃是炎帝部落之姓，缘由便是该部落生活在姜水旁；而黄帝部落的“姬”姓，则是缘于该部落生活在姬水旁。

目前来说，这些古老的姓有的依旧存在，比如姜、姚、姬等；有的则已经消失，比如妊、妤、姒等。

☆楚人发祥于何地，他们到底是汉族人还是苗族人，还是另有渊源?

在“战国七雄”之中，楚国可以说是一个相当特别的国家。在地理位置上，其余六国都居于北方地带，楚国是唯一居于长江流域的南方国家；在国家实力上，楚国是“七雄”之中面积最大、人口最多的国家，加上一向人才济济，因此在当时是很有实力问鼎天下的强国；就连楚国的文化都因明显带有南方的味道而在当时显得有些异类。然而，对于这么个显眼的“异类”大国，学界至今没能搞清楚它的来历。对于楚人究竟发祥于何地，以及楚人的民族来源一直没有定论。

关于楚人的发祥地，学界存在两种观点。

一种观点认为，楚人发祥于黄河流域的中原地区，然后南迁至湖北一带。在《离骚》中，屈原自称是“帝高阳之苗裔兮”。《史记·楚世家》也记载：“楚之先祖，出自帝颛顼高阳。”而《水经注·汝水》记载颛顼生于河南汝水河畔；《史记·索引》又记载颛顼在河南雍丘县受封；《国语·周语》记载颛顼后代祝融居于河南嵩山一带。

另一种观点则认为，楚发祥于江淮之地，后来西迁至湖北一带。郭沫若在《中国古代社会研究》一书中，认定“楚本蛮夷，亦即淮夷，为殷之同盟国”。学者胡厚宣也持同样观点，并进一步说出了楚人西迁的原因。他提出楚人因为在江淮地区受到东面的周民族压迫，加上黄河流域气候改变的原因，于是相继西迁至江汉流域发展。

关于楚人的民族来源，则同样存在两种说法。

许多学者认为楚人乃是苗族人。历史上，楚国人经常被称为“荆蛮”、“南夷”。而楚人对此也不以为意，并且也经常以此自称。例如屈原在《涉江》一诗中就说：“南夷之著吾知兮。”苗族的祖先——传说中的三苗——的居住区正是楚人的居住区。另外，三苗乃是九黎之后，楚人始祖颛顼的后世子孙祝融又名重黎。这样，三苗与楚人的祖先中便都有一个黎氏。综上三点，许多学者认为楚人乃是苗族人。

另外，有人认为楚人乃是汉族人。首先，楚、苗的图腾是不同的，楚人的图腾是熊，而苗族人的图腾是狗；其次，《史记·夏本纪》记载，禹的父亲是鲧，而鲧的父亲又名颛顼，这说明了楚人和夏人同出于颛顼；另外，楚文化和夏文化也多有相似之处，均喜欢讲怪力乱神。据此，有学者推测，楚人乃是华夏族的一支。

☆巴比伦帝国是苏美尔人建立的还是闪族人建立的?

闪族人和苏美尔人都曾是两河流域的主导民族，在美索不达米亚文明史上占有重要地位，而巴比伦帝国则是美索不达米亚文明的集中展现。那么，巴比伦帝国究竟是苏美尔人建立的还是闪族人建立的呢?

苏美尔人是两河流域文明的最早创立者，是他们将美索不达米亚带入了文明时代。因此，在很长的一段历史时期，苏美尔人都是两河流域的主导民族。直到公元前30世纪初，一个操闪米特语的沙漠游牧部族来到两河流域的北部，将美索不达米亚的历史翻到了新的一页。这支游牧民族在阿卡德建立了国家，因此被称为阿卡德人。

公元前2371年，阿卡德人在萨尔贡一世的领导下击败了苏美尔人的乌鲁克王国，统一两河流域，建立萨尔贡王国，从而结束了苏美尔人在两河流域的主导地位。不过在苏美尔人的土地上，阿卡德人也逐渐改变了原有的生活方式，开始了定居生活，并最终被苏美尔人的文化征服。忙着进行城市建设的阿卡德人渐渐失去了往日的英勇和锐气，这就给了苏美尔人东山再起的机会。

公元前2191年，来自东北山区的库提人入侵南部两河流域，灭掉了阿卡德王国，重新恢复了对美索不达米亚南部的控制。公元前2113年，乌尔王统一了美索不达米亚，建立了乌尔第三王朝，将苏美尔人再次推到了历史的前端，不过这只是苏美尔人短暂的也是最后的辉煌。

乌尔第三王朝末期，王权衰落，各地割据，再加之外来的阿摩利人不断入侵，乌尔第三王朝的政权岌岌可危。最后，埃兰人的入侵给乌尔第三王朝以致命的打击，国王伊比辛兵败被俘，乌尔第三王朝灭亡。之后，历史上就再也没有苏美尔人建立的政权，苏美尔民族也逐渐退出历史舞台，而闪族人则完全取代苏美尔人建立了巴比伦帝国与亚述帝国。

☆亚述人为何会成为一个尚武的民族?

亚述人是居住在两河流域北部的一支闪族人，他们最显著的特征是比其他游牧民族更残暴、更好战。亚述人为什么会成为一个尚武的民族，为什么如此好战呢?是由于他们的风俗习惯与其他民族不同，还是种族的特性使然?

美国文化史教授伯恩斯说：“亚述人是一支勇敢的武士民族，这不是因为他们在种族上与所有其他的闪族人有多么大的差别，而是他们独特的生存环境造就了他们黩武的性格。他们的国土资源有限，又要时刻面对周围敌对民族的威胁，这就养成了他们好战的习性和侵略的野心。因此，无怪乎他们对土地贪得无厌。他们征服越多，他们树立的敌人就越多，他们就越感到只有不断征服才能保住其先前征服的成果。每一次成功都刺激着野心，使黩武主义的链条越来越紧。”

在亚述人看来，血腥的屠杀并不是残暴，而是士兵英勇的体现，所有亚述士兵都以此为荣，而亚述将士功劳的大小也以斩获敌人首级的多少而论。因此，亚述人要争得荣耀，得到奖赏，就必须勤练武艺，使自己在战场上杀死更多的敌人。

由此看来，亚述之所以会成为一个尚武的民族，并非种族特性使然，而是特殊的生存环境造成的。

☆闪族人起源于哪里？

闪米特人，又称闪族人，是起源于阿拉伯半岛的游牧民族。闪族人的概念来自古希伯来人在《圣经》中对各种族由来的记载，相传挪亚的儿子闪是其祖先。约在公元前 5000 年，阿拉伯半岛气候剧变，闪族人开始东迁，陆续来到两河流域和叙利亚草原。至公元前 3000 年初，闪族人按语言明显地分为东、西两大支。

东闪米特人生活在两河流域的北部，操阿卡德语，在与苏美尔人的接触中吸收、融化了对方的语言。约在公元前 3200 年至公元初，其代表为阿卡德人、巴比伦人、亚述人。按现代分类法，此支称为“闪米特北支”。

西闪米特人又分 3 个分支，分别是西北支、中支和南支。

西北支（现称闪米特北中支）系指分布在巴勒斯坦、叙利亚、美索不达米亚北部的各族，最早的代表为阿摩利人、迦南人、乌加里特人，约在公元前 2000 年后，又有腓尼基人、犹太人、阿拉米人、莫阿比特人、亚奥迪人等。

中支（现称闪米特南中支）约生活在公元前 2000 年至前 1000 年，其代表为利希亚尼特人、萨姆德人等，随后统一共称阿拉伯人。阿拉伯人是闪族人最年轻的一支，起源于阿拉伯半岛，公元 7 世纪随着伊斯兰教的兴起，开始了闪米特人的一次大迁移。现分布在埃及、苏丹、摩洛哥、阿尔及利亚、伊拉克、沙特、叙利亚、也门、

▲闪族人书写的工具可以写出楔形的记号，因此这种文字被叫作楔形文字。

突尼斯、黎巴嫩、约旦、利比亚、科威特等国，按方言、历史、文化传统和地域可分为47个民族。

南支（现称闪米特南支）分布在阿拉伯半岛的南部，古代代表有马闪人、萨巴人、卡塔班人、哈德拉人等。南支部分曾于公元7世纪越过红海到达非洲之角，是今埃塞俄比亚闪米特各族的祖先。

从以上来看，阿拉伯半岛很可能是闪族的摇篮，闪族在这个地方成长之后，迁移到肥沃的新月地区（即伊拉克、叙利亚、黎巴嫩、巴勒斯坦和约旦），后来就成为历史上的巴比伦人、亚述人、腓尼基人和希伯来人。

☆“印度”的名称从何而来？

古印度地处亚欧大陆亚洲部分的南端，它的大部分地区是一个半岛，向印度洋凸出，所以也称印度半岛；又因为它濒临喜马拉雅和兴都库什两大山脉，这些崇山峻岭将它和亚欧大陆分隔开来，所以它又被称为南亚次大陆。

▲印度教认为英雄罗摩是守护神毗瑟拏的十个“人形”（下凡为人）之一。

早在40万年以前，就有早期人类在这片大陆上生活了。大约在公元前2400～前1700年，在它北部的印度河流域诞生了印度河流域文明，也就是我们常说的哈拉巴文化，这是迄今所知的这片大陆上最早的人类文明。

古印度的范围不只包括今天的印度国，而且还包括现在的巴基斯坦、孟加拉、斯里兰卡、尼泊尔和不丹等国在内的整个印度次大陆，总面积约437万平方公里。

“印度”这一名称的来历，一般认为是源自雅利安人的梵文。大约在公元前1500年左右，印度北部的雅利安人开始入侵南亚次大陆，并逐渐占有了绝对的统治权，由此古印度的雅利安文明时代开始了。雅利安人到达印度河流域时，将这条大河取名为“信度”河。但是，古代波斯人把字母S的发音读成了“h”音，因此，波斯人称印度河为“很毒”河，并称这一地区为“很毒斯坦”。后来，亚历山大率军打败波斯，占领印度河西北部，称那里为“印度伊”。“印度”就由此演化而来。

历史上，中国对印度的称呼几经改变。西汉译为“身毒”，东汉称它为“天竺”。直到唐朝，才确定译为“印度”这一名称。唐代玄奘仔细探讨了天竺国的名称，放弃了天竺、身毒、贤豆这些名称，而根据当地发音，将其称为印度。在唐朝，“印度”被认为是月亮的意思，唐朝人认为这个国家圣贤相继出世，遗法相传，教导群生，条理万物，好像月亮照临一般，故称之为“印度”。

☆印加与秘鲁有什么关系?

作为著名的美洲三大古文明之一，印加文明与玛雅文明一样充满了神秘色彩，令人叹为观止。印加文明的发达程度就连自诩文明的欧洲人都为之赞叹，只可惜这个古老的文明早已离我们远去。如今，要寻觅印加文明的踪迹，有一个地方是最佳的选择，这个地方就是秘鲁。

▲马丘比丘历史圣地

位于秘鲁东南部的库斯科省，距省会库斯科城西北约80千米。马丘比丘的意思是“古老的山峰”，它居于两座险峻的山峰之间，面积13平方千米，海拔2280米，是印加帝国都城遗址。

秘鲁是南美洲西部的一个国家，其前身是西班牙设立的秘鲁总督区，独立后才改名为秘鲁共和国。那么，印加与秘鲁究竟有什么关系？为什么秘鲁会有印加文明的踪迹呢？其实，秘鲁就是印加文明的发源地，是这片土地孕育了发达的印加文明。印加人曾在这里建立了强大的印加帝国，并维持了一个世纪。直到西班牙人征服印加，才将这里重新命名为秘鲁，而秘鲁这个名字也一直沿用到了今天。

如果是这样，是不是可以认为秘鲁与印加指的是同一个区域，只不过名称有别呢？答案是否定的。秘鲁虽然曾是印加帝国的所在地，但两者却并不能简单地划等号。就地域来说，印加要比今天的秘鲁更大一些。印加的地域除了今天的秘鲁外，还包括今天的厄瓜多尔和玻利维亚，也包括哥伦比亚、阿根廷及智利中的一部分。印加的国土面积可达200多万平方公里，而今天的秘鲁则只有128万平方公里，两者相差悬殊。

由此看来，今天的秘鲁只是印加的一部分，并不能代表整个印加。

☆为什么有泰国人来自中国的说法?

泰国人跟中国人攀上了亲戚，这可是一件新奇的事儿。虽然中国位于东亚而泰国位于东南亚，两个国家相距不远，但从长相、语言及生活习惯等方面看，中国人与泰国人的差异还是很明显的。既然如此，泰国人又是怎样和中国人扯上关系的呢?

原来，很多学者认为泰国人来自中国，二者有着共同的祖先，所以才有了“兄弟”之说。有美国学者指出，泰国人的发源地在阿尔泰山和蒙古纵深地带。泰国的历史学家干乍那克潘也对这一观点表示认同。

中国学者尤中通过对《史记·南越尉佗列传》、《汉书·两粤传》及《华阳国志》等史籍的考察，指出了泰人的祖先即是秦汉以来的百越部落。另一位中国学者吕美珍则从语言学的角度进行了佐证。她认为，从发声学上看，泰国人的语言与傣语和壮语有着共同的起源；从类型学上看，泰语也与傣语和壮语有着相同的结构。在这3种语言中，有500多个相同的词根，而且语言和语法也是基本一致的。

尽管泰国人来自中国的说法被很多学者所认可，但有些泰国学者对此却不以为然。在泰国的《文化艺术》杂志上，曾刊登过一篇题为“泰国人来自何处”的文章，其中引用了苏联考古学家的考古证据，证明了阿尔泰山地区并没有任何泰国人居住过的痕迹。

近年来，在泰国东北部的班清地区相继出土了一批5000年前的历史文物，这更让一些泰国学者相信泰国人并非出自他处，而是在泰国土生土长的土著居民。

关于泰国人的来源问题，虽然已经出现了很多观点，而且似乎每种观点都有一定的道理，但却没有一种能真正解开泰国人的来源之谜。不过我们相信，随着科学技术的进步和考古工作的进行，谜底终有被揭开的一天。

☆中国的古书上把日本称为“扶桑”，这是为什么?

宋代诗人蔡襄作《耕园驿佛桑花》：“溪馆初寒似早春，寒花相倚媚行人。可怜万木调零尽，独见繁枝烂熳新。清艳衣沾云表露，幽香时过辙中尘。名园不肯争颜色，灼灼夭桃野水滨。”这首诗为我们描绘了一种名为佛桑的灌木植物。佛桑又名扶桑、佛槿等，因为它的叶子像桑叶，而且花朵硕大，四季开花，所以人们叫它为扶桑。在古书上，我们也称日本为扶桑，这与扶桑花有关吗?

的确如此。《山海经》中说，太阳从扶桑树下升起，因而认为扶桑就是日出的地方，扶桑也就有了指代太阳的意思。但是太阳所倚的神木究竟在哪里，并没有资料明确记载。屈原有诗曰：“饮余马于咸池兮，总余辔乎扶桑。”汉朝王逸注释说：“扶桑，日所扶木也。”明确指出扶桑木在日本。

▲扶桑树画像砖　汉

将日本国名拆开解释，“日”有太阳的意思，而“本”则有草木根，事物本源的意思。所以，按照古书注释，“日本”正是太阳所出的地方。而在日本，很早就有地方以扶桑自称。《南齐书·东南夷传赞》中说：“东夷海外，碣石、扶桑。”因而，中国人便把日本称为扶桑国。

但是，《梁书·扶桑国传》却有如下记载：“文身国，在倭国东北七千余里……大汉国，在文身国东五千里……扶桑国者，扶桑在大汉国东二万余里，地在中国之东，其土多扶桑木，故以为名。”于是，有人据此否认日本就是扶桑国的说法。因为根据当时的国家方位推算，日本与扶桑国不吻合；而且一些古籍中，日本被称作倭奴国，倭奴与扶桑是两个地方。所以他们认为，古书中所谓的扶桑，指的是现在美洲的墨西哥。同时，墨西哥出土的一些文物，与中国古籍所载吻合，使这个观点更有说服力。尽管如此，大部分中国人还是相信，日本就是扶桑国。

☆什么是文化地理上的“马赛克现象”？

马赛克本是指一种建筑用的棉砖，是一种装饰艺术，如今用它来泛指所有五彩斑斓的视觉效果。此外，马赛克也被引申为一种图像处理手段，它可以将图像上的某个区域处理成色块打乱的效果，使人看不清原有的图像。无论是原义还是引申义，似乎都与文化地理没什么关系，那么，文化地理上的“马赛克现象”又是指什么呢？

在古代，国与国之间并没有严格的疆界，边疆地带的变迁是渐进式的，而不是骤然分开的。在这种情况下，同一文化的持续是不可能的，而一组存在差异的文化源头拼凑在一起则成了必然。这就是说，任何文化与其邻居之间都不存在一成不变的疆界，而随着疆界的变迁，文化的改变也是不可避免的。这就是文化地理上的“马赛克现象”。

▲太阳金字塔是远在西班牙人入侵前由生活在墨西哥的人们修建的。

以玛雅文明为例。人们划定的玛雅文明区包括墨西哥南部、尤卡坦半岛的几个州、伯利兹、危地马拉、洪都拉斯和萨尔瓦多。有些人认为，玛雅文明就是在玛雅文明区萌生并发展起来的。既然如此，那么是不是其他地区就不存在玛雅文明，而玛雅文明区也不存在其他文明呢？事实可能并非如此。

1992年，在尼加拉瓜的中北部发现了6座隐藏在丛林之中的玛雅金字塔，由此引来了学者们的一番热议。如果这6座金字塔确实属于玛雅文明，那么它的发现地圣拉斐尔地区就要被划入玛雅文明区了，而这个地区与原玛雅文明区的东界差不多有400多公里的距离。如此一来，玛雅文明区就一下子扩大了很多。可问题是新扩充进来的“玛雅文明区”除了这一金字塔群外，并无其他玛雅文明存在的痕迹。因此，这样的扩充显然是不合理的。

研究发现，玛雅文化与墨西哥文化等多种文化都存在共享地带，而共享地带是不能单独属于任何一种文明区的。实际上，整个中美洲的各文化区呈现出的是一种交错的状态，任何两种文化之间都不存在明确的边界。如此便验证了文化地理上的“马赛克现象”。

☆中国人和玛雅人拥有共同的祖先吗?

玛雅文明是中美洲古代印第安人的文明，主要分布在墨西哥南部、危地马拉以及洪都拉斯和萨尔瓦多西部地区。玛雅人与中国人一样都是黄色人种，而且一些出土的文物和科学研究显示，中国人与玛雅人可能拥有共同的祖先。

古代中国文明和玛雅文明都是非常先进、发达的文明，而且这两种文明之间还存在着某种内在的联系。在玛雅浮雕上，曾发现一种长须的龙神图案，与中国的龙颇为相似。在玛雅的神话传说中，也认为月亮上住着可爱的玉兔。这样的相似之处还有很多。

文化上的相似虽然还不足以形成定论，但至少可以说明中国人和玛雅人存在某种必然的联系。

著名史学家张光直先生提出了“同源异质说”，认为美洲古代文化和中国古代文化的相似性是“同一祖先的后代在不同时代、不同地点发展的结果”，他称之为“玛雅—中国文化连续体”。也就是说，太平洋两岸的蒙古人种“平行而独立”地发展起各自的文明。

此外，从人种上看，中国人和玛雅人都属于蒙古人种，不同的是中国人属于典型的蒙古人种，而玛雅人则出现了很大的变异。但毕竟中国人和玛雅人已经各自独立发展了几千年，发生适应所处环境的变异是很正常的。也就是说，中国人和玛雅人很可能源于同一祖先，但此后又走上了不同的发展道路，因此产生了两种各具特色的文化，而在这两种文化中，都保留了某些相似的古老文化因素。

☆西班牙人征服玛雅得益于他们的长相吗?

征服一个民族靠的是军事实力和政治手腕儿，靠长相去征服对手听起来似乎有些不可思议，不过这样的事情确实曾经发生过，比如西班牙人在征服玛雅的过程中，他们的长相就帮了大忙。

可以说，西班牙人征服玛雅没费太大的力气，虽然说他们也遇到了部分玛雅人的顽强抵抗，但他们几乎没吃过败仗。即使在以少敌多的情况下，西班牙人也可以出人意料地获胜。也许有人会说是玛雅的军事实力弱导致了他们的失败，但这恐怕不是最重要的原因，否则西班牙人不会如此迅速地占领玛雅。

在几百名西班牙士兵与7万玛雅大军的对阵中，玛雅人竟然输了。就算玛雅人缺乏现代军事知识，不懂得排兵布阵，武器也没有西班牙人的先进，但如此大的人数优势难道还不足以扳回他们的劣势吗？其实，这都是玛雅人的宗教信仰害了他们。

在玛雅的神系之中，大多数的神都长着长长的鹰钩鼻，与欧洲人十分接近。此外，一般的玛雅人是不留胡须的，只有上层人士和神才蓄胡须。因此，当胡须浓密且长着鹰钩鼻的西班牙人到来时，玛雅人顿时惊呆了，他们把西班牙人看成了拥有超能力的神而将骑兵也看成了半人半马的天兵天将。所以，战争还

归来的羽蛇神

与征服玛雅相比，西班牙人征服阿兹特克要更具传奇色彩。阿兹特克有一个宗教传说：好战之神德兹卡却波卡用计赶走了慈善的羽蛇神，含恨而去的羽蛇神在离开时发誓要重返故地，夺回他应有的地位。当西班牙人科尔特斯来到阿兹特克时，阿兹特克人都把他看成了归来的羽蛇神，对其热烈欢迎。当时的国王蒙提祖玛二世作为好战之神的转世，相信自己终会被羽蛇神赶走，因此，他很轻易就成了科尔特斯的俘虏。

没有开始，玛雅人就已经输了，不是输在武力上，而是输在了心理上。

此外，玛雅人的过分迷信也是他们早早败下阵来的重要原因。当西班牙人将屠刀架在他们的脖子上时，他们想到的不是如何抵抗，而是向祭司乞灵。祭司告诉他们雷电会击死邪恶的侵略者，所以他们放松了警觉，安心地到河对岸去等待侵略者被惩罚。

西班牙人一定没想到他们的长相会帮助他们征服玛雅人，这确实大大地减少了他们的损失。

☆ 印度的姓氏称呼有什么特点?

种姓是个宗教概念，它产生于印度教的前身婆罗门教，是雅利安人进入印度之后创立的。它是以印度为主的南亚各国印度教居民中存在的一种彼此严格区分社会等级或集团的制度。种姓把印度教徒分为4个等级。这4个等级的顺序是：婆罗门、刹帝利、吠舍和首陀罗。种姓的每个等级又分出了许多副种姓，也叫亚种姓。在4大种姓之外，还有一个连最低种姓首陀罗都不如的人群，叫贱民。

最高等级的婆罗门种姓，主要是僧侣，大多从事文化、教育和祭祀活动；其次便是刹帝利种姓，是掌握军政的国王和武士阶级；第三是吠舍种姓，是平民，也就是商人、手工业者和从事农耕的农民阶级；最下等的种姓是首陀罗，是农人、牧人、仆役和奴隶。

印度种姓制度不仅高低贵贱等级森严，而且对每种种姓的婚姻、职业、饮食还有着严格的规定。种姓制度实行严格的“内婚制”，即只能在同一种姓或次种姓内部发生婚姻关系。按照种姓制度规定，较高种姓的男子，可以娶较低种姓的女子为妻，这叫“顺婚”，反之，便叫“逆婚”，“逆婚”则是万万不行的。

不过现在，经过历史的演变，种姓制度本身变得非常复杂，印度的姓氏已经很难完全按照四大种姓严格区分了。一般情况下，印度人的名在前，姓在后，如弗罗兹·甘地，“弗罗兹”是名，“甘地”是姓。称呼印度男人，只称呼姓，不称呼名，而对印度女人只称呼名不称呼姓。对尊长，人们一般用“古鲁”称呼，表示“老师”、“长者”的意思，对大人物用“圣雄”尊称，如圣雄甘地。在日常生活中，印度人常常在交谈或演说时在姓名后加一个“吉”，表示尊敬和亲热，如古鲁吉（老师）。

☆古埃及人是黑人还是白人？

众所周知，勤劳聪慧的古埃及人创造了辉煌璀璨的埃及古文明，使古埃及成了四大文明古国之一。然而有趣的是，人们却并不了解古埃及人，甚至一度为其是黑人还是白人而争论不休。

现代的埃及人多为白人，如果他们是古埃及人的直系后裔，那么古埃及人可能也是白人。这样的观点得到了不少西方学者的认同，尤其受到了白人殖民者的欢迎。在白人殖民者看来，只有白人才能创造如此灿烂的古文明，而黑人是绝对不可能办到的。白人殖民者的说法有刻意杜撰之嫌，而近年来的考古发现更是对其进行了有力的抨击。

人类学家通过对木乃伊的骨骼测定和在显微镜下的黑色素测定，得出了古埃及人是黑人的结论。这在公元前4世纪古希腊哲学家亚里士多德的著作《容貌》中可以获得佐证，他说："太黑的人是懦夫，比如说埃及人和埃塞俄比亚人。但是，肤色太白的人也是懦夫，这点我们可从妇女身上看出来，勇士的肤色介于二者之间。从狮身人面像的头部轮廓也可以看出显著的黑人特征：厚嘴唇、圆脸、宽鼻子。"

不过从流传下来的古埃及人的肖像画中，却可以发现古埃及人的外表特征并不统一。有的颧骨高，有的平坦；有的鼻子扁平，有的则呈弓形；有的肤色白，有的呈棕色。所以，似乎单纯用黑人或白人来区分并不妥当，从埃及的特殊地理位置出发进行分析可能会更具说服力。一般来说，西亚或地中海周围的高加索人、地中海人肤色较白，而埃及处在亚、非、欧三大洲的交界处，独特的地理位置有利于民族的融合，到公元前18世纪，随着西亚和欧洲移民的增多，埃及尤其是尼罗河的下埃及地区，白种人逐渐占据大多数。

古埃及人究竟是黑人还是白人呢？可以这样说，古代埃及人应为黑人，但是后来随着民族的融合、战争等因素，早期白人逐渐在这一地区占据主导地位，而黑人则向南迁徙。

☆今天的玛雅人什么样？

曾经辉煌灿烂的玛雅文明早就已经离我们远去了，玛雅壁画中描绘的那些热烈且绚丽多彩的场面也不复存在了，但这个伟大的民族却并没有消失。在中美洲，仍然有一块土地是属于玛雅人的，因为只有他们才是那里真正的主人。

与他们的先祖不同，如今的玛雅人似乎太过安静，安静得让很多人几乎忘了他们的存在。人们不禁要问，今天的玛雅人变成什么样了？

对于从未见过玛雅人的人来说，认识玛雅人主要是通过雕刻和壁画中的人物形象，但这些形象是否真的是玛雅人的真实再现呢？雕刻和壁画毕竟是艺术作品，其中对人物形象的描绘也难免会使用夸张的手法。

在流传下来的玛雅雕刻和壁画中，玛雅人大多有着扁平的额头、鹰钩鼻子和厚厚的嘴唇，面部特征十分夸张。远古时期的玛雅人是否如此我们不得而知，但现在的玛雅人肯定不是这个样子的。虽然他们也多少有这些特征，但并没有那么鲜明。从相貌上看，他们与中美洲的其他种族并没有太大的差别。

如今的玛雅人已不再像他们的祖先那样让世人瞠目，因为他们放弃了与现代文明接轨，而仍然保留着他们自己的生活方式。这也许是一种遗憾，但对于所有热爱玛雅文明的人来说，却更是一种幸运。

正是因为玛雅人顽强地保留着自己的传统，才使得我们在玛雅文明逝去多年的今天还能够见到玛雅文明的遗风流韵。今天的玛雅人仍然说着他们自己的语言，讲着他们民族的传说，信仰自己的神灵，这就是他们的特别之处。

☆ 匈牙利人是匈奴人的后代吗？

匈奴人曾经在西汉前期强盛一时，但很快就退出了中国历史的舞台，消失得无影无踪。公元4世纪，欧洲东部又崛起了一支强悍的游牧民族，并建立了匈牙利王国，成为现代匈牙利人的祖先。那么，这支游牧民族是不是在中国消失的匈奴人呢？

卢白鲁克在其作品《东行记》中就匈奴人和匈牙利人的关系发表了自己的看法：“扎格克河（今乌拉尔河）发源于北方巴斯喀梯尔，古代匈奴人即来自此国，后变为匈牙利人也。巴斯喀梯尔族的语言与匈牙利人相同，其国因此又名匈牙利也。”中国学者也多认同匈牙利人为匈奴人后裔的说法，他们还从语言、历史、

匈牙利王国的建立

目前，人们对于匈牙利人的起源问题仍然存在不少疑惑，但就匈牙利王国的建立已基本达成了一致。匈牙利史学界普遍认为，他们的祖先是一支来自东方的游牧民族，从乌拉尔山西麓和伏尔加河一带向西跋涉，在杰出的部落领袖阿尔帕德大公的带领下于896年大举进入欧洲中部的喀尔巴阡盆地（现匈牙利）。1000年，阿尔帕德家族的后代圣·伊斯特万建立了匈牙利王国，成了匈牙利历史上第一位皇帝。

民俗等多个方面将匈奴人和匈牙利人进行对比，指出了二者的诸多相似之处。

事实上，在奥匈帝国成立以前，匈牙利人与匈奴人的亲缘关系曾一度受到肯定。在19世纪上半叶，著名的匈牙利学者克勒什·乔莫·山多尔还曾到中亚和中国寻根。然而在奥匈帝国成立前后，情况却发生了变化。

“芬兰－乌格尔”历史学派由于得到了奥地利哈布斯堡王朝的支持，因此其观点也被官方所采纳。这一历史学派依据语言学研究成果认定匈牙利语属芬兰－乌格尔语系，由此确定匈牙利人的祖先同芬兰－乌格尔民族较为亲近，与匈奴人没有关系。现在，由匈牙利科学院支持的官方历史结论也认为，匈牙利人的祖先不是匈奴人，也不是匈奴人的亲戚。

尽管不被匈牙利官方认可，但匈牙利人与匈奴人的亲缘关系仍然为很多学者所津津乐道。至于匈牙利的官方结论，也不是不存在问题的。语言有个同化的过程，匈奴人在移居欧洲后可能更多接受了芬兰－乌格尔民族语言的影响，同时在与欧洲民族融合的过程中，逐渐丧失了原来的民族特征。因此，仅凭语言就否定匈牙利人与匈奴人的关系是不够客观的。随着考古工作的进行，相信谜题终有一天会被解开。

☆斯里兰卡为什么被称为“狮子国”？

印度洋上有个美丽岛国，人们形象地比喻它是“印度洋脸颊上滑落的一颗泪珠”，它还被称为“狮子国”。这个风景秀丽的岛国就是今天位于南亚次大陆南端的斯里兰卡。斯里兰卡“狮子国”的称号源自于一个十分有趣的“狮子抢亲”的故事。

据传说，古代南印度有一个国王，要把女儿嫁到邻国。可是，在送嫁的途中碰到一只威猛的雄狮，宫女、卫士等四散奔逃。新娘被狮子抓走，公主在狮子强迫之下无奈与其结为夫妻。不久，公主便生下一男一女，生下的孩子外表是人的样子，但性情却如狮子一样暴烈。

后来，两个孩子渐渐长大，并从母亲那里知道了真相。他们设计出逃，最终母子三人逃回了家乡。但此时王朝更替、宗族已灭，无处投亲靠友。为避免遭人鄙视，他们只能隐瞒来历，寄人篱下，日子过得十分凄惨。

而狮子丢了老婆孩子后，暴怒异常，便追寻而来，沿途为了发泄心中的愤怒残害了很多百姓。虽然也有很多勇士竭力想降服狮子，但都没有取得成功。甚至国王亲率大军围剿，也奈何狮子不得。于是国王告示天下，若有降伏狮子为国除害者，必当重赏。

公主的儿子听说此事，便带了把匕首前去应募。这时，已经有成千上万的青年应召捕狮，国王命他们将狮子所在的林子围住。但是，谁也不敢进去杀狮子。

这时，公主的儿子挺身而出，走进林子。那狮子认得是自己的儿子，早把怨怒之气抛到九霄云外，扑上来想与儿子亲热。儿子乘机将匕首刺进狮子的腹部。狮子两眼悲哀地望着儿子，倒在地上死去了。

一时间，公主的儿子成了英雄，国王准备重重赏赐他。但当国王知道他是狮子儿子的真相后勃然大怒，谴责其杀父的罪行。最终，国王决定赏罚分明：重赏其降狮的功劳，将母亲留在本国赡养终身；惩罚其杀父之大逆，将狮儿流放到大海，任其自生自灭。

有一天，狮儿的船漂到了现在的斯里兰卡。狮儿见这里物产丰富，珍宝遍地，就在此居住下来。后来，他杀了路过的一个商人，留下商人的子女，使子孙繁衍下去。他的后人在这里建立了国家，根据其祖先的来历，就把国家叫作“狮子国”，这个名称便流传下来。

☆“山姆大叔”为什么会成为美国的象征?

1961年，美国国会正式通过一项决议，正式确认以“山姆大叔”作为美国的民族象征和代表。“山姆大叔”是何人？他为什么会成为美国的象征？

▲“山姆大叔”

其实“山姆大叔”这一称呼源自1812～1814年间美英战争时期的一个历史传说。相传在纽约州的特洛伊城有位年长的肉类加工商，名叫塞缪尔·威尔逊。他勤劳、诚实、能干，很有威信，人们亲切地叫他“山姆大叔”。

在1812年的美英战争中，这位山姆大叔与美国政府签了一份合同，为军队生产桶装牛肉。美国政府每当收到他交来的经其亲自检验合格的牛肉，就将肉装入特制的木桶，并在桶上盖上US的记号。美国的缩写也是US，久而久之，人们只要看见盖有“US”记号的木桶，就知道那一定是经过山姆大叔之手的牛肉。于是人们便把这两个名称合二为一了，干脆把“山姆大叔”当成美国的绰号，于是，“山姆大叔”就逐渐流传开来。

19世纪30年代，美国一位漫画家根据历史传说创作出“山姆大叔”形象漫画。漫画中，“山姆大叔”是一个蓄着胡子的高瘦老头，他头戴饰星高顶帽，身穿红、白、蓝三色燕尾服和条纹裤（美国星条旗的图案）。虽然白发苍髯，却精神矍铄，一派威仪。漫画流传甚广，由此，这一形象成了人们心目中美国的象征。

☆“阿根廷”的名称是怎么来的?

阿根廷位于南美洲东南部，东濒大西洋，南与南极洲隔海相望，西同智利接壤，北接玻利维亚、巴拉圭，东北部与巴西和乌拉圭为邻。阿根廷面积 278 万平方公里，海岸线长 4000 余公里，是拉丁美洲的第二大国，仅次于巴西，其首都是布宜诺斯艾利斯。

“阿根廷”的名称源自 16 世纪的西班牙入侵者。1527 年，西班牙探险家塞瓦斯蒂安·卡沃托率领一支远征队到达南美大陆后，从一个宽阔的河口溯流而上，深入到内地。探险家们发现当地印第安人佩戴着很多银制的饰物，以为当地盛产白银，便将这条河命名为拉普拉塔（白银）河，将这一地区称为拉普拉塔区。西班牙殖民统治者后来又将拉普拉塔区改为省。

1816 年 7 月 9 日，拉普拉塔省宣布独立，并将国名正式定为阿根廷，这象征着当年西班牙殖民者的发财梦。因为在西班牙语中，“阿根廷”与“拉普拉塔”两词意义相同，均为“白银”，寓意“货币”、“财富”。他们当初以为这里是一个盛产白银的宝地，是他们一心向往的传说中的“白银王国”，不过，这一切只是梦想而已，因为阿根廷并不产白银。

阿根廷虽不产白银，但有着肥沃的土壤、丰茂的草原、良好的气候，这使它成了“世界的粮仓和肉库”。占据此地后，西班牙人获得了滚滚而来的财富。

☆传说中的“黄金之国”指的是印加帝国吗?

从古至今，人们都在做着关于金钱的美梦。自人类社会把黄金当作货币后，关于黄金之国的传说就不绝于耳。哥伦布发现美洲大陆之后，也就有了许多关于美洲大陆存在着黄金之国的传说。

这时，印加进入了这些寻找黄金之国的人的视野。在欧洲最早的传说里，印加被渲染成一片神话般的土地，这里到处都是金穴，金子多得不可胜数，传说掌管这片土地的黄金之王每天换一件缀有金沙的新上衣。于是，这些人便猜想印加帝国便是传说中的黄金之国，印加王就是黄金之王。

1531 年，西班牙的弗朗西斯科·皮萨罗率领由 200 多人组成的队伍准备入侵印加帝国，部队配备了当时最先进的火枪和大炮，其中还有 62 名骑兵。而当时印加皇帝阿塔瓦尔帕对这些外来侵略者毫无防备，没有采取任何防御措施。

皮萨罗发动突然袭击，俘虏并囚禁了阿塔瓦尔帕皇帝，然后向他勒索黄金，保释金是在长 22 英尺（约 6.6 米）、宽 17 英尺（约 5 米）的囚室里装满高达 9

英尺（约 2.7 米）的黄金。大概算来，填满这间囚室需要 40 万千克的黄金。

为了解救国王，阿塔瓦尔帕的臣仆先送了 5 万千克黄金，但皮萨罗怕皇帝自由后会组织军队反抗他，就残忍地绞死了阿塔瓦尔帕皇帝。正在运送黄金的臣仆们听到这个消息后，迅速把黄金藏匿起来，甚至把预先交来的黄金也转移了。之后，皮萨罗带兵攻占了印加首都库斯科，把那里的黄金和财宝洗劫一空。

皮萨罗在南美掠夺到巨额黄金的消息马上便传遍了整个欧洲，印加也就成了无数欧洲冒险家们理想中的“黄金之国”。

☆英国为什么会被称为“殖民帝国主义”？

英国是最早走上资本主义道路和实现产业革命的国家，在自由资本主义阶段，它是最强大的资本主义国家和“世界工厂”。进入垄断资本主义阶段以后，英国的经济发展相对地缓慢下来，工业生产集中的速度和程度，垄断组织的数量和对经济的统治程度，都落后于美国和德国。

英国垄断组织较大发展是在 19 世纪 90 年代，到 20 世纪初，虽在多数部门都出现了不同形式的垄断组织，但纺织、煤炭、冶铁等一些旧工业部门还处于分散经营的状态。

不过，在资本输出和领土瓜分方面，英国却表现得非常突出。从 17 世纪初起到 19 世纪中叶，英国逐步建立了一个庞大的殖民体系。到 1914 年第一次大战爆发之前，英国拥有的殖民地面积达 3350 万平方公里，占全球面积的 1/4，相当于英国本土面积的 100 多倍；拥有的殖民地人口近 4 亿万人，是英国人口的 9 倍。

在大量侵占国外领土的同时，英国又进行了大量资本输出。到 1913 年，英国的国外投资总额已达 40 亿英镑，相当于英国国民财富的 1/4。英国资本的输出，一半以上是投放在殖民地、半殖民地国家。英国最大的垄断组织也是产生在垄断殖民地原料生产和销售的领域。如在南非创立的大垄断公司德比尔斯采矿公司、1907 年英国资本与荷兰资本共同创立的英荷壳牌石油公司和 1909 年创立的英伊石油公司等。

虽然英国的工业生产在资本主义世界的地位下降了，但还是很繁荣的，其繁荣是建立在对殖民地的榨取上，殖民地对英国的兴衰具有极大的意义。因此，英国被称为“殖民帝国主义”。

第十三章

探源溯流

☆意见不同叫“相左”，而不叫“相右”，这是为什么？

我们每个人都有两只手，两只手协作，人类就可以做很多事情。比如一只手按住纸，另一只手写字；一只手握住零件，另一只手拧动螺丝。可以说，左手和右手是不分家的，离开任何一只都会给我们的学习和生活带来极大的不便。

左右手的关系是如此密切，我们也常使用它们的引申义。比如意见不同叫相左，那为什么不叫相右呢？

据有关学者考证：左右手虽然功能大致相同，但灵活性却有区别。一般而言，我们习惯于用右手，右手的灵活性要远远超过左手。比如我们可以用右手写字、绘画、雕刻、刺绣，用左手就往往难以完成。所以在古人看来，右手具有“灵巧、帮助”的含义，而“左手”由于不具备“右手”的灵活性，往往给人笨拙、违逆的感觉。由此引申到人们的观点不同上，就产生了意见相左的说法。

如果有相右的说法，那也应该是表达意见的相同。当然，语言文字的发展过程有其自身特点，为什么没有产生相右的说法可能与我们已经有了大量表达意见一致的词汇有关。“意见相左”这个词语之所以产生，可能是为了委婉地表达不同意见。比如你与某人意见不和，在表达时使用“我与他意见相左”，而不用“相反、相悖”这类感情色彩浓烈的词语，可以有效降低对立和冲突，还可以一定程度上显示出你容人的雅量。

☆打败仗为什么叫“败北”，而不叫“败东”或“败西”呢？

“败北”就是打败仗，也引申为做事不成功，竞争或竞选失败。那么，“败北”一词究竟何义，是战败后往北逃跑吗？

▲商周时期军队出征的情景

“北”在古代汉语中的本义为“背”或“相背”。古时两军交战，若一方败退则以“背”对胜利的一方。所以“北”就有了失败的义项。《孙子·军事》中“佯北勿从”这个“北”，也是“败”或“败逃”，意为“敌人假装败逃，不要盲目追赶”。贾谊《过秦论》中“追亡逐北”，意为“追杀败逃的敌军”。

在中国古代汉语中存在大量和方位有关的词汇，很多均来自周易的卦爻辞，还有一部分来自于人们对社会生活的观察和体验。仔细考察这些词源，对我们加深对传统文化的理解有极大的帮助。拿“败北”这个词语来讲，如果我们不知道“北”的古义是“背”或“相背”，就很难理解为什么不可以把“败北”改成“败东”或“败西”，还可能以为“败北”就是向北方逃跑的意思。

☆古代汉语里没有“她”字，这个字从何而来，是谁造的?

现代汉语中，我们经常使用第三人称代词“她”来指称女性。但在古汉语中是没有“她”字的，我们表达第三人称使用“之”或“他”。“他”在宋元的话本、戏曲中可以泛指第三称的一切事物，包括男人、女人以及其他无生命的东西。

“她”的产生是在新文化运动后期，其创造者是刘半农。当时普遍提倡白话文，大量引进了西方现代文化。但在翻译欧美文学作品时，汉语第三人称不能区分性别，造成了很大的混淆和不方便。

鲁迅先生曾尝试过使用“伊”来代指女性，但“伊”来自古汉语和南方方言（本义并非专指女性），使用起来一不切实际，二不方便，很难推广。刘半农在其 1917 年翻译的英国戏剧《琴魂》中，试用了自己创造的新字“她”，引来保守势力的攻击和反对，舆论争论十分激烈。随后，刘半农撰写学术论文《“她”字问题》，并将文章寄回上海发表。他的新诗《教我如何不想她》更是脍炙人口，表达了一个海外游子对祖国母亲“她”的思念。

刘半农创造了“她”字，结束了汉语中第三人称男女表达混乱的现象，丰富发展了汉语言文字。鲁迅先生曾高度评价说，“她”字的创造是“打了一次大仗”。

☆我们把购物叫买“东西”，为什么不叫买“南北”呢?

“东西”是物品的代称。我们上街购物叫买“东西”。既然方位名词“东西”可以指代所购之物，那么“南北”为什么不可以呢?

一说认为，购物称“买东西”源于中国古老的周易理论。阴阳五行学说认为：东方甲乙木，西方庚辛金，南方丙丁火，北方壬癸水。东西为金木，具有有形实体和价值；南北为水火，为虚。中国古代购买物品所用之器皿多为“竹木”编制而成，遇水则漏，遇火则焚。因此，上街购物称买“东西”，而不称买“南北”。

另一说认为，“买东西”一词来自中国唐代集市贸易的“东西二市”。唐朝是中国封建社会的顶峰。都城长安既是全国的政治、经济、文化中心，又是一座国际化的大都市。由宫城、皇城、郭城三部分构成。其中手工业、商业主要集中在城市的东西两面。由于购物往往需要既跑东市，又看西市，这样东来西去，来回折返，久而久之，“买东西”就成了购物的代名词了。

这两种说法均有一定的合理性。首先，中国传统五行学说在一定程度上影响了城市布局。南北多为通渠，“天子坐北而朝南”；东西为实体，故城市商圈多分布于东西方向。在此基础上形成“东西”二市，于是“买东西”也就成了购物的代名词。

☆为什么是“东山再起”，而不是“西山”或“南山”？

“东山再起”常用来形容一个人退隐后再度出任要职，也比喻失势后重新得势。出自《晋书·谢安传》：“隐居会稽东山，年逾四十复出为桓温司马，累迁中书、司徒等要职，晋室赖以转危为安。”

淝水之战是中国古代著名的以少胜多的战例，其中一方的指挥就是当时晋朝的宰相谢安。当时前秦军队由苻坚率领，其步兵、骑兵，再加上车辆、马匹、辎重，队伍足有千里长，这使得晋孝武帝和京城的文武百官都慌了神儿，但谢安指挥若定，最后取得了胜利。

谢安是陈郡阳夏人，出身士族，年轻的时候，跟王羲之等人关系很好，经常在会稽东山游乐，吟诗谈文。他在当时的封建士大夫阶层中名望很高，大家都认为他是个非常有才能的人，但是他宁愿隐居在东山，不愿出来做官。有人曾推举他做官，他上任一个多月，就辞职回家了。于是士大夫中开始流传：“谢安不出来做官，百姓怎么办？”到了四十多岁的时候，他才又重新出来做官。

由于其长期隐居在东山，所以后人就把他重新出来做官的事称为“东山再起”。

另有一种说法认为“东山再起”指的是宋代宰相李纲。李纲是北宋的主战派，曾力荐岳飞担任抗金的统帅。岳飞为秦桧陷害后，他自己也被贬到离京城最远的海南岛崖州。由于路途遥远和水土不服，李纲到海南东山岭时大病一场，无法继续前行，于是就暂时住在那里。有一次，他去庙里上香算卦，遇高僧指点，便上山修行。后来宋孝宗继位，秦桧已死，李纲得到赦免并官复原职，一直做到宰相。

▲东山报捷图 明 仇英

这两个故事都是开始时隐居或被罢官，后来再次有所成就。“东山”是他们再起的地点，故有“东山再起”之说。今天我们常用这个词语表达经历失败后再次成功。

☆为什么把男女风流之事叫“绯闻”，这个词是如何产生的?

经常在电视上看到，某某明星又闹“绯闻”了，于是炒得沸沸扬扬、满城风雨。“绯”读“fēi”，一声，而不是我们通常读的三声。“绯闻”又称“桃色新闻”，指有关男女之间不正当关系的新闻。

“绯”在古代汉语中是“红色”的含义。如《说文新附》：“绯，帛赤色也。”韩愈《区弘南归》：“佩服上色紫与绯。”中国古代有“绯衣”的说法，指红色的衣服。绯也来形容桃花，如“绯桃”，意为红色的桃（花）。可见“绯闻”被称为“桃色新闻”主要因为二者在颜色上的一致性。

桃或桃花在中国古代有特殊的意义。桃花盛开于四五月间，正是草长莺飞、万物生长的好时节。各种动物开始忙着求偶，准备繁衍后代。春天的“春”在古代诗歌中本来就有情色的含义，如“春宵苦短”、“卖春”。旧时妓院也多以“春×楼”命名。所以，“春”本有情色之意象，“桃花”就是这种意象的指代。如唐代诗人崔护的《题都城南庄》：“人面桃花相映红……桃花依旧笑春风。”皆含有男女之事的意思。

旧时封建礼教甚严，“桃色新闻”也多用于描述男女之间的不正当关系。所谓人言可畏，也有很多因此而自杀的事例。现在随着社会的开放，人们的价值观念的改变，“绯闻”更多用来描述男女的暧昧关系。

☆什么是"下马威"，是指一下马就要威风吗？

"下马威"仅从字面意义理解就是一下马就要威风，但实际含义并非如此。它是指一上来或一开始就向对方显示威风，比如给予颜色或教训，击败对手等。

这个词语最早见于东汉班固所撰《汉书·叙传》中"畏其下车作威，吏民竦息"之句。相传班固的伯祖父班伯因定襄时局混乱，而自请担任该地太守。定襄豪门大户担心班伯初到任时要对下属显示威风，所以有所收敛。这里的下车，并非指从车上下来的意思，而是指官员初到任。古人有用下马、下车表示官员到任的说法。"下车"和"下马"意义相近，再加上下马威读来顺口，意思简单明白，便广为流传。

下马威在古时指新官上任，借故严厉处罚下属，以显示自己威风。后来随着词义的发展和变化，也用来表达一开始或开头便给对方以颜色看，借以打击对方的气势。如清代李渔《蜃中楼·抗姻》："取家法过来，待我赏他个下马威。"

在各种体育赛事中，我们经常听到"下马威"的说法。意思是在双方的较量过程中，一方刚上来就给对方一个很大的挫折或失败，使其信心受挫。但下马威不等于比赛的胜利，只是强调一件事情开始的阶段性成果。

☆ "溜须"与"拍马"并称，你可知"溜"的是谁人的"须"？

"溜须"常与"拍马"并称，比喻刻意讨好、谄媚他人。那为何"溜须"便是曲意逢迎，"溜"的又是何人之须呢？

这"溜须"之人便是北宋时期飞扬跋扈的副丞相丁谓，我们通常说的"眼中钉"也讲的是他。被"溜须"的是北宋著名宰相寇准，他的很多事迹都在民间流传。一个忠，一个奸，形成了鲜明的对比。

丁谓在宋真宗时即在朝廷的监察、财政部门担任要职。他伙同王钦若大营道观，屡上祥瑞，以迎合帝意，不久升任副宰相，即参知政事。当时的宰相是寇准，丁谓对之毕恭毕敬，唯寇准之言是听。某日，朝中议事，宰相、副宰相等聚在一起用餐，汤水淋漓，玷污了寇准的胡须。丁谓站起来为之揩拂，即溜其须。寇准笑曰："参政，国之大臣，乃为长官拂须耶？"说得丁谓既羞又恼，从此对寇准怀恨在心，这便是"溜须"的由来。

寇准是北宋的大功臣，他最大的作用是与契丹订立了"澶渊之盟"。1004年，辽国萧太后、圣宗皇帝率大军南下攻宋，深入宋境。大臣王钦若、陈尧叟主张迁都以避其锋，寇准则力排众议，建议宋真宗御驾亲征，鼓舞士气，打败辽军。

皇帝勉从其议，至澶州督战，果然初战告捷，射死辽国大将萧挞凛，胜而议和，订和约，史称澶渊之盟。从此，宋辽和平共处了120多年。

寇准为人耿直，看不惯丁谓的玩弄权术、阿谀谄媚，所以才有上面的讽刺。宋真宗晚年，丁谓抓住寇准工作中的失误，与刘皇后合谋，三贬其官，最后将其流放至广东雷州任参军。丁谓取寇准而代之，升任宰相，独揽朝政，贪污受贿，为所欲为，成为当时老百姓的“眼中钉”。

▲寇准像

后丁谓与刘皇后发生冲突，也被贬官，流放至崖州（即今海南省三亚市），路过雷州时，丁谓求见寇准，寇准拒而不见，因此人们说寇准是忠臣，丁谓是小人。

☆人们把摆架子叫作“摆谱”，为什么要这么说？

“摆谱”，就是故意摆架子、“耍大牌”的意思。那么，为什么“摆谱”成了摆架子的代名词呢？这个“谱”到底指什么？

“摆谱”的说法最早产生自东北方言。在19世纪初期时，清朝统治者在对东北地区施行了100多年的禁止汉人进入的政策之后，逐渐开放山海关，允许汉人移民入关垦田。汉人自古重视宗族谱系，这些移民什么都可以不带，却一定要带一本自己的家谱，以避免后世子孙遗忘自己的宗族。这些新移民初到蛮荒之地，生活简单朴素，在一天劳作之后，也没有什么娱乐活动。于是人们便将自己的家谱拿出来，相互比较一下，看谁家的“谱”大。一方面这可以当成一种娱乐活动，另一方面则有缅怀祖先的意思。所谓“摆谱”，即指此。

至于后来的“摆谱”怎么逐渐演变成了摆架子的意思，已经不太可考了，只能姑妄揣测一番了。可以想象，当初那些移民们在“摆谱”的时候，如果谁家的家谱比较大，可能会因为自己宗族可以追溯得比较久远和人丁比较兴旺而产生一种自豪感吧。

而人一旦自豪，便会产生一种优越感，于是便可能摆起架子了。久而久之，“摆谱”也便有了“摆架子”的意思。

☆“鼻祖”是创始人的代名词，这个称谓跟鼻子有关系吗？

在中国，孔子被称为儒家鼻祖，姜子牙被称为谋略鼻祖，范蠡被奉为商人的鼻祖。我们不难发现，这些人有一个共同特点，就是首创了某件事，或开辟了某个领域。那么为何把这些创始人称为“鼻祖”，这和“鼻”又有什么关系呢？

在甲骨文和金文中，找不到“鼻”这个字。但是，通过资料文献可以看出，古人将“自”当成“鼻”用，发“鼻”的音。许慎在《说文解字》中就对“自”作了注释：“自，鼻也，象鼻形。”这说明“自”字是个象形文字，本意指代鼻子。

生活中，人们在说到自己时，总喜欢指着自己的鼻子，所以“自”便有了“我”、“自己”之义，被人们拿来作代词用。进一步引申转义，又有了“从”、“由”、“本来”、“当然”、“开始”的意思。

后来，为了表义精确，人们便在“自”下面加了一个声符，造出“鼻”字，专指鼻子。由于“自”、“鼻”本为一个字，所以“鼻”也继承了“自”的衍生义，“鼻”也被拿来代称创始、最开始的事物。

关于鼻祖的说法，西汉的扬雄作了这样的阐释：“鼻，始也。兽之初生谓之鼻，人之初生谓之首。梁益之间，谓鼻为初，或谓之祖。”于是后世便用鼻祖来称谓那些创始人、祖先一类的人，含有赞誉敬仰的意思。

☆古人为什么称女孩子为“黄花闺女”，而不是“红花”、“紫花”闺女呢？

在生活中，我们经常会听到有些人将还没有婚嫁的女孩子称为“黄花闺女”，为什么要叫她们“黄花闺女”呢？

自古女子爱美，即使身居闺阁，仍然勤于梳洗打扮，换装描眉。相传，南北朝时期，宋武帝刘裕的女儿寿阳公主，不仅性格开朗，美丽大方，而且精于化妆术。正月里的一天，她和宫女嬉戏于宫中，微风拂过，香气四溢。不一会她们玩倦了，寿阳公主就躺在檐下沐浴花香假寐起来。被风吹落下来的梅花飘落在了寿阳公主的额头上，花汁浸染，留下淡淡花痕。宫女见了，发现公主更加明艳照人。从此以后，寿阳公主就经常摘取一些梅花贴于额前，本就美丽的女子，更显妩媚。之后，宫女也学着公主这种妆容。接下来，这种化妆术流传到民间，人们叫这种妆容为“梅花妆”或“寿阳妆”。

梅花虽好看，但是开放的时间有限。在没有梅花的季节里，爱美的女子便想到用其他花瓣代替。因而，贴花瓣、施花粉成了当时的时尚。

由于这种妆术最早是点缀在额际，颜色又以黄色最衬人，人们便称这种黄色的粉妆为“花黄”、“额黄”。古人向来喜欢“贴花黄”，但是这种妆术只有女子未嫁之前可以装扮，出了阁的女子是要做妇人装扮的。

“贴花黄”所用原料是从黄菊里采集来的黄色花粉，因而，人们便以黄菊的孤冷清高来形容女子保持操守。所以，“贴花黄”又成了区分女子是否婚嫁和恪守贞操的一个标准，“黄花”也就有了指代未婚女孩的意思。

到了金元时期，没有出阁的小女孩虽然已不再这样精心装扮，但是人们还是习惯叫未婚的女孩子为“黄花闺女”。此后，这种叫法一直保留下来。

☆为什么把女孩子额前的头发叫“刘海”呢?

为了美观，有些人会在额前留些头发，人们称这些头发为“刘海”。刘海的样式繁多，有齐刘海、斜刘海、超短刘海等。那么，人们为什么要称呼额前短发为“刘海”呢?

关于“刘海”名称的由来，民间有这样两种说法：

相传，五代十国时期，有个叫刘海的人。经钟离汉指点，他参悟人生，放弃仕途潜心修道。终于有一天，他功德圆满，得道成仙。在道教中，他拥有很高的声望。据说，刘海的额前总是垂下一绺短发，这在古代人的发式上是不常见的。人们认为羽化成仙的他，神通广大，是吉福的象征，于是开始以他的形象为参照，也在额前留一排短发，并以“刘海”之名称呼，祈愿自己也能够像刘海一样吉祥富贵。通常，留“刘海”的主要是妇女和小孩子。男子则是将头发全部束在头顶，露出全额。

第二种观点认为，古时候，小孩子在未成年以前，头发都是垂下来的。所以，孩童的额前总是垂有一排短发。此时，额前的短发并不叫“刘海”。人们将男孩额前垂的短发称为“兆”，将女孩额前的垂短发称为“髦”。当男孩子长到20岁，女孩子15岁的时候，男孩要行冠礼，女孩要行笄礼。意味着他们告别孩童时代，长大成人。他们改变儿时的打扮做成人装束：男子戴冠束发，女子盘发梳髻。有些女子觉得儿时留的“髦”具有修饰美化的作用，便在成人发式基础上，保留了儿时前额留短发的特点。因为这种发式是孩童时所留，所以，人们就称它为“留孩”。又因民间有关于道教真人“刘海”的传说，人们为了讨口彩，便将“留孩”谐音成了“刘海”。

☆事情没办好，人们称之为“砸锅”，为什么呢？

生活中，事儿没办好叫“砸锅”。人们为什么这么说，“砸锅”最初指的是什么，它因何而来？

“砸锅”一词源于戏曲行业，是戏曲界的行话。在戏曲表演中，经常出现不同剧种的演员同台演出的现象，人们称这种现象为“两下锅”或“三下锅”。这里的“两”和“三”指的是两种、三种；“锅”自然指的是戏曲。采取这种演出方式，并不是说各种戏曲杂糅在一出戏中演出，而是各戏种独立出演，保持自身戏曲风格，同台不同戏。

▲玫瑰紫平金彩绘女靠　清

在戏曲发展过程中，“两下锅”、“三下锅”的现象是比较常见的。通过这种形式，曲艺艺人们可以相互吸收借鉴其他剧种流派的表演长处，完善自身的不足。因而，“两下锅”、“三下锅”被视为戏曲界技艺交流合作的一项重要手段。

不同于上述表演形式，戏曲界还有另外一种“两下锅”。它是将两种戏剧风格融在一场戏剧中，即同一出戏剧中，前半场用一种曲风演出，后半场用另一种曲风演出。像这样的“两下锅”比较有名的戏曲有：京派名家梅葆玖与豫剧名家马金凤合演的《穆桂英挂帅》；京剧艺术家杨春霞与昆曲艺术家蔡正仁合演的《桃花扇》；京剧名家李宏图和汉剧名家李仙花合演的《蝴蝶梦》等。因这种演出形式并不常见，所以，戏曲术语中又衍生出了“钻锅”一词，指的是曲艺演员临时替代别的演员出演其他戏种角色。

随着曲艺被广大国人接受，戏曲行业的一些行话也在大众中流传开来。“砸锅”开始指曲艺行里的戏剧演出不成功，戏曲演员被观众喝倒彩，后渐渐引申为做事情失败。如今，人们早已经淡化了它在戏曲中的内涵，而专指事情办砸。

☆为什么用“不三不四”来指称行为不端的人，这里的“三”和“四”作何解释？

父母教育孩子的时候，经常会说：“近朱者赤，近墨者黑，在学校里少跟那些不三不四的人来往……”父母教育的没错，毕竟环境塑造人。可是，为什么那些行为不端的人就被称为“不三不四”的人了呢？

在《易经》中，每卦六爻，而三、四爻正好居于中间位置。所以有说人说：易经中的三、四爻意味着主体正道，有端正的意味。于是“不三不四”就有了行为不端的意思。《儒林外史》中胡屠夫说范进：“不三不四，就想天鹅屁吃。”可见，“不三不四”早成了贬义词，指的就是不正派、不像样子。

☆“卖关子”的古今词义一样吗？

“卖关子”比喻在紧要关头设置悬念或故弄玄虚以挟制对方。

但最初“卖关子”却不是这个含义。“关子”是南宋绍兴元年（1131 年）因婺州屯兵的需要而印造的有价证券。商贾可拿现钱在婺州换取关子，然后到设在都城临安的榷货务兑换铜钱或者盐、茶等物品。它类似于我们现在海上货物贸易的提单，不能算是一种货币。在这种方式里，商品不是通过以钱易物的直接方式获得，而要通过“关子”这种间接形式。“卖关子”的原始含义可能就是不直接给你想要的货物，而要先“卖个关子”，多一道手续。引申到说话或者做事上，就是不直接告诉你结果，故弄玄虚或设置悬念。

“关子”与北宋时期中国四川地区出现的“交子”一样，都属于货币的符号，但却不是纸币。“关子”可以看成是中国货币发展史上的一个进步，由于它的存在，我们的生活中又多了一个耳熟能详的词汇“卖关子”。

☆人们把女子的细腰称为“小蛮腰”，这种用法起于何时？

“小蛮腰”通常用来形容女子的细腰。“小蛮”是唐代大诗人白居易的一个家姬的名字，因其腰细如杨柳而得名。

唐孟棨《本事诗·事感》：“白尚书姬人樊素善歌，姬小蛮善舞，尝有诗曰：樱桃樊素口，杨柳小蛮腰。”

唐代官员多有家姬，主要从事歌舞表演。白居易的两个家姬中，樊素擅长唱歌，小蛮善于舞蹈。白居易就写了首诗赞美她俩，说樊素的口小巧有如樱桃，小蛮的腰纤细柔软

▲唐乐舞女群俑

如同杨柳。后来形容美女就经常使用这两个词汇：“樱桃小口”、“杨柳细腰”。

古代审美观与现在有些差，嘴讲究红润、小巧。古代仕女图上美丽的女子一般都嘴小如樱桃，唇不点自红。有些看上去嘴和脸的比例便有些失调，亦被视为美。

至于细腰之爱，则相当过分。如“楚王好细腰”，当时宫中女子很多经常一天只吃一顿饭，有的甚至因此饿死，而目的只是为了得到君王的好感。

☆古人为什么用“两袖清风”来比喻官员清正廉洁?

“两袖清风”本意是指两个袖子里除了清风外什么都没有。引申为为官清廉，克己奉公。这个典故与明朝著名廉吏于谦有关。他有首著名的《石灰吟》：“千锤万凿出深山，烈火焚烧若等闲。粉身碎骨浑不怕，要留清白在人间。”

明正统年间，宦官王振以权谋私，每逢朝会，各地官僚为了讨好他，多献以珠宝白银。巡抚于谦每次进京奏事，总是不带任何礼品。他的同僚劝他说：“你虽然不献金宝、攀求权贵，也应该带一些著名的土特产如线香、蘑菇、手帕等物，送点人情呀！”于谦笑着举起两袖风趣地说：“带有清风！”以示对那些阿谀奉承之贪官的嘲弄。

这在他写的《入京诗》中有所体现。“绢帕蘑菇与线香，本资民用反为殃。清风两袖朝天去，免得闾阎话短长。”意思是绢帕、蘑菇和线香这些本来是资为民用的，怎么可以拿来送礼呢？上朝就要清风两袖地去，免得百姓议论啊！

后来就用“两袖清风”表达为官的清正廉洁。如陈基《次韵吴江道中》诗：“两袖清风身欲飘，杖藜随月步长桥。”清代李宝嘉《文明小史》第十二回：“他自己做了几十年的官，依然是两袖清风。”

☆我们把技艺不精称为“三脚猫”，这个说法起于何时?

“三脚猫”常用来比喻略知皮毛、学艺不精的人。关于这个词语的来历，历来说法颇多。最早见于宋代《白宝总珍集合》：“物不中谓之三脚猫。”意思是不中用的东西叫“三脚猫”，引申为学艺不精，粗通皮毛的人。

元末明初陶宗仪的《南村辍耕录》：张明善作北乐府《水仙子》讥时云：“说英雄，谁英雄；五眼鸡，岐山鸣凤；两头蛇，南阳卧龙；三脚猫，渭水非熊。”意思是学艺不精之人（三脚猫，之前已有此义）却被当成像渭水河畔姜子牙那样的人才。非熊，同飞熊，姜尚的号。

民间传说这个词语来自江浙一带的方言。清代光绪年间，有位老艄公身强体壮。每次船泊于上海滩南码头后，就在码头前面的空地上习武卖艺。他精通十八般兵器，双手可以举起船上两只各重30公斤的三脚铁锚，并且舞弄如飞。老艄公一时名噪上海滩，很多练武爱好者慕名前来拜师学艺，老艄公都很高兴地收下他们。后来艄公离去，他的许多徒弟仍在码头空地舞弄三脚铁锚，但没有一个能达到当年老艄公那样炉火纯青的地步。于是，人们便戏称对某种技艺懂而不精的人为“三脚铁锚”，后简称为“三脚锚”。“锚”和“猫”又谐音，时间长了，“三脚锚”就被讹传为“三脚猫”了。

☆何谓“雷池”，人们为什么“不敢越雷池一步”？

雷池，古地名，在今安徽望江县南，池水源自大雷水，东入长江。早在三国时期就已经有了雷池的称呼。《太平御览》（六十五卷）引《孝子传》：“孟宗为雷池监，作一器以遗母，母不纳。”“不敢越雷池一步”出自《晋书·庾亮传》：“亮并不听，而报温峤书曰：‘吾忧西陲过于历阳，足下无过雷池一步也。’”

东晋成帝时，庾亮担任中书令。为了防备西部边陲的敌人侵犯，他推荐温峤到江州任职，训练士卒，加强防务。后不久，历阳太守苏峻谋反，发兵攻打京都建康（今南京）。温峤知道后，立即号召部下将士，秣马厉兵，打算从水路入京勤王。当时，庾亮对形势估计不足，写信告诉温峤说：“吾忧西陲过于历阳，足下无过雷池一步也。”意思是我担心西部边陲的敌人更甚于苏峻叛兵，你务必留在原地，不要越过雷池到京都来。

苏峻攻势凶猛，很快逼近建康，庾亮指挥晋军迎战，被杀得大败，京都失陷。无奈之下，庾亮只得投奔温峤。温峤并不责怪，请他守卫白石的营垒，自己则加紧操练水军，准备与苏峻叛军决一死战。后来二人齐心协力，杀掉苏峻，终于平定了叛乱。

庾亮叫温峤“无过雷池一步”从战略上讲是错误的。后来就用“不敢越雷池一步”表示不敢超出一定的界限和范围，也比喻因循守旧，不敢创新。

☆为什么把请人给予方便叫“借光”，这个说法从何而来?

生活中经常使用“借光”或“赏光”这些词语，意思是请求别人给予方便或从别人那里分享某种荣誉，与之类似的词汇还有“借过”、“借花献佛”等，但“光”真的能借或赏吗?

据《战国策·秦策》记载，公元前306年，秦国大臣甘茂劝说襄王将在宜阳战役中占领的韩国土地还给韩国，以示两国友好。后来小人进谗言，引起秦王对其的猜疑，甘茂只好逃往齐国。当甘茂逃出秦国的边境函谷关时，正好遇到出使秦国的纵横家苏代。苏代问甘茂要到那里去，甘茂没有直接回答，反问道："先生听过江边姑娘们的事吗？"

苏代说："没有听过。"于是甘茂就讲了一个"借光"的故事。据说，在一条江边住着许多人家，每天晚上，各家的姑娘们各自带着点灯的油聚在一起，把油倒进一盏大灯里，然后一起做针线活。有一位姑娘家里很穷，出不起灯油。所以，其他姑娘都讨厌她，准备赶她走。穷人家里的姑娘就对大家说："我确实不能拿灯油来，可是，每天我都早到这里，大家回家时我也是最后走，替大家把屋子收拾干净，你们还吝惜这照在四周墙上的一点余光吗？借点光给我，我同你们一起做针线，对你们也没有任何妨碍的啊！"大家觉得她说的话有道理，就把她留下了。

苏代听了甘茂的这个故事后，明白了他的意思。于是他们俩一齐去了齐国，苏代在齐王面前竭力推荐甘茂，于是齐王拜他为上卿。后来就用"借光"来表示请求别人给予帮助，是礼貌用语。

☆为什么把事情露馅说成"露马脚"，这种情况与"马脚"有什么关系？

"露马脚"常用来比喻露出破绽或事情败露。如明代荻岸散人《玉娇梨》第八回："但张轨如这个先生与别个先生不同，原意不在书，又肯使两个瞎钱，又一团和气，肯奉承人，因此大大小小都与他讲得来，虽有些露马脚的所在，转都替他遮盖过了。"那么，为什么真相暴露叫"露马脚"，和马的脚真有关系吗？

据说这与朱元璋的夫人马氏的一双大脚有关。明太祖朱元璋幼时家境贫寒，成年后与农民出身的马氏结为夫妻。那个时代的妇女都是要裹足的，并且脚越小越美，叫"三寸金莲"。而马氏从小就要下地干活，所以没有缠足，生就一双大脚。朱元璋在当了皇帝后，虽然也感到马氏大脚有损体面，但患难夫妻岂敢轻忘，马氏仍为当朝皇后。马氏在宫中虽然尽享荣华富贵，但对一双大脚也很无奈。每当有大臣来见，就用长长的衣服裙子遮住。据说有一次，马氏乘轿到金陵街头游玩，突然大风吹来，将轿帘掀起一角，马氏搁在踏板上的两只大脚，暴露在光天化日之下，她急忙把脚缩了回去，可人们早已看得一清二楚。

这事传开后，人们便用"露马脚"形容真相暴露或露出破绽。实际上，明

▲明太祖马皇后像

朝以前的文献中就已经有“露马脚”一词。如元杂剧《陈州粜米》：“这老儿不好惹，动不动先斩后奏，这一来怕我们露出马脚了。”可见，马皇后并非最早“露马脚”的人。再往上溯，北宋《续传灯录》：“佛手难藏，驴脚自露。”这里“马脚”变成了“驴脚”。

再据《朝野佥载》记载：“唐杨炯呼朝士为麒麟楦，或问之，曰：‘今假弄麒麟者，必修饰其形，覆之驴上，宛然异物，及其去皮，还是驴耳。无德而失紫，何以异是？’”这里杨炯以“假弄麒麟”作比，斥责“朝士”弄虚作假。所谓“假弄麟麒”是古代一种游戏。在节日庆典之时，将描绘好的麟麒皮，装饰于驴或马身上，用以助兴。但马脚或驴脚难以包装掩饰，要弄起来，难免露出马脚或驴脚来。

可见，“露马脚”一词应本源于这一民间游戏。麒麟本来珍贵无比，马或驴自然难以相比，露出脚来自然让人难堪，有失身价。现泛指一切露出破绽或暴露真相的行为。

☆人们为什么把主持活动、招待他人的一方称为“东道主”？

“东道主”一词出自《左传》。春秋五霸之一的晋文公重耳，早年因为骊姬之难在外流亡了 19 年，期间受到过赵国、楚国等的帮助，最后由秦国相助返回晋国当上国君。但是在他流亡期间，途径郑国时，郑文公并没有对他施以援手，晋郑两国因此结下了仇怨。鲁僖公三十年的时候，晋国联合秦国一起攻打郑国，郑文公派出老臣烛之武出使秦国，意图化解危机。

长于游说的烛之武见到秦穆公，并没有卑躬屈膝，而是言辞中肯地说道：“郑国与秦国相距很远，中间还隔着晋国。就算郑国灭亡，对秦国来说也没有多少好处，只是增加晋国的实力而已。再说，郑国与秦国向来交好，如果秦国和郑国互惠互利，把郑国作为东方道路上的主人（东道主），秦国使者途经于此，郑国加以款待，这有什么不好吗？”

秦穆公一听有理，便采纳了烛之武的建议，不但撤了兵，还留下兵将帮助郑国守卫城池。秦军一撤，晋文公势单，只好从郑国撤军。

烛之武原话里有“东道主”之语，郑国也因此成了最早的“东道主”。

在古代，方位的排列很讲究。根据五行学说，天子坐北朝南，以北为尊，东西相较东为上，因而在一些宴会等场所中，主人通常坐在东面，因而东道主又有主人的意思。

在现代汉语词典里，东道主的意思已经被拓展了，一般泛指接待或宴请的主人，一些活动的主办方也被称为东道主。

☆古人为何用“拙荆”、“贱内”等称呼妻子？

《后汉书》中记载：东汉梁鸿饱读诗书、品德高尚，很多人家都想把女儿嫁给他这样的人，但是梁鸿一直独善其身。在他所住的地方住着一户姓孟的大户，家里有个女儿肤色黝黑，体态肥胖，已经30岁了仍没有成家。媒婆倒是也给介绍了一些，但是她都不嫁。问她原因，原来是想嫁梁鸿这样的人。梁鸿听说这件事索性下了聘礼娶了孟家女。

婚是结了，但是梁鸿却冷落了这位新娘子。一日，孟女终于按捺不住脾气，质问梁鸿为什么这样生分地对待自己。梁鸿说：“我要的是能穿粗布麻衣，与我共甘苦的女人，你身着绫罗绸缎哪像过日子的人？让我有些后悔娶你了。”孟女一听，从此便粗布麻衣着身，安心过起了日子，后来便有了“举案齐眉”这个成语，对妻子，也有了“荆钗布裙”的叫法。

“荆钗布裙”其实是指妇女穿着的粗布麻衣类装束，于是文人们就以“拙荆”、“山荆”来谦称自己的妻子，有甘苦与共的意思。

在古代，女子地位向来不比男子，通常地位比较低下，因而，在对妻子的称呼中，通常带有这种等级观念。女子婚嫁之后，很少出门，因而会以内子来称代妻子，在外人面前介绍时，前面会加个“贱”字，用以表示身份卑微。

☆为什么把原配夫妻称为“结发夫妻”，这个称呼与古代婚俗中的结发仪式有关吗？

相传，有一位皇帝在登基的前一天，翻来覆去睡不着觉，皇后便问他发生了什么事情。原来，当地人向来以胡须的长短衡量学识多少，而这位要登基的皇帝胡子很短，他担心登基后压不住群臣。皇后听了，便剪下自己的长发，接在了皇帝的胡须上。第二天早朝，群臣见皇帝一夜之间胡须过腰，认定其为天之骄子，无不拜服。这一佳话流传开来，人们便以“结发”来指代互助互爱的夫妻。

当然，这只是个传说。以“结发夫妻”指代原配夫妻，另有来由。其源自古代婚俗中的“结发仪式”。据《礼记》记载，古代女子许嫁之后，要用一种发绳将头发扎起来，以表示已经有婆家了。这条扎头发的绳子要等到成婚之后，由新郎亲自解下来。这种婚俗被人们称为“结发仪式”。

“结发仪式”是由古代的“成人礼”衍生而来的。在古代，女子15岁便被视为成年人，人们会为她举行“笄礼”。仪式中，女孩改变少女时的装扮，将长发扎拢起来，表示可以嫁人了。另据史料记载，并非女子年龄到了15岁必须举行笄礼，而是在许完人家之后举行笄礼。由此，笄礼也就成了婚俗的一部分，后来便演变成了“结发仪式”。

到了唐朝，这种结发仪式已经淡化。新婚夫妇会在新婚仪式结束后，喝交杯酒，然后各剪一绺青丝系在一起，以表喜结连理，夫妻同心。因而才有了“结发为夫妻，恩爱两不疑”的诗句。

随着婚礼习俗的变更，这种结发礼虽然已经不再拘泥于形式，但是人们还是习惯沿用“结发夫妻”来指代原配夫妻。

伉俪

在赞美事业上较有成就的夫妻俩时，人们经常会用到“贤伉俪”；说到夫妻情深，人们也会说“伉俪情深”。可见“伉俪”是“夫妻”的同义词。这个说法起源甚早。据《谷梁传》：“使世子伉俪喉之礼而来朝。”其中的伉俪解释为结缘配偶。后来，孔颖达作注说：“伉俪者，言是相敌之匹偶。”于是，人们就称那些男女双方都在事业中有所建树的夫妻为“伉俪”。后来，一般夫妻也使用这一称谓。

☆古人称公婆为“舅姑”，为什么会这么称呼？

在一些诗词里，我们经常会发现“舅姑”这样的称呼，如“洞房昨夜停红烛，待晓堂前拜舅姑”等。现代人结婚，媳妇要拜见公婆，古代为何要拜见“舅姑”呢，古代的“舅姑”指的是谁呢？

在文学典籍中，我们会发现，古代人所称的“舅姑”指代的是公婆。早在战国时期，《尔雅·释亲》中就对这一称呼有所记载。书中说：“妇称夫之父曰舅，称夫之母曰姑。”出嫁之前，父母不仅要教女儿为人妇之道，还要叮咛女儿，在姑舅面前要小心谨慎。

如此看来，“舅姑”似乎是女方对男方的父母的专有称呼。其实不是这样。据《礼记·坊记》说：“昏礼，婿亲迎，见于舅姑。舅姑承子以授婿。”这说明，男方到女方家里迎亲，见到女方父母，叫的也是“舅姑”。看来，“舅姑”有时指代公公、婆婆，也可以指称岳父、岳母，可是古代人为什么这样称呼呢？

追根溯源，这要从原始社会的族外婚制度说起。相较于原始社会的同族婚姻，母系氏族开始了异性联姻族外婚。通常情况下，两个氏族中的同一辈男子与对方族里同一辈女子成婚，他们所生的孩子，女孩归女方氏族，男孩归男方氏族。下一代再结婚，就出现这种情况：女方的公公，是母亲的兄弟；女方的婆婆，是父亲的姊妹。所以，即使结了婚，人们还是习惯叫姑姑，舅舅。因而，古代公婆关系就成了“舅姑”关系了。

到了春秋战国时期，“侄女随姑”、“姑舅表亲”现象尤为盛行，同姓之间，是不允许结婚的。比如秦国和晋国，两国不同姓，分别为“嬴”姓和“姬”姓，两国便可以通婚，随后结成姑舅表亲，因而古代有“秦晋之好”的说法。

受“姑舅亲，亲上亲”思想影响，古代近亲结婚现象屡见不鲜。如汉武帝就曾娶他姑姑的女儿为皇后，陆游也是娶了他舅舅家的女儿唐婉等。现代，在一些少数民族中，这种婚姻制度仍然存在着。

☆“上当”与当铺有关吗?

“上当”是日常口语常见的词汇，比喻受到欺骗。那么“上当”与当铺是否有关呢?

当铺是中国古代商业社会的一种融资手段。质押人把自己值钱的东西送到当铺，然后当铺按照其实际价值的一定折扣发放贷款给质押人，到时候由质押人还本付息。如果质押人到期不能还本付息，则由当铺取得物的所有权，可以变卖。由于利息苛重和其他一些因素，经常出现质押人到期不能按时回赎的现象，很多人因此而破产。一些经营当铺的商人通过这种手段获取了不少钱财。“上当”的最初含义是指上当铺，而“上当”基本上意味着受骗。

当铺是古代高利贷盘剥的一种方式，在普通老百姓中口碑很差。由于很多贫苦百姓不能按时回赎而丧失质押物，所以上当铺就有了受欺骗的含义。

☆“店小二”的称呼是怎么来的?

古代客栈饭店里的伙计为什么被称为“店小二”呢?

这要从古代人的日常称呼说起。在古代，妇女很没有地位，因此经常跟着自己男人姓，如一张姓女子嫁入王家，就叫“王氏”，如果想加上自己娘家的姓，最多叫“王张氏”（并不流行）。如果官人三妻四妾，也不直呼名，就按顺序“大娘，二娘，三娘……”或“大奶奶，二奶奶……”的称呼。

这在一定程度上体现出男女的不平等，但其实很多男子也没有名。通常情况下，那些读书人和当官的人才取名字。但一般老百姓由于名字并没有那么重要，只以排行和辈分论之。如明朝开国皇帝朱元璋二哥叫“重六”，三哥叫“重七”，他本人叫“重八”。

古代酒店或旅店里的服务人员，也是普通老百姓，所以，为了称呼方便，人们也要给他们取数目字代号。老板叫“店老大”那是当仁不让，识两个字能记账的叫“先生”。那些服务人员也就被人们称为“店小二”或“小二哥”了。

☆“壹、贰、叁”等大写的数目字本义就是指数字吗?

大家知道，银行记账或签发票据都要使用大写数目字，如“壹、贰、肆、捌”等。目的是为了防止人们篡改票据。但“壹、贰、叁”等大写数目字最初并不是用来表示数字的，这中间经历了漫长的历史演变。

“壹”本是会意字，最初通作“一”，表示专一的意思。到了春秋时，“壹”才被作为数字使用，如《管子》中就有“六月而且壹见”的句子。“叁”是“参”的俗体字，意思是参加、拜访，何时被作为数目字现已无从考证。“伍”也是会意字，指旧时军队的编制，五人为一伍。“陆”是指高出水面的陆地。“柒”是“漆”的俗体字，本义是一种木名。

“贰、肆、捌、玖、拾”本义也和数目无关。“贰”指副职；“肆”是放肆的意思，如成语“肆无忌惮”；“捌”是指一种无齿的耙，农具；“玖”是指黑色的美玉；“拾”与现代汉语意义区别不大，是拾起、捡起的意思，如“路不拾遗，夜不闭户”。它们被作为大写数目字是在武则天时期。相传当时国库管理混乱，出现了很多贪赃枉法的官吏。武则天为了澄清吏治，防止他们随意涂改单据，就下令统一汉字大写数目字。于是十个小写数字的大写形式就被固定了下来。

武则天对于规范汉字大写数目字有重大贡献，但大写数目字被广泛作为记账方式是在明代。史载朱元璋时期，户部侍郎郭桓勾结其他中央、地方官员，大肆贪污国库钱粮，被查处后朱元璋先后颁布了多条惩治经济犯罪的禁令，其中就包括将记载钱粮的小写数字改成大写数目字。此后一直沿用至今。

☆“我”字最早的含义是什么?

“我”是第一人称的代词，指自己。无论书面语还是口语，都是使用频度最高的几个字之一。你是否知道，“我”最早指的是一种杀人的凶器呢?

“我”是会意字，从戈；甲骨文中的“我”字形如兵器。戈是古代常见的一种兵器。戈者，柲也，长六尺六寸，其刃横出，可勾可击，与矛专刺、殳专击者不同，亦与戟之兼刺与勾者异。戈盛行于商至战国时期，秦以后逐渐消失。其突出部分名援，援上下皆刃，用以横击和钩杀，勾割或啄刺敌人，因此，古代叫作勾兵或称啄兵。后来从“戈”中引申出“杀”的含义，因此《说文》中又云：“我，古杀字。”

“戈”还可代指战争，如干戈，“偃武息戈，卑辞事汉。”可见“我”从单纯指兵器，再到“杀”、“战争”等义是经过一定的历史演变的。但何时开始指称自己的呢？“戈”在古代是一种很有代表性的武器，能够激发大家的斗志。戈兵属于国家的正规军，《礼记·檀弓下》有大丈夫当“持干戈以卫社稷”，因此武士常持戈以自恃。战争中持戈的军队称“戈方”，与其他兵种相区别，“戈”便有了“我们”的意思。

西周时期，“我”开始代指自我，正式成为第一人称代词。但古代使用最多的还是“余”、“吾”，第二人称也用“汝”、“尔”，而不是“你”。“我”、“你”这些现代交际经常使用的名词是伴随着元杂剧、明清小说以及近代白话文运动而逐步确立其地位的。

☆“泰山”本是一座名山，怎么会成为岳父的代称呢？

民间口头语中，经常称妻子的父亲为“岳父”、“老丈人”，但是一些文学作品中，书香门第中的女婿通常叫岳父为“泰山”，这是读书人的特殊叫法吗？“泰山”怎么会成了岳父的代名词呢？

据《汉书》记载：“大山川有岳山，小山川有岳婿山。”依此出处，岳婿山便是岳父的前身，可视为小山之首，也就是一家之主。名山之中，又以五岳为尊，五岳之中的泰山自古被视为最接近天的地方。因而，在古代祭祀中，它拥有很重要的地位，而且历代皇帝都喜在这里封禅，又因其位于东方，所以泰山又成了五岳之首。

但是将“泰山”作为“岳父”的代名词，却是出自唐代段成式的《酉阳杂俎》：唐明皇李隆基封禅泰山，命宰相张说为“封禅使”。张说乘机把自己的女婿——一个小小的九品官郑镒拉进唐明皇的随行人员之中。按照古例，随行封禅的朝臣都可以官升一级。但是，张说却在封禅大殿结束后将自己的女婿郑镒的官位连升四级，高居五品。有一天在宴请群臣时，唐明皇注意到了身穿五品官员朝服的郑镒。唐明皇很是奇怪，于是便招郑镒至前，询问缘由。郑镒当然对这五品官员如何得来心知肚明，但却不知道怎样回禀皇上，此时一名宫廷戏子黄幡绰调侃道："这都是泰山的力量啊。"

黄幡绰一句"泰山"便说明了五品官员的由来。因而，后人便将凭借泰山封禅而恩及女婿的张说称为"泰山"，"泰山"也逐渐有了指代妻子的父亲的意思。

☆"金龟婿"的说法从何而来，什么样的人才能得到这样的称呼？

在古代，龟是人们尊崇的四大吉兽之一，它不但代表了长寿，还有着镇宅赐福的作用。因而，诸如龟纹一类图案便见诸各种事物。战国时大将们的战旗上通常会见到龟的图案，到了汉代，金龟印也应运而生。

▲文官图　清

古代有四灵之说，即"左青龙、右白虎、南朱雀、北玄武"，其中的"北玄武"指的就是"龟"。据史料记载，武则天称帝后，认为自己的武姓，应在北方的"玄武"上。因而，武则天改前朝所设鱼符为龟符，作为征调军队的凭证和官员地位的象征。

据《新唐书·车服志》记载，唐初，凡官在五品以上的，都要佩戴鱼符或者鱼袋，亲王所佩戴的鱼符，以黄金为主质；普通官员所佩戴的，一般以青铜为质，上面刻上他们的官位以及姓名，用来区分官阶。武则天改龟符后，规定三品以上的官员佩戴"金龟符"，四品则佩"白银龟"，五品以下佩戴"铜龟"。此后，通过所佩龟饰便可以区分出官员身份来，能佩戴金龟符的，必是亲王或三品以上大员。

而真正把"龟"和"婿"用在一起的，是唐代诗人李商隐。他在《为有》中描写了一位在朝身居高官的丈夫，因为每天早晨都要赶赴早朝，即使天还很黑，他也要早早起床。所以，妻子就抱怨他，即使做了高官又怎样，连一个甜美安稳的觉都享受不了。诗中初次使用"金龟婿"来代称做官的丈夫。

于是，人们便将有身份地位的女婿称为金龟婿。

☆人们把两姐妹的丈夫称"连襟"，为什么会有这个说法？

在一些方言中，我们经常会听到别人介绍两姐妹的丈夫为连襟，为什么要称为连襟呢？

早在《尔雅》中就有关于姐妹俩的丈夫称谓的记载，其中称他们为“僚婿”。宋徽宗时左朝散大夫马永卿在《赖真子》中说，江北人称友婿为“连袂”，也叫“连襟”。像“连襟”、“连袂”这样的叫法一般在书面上出现较多。在一些方言中，姐妹俩的丈夫又被称为“连桥”、“一担挑”、“连袂”等。可见这个说法不仅由来甚早，而且被普遍使用。

据说，这一称呼被用在姐妹俩的丈夫身上是从唐代诗人杜甫的一首诗中迁移过来的。杜甫晚年的时候，居住在川东地区。当地有位李姓老翁，与杜甫一见如故，相谈甚欢，于是两人便经常把酒言欢。无意中谈到家世，追溯起来，两个人居然是远房亲戚。这样一来，两人关系就更亲密了。

后来杜甫要到湖湘一带去，就作了首《送李十五丈别》，诗中用“襟袂连”形容两人的关系。此时的“襟袂连”只是说明两人关系好，如果进一层说是指李杜二人系远房亲戚，并没有明确指定就是姐妹俩的丈夫。后来，“连襟”被人所引用，以指代亲密关系。

到了宋代，洪迈的堂兄官场很不得意，但是他却有个做节度使的姐夫，于是借姐夫之光，被推荐到京城任官。他才疏学浅，于是便请洪迈代写一封感谢信。洪迈便将两人的关系比为“襟袂相连”，又说了些不胜感激的话。

自此之后，“连襟”、“连袂”一词便被广泛使用在了姐妹俩的丈夫身上，有时候一家姐妹众多的时候，各姐妹之间的丈夫也互称连襟。

☆两兄弟的妻子被人合称为“妯娌”，为什么这样称呼呢？

有关“妯娌”的称呼在民间由来已久，但是追溯它的来源，有这样一种说法：“妯娌”源自长江一带的方言。古时，人们将比较小的居室叫“小筑”。在民间，这样成排成栋的小居室很多，于是人们便把乡里的小居室称为“筑里”。通常，一个家庭中会有很多成员，大家住在一个院子里，因而，“筑里”又有了指代一家人的意思。

传统的家庭妇女，都要讲究三从四德，这也成为选择媳妇的标准之一。女人嫁进丈夫家，操持家务是主要的工作，所以，在“筑里”停留的时间最长的就是媳妇们。逐渐的，人们就将一家兄弟俩的媳妇称作了“筑里”。

随着人们叫法的改变，“筑里”一词也就逐渐被改成了“妯娌”。娌，有双、俩的意思，因而在使用过程中，“妯娌”便被视为两兄弟妻子的合称了。

除了外人用来指称两兄弟的妻子，兄弟妻子之间也可以互称“妯娌”。从古至今，妯娌之间向来风波不断。要想相安无事，除了兄弟间调和外，最重要的是妯娌们自己沟通。

☆“先生”、“太太”的称呼经过了怎样的历史演变？

“先生”这个称呼由来已久。不过历史上不同的时期，“先生”的含义是不尽相同的。《论语·为政》：“有酒食，先生馔。”注解说：“先生，父兄也。”意思是有酒肴，就孝敬了父兄。《孟子》：“先生何为出此言也。”这里“先生”是指年长而有学问的人。

到了战国时代，《国策》中“先生坐，何至于此”是称呼有德行的长辈。

第一个用“先生”称呼老师的，始见于《曲礼》：“从于先生，不越礼而与人言。”

汉代，“先生”前加上一个“老”字。

清初，称相国为老先生，到了乾隆以后，官场中已少用老先生这个称呼了。

辛亥革命后，老先生这个称呼又盛行起来。交际场中，彼此见面，对老成的人，都一律称呼为老先生。

现在，妻子多称自家丈夫为“先生”，对别的妇女的丈夫也叫“先生”。

有时候，先生也不一定完全指男士，德高望重的女性也有被称为先生的，比如“宋庆龄先生”。

汉哀帝时，“太太”用于尊称老一辈的王室夫人。到后来，汉室又称皇太后为皇太太后。明代时，“凡士大夫妻，年来三十即呼太太”，即司眷属、中丞以上的官职才配称太太。

清朝的人，则习惯叫家庭主妇为太太，不过大都是婢仆这样称呼女主人。

民国时期，太太的称呼使用极为频繁。

近些年来，“太太”的称谓成为人们对朋友间已婚女子的敬称。

☆“新郎”一开始就是对新婚男子的称呼吗？

人们称新婚的男子为“新郎”，“新郎”一开始就是对新婚男子的称呼吗？

“郎”之称，从汉朝时就有。汉朝时，中央官署里侍从官通称为“郎”。到了唐朝，对六品以下的官员通称为“郎”。在官贵民贱的封建社会，百姓尊称这些“郎”为“郎官”或“郎君”。自从唐朝开科取士，凡中了进士的人就具备了做官的资格，他们被分到中央官署里任校书郎、秘书郎等“郎”职。所以，人们称呼新科进士为“新郎官”。

在过去，男子娶妻有“小登科”的美称，故人们都喜欢借用“新郎官”这一称呼来美称娶妻的男子。随着历史的变迁，“新郎”便从“新郎官”中逐步简化了出来，并且成为新婚男士的专用名称了。

☆为什么把有实力的文化名人称为“大腕”，“腕”又是什么意思呢?

“大腕”一词在演艺圈里出现频率极高。其实该词出现很早。在古代，人们行走江湖，在向别人做介绍的时候，通常是要报上姓名的，“大腕”就出自这姓名上。只是当时不叫“大腕”，而是叫“大蔓”，“蔓”有连绵不绝、数目众多的意思。

行走江湖之人都希望知道自己的人越多越好，所创门派同宗族人能遍布天下，于是就要“扬名立蔓”，这样在江湖上，一报姓名，就能赢得尊重。于是，“蔓”一说在江湖流传开来，名声较响的人就被叫作“大蔓”。

还有一种观点认为：“万”来自于反清复明的天地会。因为大家同一个目标，所以结成一个团体，立“万”姓。“万”不像“蔓”那样生僻，本身就含有千百万、众多的意思。所以，使用过程中，“万”代替了最初的“蔓”。江湖中又言“扬名立万”。

现在我们所说的“大腕”，是在“大万”的基础上衍生过来的。于是，在原有词汇基础上，“腕”成了不是一般人物的代名词。

☆为什么古人把做媒称为“作伐”，把媒人称为“伐柯人”?

在民间，人们通常把促成姻缘的人叫媒人，古书中媒人还有“伐柯人”一说，这是什么意思?

说起“伐柯人”就要从古代的媒妁说起了。据《礼记》记载，男人和女人如果没有媒人介绍，是不会知道彼此名字的，更不可能像现在这样有交往。足见要想延续生命，媒人是多么重要。长期以来，父母之命、媒妁之言都是人们婚嫁的前提。

因而，有关媒人的记载也就多了起来，其称呼更是多不可数。称媒人为“伐柯人”是源自《诗经·豳风·伐柯》，文中说，要怎么样才能把大树砍倒呢?要是不借助斧子的力量，这事难办。要怎么才能娶个老婆呢?这婚没有媒婆是结不了的。所以，伐柯的关键是有斧子，结婚的重点是有媒人。于是，人们便将媒人保媒称为“作伐”、“执柯”，媒人也就有了“伐柯人”的称呼。

宋人有文说“其伐柯人两家通报，择日过帖”，指的就是媒婆两家忙活，最终促成好事。相较于其他称呼，“伐柯人”不常见于生活中，通常，人们叫保媒人“媒婆”、“红娘”等多一些。

红娘

在古代，替人保媒促成好事的人被称为媒婆、媒人等，后来又出现了一个好听的名字“红娘”。这个名字又是如何得来的呢？在元稹的《莺莺传》中，红娘是小姐崔莺莺的一个丫鬟。张生与莺莺的相爱，红娘在其中起了穿针引线的作用。其中的红娘热情如火，口齿伶俐，极尽其能地鼓动莺莺接受张生，给人们留下了深刻印象。后来，人们便把促成好事之人称为红娘。

☆古人将出家人称为“方外之人”，“方外”是什么意思？

古代对出家之人有“方外之人”的称呼。通常，我们叫寺庙的主持“方丈”，那么这“方外之人”指的是什么呢？

最早的时候，方外是指中原以外的夷狄之地，也指中国之外的边远地方。成书于春秋的《诗经》和成书于战国的《管子》中都有“方外”一词，说的也都是这个意思。而后，方外一词的意思有所转变。战国时的大思想家庄子赋予“方外”以崭新的内涵。《庄子》中有言“彼游方之外者也”，这里的“方外”指的是“浮世”之外，带有超越世俗的意思。

在“方外”一词中，“方”是“道”的意思，也指国家法律和世俗秩序。因此，“方外”就是世俗之外的意思了。寻常百姓都是世俗之人，都叫“方内”之人。而僧侣、道士都是出家人，无须遵守人世道德规范，也不受世俗律法的约束，故称“方外”之人。这种说法思想上来源于儒家思想。因为中国的道德律法，都以儒家思想为主导，整个社会都是按照儒家之道（方）设计的，所以，在这个秩序约束之内，叫“方内”，不接受儒家思想的其他宗教和思想都叫“方外”。

相对而言，外来的佛教文化，在世俗人看来就是方外之学，早已不问红尘世事的出家人，摆脱了世俗的羁绊，所作所行，已不能再用凡世的规定戒条来衡量了。他们的思想，他们的七情六欲，都已不再被世俗所染，于是，出家人就有了“方外之人”的称号。

☆人们常把贪吃的人称为“饕餮之徒”，饕餮是什么样的动物，为何成为贪吃的代名词？

据说，龙的九子之一睚眦经常吃人，号称饕餮，那么饕餮究竟是一种什么样的动物呢？《辞海》中解释说，饕餮是一种贪食的恶兽，多作为钟鼎彝器上的装饰。

有关饕餮的样子古书记载中很多,《山海经》说: 羊身,眼睛在腋下,虎齿人爪,是一种想象中的神秘怪兽。《神异经·西荒经》中记载:“饕餮,兽名,身如牛,人面,目在腋下,食人。”《神魔志异·异兽篇》说: 神州极南有恶兽,四目黑皮,长颈四足,性凶悍,极贪吃,行进迅疾若风,为祸一方。

因为没有实物可考,所以古代是否真有这种动物,学术界至今仍没有定论。

另有传说,说饕餮性情暴躁,稍不如意就怒瞪双眼,而且眼大如牛。只是这怪兽却只有一颗大头,没有身子。虽然没有肚子,但是饕餮却极其能吃,不论好不好吃,见到东西就往嘴里吞。于是饕餮就被人们视为凶残且贪恋美食的怪兽。《吕氏春秋》中记载说,周代的钟鼎之上刻有饕餮纹,只有一颗头却没有身子,这里描述了饕餮的样子,但是并没有具体轮廓,后世也大都以钟鼎纹饰为依据。

由于饕餮所具有的凶残贪吃本性,在出土文物中,饕餮纹多出现在盛食物的鼎、簋、酒樽等地方。于是,人们便以饕餮代称贪吃的人。《左传》中有:“缙云氏有不才子,贪于饮食,冒于货贿,侵欲崇侈,不可盈厌;聚敛积实,不知纪极;不分孤寡,不恤穷匮。天下之民以比三凶,谓之饕餮。”

☆“胡同”指的是什么,这个词怎么成了街巷的名字?

2008年北京奥运会,除了奥运会场馆及开幕式引起轰动外,北京传统四合院、胡同以及地方民俗也是外国人津津乐道的话题之一。汪曾祺曾写过《胡同文化》,通过文章,我们不仅对北京的胡同有了初步了解,还知道了胡同所承载的文化内涵。但是说到胡同,人们不仅要问,为什么会有这个名字呢,胡同又和街巷有什么关系呢?

汉语词典里,“胡同”也叫“里弄”、“巷”。是指城镇或乡村里主要街道之间的、比较小的街道,分死胡同和活胡同。死胡同末端连着居民区,活胡同则是沟通村镇里各条街道的路径。

“胡同”最初意为行走之地,该词最早出现在元杂剧中。因而,有学者据此得出胡同一词始于元朝的结论。但是,这个说法并没有得到普遍认可,关于“胡同”一词的由来,众说纷纭。综合各家说法,主要的观点有以下几种:

其一,“胡同”源于古语“水井”,最初发“忽洞”的音。蒙古人习惯以“井”作为地方命名的依据,于是建立元朝后,便将此语带到中原,谐音作“胡同”。

其二,蒙古人未进入中原之前,中原人称他们为胡人,所以,元建都后,人们就把他们居住的地方叫作“胡同”。

还有观点认为胡同实为南宋“火巷”的转译音。当时所建“火巷”鳞次栉比，和胡同相连的四合院形状极为相似，后传成“胡同”一词。

那么，“胡同”是从什么时候开始变为街巷的专有名称的呢？

据有关资料显示，在元代，“井”和“胡同”都有“市”的意思。在一些文学作品里，就常用“市井”来表示民间。元朝定都大都，也就是现在的北京城，其建筑风格呈现出豆腐块风格，街道多为南北分布，东西穿插小巷，街道布局形成井字结构。“胡同”也就和“井”同称为市井街道了。

从元朝开始，北京有史记载的胡同最多时有6000条之多。经过不断的演变，胡同成了北京城的一大特色。它不仅仅是一种交通通道，更是传承文化、记载历史、讲述社会生活的一部实物史诗。

八大胡同

提起北京，就不能不提胡同文化，提到胡同，就不能不说八大胡同。

北京“八大胡同”主要指百顺胡同、胭脂胡同、韩家潭、陕西巷、石头胡同、王广福斜街、朱家胡同、李纱帽胡同，兴起于清朝中期，在清末民国年间达到鼎盛。八大胡同里，汇集了北京最有名的青楼楚馆，歌儿舞女、明妓暗娼各逞妖娆。对八大胡同，历史上有“销金窟，风流处，公子王孙集散地”的评价。其实，在当时的大栅栏一带，不止这八条胡同经营着歌舞妓院，只不过这八条胡同档次最高而已。

☆“OK”一词是怎样产生的？

OK本是西方人的口头禅，如今也成为中国人的日常用语。OK也可写成okey或O.K，发音不变。虽然大多数人会用OK一词，但对于该词的来历却知之甚少。

这个词最早被记录是在1839年，而它的产生则更早。关于其由来，大致有以下几个说法：

第一种说法是这样的：据说，在美国有一个铁路办事员叫欧贝德·凯利（Obadiah Kelly），每次与人交接货物在确认无误后，他会在单据上签下自己名字的首字母，也就是O.K。这一简单的做法得到了周围人们的认同，并不断为更多的人所接受。之后，美国电报局也采用这种签字方式作为验收电报的确认。因此，OK一词便被用来表达“准确无误”的意思。很多人对这个观点持怀疑态度，因为一个下层社会普通人的习惯是很难影响整个社会的。

第二种说法是说这个词来自林肯总统。据说林肯总统在签署公文的时候，经常把表达“完全准确”的 all correct 误写成 oll correct，并缩写成 OK 表示批准。由于林肯总统总用 OK 这个错误拼写，人们便将错就错，也加以使用。但是，也有许多人并不认同这个说法，他们认为作为美国历史上最著名的总统之一，林肯是不大可能犯这样的错误的。

第三种说法是学者们提出来的，他们认为 OK 一词是由中古英文 hoacky 演变而来的。这些学者认为，美语多来源于英语。在中古英语中，Hoacky 一词表示“最后一批收成”，故而可以表示“成了”或“罢了”的意思。随着时间的推移，Hoacky 有了 OK 之义。也就是说，OK 的产生，是在旧词上不断添加新的含义演变而来的。

OK 一词虽然众所周知，但是关于它来源的解释却一直没有一个公认权威的说法。虽然如此，OK 一词仍在一定程度上反映了美国的文化和民族特点。

☆美国“白宫”的名称是怎么来的?

美国白宫位于华盛顿市区中心宾夕法尼亚大街 1600 号。北接拉斐特广场，南邻爱丽普斯公园，与高耸的华盛顿纪念碑相望，是一座白色的二层楼房。白宫是美国总统的官邸和主要工作地。那么，白宫这个名称是怎么得来的呢?

白宫始建于 1792 年，耗时 8 年，于 1800 年 11 月 1 日竣工。白宫从前并不是白色的，也不称白宫，而被称为“总统大厦”或“总统之宫”。1792 年始建时是一栋灰色的沙石建筑。从 1800 年起，这座建筑成为美国总统在任期内办公并和家人居住的地方，但主持修建的美国第一任总统华盛顿并没有入住。在 1812 年第二次美英战争中，英国军队入侵华盛顿。1814 年 8 月 24 日，英军焚毁了这座建筑物，只留下了一副空架子。1817 年重新修复时为了掩饰火烧过的痕迹，门罗总统下令在灰色沙石上漆上了一层白色的油漆，从此以后，这栋总统官邸便一直被形象地称为“白宫”。1901 年，美国总统西奥多·罗斯福正式把它命名为“白宫”，白宫也成了美国政府的代名词。

▲美国白宫

200 年来，白宫风云深深影响了整个世界的历史，白宫建筑群也成了历史性建筑。

第十四章

文化拾遗

☆古人常说“大战三百回合”，什么是“回合”？

有人认为，古代作战，武将骑在马上，往来厮杀。一次交战的过程便是“合”，一次交战完成后退便是“回”，因此叫“回合”。大战300回合也就是大战300个来回的含义。这种解释有一定道理，但最初的“回合”却不是指骑马作战，而是指车战。

车战比大规模的骑兵作战要早，中国从商朝后期到西汉初期一直是以车战为主，在春秋战国时期更是普遍。当时衡量一个国家军队力量的强弱和国力大小经常就用“有车多少乘”来表达。车战以战车为基本单位，按照《司马法》的记载：车一乘有甲士3人，步兵72人。步兵就是徒兵，车上3人分别为“射”、“御”、“车右”。“射”是精通弓箭之人，在双方战车未接触前，拿弓箭对射；“御”负责驾驭马匹、驱动战车，一般为一车四马，中间两匹为服，左右两边的称“骖”；“车右”的职责为保护和警戒，手持长矛和坚盾，由勇力过人的武士担任。

“射”和“御”的人选一般为宫廷贵族，战车后面的徒兵为“国人”。战斗开始时，双方战车互相靠近，先拿弓箭对射，然后靠近后交战便是“合”，“合”就是“合战”，双方勇士各持长矛对刺。一“合”结束后，双方战车各自返回本军阵营，便是“回”的过程。战场上一来一往，便是一个“回合”。经过很多回合后，一方战败后撤退便不再“合”，另一方“回”后再“合”却又找不到作战对象了，所以这种战法想要活捉对方将领是很困难的。

到了汉武帝时候，由于频频与匈奴作战，骑兵逐渐取代了战车成为主要的兵种，但这种“回合”制的作战方式一直还保留着。此外，象棋中的“回合”也出自这里，指双方各走一步棋。

☆古代战争中双方士兵压住阵脚，将领进行决战的情形常见吗？

《三国志》中有大量“斗将”的描写。如曹操东征袁绍时，命张辽和关羽为先锋，至白马坡后，“羽望见（颜）良麾盖，策马刺良于万众之中，斩其首还，（袁）绍诸将莫能当者，遂解白马围。”在曹将张辽率领五百死士攻破孙权大营一战中，张辽“被甲持戟，先登陷陈，杀数十人，连斩二将，大呼自名，冲垒入，至权麾下”。另《三国志》注解中引《英雄记》称，郭汜攻长安，吕布对郭汜说：“且退兵，你我决一胜负。”于是二人对战，吕布以矛刺中郭汜。这是正史中有关“斗将”的描写，《三国演义》中这种情节就更多了，“斗将”似乎成了主要的作战方式。

那么古代到底有没有“斗将”呢？据《兵筹类要》载：“两阵既立，各以其将出斗，谓之挑战。”可见挑战和斗将是同一含义。这些在各类稗史、小说、笔记中记载颇多，但除《三国志》外，其他正史中提及较少。后来，清朝两位著名的考据专家王士祯和赵翼就从正史中发现了一些关于“斗将”的记载。

王士祯认为古代真有斗将之事，并非稗官之妄说。其引《剧谈录》说：“唐时白敏中征讨吐蕃，有一黑衣酋帅上前挑战，这时本军阵中有一员小将驰马而出，弯弓搭箭，射中其面，然后冲上前去抽剑将酋帅砍落马鞍。”此外王士祯还举了白孝德斩贼将刘龙仙及《五代史》中周德威生擒陈夜叉的例子作为证据。赵翼举的例子更多，他说《左传》中提到：鲁国公子友帅军在郦击败了莒国军队，当时公子友对莒挐说：“我们两人之间有仇隙，士卒何罪？”于是屏退左右而相互搏杀，莒挐被击败而活捉。这可能是关于“斗将”最早的记载。

此外，其他正史上也有一些关于“斗将”的记载，但并不多见。由此可见，“斗将”在历史上应该是存在的，正史虽然描述不多，但已经涉及了。只不过“斗将”并不是古代战争的主要形式，也不能决定整个战争的胜负。

☆古代处决犯人一般在秋季，叫“秋决”，为什么这么安排呢？

在古代，除了秦时一年四季都可以执行死刑，其他各代处决犯人都在入秋以后，这就是古时常说的“秋决”。当然，如果是重要刑犯或处于非常时期，也是要立即处决的。

各朝代行刑的具体月份，也是不一样的。西汉时，在十月至腊月间执行死刑，其他时间不能执行死刑。唐宋时期，除犯恶逆以上及部曲、奴婢杀主之外，其他罪均不得春季执行死刑，否则要判一年徒刑。唐宋时的法律还规定在“雨未晴、夜未明”的情况下也不得执行死刑。有人在计算后认为，唐朝一年里能够执行死刑的日子不到80天。

明代规定在秋分以后、立春以前执行死刑，若有在“立春以后至秋分以前处死刑者，杖八十”。那么，为什么要在秋后处决犯人呢？

古时候，由于科学文化的落后，对于人类社会和自然界的一些现象，人们不能正确解释。因此认为在人类和自然界万事万物之外存在着一个支配万物的造世主。灾害、瘟疫、祥瑞、丰年都是造世主赐予的，因而所从事的一切行为必须符合天意。设官、立制不仅要与天意相和谐，刑杀、赦免也不能与天意相违背。春夏是万物发育生长的季节，秋冬是肃杀蛰藏的季节，秋冬行刑，正是适应天道，顺乎四时。

这种思想发展到西汉，出了个儒学大师董仲舒，他说天意是“任德不任刑”，“先德而后刑”的，所以应当春夏行赏，秋冬行刑。从此，“秋冬行刑”被载入律令而制度化。

直到封建社会最后一个王朝清朝，也规定经朝审应处决的犯人，需在秋季处决。

“秋决”的具体月份随着朝代变更也稍有改动。西汉时期行刑的时间在农历九、十、十一、十二月；到了唐代，执行的时间定在十、十一和十二月。唐代这一规定一直为后世采用，直到清末。

☆凌迟为什么又叫千刀万剐？这种酷刑真的是将人割上千万刀吗？

凌迟是中国古代封建社会最惨无人道的刑罚。凌迟本来写作“陵迟”，是指山丘的缓延的斜坡，后来用作刑罚的名称，主要取缓慢之意，指用一种很慢的速度将人处死。

凌迟最早出现在五代时期，正式成为一种刑罚是在辽。金、元、明、清都将凌迟规定为法定刑。在明朝及明以前，这种刑罚主要用来处罚那些十恶不赦的罪犯，如谋反、大逆等。到清朝乾隆时期，一些触犯伦理道德的重罪，如打骂父母或公婆、儿子杀父亲、妻子杀丈夫等，也会被处以凌迟。

凌迟刑的历代行刑方法是有区别的。一般是切八刀，先切头面，然后是手足，再是胸腹，再是枭首，最后肢解。

明朝时期，凌迟超过了千刀。被凌迟处死的太监刘瑾，据说被割了三天，共3357刀。第一天割完后，刘瑾还喝了一点粥，第二天继续。

清朝时期，凌迟的刀数不同于明朝，并有几种不同的切法。

有切二十四刀的：一、二刀切双眉，三、四刀切双肩，五、六刀切双乳，七、八刀切双手和两肘间，九、十刀切去两肘和两肩之间部分，十一、十二刀切去两腿的肉，十三、十四刀切两腿肚，十五刀刺心脏，十六刀切头，十七、十八刀切双手，十九、二十刀切两腕，二十一、二十二刀切双脚，二十三、二十四刀切两腿。

也有切三十六刀、七十二刀和一百二十刀的。

凌迟刑是一种相当残忍的处刑方式，一刀一刀地割去人身上的肉，直到差不多把肉割尽，才剖腹断首，使犯人毙命，所以，民间也叫凌迟为“千刀万剐”。

清朝光绪年间，大臣沈家本在修订法律时，奏请删除凌迟等重刑，得到清廷准奏——凌迟、枭首、戮尸等法“永远删除，俱改斩决”。

☆古人常以“七出”之罪休妻，“七出”是什么意思?

“七出”是中国古代法律和礼制规定的男子休妻的七种条件。妻子只要触犯其中任何一种，丈夫或夫家便可以提出休妻。具体是：1. 不孝顺公婆，此被认为是“逆德”。2. 无子，即妻子不能生儿子，被休理由是“绝世”。在中国古代，某种意义上，结婚就是为了传宗接代，不能生儿子，婚姻便失去了意义。不过因古代实行一妻多妾制，真正为此休妻的不多。3. 淫，即妻子红杏出墙，被休理由是“乱族”。古人认为这会造成后代在血缘和辈分上的混乱。4. 嫉，理由是“乱家”。因古代实行一妻多妾，妻子嫉妒会造成家庭不和。5. 有恶疾，指妻子患严重疾病，其理由是“不可共粢盛”。是指不能一起参与祭祀，这显然有些借口的性质。6. 口多言，指妻子搬弄是非。其理由是“离亲”。在古代，涉及家族中事，都由男子议定，女子被视作外人，不让插嘴，一旦插嘴便被认为是破坏家庭和睦。7. 窃盗，即偷东西。理由是“反义”，即违背义理。

“七出”的内容在汉代已经基本形成，当时叫作“七去”，只是民间约定俗成的规矩。至唐代，则形成法律制度，但并不严格执行。自宋代起，其执行才逐渐严格。可以看出，“七出”完全从男方立场和利益出发，是一种维护夫权的法律与民俗。“七出”几乎贯穿于整个封建时代，直到20世纪30年代才被国民政府完全废除。

☆“五行学说”是怎么回事，为何按“金木水火土”排序？

“五行学说”，是中国古人用五个文字符号代表物质能量的形态间相互关系及运动变化规律的学说，是中国古代的一种物质观。该学说大概发源于战国时期。“五行学说”认为宇宙万物都由木、火、土、金、水五种基本物质的运行和变化所构成。随着这五个要素的盛衰，大自然产生变化，宇宙万物循环不已。

需要指出的是，“五行学说”中的“五行”并不仅仅指具体的五种物质，而是根据事物的不同性质、作用和形态，采用“比象取类”的方法，将宇宙间所有事物或现象大体上分为五类，分别归于金、木、水、火、土五行之中。“五行”之间有其内在的联系，首先体现为相生、相克理论。在相生关系中，金生水，水生木，木生火，火生土，土生金；在相克的关系中，金克木，木克土，土克水，水克火，火克金。除此之外，五行之间还存在相乘、相侮、制化、胜复的关系。古人运用五行和五行之间的复杂关系，认识宇宙并将宇宙万物的内在运行规律化。

“五行学说”的产生和五行观念的形成，对中国古代哲学和中国人的世界观、生活方式都产生了极其深远的影响。中国先贤把五行理论运用于医学领域，以五行辩证的生克关系来认识、解释生理现象，通过掌握人体运行机制来防病、治病。比如：肝主升而归属于木，心阳主温煦而归属于火，脾主运化而归属于土，肺主降而归属于金，肾主水而归属于水。当代仍有中医在研究“五行”在医学上的进一步运用，以期医治西医无法解决的疑难杂症。另外，中国人在占卜、取名时也往往要运用到“五行学说”。在算命术中，往往通过一个人的出生年月日时所对应的天干地支配起来的八个字，推算此人的命属于某种“命”，比如“水命”；还可推算出此人命中五行缺什么，然后在名字中通过某个字加以弥补。比如鲁迅小说《故乡》中便有这种情况：“闰土五行缺土，因此取名为闰土。”除此之外，季节、方位等万事万物都可以按“五行”归类。

关于五行的排序，有多种排法，其中按相生的顺序为“木火土金水”，按相克的顺序则为“水火金木土”，而“金木水火土”这种排法却找不到内在规律上的依据，之所以在人们口中流行，大概是因为念起来比较顺口吧。

☆有人把中国正统思想儒学称为“儒教”，能这么说吗？

中国的儒家学说究竟是一个学术流派，还是一种宗教，学术界历来争论不一。

认为儒家是“儒教”的人认为，儒家学说本来只是一门学问，但自从汉武帝利用政治权力定儒教于一尊，孔子学说便宗教化了。孔子的言论因为政治的强制而成了不容置疑的类似于戒律的东西。隋唐时期，“儒”开始与“释”、“道”并称为三教。在封建政权的支持下，儒教体系最终完成于宋代。它以中国封建伦理“三纲五常”为中心，吸收佛教、道教的宗教思想和修养方法，信奉“天地君亲师”。有当代学者专门撰文《儒教就是宗教》，从崇拜对象、戒律、因果规律、天命观、修炼方法5个方面找出儒家与基督教的类同之处，以此证明儒学就是“儒教”。

还有学者则从“儒教”与基督教的修道者在具体行为方面的相似之处，证明儒学是宗教。比如，他们指出：基督徒是指跟随耶稣或其传人（彼得、保罗等）修道的人，他们吃斋、持戒、祷告修行，爱人如己、敬畏上帝、向往天国，并且有着同样理想、信念，并遍布全世界。而中国古代儒教所称的君子也同样是这样的人，他们不在意物质生活，爱人，严格管制自己的思想和行为，重视“省吾身”，信奉天命。并且，他们还有与众不同的“儒生”打扮。这些行为与基督徒非常类似，而一般的学术派别只是一种思想，而很少有如此完备的行为规范以及终极信念。

但又有许多学者认为儒家并非“儒教”，而只是一个学术派别。他们提出：“儒”这个字，原本是古代对学者的尊称，它的字义是“优”及“和”的意思，说他们的思想学问，能够安定社会，说服别人。所以它只能称为“儒家”。宗教的特质是要完全地改变人们的生活方式，追求彼岸的解脱，而儒家是典型的此岸哲学，强调人而非神明，注重现世现实。并且宗教必须是“先验”的，超自然的，会有一个“创世说”，但儒家没有，它只是一套逻辑演绎的体系。因此，总的来说，儒家只是一门与宗教有相似之处的学术派别，本质上并非宗教。

“儒”字的解释

《说文解字》对“儒”的解释是：“‘儒’，柔也，术士之称。从人，需声。”中国人自古以来重视丧葬礼仪，这种广泛的社会需求促成了一个特殊的社会阶层——“儒”。

在中国古代社会，最晚到殷代开始有了专门负责办理丧葬事务的神职人员。这些人就是早期的“儒”，或者称为术士。他们精通当地的丧葬礼仪习俗，时间久了，便形成了一种相对独立的职业。但是，由于这种职业地位低微，没有固定的财产和收入，做事时还要仰人鼻息，所以形成比较柔弱的性格，这就是“儒”的本意，即柔。

“儒”这一名词的最早记载应该是在《论语·雍也》。孔子告诫他最得意的学生子夏说，要当就当“君子儒”，千万不要当“小人儒”。此后，“儒”这个词逐渐摆脱了它的原初含义，而逐渐独立为“孔门”的专用术语。

☆中国人把历代先人称为“祖宗”，“祖宗”的具体含义是什么呢?

在外国人眼中，中国人有个异常怪异的行为，便是崇拜祖宗。的确，中国人的宗教信仰比较淡漠，却有着根深蒂固的祖宗信仰。一个人做出了成就，最大的荣耀便是光宗耀祖；而一个人做了丢人之事，也被说成是给祖宗丢脸。历史上那些集体移民到海外的中国人，往往刚刚稳定下来，别的先不急，第一件要做的便是建起祖宗祠堂。中国人崇拜祖宗，与祖宗的具体含义密切相关。

现在大部分的中国人可能都以为只要是自己的先人都是祖宗。其实，严格讲的话，并非所有的先人都可称为祖宗，祖宗乃是对先人中有功德者的尊称。《礼记·祭法》记载：“有虞氏禘黄帝而郊喾，祖颛顼而宗尧。”孔颖达对之注释道：“祖，始也，言为道德之初始，故云祖也。宗，尊也，以有德可尊，故云宗。”可见，祖宗乃是指那些有道德的先人。

另外，《文选·班固》言：“宏亮洪业，表相祖宗。”蔡邕注：“始受命为祖，继中为宗，皆不毁庙之称也。”这里所说的不毁庙，有个背景。周代时实行天子七庙制度，即在位天子一般供奉六世祖以下历代先人，但因有功德而有“祖”、“宗”庙号的祖先庙世世不毁，这些宗庙不列在七庙常数中，并且数量不预先限定，有多少算多少。例如汉代“世功莫大于高皇帝，德莫盛于孝文皇帝。高皇帝宜为帝者太祖之庙，孝文皇帝宜为帝者太宗之庙”。在这里，祖代表“世功”，宗代表“德行”。简单说，打天下的开国皇帝庙号一般都带个“祖”字，如宋太祖、明太祖；而守天下比较贤能的皇帝庙号都带个“宗”字，如宋太宗、明宣宗。因此“祖宗”指的是那些有道德或者有文治武功的皇帝。

综上可见，中国人崇拜祖宗本是崇尚德行、缅怀功绩的意思，目的大概是对于自己的一种鞭策。

☆“唯女子与小人为难养也”这句话是什么意思?

这句话出自《论语·阳货》：“子曰：‘唯女子与小人为难养也！近之则不逊，远之则怨。’”对于这句话的理解，历来众说纷纭，尤其因其似乎存在歧视妇女的观念而成了孔子备受争议的一句话。

《论语》的大部分注解，都将“女子”理解为一般的女人，把“小人”理解为与“君子”相对应，德行不好的人。南北朝时期皇侃的《论语义疏》将这句话解释为：“君子之人，人愈近愈敬；而女子与小人，近之则诚狎而为不逊从也。

君子之交如水，亦相忘江湖；而女子小人，若远之则生怨恨，言人不接己也。”说君子和人交往时，别人越亲近他，他越恭敬别人。而女子和小人，别人亲近他们，他们就会对别人失去恭敬心，变得放肆；君子之交淡如水，即使彼此因为距离远没有来往了，友谊依然存在。而女子和小人，别人若疏远他们，他们就会产生怨恨，抱怨别人不和他们来往。

南宋的朱熹则提出了不同的见解，认为“此小人，亦谓仆隶下人也。君子之于臣妾，庄以莅之，慈以畜之，则二者无患亦”。朱熹将“小人”理解为奴仆下人，将“女子”理解为小妾。并提出建议，认为君子对于这两种人若慈爱和庄重并举，就不会有孔子所说的麻烦了。到了近代，又有学者提出了新的理解，认为“女子”就是指普通的妇女，而“小人”则是指那些不知不学的人。小人因为没有自己的精神，女子因为经济地位不独立，他们的共同特征便是没有自己独立的人格，过分在意别人的眼光。因此孔子这样说并非歧视，只是一种客观的看法。

此外，还有人从句法结构上解读这句话，认为“近之则不逊，远之则怨”是“女人与小人”的定语，因此并非所有的女子与小人都难养，只是“近之则不逊，远之则怨”的“女子与小人”难养。

☆古人把人分为“君子”和“小人”的标准是什么，体现了怎样的思想?

古人之所以将人分为“君子”和 “小人”，完全是继承了孔子的说法。而其标准也大体上是按照孔子针对这两种人的言论而定，只是后来逐渐有所发展完善，形成了一种普遍而固定的说法。

孔子的言论中对于“君子”和“小人”的说法相当多。按照孔子的说法，“君子”与“小人”首先不一样的地方在于“畏”。“君子有三畏：畏天命，畏大人，畏圣人之言。小人不知天命而不畏也，狎大人，侮圣人之言。”这里提出了君子不以自己为大，心存敬畏，敬畏天命，敬畏有德行的人，敬畏圣人的教诲；而小人在内心里以自己为大，没有敬畏，不信天命，不敬畏圣人，任意而行。这里道出了君子、小人深层心理上的区别。

其次，君子的行为与小人的行为的出发点不一样：“君子喻于义，小人喻于利”。君子行事是依据道义所在，超脱自己的利害得失和好恶，如同孔子所说：“君子之于天下也，无适也，无莫也，义之于比。”意思是君子对于天下之事，没有一定执着的，没有一定否定的，只按照“是否合乎道义”的原则来衡量。而小人则是按照一己的利害行事，所谓“拔一毛而利于天下，不为也”。这里从行为动机上道出了君子与小人的区别。

还有，“君子和而不同，小人同而不和”。意思是君子之间见解不一定相同，各自拥有独立的思想，却可以相处得很融洽；而小人之间因为没有自己的精神坚持而显得彼此相同，却不和睦，这里从人际关系的处理上说出了君子与小人的区别。“君子坦荡荡，小人常戚戚”，君子因为不在意得失而内心坦荡，小人因为在意得失而经常表现得很忧虑，这是“君子”与“小人”在外在精神状态上的区别。另外，还有“君子上达，小人下达”、“君子周而不比，小人比而不周”，等等。

总之，古人主要是根据一个人的德行、心胸以及是否心怀道义来评价一个人是“君子”还是“小人”。这种分法体现了古人重视责任、道义以及德行的儒家伦理道德观念。随着时代的演变，“君子”与“小人”逐渐简单化，分别指“品德高的人”与“品德低的人”。时至今日，“君子”一词则很少有人提了，“小人”的人格标准则进一步下降，多指人格卑鄙的人。

☆什么是“气数”，人们为什么说濒临灭亡的事物“气数已尽”？

在古典小说中，经常可见“气数”一词。比如在明代小说《封神演义》第一回中，纣王到女娲宫进香，看到女娲娘娘塑像漂亮，于是在墙上留了首淫诗。女娲娘娘真身归宫，见题诗大怒，骂道：“成汤伐桀而王天下，享国600余年，气数已尽。”那么，“气数”究竟是什么意思呢？

从逻辑上看，气数似乎是一种常人看不出来的深层次的必然性。拿商纣王举例，商纣王之所以丧国，并非是偶然的，而是一种必然。即商纣王即使并非昏庸残暴之君，而是一个有作为的明君，他仍然要亡国。事实上，在我国古代，存在一种重要的思想，便是“气运”，即气数与命运。其中命运往往针对个体生命而言，而气数则往往被用于解释王朝更替，两者其实是一个原理。就气数而言，所谓“气”，就是万事万物变化运行的背后是无差别、无分别的基本物质。“气”运行的表现形式与结果就是“数”的演化与分布——形成世界的现实秩序。形象点说，原子是构成万物的物质性的基本微粒，而气则是构成万物的精神性的微粒。并且，气这种微粒随时都处于运动变化之中，这种量变性的运动达到质变之后，便通过数表现出来。因此，气是内在原因，数是外在表现；气是量变，数是质变。气数便同时包含了事物的内在状态与外在表现。

而古人还认为，在气之下，有个更为深层次的“理”，所谓“理在气先”。古人以为是“理”在轨导着“气”的运行。而这个“理”，乃是一种先验的存在。因此，气数遂变成了事物发展之前预先设置的“天数”“定数”。事物的存在便必须在此“定数”之内，有固定数目的气数一旦尽了，事物便必然会死亡。而这种气数是否已尽世人并不能看出，但一旦这个事物眼看要灭亡了，人们便通过这个“气数原理”反推出该事物气数已经尽了。

☆ 古人没有钟表，他们是如何计时的，使用的计时工具是什么？

我们现代人都使用钟表进行计时。现代意义上的钟表是西方人的发明，传入时间是在明末清初的 17 世纪。那么在更早的时候，我们的祖先靠什么来计时呢？

人们最初使用的是一种叫“圭表”的计时器，它是一种依靠计算日影长度来计时的工具。所谓“圭表”由两部分组成：直立在地面测日影的标杆或石柱叫作表，南北放置测量表影的刻板叫作圭。时间又被称为“光阴”，意即太阳在地上留下的阴影，光阴一词就和圭表有关系。

▲早期的石英钟

在圭表的基础上，人们又发明了“日晷”，还是以光的投影来判断时刻。日晷由一根晷针和一个刻有刻线的晷盘组成。当太阳的方位变动时，晷针在晷盘的投影所指的方向也不一样。古人根据长期的观察，确立了十二个时辰所对应的日影方位并以此来判断时间。比如“午时三刻”指的其实就是日晷盘午时位置的第三个刻度。

圭表和日晷都是利用太阳来计时的方法。但碰到阴雨天如何计时呢？古人发明了“漏刻”的方法。“漏刻”就是利用水流的均衡性原理，在壶里盛水，通过观察壶上刻有时间的标尺（叫刻箭）位置来判断时间。“漏刻”的方式由于不受天气和气候的影响，在中国民间长期被广泛使用。

机械动力的计时器在中国古代也是存在的。宋代苏颂在张衡发明的水运浑天仪的基础上改造完成的水运仪象台可以准确报时，并显示十二个时辰。除此外，还有香篆、油灯钟、蜡烛钟、沙钟等计时工具。17 世纪后，西方更为精密的钟表传入，人们逐渐放弃了原有的计时工具。

在计时方法上，古人采用百刻制的方式，即将一昼夜均分为一百刻，一刻约等于 14.4 分。隋唐时期发明了十二时辰计时。西方钟表传入中国后，为适应 24 小时计时的方法，百刻制改为 96 刻制；一个时辰两个小时，一个小时四刻。

☆人们为何要从冬至开始“数九”，全国各地都有哪些有趣的“数九歌”？

“数九”是中国民间的一种习俗。产生时间很早，在南北朝宗懔《荆楚岁时记》就有“俗用冬至日数及九九八十一日，为寒尽”的句子。意思是从冬至日开始顺数九个九天，共八十一天，就是寒尽的日子。古人以此作为春耕的依据。

“数九”是劳动人民长期与恶劣的自然条件做斗争的产物。为了描述“数九”气候和温度变化，古人在细心观察的基础上制作了“数九歌”。由于中国地域辽阔，各地自然地理存在一定差异，所以“数九歌”的内容也不尽相同。

中国北方民谣：“一九二九冰上可行走，三九四九掩门叫黄狗，五九六九开门缩颈走。七九河开，八九雁来。九九又一九，犁牛遍地走。”

浙江沿海地区的九九歌为：“一九二九，棒打不走；三九四九，滴水不流；五九四十五，穷汉街头舞；六九五十四，篱笆抽嫩枝；七九六十三，破衣两头担；八九七十二，猫狗寻荫地；九九八十一，飞爬一起出。”

湖南的九九歌：“初九二九，相逢不出手；三九二十七，檐前倒挂笔；四九三十六，行人路途宿；五九四十五，穷汉阶前舞；六九五十四，枯桠枝发嫩刺；七九六十三，行人路上脱衣裳；八九七十二，麻拐子田中嗝；九九八十一，脱去蓑衣戴斗笠。”

江苏太湖一带的九九歌则以讲述农事活动为主：“一九二九，背起粪篓；三九四九，拾粪老汉沿路走；五九六九，挑泥挖沟；七九六十三，家家把地捡；八九七十二，修车装板儿；九九八十一，犁耙一齐起。”

▲“九九消寒图”

地域不同，九九歌的内容也不尽一致。人们经过长期的研究后也总结了不少规律。如俗谚云“头九暖，九九寒”，意思是人们如果发现头九天暖和，则跟着来的整个冬天都会特别冷。《燕京岁时记》中说：“冬至三九则冰坚。”《京房易占》说：“冬至之后，三十日极寒。”一般“三九”到“四九”这段时间气候最寒冷。

☆“七月流火”出自何处，是不是指天热得像下火一样？

“七月流火”是用来说明节气、气候的。它出自于《诗经·豳风·七月》：“七月流火，九月授衣。一之日觱发，二之日栗烈，无衣无褐，何以卒岁？”《辞海》这样解释“流火”：流，指移动、落下；火为星名，也就是二十八宿中的心宿星。

早在3000多年前，人们使用的历法为太阴历，七月指的是阴历的八九月份，此时正值夏转秋季节。在这个季节里农民准备收割粮食，置备御寒衣物。诗经中所反映的是农民辛勤劳作了一季，转眼到了收获的季节，农历的七月里，时至黄昏，心宿星渐渐向西偏落下去。意在说明天气转凉了，暑气渐退，引出后面的“九月授衣”。

若要断章取义，而后的“二之日栗烈，无衣无褐，何以卒岁”就没有办法解释了。这一点孔颖达也作过相关评论：“于七月之中有西流者，是火之星也，知是将寒之渐。”因而，农历的七月里，骄阳似火的天气就不容易出现了。

在天文器械还不完善的古代，人们通过对日月星辰运行的变化、物象和气象的变化进行观察来确定农时。所以大学者顾炎武在《日知录》一书中写道：“三代以上，人人皆知天文。‘七月流火’，农夫之辞也。”如此一来，在盛夏大喊“七月流火”的人，可要留下笑柄了。

二十八宿

“七月流火”中所说的大火星，指的是二十八宿中的心宿星，那么二十八宿指的是二十八颗星吗？

关于二十八星宿，最早记载于《尚书·尧典》，二十八星宿，又名二十八舍或二十八星，二十八宿是一种恒星群系统，它把赤道和黄道一带南中天的恒星分成了二十八群，从角宿开始，由东向西，与日月同向运行。民间有天帝派四兽守卫人间的传说，因此古人把二十八宿分为四象，每象七宿。即东方称青龙：角、亢、氐、房、心、尾、箕；南方唤朱雀：井、鬼、柳、星、张、翼、轸；西方作白虎：奎、娄、胃、昴、毕、觜、参；北方名玄武：斗、牛、女、虚、危、室、壁。

☆人们把造纸术的发明归功于蔡伦，难道在蔡伦之前真的没有纸张吗？

“造纸术”是中国古代的四大发明之一。它的出现，是中华民族对于世界文明的重大贡献。隋唐时期，中国封建社会繁荣，商业贸易非常发达。很多阿拉伯商人来到中国，将学到的造纸术经由丝绸之路传到欧洲。

造纸术相传为东汉的蔡伦所发明，人们也因此将植物纤维纸张叫作“蔡侯

▲蔡伦像

纸”。其实，蔡伦只是造纸术的改造者，纸张早在西汉初年就出现了。只不过后人为了缅怀他的功绩，普遍认同他是造纸术的发明人。根据考古方面的资料，迄今发现最早的纸张出土于新疆维吾尔自治区罗布淖尔古烽燧亭中，年代不晚于公元前49年。后来又在西安市、陕西扶风、甘肃敦煌等地相继发现西汉时期的纸张。这些都说明早在蔡伦改进造纸术前，中国已经有纸张的存在了。

许慎在说文解字中说：“纸，从‘丝’旁。”可见，最初的纸张可能是以丝帛为原料的。在《汉书·赵皇后传》中记载：皇后赵飞燕嫉妒成帝妃曹伟能生皇子，于是用“赫蹄”纸包裹毒药赐死她。这里的“赫蹄”可能是用丝帛打浆制成的一种名贵的纸张。

最初制纸的原料较为贵重，所以民间很少采用。蔡伦改进了造纸术。他用树皮、麻头、破布、旧渔网等材料，通过挫、捣、抄、烘等手段提取植物纤维，终于制成了质地优良、价格便宜的纸张，这是现代造纸术的鼻祖。原料获取的廉价和制作的方便使蔡伦的造纸之法很快在民间得到推广和发展。纸开始由王宫贵族的案头走向寻常百姓之家，为文化的昌盛和繁荣创造了条件。

第一位造纸的肯定不是蔡伦，但蔡伦对于造纸术的改进却让更多的人受益，而且现代意义上的造纸术也是从他那里产生，所以今天认为他为造纸术的发明人。

☆中药店为什么称“堂”而不称“店”，这个叫法从何而来?

中药店为什么叫“堂”呢？这个称呼究竟是从何而来的？

相传这与“医圣”张仲景有关。张仲景，河南南阳人，生于东汉桓帝元嘉、永兴年间（约150～154年），死于建安末年（约215～219年）。曾为长沙太守，有张长沙之称。张仲景年轻的时候就博览群书，尤其喜欢医书，其同乡何颙曾称赞他：“用思精而韵不高，后将为良医。”

张仲景生活在东汉末年，当时朝政腐败，民不聊生，人民颠沛流离。全国各地相继暴发瘟疫，洛阳、南阳等地疫情严重，“家家有僵尸之痛，室室有号泣之哀”。其中伤寒病占到70%。张仲景立志改变这种现状，在《伤寒论》中他表达了自己的理想和抱负：“上以疗君亲之疾，下以救贫贱之厄，中以保身长全，以养其生。”

他刻苦钻研，认真研究了《素问》、《灵枢》、《难经》、《阴阳大论》、《胎胪药录》等古代医书，师从同宗张伯祖，尽得其真传，在医学上有很高的造诣。在长沙担任太守期间，当地疫病流行，他索性在官府大堂上给人看病，分文不取。在给病人开具的药方上，他经常在自己名字前加上“坐堂医生”几个字，以示自己治病救人的决心。

张仲景后来辞官隐居，潜心研究医学，终于写出传世医学巨著《伤寒杂病论》，被后人尊称为“医圣”。其人品和医学成就都是非常令人敬仰的，后代中医为了纪念他，也把自己开的药铺称为“堂”，时间长了就成了中药店的代名词。

☆ “大夫”、“郎中”都是官职名，人们为什么拿来称呼医生？

中医有很多别称，古代有“岐黄”、“杏林”等称呼，宋代以后人们又用“大夫”、“郎中”称呼医生。“大夫”、“郎中”本义指官名，为何用来称呼医生呢？

“大夫”，中国古代官职名。始于西周。当时朝中官员分卿、大夫、士三级，大夫能够世袭且有自己的封地。秦汉以后，中央要职有御史大夫，级别稍低的有谏议大夫、中大夫、光禄大夫等。唐宋尚有御史大夫及谏议大夫之官，至明清废。

“郎中”最初为皇帝随从的官员。战国时期开始设立，主要担任保卫、建议等职能。隋唐以后，国家实行三省六部制，各部下设司，各司长官即为“郎中”。其职能与战国秦汉有很大区别。据《明史》卷七十二《职官一》载：工部下设“营缮、虞衡、都水、屯田四清吏司，各郎中一人（正五品），员外郎一人（从五品），主事二人（从六品）”。

可见，这两个名称本来指官职，产生时间很早。那什么时候开始用“大夫”和“郎中”称呼医生的呢？医生最初的含义又是什么？

医生现泛指一切以行医为业的人，但最初却是指医科的学生，始见于《唐六典》：“医生四十人。”唐朝学堂始开医科，招收学生。

宋朝医事制度和医学教育高度发展，掌管医疗事务的官员不断增多。当时，国家将翰林医官院的医官定为七级二十二种，如和安大夫、成和大夫、成全大夫、保安大夫等。由此，人们开始把医生称为“大夫”。五代以后，官职逐渐泛滥。人们为了表示对医生职业的尊敬，便称医生为“郎中”、“大夫”。

在使用地域上，存在一定的差别。“大夫”一般在北方地区使用，“郎中”在南方使用得更普遍些。从这里我们也可以看出，医生这个职业在古代地位是比较高的。

☆古人是怎么验尸的呢?

现代社会，有专门的法医进行“开棺验尸”的工作，然后出具尸检报告，据此进行侦查或提取证据。古代科学技术并不发达，但为了破案和获得证据有时也需要进行验尸。那么，古人是如何进行验尸的呢?

在长期的实践中，人们逐渐摸索出一套行之有效的验尸方法。在中国历代关于刑讼的著作中均有记载，如五代时和凝父子编撰的《疑狱集》、宋代郑克编撰的《折狱龟鉴》、宋代桂万荣所著《棠阴比事》、清代胡文炳撰编的《折狱龟鉴补》等，其中尤以宋慈编撰的《洗冤集录》最著名。

古代司法人员验尸，会事先准备糟醋、葱、川椒、食盐、蜡梅等。因为人死后一般皮肤会泛出青色，不容易辨认伤口，这时只要在可疑部分用水把皮肤洒湿，将葱白捣碎敷在伤口上，然后用纸蘸醋盖上约一个时辰，用水洗净，伤口则显现。如果尸体青黑，则用滴水法。水滴在伤口处，停滞不流；完好的皮肤较松软，水会自动流走。

检验尸伤或骨伤，如果看不到伤痕，先用糟醋洗敷全身，然后抬到露天处，对着太阳光用新油过的丝绸或雨伞看，就能发现伤口。阴雨天则燃起炭火，隔着照，有同样的效果。如果以上诸法都不奏效，则将白梅与葱、川椒、食盐和在一起捣碎，做成饼子放在火上炙烤。再用一张纸贴在要验看的地方，将白梅饼在上来回熨烙，伤痕就会显现出来。

法医学起源于西方，后来引入中国。而今，人们更多利用现代科学知识来进行尸检，并形成一个专门的学科分类，为案件的侦破起到了很好的帮助作用。

☆古代为什么把接生婆叫“稳婆”，她们还有别的名称吗?

“稳婆”是旧时民间以替人接生为业的人，一般为中年妇女，又叫“隐婆”、“产婆”、“收生婆”、“接生婆”、“老娘婆”等。

“稳婆”作为一种职业，最早形成于东汉时期。唐宋时期，稳婆已非常普遍。由于官方选拔稳婆既要求良好的体质，还要求有良好的容貌，所以称“稳婆”，含有稳定、顺利、母子平安等含义。从事稳婆行当的人一般在门前都挂有“快马轻车，某氏收生”的招牌，意思是说送子娘娘马快车轻，收生婆眼明手快。

稳婆职业的兴盛，与中国传统伦理观念十分密切。在中国古代，生儿育女、传宗接代是头等大事，“不孝有三，无后为大”就是讲传递香火的重要性。无论帝王将相还是平民百姓，都非常重视分娩和胎儿的顺利生产。在分娩前期，

▲养育皇子

稳婆就被早早地请来，早早做好准备；接生的时候，门窗紧闭，任何人都不能随便进出。

稳婆一般随身携带刀、剪之物。如果婴儿顺利生产，就剪除脐带，收拾胞衣，并用清水洗净后穿好衣服，向主人家报喜。如果遇到难产、横生、倒产等情况，就很考验稳婆的技术和水平了。

总之，稳婆类似于现在的妇科医生。在没有现代医疗技术条件之前，中国民间一直有“稳婆”职业的存在。它的存在有利于胎儿的顺利分娩，在历史上的作用值得肯定。

☆古代衣服是如何表示贵贱的?

现代生活中，对穿衣并没有条条框框的限制。那么在古代，人们也可以随心所欲地穿衣服吗?

以等级制度森严著称的古代，当然不允许人们想穿什么就穿什么。这不但是法律制度的规定，还是封建礼制的要求。按照礼法要求，人们不仅要注意言谈举止，更为重要的，是要“量体裁衣”，穿适合自己身份等级的衣服。如若不然，甚至可能引来杀身之祸。

关于古代服饰划分等级的分类，大致有以下几种：

材质表贵贱。在古代，平民百姓是没有资格穿绫罗绸缎的。通常，只有皇室宗族、达官贵人能够身着锦帛。没身份、没地位的黎民百姓只能穿粗布麻衣。因而，古代的平民百姓又被称为“布衣”。

颜色明地位。上古时期，人们以黑白为主色，黄色为贵色。后来，黄渐渐成了皇家专属，红为吉色。这在服饰文化上，也有所体现。史书中所载的“白衣”、“乌衣”便是身份地位较低的人所着服饰。“白衣”指的是没有官职的平民，也指未考取功名的读书人；“乌衣”通常指的是地位较低的胥吏所穿的黑服。而像“朱绂”、“紫绶”之类，则指的都是地位较高的人。晚唐诗人韦庄有诗云“朱绂皆大夫，紫绶悉将军”。另外，在官场中，通常穿青绿官服的，多为六品以下官员；着紫红官服的，大都为五品以上。

纹饰划等级。这种等级划分标准通常适用于官场，这样说，是因为纹饰划分等级主要体现在官员所穿的服饰上。据史料记载，天子所穿之服，也就是龙袍，上面绣有日、月、星、辰、山、龙、雉、宗彝、水草、火、粉米、黼（釜形）、黻（亚形）。取其九五至尊，庄重威严，光明贤德之意。诸侯之位，所着服饰纹饰绣以龙以下的图案；士族则只能用水草、火两种图案。

衣服长短显身份。“孔乙己是唯一一个穿长衫，站着喝酒的读书人。”说明穿长衫的人有一定的身份地位，本该坐着喝酒的。诸如伙计、下等人之类，则只能穿短衫，站着喝酒。可见，在古代，人们穿衣的要求是很严格的。

☆胡萝卜何时传入中国?

胡萝卜具有很高的营养价值。除了煲汤、炖肉外，它还具有治疗夜盲，保护呼吸道等药用价值。它为什么叫“胡萝卜”？是何时传入中国的?

胡萝卜又称甘荀，原产亚洲西南部，在阿富汗的栽培历史可追溯到2000年前。胡萝卜富含胡萝卜素，20世纪时，人们认识了胡萝卜素（含丰富维生素A）的营养价值，从而提高了胡萝卜的身价。

胡萝卜于公元10世纪从伊朗引入欧洲大陆，15世纪见于英国，16世纪传入美国。胡萝卜从伊朗引入中国是在13世纪的宋元时期，并于16世纪从中国传入日本。同时期传入中国的还有越南的占城稻、红薯、马铃薯、玉米等农作物。这是宋元时期我国对外交流加剧的表现。

“胡”在汉语中指的是北方或西域的少数民族，后来词义演变，人们把外国人统称为“胡人”。把胡人的衣服叫“胡服”，胡人不遵守礼仪和原则说的话或做的事叫“胡说”、“胡作非为”。这种从西域引入的萝卜就被称为“胡萝卜”。

☆俗话说“人吃五谷杂粮”，其中的“五谷”具体指哪几种农作物?

“五谷”是粮食作物的总称。俗话说“人吃五谷杂粮”为生，那些整日享乐，不知民间疾苦的纨绔子弟被讽刺为“四体不勤，五谷不分”。那么，“五谷”具体指哪五种粮食作物呢?

早期人类种植的谷物有上百种之多，比《论语》成书更早的《书经》中，只见“百谷”，没有“五谷”之说。从“百”到“五”经历了漫长的历史演变，一是受当时阴阳五行学说的影响，人们以“五”代指所有谷物。另外也反映出人们经常长期实践，逐步确定了5种最主要的粮食品种。

“五谷”有两种说法。一说认为指稻、黍（黄米）、稷（粟，谷子）、麦、菽（大豆）；另一种说法是麻、黍、稷、麦、菽。二者的区别在于前者有稻无麻，后者有麻而没有稻。麻籽虽然可以供食用，但是主要是用它的纤维来织布。谷指的是粮食，前一种说法没有把麻包括在五谷里面，比较合理。但是从另一方面来说，当时的经济文化中心在北方，稻是南方作物，北方栽培的有限，所以五谷中有麻而没有稻，也有可能。

五谷的争论主要集中在“稻”和“麻”上。我们更认同“稻”而非“麻”，因麻确非主要粮食作物，而北方无“稻”则说“稻”非“五谷”也有失偏颇。实际上，春秋战国时期南方的楚国和吴越并不比北方的诸侯弱，夏商的文献中也存在大量南方的记载。

后世有将两种说法结合起来，得出稻、黍、稷、麦、菽、麻6种作物。战国时代的名著《吕氏春秋》里有4篇专门谈论农业的文章，其中“审时”篇谈论栽种禾（稷）、黍、稻、麻、菽、麦这6种作物的情况；“十二纪”篇中说到的作物，也是这6种。

☆从古至今，人们的饮食都是三餐制吗，“一日三餐”的说法从何而来?

俗话说：人是铁，饭是钢，一顿不吃饿得慌。现如今，人们的饮食大都是一日三餐制，那么，古人也是实行这样的饮食制度吗?

在秦汉以前，人们一天通常吃两顿饭。由于当时的生产力比较落后，人们经常食不果腹，所以，即使是一天两顿饭，也不是人人都能享受得到的。这还要根据家庭，以及人们的地位而定。

一般情况下，人们在9点到11点左右吃第一顿饭，这顿饭被称为“朝食”或“饔”；下午4点左右，人们进行一天中的第二餐，这顿饭被人们称为“飧”或“食”。《孟子·滕文公上》记载说：“贤者与民并耕而食，饔飧而始。”也就是说，一天吃两顿饭，以朝食为开端，飧食结束。吃过了飧食，也就意味着一天结束了。

其实，人们实行一天吃两顿饭的餐制，除了粮食有限这个原因外，还受其他因素影响。据《论语》记载，如果人们私自开了小灶，没有在饭点吃饭，便是违反礼仪规范的行为。如此看来，一日两餐准时准点吃，还是礼仪规范的内容。按照相关规定，如果人一天之内能吃上第三顿饭，多是获得某种特殊奖励。《史记》就曾记载刘邦学项羽三餐犒赏士兵，最终攻夺峣关的史实。

有人说，一日三餐的饮食制度，源自庄子《逍遥游》中的“适莽苍者，三餐而返，腹犹果然”，意思说，只有一天吃三顿饭，才能保证人体基本需要，到了晚上，肚子还是饱饱的样子。事实是否如此，并没有其他资料佐证。但是，一日三餐的制度逐渐被人们所接受。汉代以后，人们渐渐形成了一日三餐的餐制。

一日三餐的饮食，不仅符合养生学原理，还是人们工作生活最佳的饮食安排。一般来说，早餐是大脑活动的能量之源，所以早饭要吃好；中饭是人身体的加油站，因而要吃饱；晚饭之后人们活动减少，即将进入睡眠状态，所以要吃少。

☆ “满汉全席”是什么菜，人们为什么把它列为最奢华的菜肴?

所谓的“满汉全席”指的是融合了满族和汉族菜色之精华的大餐，堪称最奢华的盛宴。全部菜品加起来，有108种之多。乾隆年间李斗所著的《扬州书舫录》中就收录了一份较详细的满汉全席食单，这是关于满汉全席最早的记载。

在清代官场的一些重要庆典仪式上，受民族意识的影响，宴请之时通常先开满席。满席菜品以迎合满族人口味的涮、煮、烧等为主要特点；之后开的汉席，兼具煎、炒、烹、炸等汉式菜色的特点。为了在宴席上争风头，满汉厨师经常暗中较量，在菜品上精雕细琢。于是，一场宫廷大宴往往是满汉极品美味荟萃，因而被人们称为“满汉全席”或“满汉荟萃”。

“满汉全席”最初为宫廷御膳。按照宴请的场合不同，“满汉全席”分为如下几种：

蒙古亲藩宴。这种宴是为了招待与皇室联姻的蒙古亲族而设。设宴地点讲究，一般设在正大光明殿。陪坐的大都是满族一、二品大臣。蒙古亲王们，更是以吃亲藩宴为荣。

廷臣宴。在每年的正月十六，皇帝都要为钦点的大学士、九卿中的功臣设宴。一般此宴设于奉先殿上，这被视为帝王笼络臣心的“收买宴”。

万寿宴。据说，当年慈禧太后60大寿之时，在寿辰的前一个多月，便已开始宴请群臣了。整个寿宴大概耗费白银近一千万两。由此可知，这万寿宴是何等的奢华。

千叟宴。据史料记载，康熙五十二年曾在畅春园首次举行千人大宴。因参宴人数众多，规模庞大，而且席间康熙帝还曾赋诗《千叟宴》得名。

九白宴。这种筵席是专为蒙古外札萨克等四部落而设。因其投诚后，每年以白骆驼一匹、白马八匹向朝廷进贡。为表皇恩浩荡，特设九白宴回馈使臣。

节令宴。这是清宫在主要时令节气时所设的筵席。筵席之上，欢声笑语，一片祥和景象。

虽然“满汉全席”过于奢华，但是其中所包含的烹饪技巧，却一直是厨师们研究学习的典范。

☆“叫花鸡”真的是叫花子们的杰作吗，它最早出现在什么时代?

相传，清朝的时候，在江苏常熟的虞山一带，经常有叫花子上街乞讨。有一天，一个叫花子从一户富贵人家讨来一只活鸡。饿了好几天的他不想和伙伴分享美味，便带着鸡到了一座破庙。

除了手中残缺不全的破碗，叫花子什么都没有，怎样把鸡做熟成了令他头疼的问题。看着庙门外的黄土堆，叫花子突然想起了老家烧乳猪的方法。于是，他将鸡收拾利索，用水将黄土和成了泥，然后将鸡裹入黄泥中。他捡了些干树枝架起火，把黄泥裹起来的鸡放在火上烘烤。不一会工夫，鸡身上裹的黄泥就出现了一道道裂缝。叫花子摔掉黄泥，捧着鸡肉就啃了起来。

此时，隐居虞山的明朝学士钱谦益恰巧路过破庙。闻得庙中肉香浓郁，便走进来一看究竟。看着叫花子手里捧着的泛着黄光的烧鸡，钱谦益忍不住吞了几下口水。叫花子见了，很不情愿地分了一小块鸡肉给他。钱谦益一尝，果然美味，于是向叫花子询问制作方法。回到家后，钱谦益命家厨添加作料调制，按照叫花子说的方法烘烤鸡肉。制成的烧鸡要比在破庙吃到的烧鸡还要美味。

后来，这种烧制鸡肉的方法在民间流传开来。人们在原有烹制方法基础上，将精肉、虾仁、香菇等配料放入了鸡肚中，使其更具风味。因这种烧鸡最初是由叫花子发明的，人们便称它为“叫花鸡”。

“叫花鸡”又称“黄泥煨鸡”。“叫花鸡”不但味美，还有很高的营养价值。所用主原料大都为母鸡，其肉蛋白质含量较高，是很好的强身补品。

☆现代人所说的“衣裳”与古代词义一样吗，古人都有哪些主要衣服?

《现代汉语词典》中，“衣裳”解释为上衣，常用在口语中。也就是说，我们平时说的衣裳，仅仅指的是上面穿的衣服，不包括下面的裤子。在古代，“衣裳”也是这种含义吗?

在古语里，“衣”通常指的是上衣。《诗经》中“岂曰无衣?与子同袍……岂曰无衣?与子同裳”，“绿兮衣衣，绿衣黄裳”说的就是这个意思。古人的上衣除了衣领、衣袖、衣襟、后身之外，还配有腰带。按照衣服的长短款式不同，上衣又分为深衣、袍、裘、衫、襦、袄、半臂等。

深衣产生于春秋战国时期。它是一种上衣下裳相连接的衣服。因其前后衣襟深长而得名。据说，这是士以上的人常穿的衣服。

所谓的袍，和我们现在所说的大衣差不多，袍一般都比较长，经常被人们称为“长袍”。在古代，帝王、官员多穿长袍，因而有词曰“黄袍”、“官袍”。在汉魏时期，出现了一种与袍相对的衫。它以利落的剪裁，宽松的袖口为特点，成为当时较常见的一种服饰。与前几种服饰的深长不同，东汉后期，又出现了一种短上衣，人们称这种妇女常穿的短上衣为“襦”。魏晋时期出现的“袄”是一种有衬里的夹衫，春秋时节，可以穿单衫。天冷时，续上棉花便可以做御寒的棉袄。

与“衣”相对，“裳”在古代指的是下衣。也就是我们现在说的裤子之类。但是在古代，人们所穿的下衣，又分为裙、裤等。据史书记载，古代无论男女，都穿一种名为“裳”的下衣。《说文》中解释说：“裳，通常。下淳（裙）也。”可见，这种裳说的就是裙子。在战国以前，人们是没有裤子穿的。《释名》中记载，当时人们穿的是一种有两条裤筒的“绔”，这种绔和现在的裤子已经有几分相似了，只不过绔没有前后裆。

除了这些分类之外，古人还有头衣、上衣、下衣和足衣之说。这些分类不仅仅包含上衣和下衣，其中还包括“冠”、“帻”、“屐”、“履”之类。

☆中山装是孙中山先生设计的吗？

中山装是具有中国特色的正装。它以明朗的线条、利落的剪裁和穿着舒适性受到国人的喜爱。据说，它的设计者是民主革命领袖孙中山先生。

▲孙中山像

中山装诞生自1923年，当时孙中山先生在广州担任元帅一职。自辛亥革命推翻封建帝制以后，受外国思想文化影响，中国人的生活习惯，穿着打扮都发生了很大的变化。尤其是作为港口城市的广州，这种变化更为明显。外来的西装式样烦琐，穿着刻板，活动起来并不方便。但是，中国本土的长衫马褂既不具备西装正式庄重的特点，也不能突出解放了思想的中国人奋发向上的精神。所以，孙中山决定设计一套有中国特色的正装。

孙中山先生找来在元帅府任职的黄隆生。他曾是河内一家洋服店老板，因热心于民主革命事业，又恰在河内与孙中山先生偶遇，就加入了兴中会，追随孙中山先生来到了广州。两人商量之后，决定以当时南洋华侨中最为流行的“企领文装”为样板，以西装衬衣的硬领为领口特点，再融以中华民族传统服装特色，最终设计并制作出了一套既庄重，又穿着舒适，活动方便的中山装。

中山装的上衣前身有四个口袋，含有礼、义、廉、耻之意。上面的两个口袋可以插些钢笔之类，下面的口袋设计成了“琴袋”的式样。兜上还配以兜盖，这样装进的东西便不易丢失；衣服设对襟五颗纽扣，象征着行政、立法、司法、考试、监察独立行使权力；袖口上安放的三颗纽扣不仅是为了装饰，还有民主革命“民族、民权、民生”三大口号的内涵；整个中山装的后背通体而成，没有破缝，象征着国家和平统一。裤子的设计以简单为主。左右分设暗袋，在前面还有一个小暗袋专门用来装表；右后臀上设有带盖暗袋作为装饰。

1929 年，中山装一度被定为国服。中山装不仅是一种服装款式，更是一个时代的象征。

☆清代著名的商帮有哪些?

商帮是以亲缘、地缘关系为基础的商业组织。在明清时期，商业繁荣，竞争激烈，出现了“十大商帮”。他们是如何发展起来的，实力最强的是哪个？

明清时期，我国商品行业日益繁杂，数量不断增多，商人队伍也日渐壮大，竞争激烈。而封建统治者向来推行重农抑商的政策，在社会阶层的排序“士、农、工、商”中，商也是居于末位。国家对商人没有明文的法律保护，民间又多以“奸商”之名进行歧视。因而，商人自相联络，互相支持，商帮应运而生。

在彼此竞争过程中，逐步形成了著名的十大商帮。具体为山西晋商、徽州徽商、陕西商人、福建闽商、广东粤商、江右赣商、洞庭苏商、宁波浙商、龙游浙商、山东鲁商等。这些商帮均以亲缘和地缘关系为纽带，反映出中国人浓厚的乡土观念。商帮按地域划分，有本帮和客帮之分；按行业划分，又有行帮之分。

在十大商帮中，尤以山西晋商和徽商实力最强。晋商多以皇商、官商的身份出现，与政府关系密切。我国近代金融业多为晋商从事，最早的日昇昌票号在全国各地分号达 30 多处。徽商与晋商齐名，多贩卖食盐、茶叶，或经营文房四宝等。徽商贸易范围广泛，东进苏杭，北上京冀，南抵港粤，西进巴蜀，甚至出海和日本进行贸易，实力雄厚。明清时期，有“无徽不成商”之说。

☆元宵和汤圆有区别吗?

“正月十五闹花灯，家家团圆吃元宵。”在北方，人们称之为元宵；在南方，人们称之为汤圆。那么，元宵和汤圆是同一种食物的两种叫法呢，还是本就是两种食品呢?

其实，元宵和汤圆属同一种食品。元宵又名“浮圆子”、“元宝”、“圆不落角”等，其中以“元宵”和“汤圆”之名最为常用。据说，这种食品自宋代出现后，很快得到了大家的认可。因为当时的人们只在元宵节食用这种食品，所以汤圆有了元宵的别称。

南方的汤圆软嫩香滑。通常是用糯米以水调制成皮，里面包上桂圆、蜜饯等馅。口味可以调成香、辣、甜、酸等，这也是南方汤圆的特色之一。一碗汤圆，往往配以银耳、莲子、虾仁等熬制成汤，不仅汤圆味美，汤料也鲜。

吃一口南方的汤圆，再咬一口北方的元宵，二者最基本的不同便已分晓。北方的元宵大都是先将馅料调制好，做成小球状。然后将馅料球放入盛有糯米的筛萝里，不断地加水摇晃，糯米便像滚雪球一般粘到了馅球上。这样制出来的元宵相对南方的汤圆来说较实成，因而吃起来口感比汤圆硬些。与南方汤圆的多色多味相比，北方的元宵主要以砂糖、豆沙、枣泥等为主馅，香咸为主味。

有关元宵被称为汤圆，民间流传着这样一种说法：窃国大盗袁世凯当了总统，由于名不正言不顺，他终日忧心忡忡，唯恐哪天自己被拉下总统宝座。疑神疑鬼的他，凡是谐音不吉利的字眼，他都要避讳。话说到了正月十五元宵佳节，人们都要吃元宵。袁世凯觉得“元宵元宵，说的不是消灭我‘袁’世凯嘛！”他便下令，元宵更名为“汤圆”。随着袁世凯的下台，人们也就不再避讳“元宵”的说法了。事实上，汤圆一称，早在明朝便已确定了下来，民间如此说法，不过增加了元宵的传奇色彩罢了。

☆为什么说天坛是最有中国特色的建筑?

北京作为历史古都，用于祭祀的庙宇数不胜数。其中最富中国特色的庙坛建筑，当数位于天安门东南的天坛了。天坛是明清时期皇帝的祭天场所，也是中国历史上规模最大的祭天建筑。1961 年，国务院将天坛列为“全国重点文物保护单位”。1998 年天坛被联合国教科文组织确评为“世界文化遗产”。天坛号称是最有中国特色的建筑，不仅仅是因为它的规模宏大，更重要的是因为它所承载的文化内涵。

▲天坛祈年殿

帝王又称天子，作为君权神授的一国之君，自然将祭拜天地视为最重要的礼法。北京天坛始建于明朝永乐十八年，最初名为天地坛。后来，嘉靖皇帝认为天地合祭不合礼法，于是便在安定门外兴建地坛，天地坛便更名为天坛，只做祭天之用。如今我们所见的天坛，是清乾隆、光绪帝改建后形成的模样。

天坛不仅是中国建筑史上的璀璨明珠，更是世界建筑艺术的佼佼者。它集古代哲学、历史、数学、力学、美学、生态学于一身，集中体现了中国古代“天人合一”以及“天圆地方”的建筑思想。作为紫禁城中的一部分，俯瞰天坛建筑群，整座天坛建筑呈现出一个“回”字结构，天坛北面的城墙呈现圆形，南面的城墙呈现方形，体现出中国人“天圆地方”哲学理念。天坛被两重垣墙分割成内外两坛，圜丘坛、皇穹宇、祈谷坛是中轴线上的三个主要建筑。

在古人心目中，天空浩渺，人类只不过是沧海一粟，天才是神秘而伟大的。因而天坛内部墙壁，以及祈年殿的房顶，都是由蓝、黄、绿三色的琉璃瓦铺成，在视觉上，凸现天宇的神秘和尊严。而且祈年殿和皇穹宇的房顶都采用了圆形层叠收缩向上的设计，体现出古人关于天人关系的思考。这样的建筑，使人们在敬仰天神的同时，也能接近探究天体的实质。

天坛的整个建筑规划，是古人参照《周易》的五行学说和天文学理论设计的。祈年殿内的大柱以及它的开放式敞厅分别被赋予一年四季、二十四节气、十二月以及十二时辰等种种寓意。同时，其色调和建筑蕴含的数字，无不彰显着皇家气象。这一切，都使得天坛成为中国古代建筑艺术中文化内涵最为突出的一座庙坛。

☆故宫到底有多少间房屋?

北京的故宫号称是世界上最大的皇家宫殿建筑群，占地面积约 72 万平方米，宫殿楼阁九千多间，气势恢宏，金碧辉煌。然而近年来，关于故宫房间数的话题一直是人们关注的热点，这样庞大的一座建筑，究竟有多少房间呢?

据史料记载，故宫历经了 560 多年沧桑，见证了 24 位皇帝的历史。历朝帝王不断扩建，其规模不断增大。相传故宫房间有 9999 间半，作为真龙天子的帝王，为了彰显他的至高无上，又表明他对天的敬仰，所住宫殿仅比万间天宫少半间房。

▲北京的故宫曾是帝王的皇家庭院，对人民大众以及外国来客而言都很神秘。

古人认为数分阴阳。在尊崇五行学说的古代，以阳为尊，而九是阳数中的最大者，五居中央，因而九五有高贵帝王之尊。综观整个故宫，它的建筑充分展示了国家中心，天子之尊的思想，整座皇宫建筑以单数为基底，阳尊为主调。

在故宫的整个建筑格局中，到处都蕴含着“九五”之数。位于中轴线上的天安门城台设五个门洞，面阔九间，进深五间。而故宫中那座设计精巧，造型独特的九龙壁更是将“尊九”理念发挥到了极致。故宫中的半间房，指的是文渊阁楼下西头的一小间面积格外小的房间。它虽然打破了房间数奇数的惯例，但是却取“九五至尊”之说，承“天一生水，地六成之”之意。故宫在建筑结构上不仅对称美观，还符合了帝王尊贵至上的心理。

事实上，相关资料表明，故宫中有大小院落90多座，房屋有980座，房间数为8707间，这里所指的房间，并不是传统意义上的房间，而是指包括四柱亭阁在内的殿、堂、宫、楼、轩、阁、斋等，其规模之大，建筑类型之全，装饰之富丽堂皇，令人叹为观止。

☆中医为什么被称为“岐黄之术”？

中医理论又被称为“岐黄之术”或“岐黄之道”。与之相关的词语还有：“岐黄家”，指以中医给人治病的医生或医学家；“岐黄书”，指有关中医理论的著作；“岐黄业”，指中医行业。

为什么“岐黄”是中医的代名词呢？相传黄帝时期，中国中医理论经过长期的总结和临床实践，已经取得了很大的成就。黄帝和他的臣子岐伯都是治病的高手，二人经常聚在一起探讨中医理论和养生之道。后来，他们的谈话便被记载在《黄帝内经》里。

《黄帝内经》约成书于春秋战国时期，是中国中医学公认的奠基之作。这部著作以“黄帝”和“岐伯”问答的形式，讲解了很多中医理论和养生之道，包括《素问》和《灵枢》两部分。《素问》以研究人体的生理、病理问题为主；《灵枢》主要讲解针灸之术的要略，又被称为“针经”。《黄帝内经》以阴阳五行学说为基础，强调治病于未然，把天人合一作为自己追求的境界。

这部书与《易经》、《道德经》合称“三书”，对中华传统文化的发展具有不可估量的影响。关于“内经”名称的由来，有人认为这是讲内在人体规律的，有人认为是讲内科，还有人认为“内经”是“内求”，意思是要想身体健康，就要注意内在的调理和生息。

▲神医扁鹊

不过《内经》是内科的说法似乎更科学些，因当时存在《外经》，据《汉书·艺文志》记载，共有“七经”。除《黄帝内经》外，还有《黄帝外经》、《扁鹊内经》、《扁鹊外经》、《白氏内经》、《白氏外经》和《旁篇》。有说法称《外经》为黄帝时另一位擅长外科手术的俞跗所创，但具体真相还有待进一步考证。

由于《内经》采用“黄帝”与“岐伯”问答的形式，古人为了表达对先祖的尊敬，就以他们名字的合称“岐黄”来代指中医学。以后“岐黄业”也就逐渐成了中医行业的代名词了。

☆为什么要把行医说成是“悬壶济世”？

“悬壶济世”常用来比喻从事医生的职业，古代还真有在自己诊所前“悬壶”的。那么为什么行医叫“悬壶济世”，医生为什么有在自己诊所门面“悬壶”，而不是其他的东西呢？

传说历史上有个叫“壶”翁的隐士医生，他经常在自己诊治的地方悬挂一个壶作为行医的标识。姓名已不可考，也有人说他叫谢元。卖药从不讲价，所治过的病人都痊愈了。他甚至能事先说出病人痊愈的时间，没有不应验的。每天行医所得之钱达数万，但他都分给了贫民。

相传壶翁曾传费长房岐黄之术，据《后汉书·方术列传·费长房传》记载：费长房曾为市井小吏，他经常看到一个老翁在市场上卖药，悬挂一个壶作为标识。等到停市的时候，就跳进壶里面，市人都没有看见，唯独费长房在楼上喝闷酒的时候偶然瞥见了。他料定此人绝非普通人，就带上酒礼前去拜访。老翁知道长房对他的神通感兴趣，就对他说：“你明天来吧！”长房第二天去赴约，老翁请长房到壶中一游。只见里面异常富丽堂皇，有各种美酒和佳肴，二人饱饮后方出来。过了一段时间，壶翁又找到费长房说：“我本神仙，因为犯了错才到你们这里卖药，现在事情完结，我也该回去了。你愿意和我一起走吗？如果不愿意的话，楼下准备了些酒，算是与你的告别。”长房听后，就想学道，随壶翁入深山。壶翁将一身技艺都传授给了他。长房学成后，回到家乡。能医百病，驱瘟疫，令人起死回生。

当然这只是神话传说，历史上是否真有“壶翁”尚待进一步考证。我们倾向于认为“壶翁”确实存在，其人大概是东汉时期人，医术高明，“悬壶”是他诊病的标识。“壶”与“葫”同音，后世有人仿效，就在药铺门前悬挂药葫芦。久而久之，“悬壶济世”就成了行医的代名词。

☆“太医”和“御医”是一回事吗？

“太医”和“御医”是古代给皇宫大内或朝廷大员及其家眷看病的医生统称。这些称呼产生于什么时候，“太医”和“御医”是否存在区别？中国古代有供病人住院和治疗的“医院”吗？

“太医”一词最早可追溯到秦代，当时设有“太医令”一职。西汉时已有太医的官职设置。唐宋时期在太常寺设有太医署或太医局，金朝开始称太医院。元代的太医院已经成为独立机构，负责医疗，并制作御药。明代太医院则已经有了分科。

“御医”的级别比太医要高，一般只给皇帝或其姻亲眷属看病。从明清两代的太医院官职设置我们可以看出二者的区别。据《清史稿·职官志》记载：太医院的大夫分四个级别，第一等叫“御医”，只有13人，雍正乾隆时期为七品，和县令一个级别。第二等称为“吏目”，只有26人，八品与九品各13人。第三等叫医士，共20人，“给从九品冠带”。第四等叫“医生”，有30人，无品。

“御医”只有第一等大夫13人，连院使(正五品)和左、右二判(两位副院长)在内才16人。“太医”则包括整个太医院的医生，共有92人。其中御医、吏目、医士这三级的59位大夫可以独立看病，有处方权；第四级的“医生”只能当助手。

医院在中国产生得也很早，春秋战国时期已见其萌芽。据《诸子集成·管子卷》记载：“凡国都皆有掌养疾，聋盲，喑哑，偏枯，握递，不耐自生者，上收而养之疾，官而食衣之，殊身而后止。”齐国管仲当时在首都临淄创建“养病院”，收容各种残疾人进行集中疗养，但还不是“医院”。

▲太医丞印

“医院”的产生与疫病流行有很大关系，这时候需要把大批病人集中起来进行治疗。如西汉元始二年，黄河旱灾，疫病流行，皇帝专门安排地方和屋子，选派医生免费为百姓看病。延熹五年(公元162年)，皇甫规任中郎将，军中疫病流行，死亡率很高。

他专门租用民房，集中病员进行治疗，叫“庵庐”，很像现在部队的野战医院。北魏孝文帝时在洛阳设有“别坊”，免费提供诊疗和药物，贫穷无力出钱者均可前往治疗，这是公立慈善医院的雏形。

唐朝时医院叫“病坊”，全国各州县均有设立。宋朝时改名为“安乐坊”、“安济坊”，并开始开设门诊部，称“和剂局”，和剂局的药方叫“和剂局方”，算是当时通行的一种处方手册。这些机构均为官办，民间则以游医和药房为主。

☆真的可以“悬丝诊脉”？

“悬丝诊脉”是指一种诊脉方法，医生将一根丝线拴在病人手臂上，借此推断病人脉象，然后根据诊断的情况看病抓药。相传中国唐代名医孙思邈就曾用“悬丝诊脉”的方法替当时的长孙皇后治好了难产。那么一个细小的丝线真能探知脉象吗？它究竟是事实还是传说？

据说唐太宗时期，长孙皇后怀胎十月而不见临盆，卧床不起，虽然经很多名医治疗，但都不见好转。唐太宗心神不宁，就找来大臣徐茂公商议。徐茂公听说后，便向太宗推荐当时的名医孙思邈。他说：“华原县有位民间医生孙思邈，常到各地采药为群众治病，对妇儿科尤其擅长，经他诊治的病人无不药到病除。”

太宗听说，就赶紧派人去请。孙思邈来到宫中认真问询了皇后的饮食起居和病症特点，并拿出太医们做的病历查看。很快，他就对皇后的病情有了大概了解。当时封建礼教甚严，讲究“男女授受不亲”。皇后的凤体不是一般人可以触碰的。孙思邈只好在她手上系上红丝，自帘后拉出，算是“引线诊脉”了。

孙思邈再次见到太宗，就说：“万岁，皇后的病是胎位不顺，民间又叫小儿扳心。只需在中指上扎一针就可治愈。”于是，侍女将皇后左手扶出，孙思邈看准穴位猛扎了一针，皇后疼痛，浑身一阵颤抖。不一会儿，就顺利产下皇子。唐太宗非常高兴，要留孙思邈在太医院任职，但孙思邈心在百姓，婉言拒绝了。

这便是“悬丝诊脉”的故事。有人认为“悬丝诊脉”纯属子虚乌有，因为丝线无法传递脉搏的振动，那么悬丝诊脉法根本无从谈起。还有人认为之前孙思邈已经问过宫女，看过病历了，所以悬丝诊脉不过是走个形式。诚然，单凭悬丝诊脉的确难以判断病情，还需要其他手段。

☆唐代流行的打马球是怎样一种游戏？

打马球又叫“击鞠”、“击球”，是唐代很流行的一种马上游戏。据说，

▲打马球图　壁画摹本　辽

1990年，内蒙古自治区敖汉旗宝国吐乡皮匠沟辽代1号壁画墓出土。画面自左至右共有5位竞技者在骑马挥杖击球，反映出一场激烈的马球比赛正在进行。历史上，用马球来博彩，是一种集竞技运动与赌博于一体的活动。

这种游戏汉代时，便已经出现。曹植曾经作诗云："连骑击鞠壤，巧捷惟万端。"说明汉代的人，已经玩得一手好球了。据史料记载，打马球最初是军队中的一种练武方式。后来，这种活动传到民间，成了一项受百姓欢迎的娱乐活动。

据唐代陵墓陕西乾陵章怀太子墓中的壁画显示。打马球在唐代是一项很盛行的球类活动。要打得一手好球，首先马上技术必须过硬。参赛者分成人数相等的两队，每人手中一根顶端形如弯月的球杖。比赛场地通常比较开阔，根据人数多少，或双方各半场、两个球门或双方整场一个球门。比赛开始后，参赛者骑马以球杖争夺马球（马球大都是用材质比较坚硬，韧性极强的木料做成），以将马球打入球门为胜利。

通常情况下，这项运动是端午节上的活动项目。到了唐朝，这项活动却是皇家经常玩的游戏。据史料记载，唐代有 11 个皇帝是打马球的高手。唐玄宗李隆基便是高手中的高手。当时，还设立了"打球供奉"一职，马球技术成为了拔官选将的标准之一。每逢科举之后，曲江宴中，新科进士之间的马球赛是必不可少的一项活动。明清时期，史料中依然有关于这项活动的记载。

王直有诗云："玉勒千金马，雕文七宝球。飞惊电掣，伏奋觉星流。"可见，打马球是一项危险性很高的运动。为了打得一手好球，不仅选手所骑的马品上乘，而且所持球杆质地也十分精良。赛场之上，相互冲撞，马球如流星飞舞。人仰马翻，马球伤人是经常发生的事情。所以，人们曾经以驴代替马打过"马"球。因为驴相对马来说，行动较为迟缓，奔跑起来，不像马那样激烈冲动。但是球伤人是避免不了的事情，后来，打马球也就渐渐退出了历史舞台。

☆"蹴鞠"和足球有什么关系?

蹴鞠，是中国古代的一种球类运动。关于蹴鞠的最早记录见于《史记·苏秦列传》："临苗甚富而实，其民无不吹竽、鼓瑟、蹋鞠者。""蹋鞠"也就是蹴鞠，又名“蹴球”、“蹴圆”、“筑球”、“踢圆”等，说的都是用脚踢球的意思。蹴鞠是一项古老的体育运动，起源于齐国都城临淄，齐宣王在位时期（公元前319～前310年）已经很为盛行。秦代，蹴鞠运动一度沉寂，进入汉代又复兴盛，并被视为“治国习武”之道，在军队和宫廷之中十分流行，使得蹴鞠由一种下层人民的运动提升为一种贵族运动。汉代还出现了研究这项运动的专著——《蹴鞠二十五篇》，这也是中国和世界上最早的一部体育著作，可惜已经失传。到了唐代，蹴鞠的制作艺术和运动技术都有了很大的改进，球变得更圆、更轻，而充气技术也是世界上最早的发明。唐代分队比赛，由原来的直接对抗转为间接对抗，中间隔着球门，双方各在一侧，以射门数多者为胜，并且还出现了女子蹴鞠，女子蹴鞠不射门，而以踢球的技法显胜，这被称为“白打”。及至宋代，蹴鞠变得更加兴盛，上海博物馆藏一幅《宋太祖蹴鞠图》，描绘的就是宋太祖亲自参加蹴鞠运动的情景。《文献通考》记载：“宋女弟子队一百五十三人，衣四色，绣罗宽衫，系锦带，踢绣球，球不离足，足不离球，华庭观赏，万人瞻仰。”这时，球技已经发展出成套的花样动作，擅长者可调用头、肩、背、胸、膝、腿、脚等身体的各个部位，使“球终日不坠”。《水浒传》中记述的因擅长踢球而发迹的高俅就是当时蹴鞠盛行的一个鲜明的例证。在球的制作方面，宋代又有了进一步的发展，“密砌缝成，不露线角”，做成的球要“正重十二两”，“碎凑十分圆”，由此可见制球工艺已经非常精湛。清代开始，蹴鞠运动变得冷落，近代西方足球传入，蹴鞠作为一种社会流行的体育运动就被现代足球所取代了。

☆“射覆”是怎样一种游戏？

“射覆”，是古时《易经》占卜的学习者所玩的一种卜测性质的游戏。“射”是猜度之意，“覆”是覆盖之意，“射覆”的直义就是猜测被遮藏的为何物。游戏的时候，覆者用盆碗杯盂等器皿覆盖某一物件，射者通过占筮的途径来进行猜度。覆盖的一般都是生活中常见的物品，有时也写下一个字来让人卜测。汉代的东方朔就是一位射覆大家，晋代的郭璞、梁元帝萧绎、唐代的李淳风、宋代的邵雍等也都是史上有载的一流高手。射覆在古代是一项十分流行的游戏，在诗词典籍中多有所见，如李商隐《无题》诗中写道：“隔座送钩春酒暖，分曹射覆蜡灯红。”《红楼梦》第六十二回中非常详细地描写了宝玉、宝钗、探春、香菱等玩耍的射覆游戏。射覆需要运用到非常玄妙的易学知识，蕴含着全息理论的意义，但也表现出通常思维所不可理解的一面。

☆梁山好汉燕青擅长的“相扑”与现在日本的相扑一样吗？

▲帛画角抵图（局部）临沂汉墓出土
1976年出土于山东省临沂县金雀山9号汉墓。长200厘米，宽42厘米。图中所绘为两个佩剑之人角抵竞技，旁立一人裁决。角抵戏来源于战国时期的武备训练，汉时角抵已经有了较强的表演功能。

施耐庵在《水浒传》第七十四回中，详尽地讲述了浪子燕青与任原相扑比赛的全过程。“燕青除了头巾，光光的梳着两个角儿，脱下草鞋，赤了双脚，蹲在献台一边，解了腿绷护膝，跳将起来，把布衫脱将下来……”“燕青却抢将入去，用右手扭住任原，探左手插入任原交裆，用肩胛顶住他胸脯，把任原直托将起来……”从施耐庵的描述中，我们可以看出，宋代，相扑是一项规则完善的比赛活动。而且，它和现在日本的相扑相差无几。那么，日本的相扑是从中国传过去的吗？

相扑，又名“角抵”。关于“角抵”运动的记载早在先秦时期便已出现。但是，以“角抵”之名记录在册，是从《史记》开始的：“蚩尤氏头有角，与黄帝头，以角抵人，今冀州为蚩尤戏。”意思说，在汉代的冀州一带，流行着一种“蚩尤戏”。这种“蚩尤戏”是从上古时期传下来的，因蚩尤以角抵御黄帝而来。

晋代，“角抵”更名为“相扑”。唐宋，相扑运动发展成型。据《日本书记》记载，公元7世纪的时候，在日本允恭天皇的葬礼上，中国使者表演“素舞”以示致敬。这种“素舞”便是古代的相扑。表演之前，裁判焚香祭祀。表演者赤裸上身，腰间围有兜裤。表演者登上台后，喝“神水”以示祭祀。然后两人开始争交搏斗。这与日本传统的相扑运动十分相似。因而，有观点认为，中国的相扑在这个时候传入日本的。

宋代，相扑运动更为兴盛。每逢宫廷庆典，军士都要表演相扑节目。在民间，不但兴起了以相扑表演为职业的专业相扑人，还出现了很多诸如同文社、角抵社、锦体社之类的相扑团体。到了明清时期，相扑运动渐渐淡出人们日常游戏的舞台。而日本的相扑运动逐渐兴盛起来，并成为日本国粹。

☆古人如何证明自己身份？

古代没有身份证，但一般情况下，人们也不需要这种东西。一个普通人需要证明自己身份时，用书信或信物即可。而对于官员这种特殊身份，则有相应的办法来防止冒充事件的发生。古代官员上任，别的可以不带，但有两样东西必带，一是敕牒，一是告身。敕牒是朝廷发给的委任状，上盖有吏部大印，很难作假。官员到任后，首先需要交出敕牒作为凭证，并将之押在报道的衙门备案。告身则是用于证明上任者本人身份的凭证，为防仿制，由国家专门机构制作。据《宋史·职官志》记载，宋代时的告身由吏部属衙官告院统一制作，所用绫巾裱带等材料，均由特定地点生产供应。在告身上，除赴任官员的籍贯、年龄等，一些形貌特征也会被写在告身上。因此，告身即使被别人偷走或捡到，别人也难以冒充。而告身制度早在南北朝的北魏时已经产生。告身在官员赴任时证明自己的身份之后，并不上缴，而是由官员留下，用于其他需要证明身份的时候用。

另外，除告身外，古代官员还有一些其他凭证用以证明身份。唐代官员每个人都配有一种“鱼符”，三品以上以黄金为材料，以下则或银或铜。鱼符上刻官员姓名、任职衙门及品级等，用以证明身份。宋代则有“牙牌”，是一种用象牙、兽骨、金属等制成的版片，上刻有持牌人姓名、职务、履历及所在衙门等。除官吏外，一些官宦之家的奴仆也有这类东西。另外，古代僧人的“度牒”则是一种僧人的身份证明。

☆油条是怎么来的，它的发明和秦桧有关系吗？

很多人都有早餐喝豆浆吃油条的习惯。油条，又被称为“油炸鬼”、“油炸果”、“油炸烩”等。金灿灿的油条咬在嘴里外酥内软，吃过之后满嘴留香。它是中国人最喜爱的食物之一。关于油条的由来，民间流传着这样一个故事。

南宋高宗在位时，卖国贼秦桧以“莫须有”之罪杀害了岳飞父子。百姓听闻此事，无不悲恨交加。秦桧和他妻子也因此成了百姓的公敌。人们恨不得吃秦桧的肉，扒秦桧的皮以祭奠岳飞的在天之灵。

在临安城最热闹的集市上，有两个面摊。一家是做芝麻烧饼的，一家是卖油炸糕的。摊主不忙的时候，总是喜欢闲聊一会儿。有一天，二人的生意都很好，没到太阳落山，东西就卖得差不多了，于是二人收摊准备回家。闲聊之间，说到奸佞秦桧毒害岳飞一事，二人都愤恨不已。芝麻烧饼老板揉搓着手里的面团，狠狠地将面团摔在了面板上，好似他刚才摔的是秦桧一样。卖油炸糕的摊主看着被摔成饼的面，抄起来就扔进了油锅里，嘴里还嘟囔着：“真应该把他们扔进油锅里，受油煎火烤的惩罚。”烧饼老板一听，更觉义愤填膺，便把剩下的面团都捏成了人形，统统扔到了油锅里。这样还觉得不解恨，又将俩面人捏在一起炸，意思是秦桧老婆也罪当如此。

二人边做边吆喝：“油炸烩了，油炸烩了。”群众一听，都好奇地凑了过来，看到油锅里翻滚着的面人，立刻明白了其中寓意，拍手叫好。

只要掌握好火候，配以调料，炸出来的面人香脆可口，是种很美味的食品。后来，人们开始简单地将面团抻成长条放入油锅中。久而久之，“油炸烩”便有了“油条”的称呼。

☆北京地名“菜户营”中的“菜户”二字是什么意思？

北京菜户营乃是丰台区的一个地名，这个地名与卖菜的农户无关。

在古代皇宫中，有两个相当凄惨的群体，一个是太监，一个是宫女。太监因为地位低下，更关键的是已经失去性功能，无法娶妻；而宫女则因为整日身处皇宫之中，除皇帝外，无法接触其他正常男子而异常孤独。于是，这两个身份低下而精神孤寂的群体在长时间接触之后，便走到了一块，皇宫里出现了太监与宫女私下结为夫妻的现象。这种现象自汉代已出现，历代不绝。但明代之前的这种夫妻往往比较形式化，更多只是彼此在精神上相互慰藉，当时叫“对食”，属于私密行为。明代之后，这种夫妻被唤为“菜户”，并公开化。甚至一个宫女入宫很久而无“菜户”，便会遭同伴取笑。明太祖朱元璋曾通过严刑禁止“菜户”现象，但永乐之后，宦官地位上升，“菜户”又开始流行，皇帝们也认可了这种现象。当年魏忠贤与另一个太监争夺宫女时，明熹宗还出面为之调解。

“菜户”这种夫妻也是相当认真的，往往拜月盟誓，互不相负。结为“菜户”后，则彼此财产互通，宦官对所爱的宫女往往任劳任怨，听凭驱使。宫女也会心疼宦官，不让他干太多的活儿，而是支使别的宦官去干，同时为太监做些缝补之事。另外，这种“菜户”夫妻之间虽然有名无实，但爱情却是和常人一般，甚至胜于常人。宦官如果发现他所爱的宫女移情别恋，往往万分痛苦。万历年间郑贵妃宫中的宫女吴氏，曾和宦官宋保相爱，后来又移情于宦官张进朝。宋保不胜愤怒，终至万念俱灰，出宫削发为僧。宫中的宦官也对宋保评价极高。宫女和宦官结为“菜户”后大都终身相守，像吴氏这种移情别恋的现象并不多见。如果其中一方死去，另一方则终身不再选配。

菜户营所以叫菜户营，是因为明英宗朱祁镇的奶娘与一个太监结为夫妻后住在这里。

☆历史上真有丐帮吗？

在武侠小说中，通常少林是第一大派，而丐帮则是与之齐名的第一大帮。

小说中的丐帮往往人数众多，组织严密，形成了帮主、长老、舵主、香主等层次分明的权力体系，并且还有严格的帮规以约束本帮弟子的行为。那么，历史上真有丐帮吗?

历史上，乞丐们虽然不曾组织过小说中所说的那种大江南北大一统的丐帮，却的确组成过局部地域范围的帮会组织。并且乞丐形成帮会，乃是普遍现象，只是在地域范围上不大。这种地域性质的“丐帮”，组织体系也比较简单，一般是按地域大小自下而上存在层级不同的头目，称为“丐头”。一个地面上的乞丐都服从于本地的丐头，每月要固定向他交纳“份例”。如果不交，便休想在本地乞讨。丐头则负责维持行内规矩，惩罚违规乞丐等。总体上，这种乞丐组织主要目标是求生存、求财。

明清时期，这种乞丐组织则很大程度上直接受官府控制。因明太祖朱元璋自己以盲流身份夺得江山，于是，对乞丐这种最大群体的盲流格外关注。据说他曾亲自分封过各省丐头，以加强对这些社会盲流的控制。于是整个明代乃至清代，各地丐头都得到当地政府承认，涉及乞丐管理事宜，往往通过丐头处理。

另外，根据丐者信奉的开山祖师的不同，“丐帮”也存在诸多派系，但只是一种口头说法，并不存在严格的组织实体。

☆中国理发业的祖师是谁?

关于理发行业的祖师爷，不止一说。

旧时记载理发业行规行语与隐语的《净发须知》中记载，理发业的祖师乃是唐代人罗隐，理发师们称其为罗祖。据说罗祖7岁时便学会理发，后来还中了举。在做官的同时，还经常给唐玄宗理发。而民间剃头师傅则传说，武则天的儿子驴头太子脑袋形状怪异，剃头师傅无从下手，驴头太子为此杀了不少剃头师傅。有次罗祖的师傅被令进宫为驴头太子剃头，年幼的罗祖遂自告奋勇替师前去。结果驴头太子很满意，从此让他剃头。罗祖因挽救了天下的剃头师傅而被尊为祖师。

另一说法则是将吕洞宾奉为理发行业的祖师爷。传清代皇帝雍正头上长癞疤，很难剃，不少剃头匠因此被杀。一天来了一位道人自动为皇帝剃头，剃得很好，只是皇帝脖子上出现一道红圈，便被拉出去砍头。但头砍掉后又长了一个，最后才知理发的道人是仙人吕洞宾，那道红圈是为皇帝治癞疮的。雍正这才答应今后不再杀剃头师傅，并敕封理发师为“半副銮驾，小执事”，并赠对联：“做天下头等事业，用世间顶上功夫。”从此吕洞宾就被理发师们尊为祖师了。

☆起源于印度的数字为什么被称为阿拉伯数字？

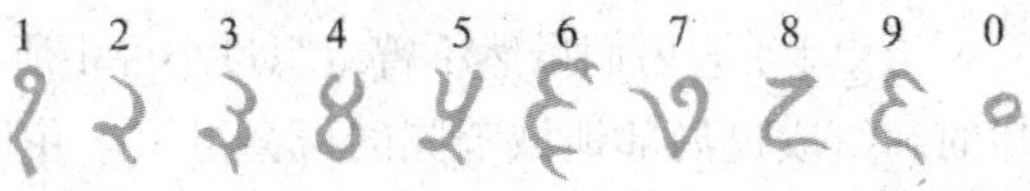

▲早期的阿拉伯数字，实际是印度的德温那格利数码。

500年左右，印度的旁遮普地区的数学成就在世界上处于领先地位，尤其在简化数字方面有了重大的突破。印度学者把数字记在一个个格子里，如果第一格里有一个符号，比如是一个代表1的圆点，那么第二格里同样的圆点就表示10，而第三格里的圆点就代表100。这样，整个数字就是由数字符号及其所在的位置次序共同来表示。之后，印度的学者又创造了零的符号。这些数字符号和表示方法就是今天阿拉伯数字的最初形式。

大约700年左右，阿拉伯人征服了旁遮普地区。他们吃惊地发现，印度人的数学成就比自己先进得多。为了吸收印度的数学成就，771年，阿拉伯人把印度北部的数学家抓到了巴格达，迫使他们传授印度数字及其计数法。从此，印度数字和印度计数法以其简单而又方便的优点，在阿拉伯地区广泛流行起来。就连阿拉伯的商人们去世界各地做生意也采用这种方法。

后来，这种数字被阿拉伯人传入西班牙，10世纪时又由教皇兼学者热尔贝传到欧洲其他国家。1200年左右，阿拉伯数字被欧洲的学者正式采用，之后逐渐走进了普通欧洲人的世界。到15世纪时，欧洲已经普遍使用阿拉伯数字。不过，那时的阿拉伯数字的书写方式与现代的阿拉伯数字尚不完全相同，后来经过许多学者的努力，才使它们变成今天的样子。

大约在13～14世纪，阿拉伯数字传入中国，由于中国古代有一种数字叫“筹码”，写起来比较方便，所以阿拉伯数字在当时没有受到重视。20世纪初，随着中国对外国数学成就的引进和吸收，阿拉伯数字在中国才开始正式使用。尽管阿拉伯数字在中国推广时间较晚，但它很快就成为中国最常用的数字了。

阿拉伯数字虽然起源于印度，但却是经由阿拉伯人的传播后才为世界各地所广泛接受的，因此人们将其称为阿拉伯数字。

☆整形术最早出现在哪个国家？

世界上最早的外科整形手术出现在印度，这是古印度医学最令人震惊的成就之一。古印度医学典籍《妙闻集》对古印度的外科整形术作过非常详尽的描述。尽管像很多印度古籍一样，人们对这部著作的成书时间也很难有比较精确的认定，但多数学者都认为其诞生于公元前最后几个世纪。

也就是说，同现代医学相比，古印度的整形术是在2000多年前出现的。这项技术之所以如此早地在古印度出现，也是缘于现实的需要。古印度人相信，拉长耳垂既有驱鬼辟邪之功效，还能够美化容貌，可谓一举两得。因此，孩子出生后，家长都要找专业的医师们给孩子进行拉长耳垂手术。根据《妙闻集》记载，医生们首先要在孩子的耳垂上钻出一个小孔，然后把软布塞在里面。如果耳垂上的孔洞没有感染，那么每隔三天都要被医生塞进更大的软麻布以及木环和铅坠，将耳朵慢慢拉长。

不过，这项手术也并非万无一失。一旦出现手术事故，患者的耳朵就有开裂的危险，医生就要对其进行修补手术。医生首先从患者的脸上切下一块活肉，然后用手术刀在准备再造耳垂的部位切上一个刀口，将脸上的肉移植到刀口部位进行缝合、包扎。这项手术在今天的印度仍然很流行，只不过移植的皮肤不是取自面颊而是耳后。

古印度有一项刑罚是割鼻子，被割掉鼻子的人希望重塑鼻子开始新的生活，因此鼻子再造术应运而生。《妙闻集》对手术的过程作了描述：医生首先从患者的前额切下一块叶形皮肤，在鼻梁上要留下一根“叶柄”，然后将这块皮肤包住两根充作鼻腔的人工导管，最后将这个人造鼻子缝合固定在面部。

古印度的整形术逐渐传播到世界其他地区。阿拉伯首先掌握了这项技术后，又将其传播到地中海地区。1400多年后，西西里人学会了鼻子再造术。18世纪以后，西方现代整形术出现。

☆红十字会的“红十字”标志从何而来?

红十字会是一个全球性的慈善救援组织，“红十字”是其专有标志，具有国际法上的效力。那么，红十字会的“红十字”标志究竟从何而来，它又是怎样成为红十字会的标志的呢?

说到“红十字”标志的由来，还要从红十字会的创立说起。19世纪中叶，欧洲战事不断，每场战争都会造成大量的人员伤亡。一次，瑞典银行家亨利·杜南在经过意大利的索尔弗利诺时，恰好赶上了法国、撒丁国联军与奥地利军队的一场恶战。杜南望着尸横遍野的战场和被伤痛折磨的士兵，马上决定组织当地的居民抢救伤兵、掩埋尸体。随后，一个伟大的想法产生了。

杜南提议，制定一个国际法律保护伤员，当战争爆发时，所有伤员都应该得到及时的救助，对战俘也要实行人道主义。这一提议得到了欧洲各界的广泛支持。很快，救援伤兵国际委员会成立了，这就是红十字会的前身。1863年，红十字会和日内瓦公约正式诞生了。为了表示对红十字会创立者亨利·杜南的敬意，红十字会标志特意选择了瑞士国旗的红底白十字翻转而成白底红十字标志，而杜南的生日5月8日则被定为世界红十字日。

自红十字会诞生以来，已经挽救了无数人的生命，为推动人道主义做出了卓越的贡献，而红十字标志也被赋予了极大的权威性和号召力。每当有战事发生时，带有红十字标志的车辆、物品及佩戴红十字臂章的人员都会受到特别的保护，而红十字标志使用者也要为交战双方的伤员提供救助服务。如今，红十字会的援助范围已经扩展到自然灾害援助、意外伤害急救、社会福利等多个领域，这也使得红十字标志出现在更多的场合，为更多的人所熟知。

☆马拉松比赛的距离为什么不是整数呢？

众所周知，马拉松赛是一项长跑比赛项目，其距离为42.195公里。这个比赛项目的距离为什么不像其他赛跑项目一样取整数呢？这要从发生在2500年前的一场战役说起。

马拉松本是希腊的一个地名，在雅典东北30公里处。公元前490年，波斯国王大流士一世率军入侵希腊，在雅典城东北的马拉松海湾登陆。当时雅典与波斯的兵力之比为1 ∶ 10，雅典处境岌岌可危。雅典一面进行全城总动员，加强戒备，一面派长跑健将斐迪庇第斯前往斯巴达求助。

斐迪庇第斯从雅典出发，沿爱琴海海岸，穿过伯罗奔尼撒半岛内山脉，仅仅用了一天的时间便跑到斯巴达，全程246公里。然而，斯巴达人却以祖先留下过月不圆不能出兵的规矩为由，不肯发兵援救。斐里庇第斯苦苦哀求却无济于事，只好跑回马拉松复命。

▲斐力庇底斯从马拉松跑回雅典后不久就倒地而亡。

靠人不如靠己，雅典军队团结一心，同仇敌忾，依靠正确的战略战术和勇敢顽强的作战精神，在马拉松平原一举击溃波斯军队，史称马拉松之战。这场战役雅典牺牲192人，而波斯战死6400余人，损失了7艘战舰。这样一场酣畅淋漓的大胜让雅典人欣喜若狂，于是派遣斐迪庇第斯把胜利消息迅速告诉雅典人，好让全城百姓安心。

兴奋的斐迪庇第斯一口气从马拉松跑到雅典中央广场，全程42.195公里。到达目的地后他只说了一句“我们胜利了”，便体力衰竭，倒地而亡。斐迪庇第斯从此成为希腊人的民族英雄。

1896年举行首届奥运会时，顾拜旦采纳了历史学家布莱尔的建议，以这一史实为依据，创立了马拉松长跑比赛，比赛沿用当年斐迪庇第斯所跑的路线。1908年伦敦奥运会时，为方便英国王室人员观看马拉松比赛，将起点设在温莎宫的阳台下，终点设在奥林匹克运动场内，总距离为26英里385码，合42.195公里。国际田联后来将该距离确定为马拉松比赛的标准距离。

☆ 美国人认为最刺激、最具有挑战性的体育运动是什么？

1974年2月17日，一群体育爱好者聚集在夏威夷群岛的一个酒吧里争论：世界上究竟哪一种体育运动项目最刺激、最具有挑战性、最能考验人的意志和体能？有的说是渡海游泳，还有的说是长距离自行车，有的说是檀香山马拉松赛等。他们各抒己见，争论不休。

最后，美国海军中校约翰·科林斯提出一个建议：谁若是能在一天之内在海里游泳3.8公里，再骑自行车环岛骑行180公里，最后跑完42.195公里的马拉松全程，中途不休息，谁就是真正的铁人。科林斯的提议得到大家的支持。第二天有15人参加了比赛，其中包括1位女选手。结果有14人完成比赛，第一名的成绩为11小时46分。

这次比赛后，人们就把这种集游泳、自行车和长跑三种体育运动于一体，并对参赛者的体能、速度和技巧提出综合性挑战的运动项目称为“铁人三项”。并追认这次比赛为首届世界铁人三项锦标赛。一项极具挑战性的新型体育运动项目就这样戏剧性地诞生了。

铁人三项运动在夏威夷诞生后，最初仅在夏威夷和加利福尼亚流行，后来逐渐在澳大利亚、新西兰、西班牙、法国、英国、日本、中国等国家广泛开展，为全世界越来越多的体育爱好者所喜爱。

为了更好地发展该运动，国际铁人三项联盟于1989年4月正式成立，总部设在加拿大。国际铁人三项联盟规定了铁人三项比赛的比赛标准：游泳1.5公里，自行车40公里，跑步10公里，按游泳、自行车、长跑的顺序进行。如今这个比赛标准已被各级铁人三项比赛广泛采用。2000年悉尼奥运会首次将铁人三项列为奥运会比赛项目。

☆ 橄榄球的起源与足球有关吗？

橄榄球起源于英国，原名为拉格比足球。拉格比是一个英格兰小镇的名字，在这个小镇上有一座名为拉格比的学校。据说，1823年，该学校组织了一场足

▲美式橄榄球比赛中球手正在激烈拼抢。球手需要穿戴护膝、头盔等保护性装备。

球比赛，当时比赛十分激烈，比分落后的一方猛攻对方球门，却久攻不下。这时有一个名为威廉·韦伯·埃利斯的队员非常冲动，居然抱起地上的球向对方的球门冲去。对方队员上前阻拦，都被他一一避开。最后，埃利斯终于把球扔进对方球门。

此先例一开，别人纷纷效仿，以后在学校的足球比赛中，抱球跑的现象经常发生。这个举动虽然违反了足球比赛的规则，却使比赛更加激烈，气氛更加火爆，慢慢被人们接受了，成为一种合法的动作。就这样，一项新的体育运动——拉格比足球诞生了。由于这种球的形状酷似橄榄，所以在中国又被称为“橄榄球”。

橄榄球场与足球场大小相仿，比赛队员也是双方各 11 名。比赛中可以踢，可以抱，显得比较粗野，因而上场队员都要佩戴头盔等护具。

尽管历史学家经过考证后发现，橄榄球的起源可能并非如此，然而这个传说已经深入人心，如今在拉格比学校内还有一块石碑，上面刻着“此碑纪念威廉·韦伯·埃利斯的勇敢行动”。甚至连国际橄榄球联盟的首要赛事——橄榄球世界杯赛的奖杯也称为“韦伯·埃利斯杯”。

从此以后，这项运动在英国广泛开展，并逐渐传入到其他欧美国家。许多国家都创造出属于自己风格的橄榄球运动，其中最为著名的就是美式足球，成为北美四大职业运动之一。NFL（美式橄榄球联盟）是世界最大的职业美式足球联盟，由 32 支来自美国不同城市的球队组成，无论是商业运作还是电视收视率，都是其他体育联盟望尘莫及的，是当之无愧的美国体育界大哥大。

☆网球为何使用“15”、“30”、“40”这种怪异的计分方式？

网球运动孕育在法国，诞生在英国。12 ~ 13 世纪，法国僧侣们为了调剂刻板的教堂生活，经常用手掌击打一种类似小球的物体，这种“掌球戏”逐渐成为法国宫廷里的一种消遣娱乐活动。14 世纪中叶，这种游戏传入英国，英国人将游戏用球称为“Tennis”，并流传下来。15 世纪，这种游戏改为用拍板打球，并出现了一种用羊皮制作拍面的椭圆形球拍。1873 年，英国人温菲尔德在羽毛球运动的启示下，发明了现代网球运动，

▲早期的网球运动宣传画

网球比赛采取4分球为1局，6局为1盘，3盘2胜或5盘3胜制。和其他体育项目的计分方式不同，网球中得1分被计为“15分”，2分计为“30分”，3分计为“40分”。为什么会出现如此怪异的计分规则呢？

原来，最初的网球运动诞生时，人们为了计分方便，用可以拨动的时钟来计分，得1分就将时钟转动1/4，也就是15分（一刻钟），得2分就将时钟拨至30分。这便是“15分”、“30分”的由来。也有人认为这种计分方式与六分仪（用来测定太阳或其他天体与海平线或地平线的夹角的光学仪器）有关，因为15°、30°、45°、60°（六分仪的刻度弧为圆周的1/6）是六分仪上的几个重要刻度。

至于“40分”，更让人难以理解，它并不是15的倍数。在英文中，“15分”念作“fifteen”，为双音节，而“30分”念作“thirty”，也是双音节，“45分”念作“forty-five”，变成了三个音节，读起来有点拗口。据说，当初裁判员为了报分方便，就把它改为双音节的“40分”（forty）了。

☆为什么奥林匹克运动会以五色环为标志？

▲五色环标志

奥运会比赛开幕时，赛场的旗杆上就会升起一面有五色环标记的旗子。为什么会有这个五色环呢？奥林匹克运动会的这个五色环标记是“奥运之父”顾拜旦男爵设计的。1914年，顾拜旦男爵在巴黎召开的第六次国际奥林匹克代表大会上，展示了他设计的国际奥林匹克运动的徽记图案。图案由五个不同颜色互相套接的圆环和“更快、更高、更强”的格言构成，五个圆环分别为蓝、黑、红、黄、绿五种颜色，包括了当时奥运会所有参加国国旗的颜色。这个徽记得到了这次代表大会的批准，成为奥林匹克运动的代表性标记物。

1979年，国际奥委会的出版物《奥林匹克杂志》中正式指出：“根据奥林匹克宪章，五色环象征着五大洲的团结，象征着全世界运动员以公正、坦率的比赛和友谊精神在奥林匹克运动会上相聚。”所以，五色环中的蓝色环代表欧洲、黄色环代表亚洲、黑色环代表非洲、绿色环代表澳洲、红色环代表美洲的说法也是有根据的。

☆为什么田径比赛要逆时针跑?

田径比赛时，运动员都是沿逆时针方向跑。出现这种情况的原因是什么呢?

古代的田径赛没有转弯跑这一方式。古代奥林匹克运动会上，赛跑是在一条长 192.27 米的直线跑道上进行，中长跑比赛则在直线跑道上进行来回跑。

19 世纪中叶，英国人首次在田径比赛中模仿赛马比赛，以右转弯跑的方式进行比赛。1864 年牛津大学和剑桥大学的校际运动会，就采用了这种新的比赛方式。

1896 年，在希腊首都雅典举行的第一届现代奥林匹克运动会，便采用是这种英国式的“右转弯”跑。1912 年正式成立的国际田径比赛联合会规定“赛跑的方向，必须要以左手内侧为准”，即“右转弯”变成了“左转弯”。

许多科学家认为，人的两条腿中，左腿是“支撑腿”，右腿是“运动腿”。按逆时针方向跑，左腿可以支撑住人的重心，这样就有利于运动员心脏的保护和比赛技能的正常发挥。

☆为什么 4×100 米接力赛的百米成绩好于百米赛的成绩?

百米跑时，任何一个运动员都不可能在起跑时就出现最高速度，他需要大约 30 米左右的加速区以完成加速过程，从而出现最高速度。4×100 米接力跑则为运动员达到最高速度提供了这一条件。

▲男子接力赛跑

4×100 米接力跑中，第二、三、四棒选手都有一段预跑区和接力区，其中预跑区是 10 米，接力区有 20 米。因此，只要运动员预跑技术和接棒技术发挥得好，那么，从第二棒起的每个运动员都能在他们的起点处达到最高速度，而不像第一棒运动员那样，在百米中去经历一段长达 30 米的加速过程。因此，除了第一棒运动员的成绩不会超过他百米跑时的最佳成绩外，第二、三、四棒运动员都有可能超过他们各自的百米跑成绩。

☆为什么说撑杆是撑杆跳运动的关键?

撑杆跳高的成绩与运动员使用的撑杆关系很大,撑杆的发展革新不断提高了这项运动的成绩。最早使用的木杆,重约6~8千克,一直使用到1906年,那时撑杆跳高的最好成绩仅为3.78米,由美国人萨姆萨创造。1905年,欧洲人从中国和日本进口了比木杆轻、弹性好的竹竿,使得撑杆跳高的成绩突飞猛进。1912年,美国人赖特用竹竿跳出了国际田联正式承认的第一个世界纪录,4.02米。此后,共有10人16次用竹竿创造世界纪录,其中1942年是最后一次,成绩为4.77米,竹竿时代到此结束。

▲"撑杆跳沙皇"布勃卡

1930年后,钢杆和铝合金杆先后出现。但使用它们成绩提高缓慢,仅刷新过两次世界纪录:一次为4.78米,一次为4.80米,因而使用时间不长。20世纪60年代后,目前使用最广的"尼龙杆"出现了。这种杆是一种新型的玻璃纤维杆,重量仅约2千克,弹性特别好,又称"弹性杆"。此后,撑杆跳高的成绩大幅度提高。1963年,美国的斯登贝格第一个突破5米大关,跳过了5.08米。世界撑杆跳高在20世纪80年代进入明星时代。法国运动员维涅隆,3年内将世界纪录从5.72米提高到5.83米。1994年,苏联名将布勃卡则将世界纪录从5.83米提高到6.13米。